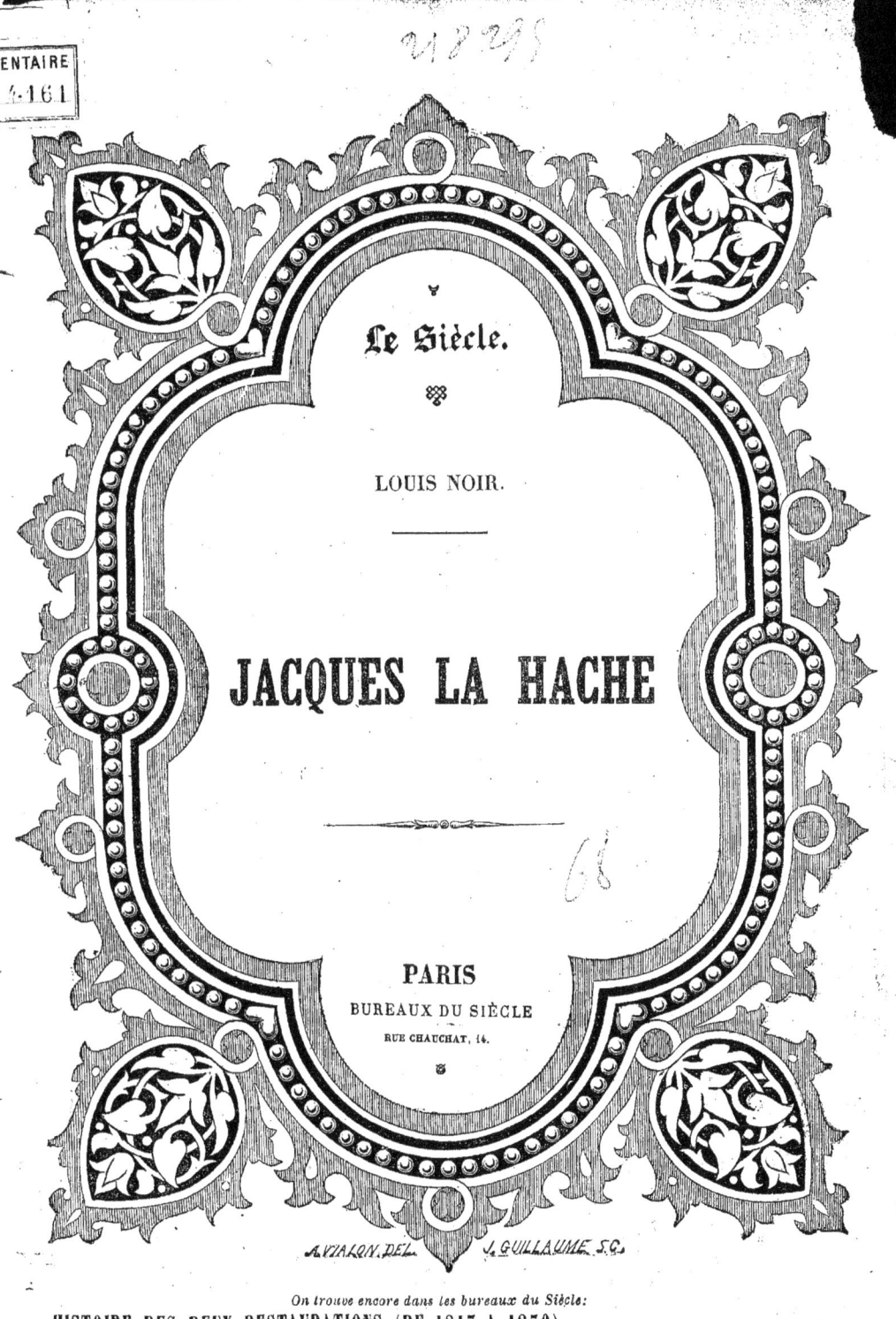

Louis Noir

JACQUES LA HACHE

PREMIÈRE PARTIE.

LES COUREURS DES BOIS A PARIS.

Une apparition fantastique dans la forêt de Bondy.

Au commencement d'août, par une belle journée d'après-midi, une des plus jolies actrices de Paris, Jeanne Kessler, se promenait dans un sentier de la forêt de Bondy, accompagnée de Charles Hurault, un des rares critiques qui savent rester sérieux tout en étant spirituels.

Il était environ quatre heures de l'après-midi, et le soleil, déclinant à l'horizon, illuminait de ses rayons les cimes des arbres séculaires, dont le feuillage prenait sous ses reflets chatoyants des teintes d'or, d'azur et de pourpre.

Les oiseaux gazouillaient, sautillant de branche en branche ; et, quand ils traversaient une clairière, leurs ailes étendues, miroitant à la lumière, semblaient diaprées des mille couleurs du prisme.

Éclat passager ! Splendeur fugitive !

La solitude était profonde ; dans les fourrés, l'on n'entendait d'autres bruits que ceux de la nature.

L'actrice paraissait quelque peu inquiète ; le journaliste souriait de l'embarras de la jeune femme.

— Voyons, — dit celle-ci avec impatience, — avouez que nous sommes perdus.

— Perdus ?... — fit celui-ci ; — non certes. Egarés ?... oui.

— Oh ! je m'en doutais, — reprit la jeune femme.—Depuis une heure nous marchons hors de la grande avenue, et plus nous avançons plus le bois devient sombre.

LE SIÈCLE. — XXXVI.

La forêt a une très-mauvaise réputation, je tremble à l'idée d'y être surprise par la nuit. Je mourrais de peur.
— Poltronne !
— On le serait à moins.
— Est-ce que vous croyez à toutes les fables que l'on débite sur la forêt de Bondy ?
— Pourquoi pas ? Les assassinats y sont fréquents.
— Quelle plaisanterie ! Ce sont les romanciers qui ont calomnié cette magnifique forêt. En fait de meurtres réels, il n'y a jamais eu que quelques arrestations à main armée, dont la dernière remonte déjà à plus de vingt ans.
— Vous voulez me rassurer.
— Je tiens surtout à venger cette innocente forêt des calomnies que l'on a faites sur son compte.

La jeune femme ne parut que médiocrement rassurée. Elle jetait autour d'elle des regards craintifs.

En ce moment, cette jolie fille, blonde, timide, effarée au moindre bruit, ressemblait à une gazelle effarouchée. Jamais elle n'avait été aussi charmante sur la scène ; un peu d'émotion vraie prêtait à ses traits une grâce piquante que les émotions jouées ne peuvent donner.

Son cavalier, l'observant à la dérobée, riait des peurs naïves de cette héroïne de mélodrame.

Jeanne Kessler tenait les premiers rôles d'un théâtre du boulevard.

Charles Hurault, le journaliste qui l'accompagnait, l'avait admirée un jour, dans une baraque de saltimbanques, jouant *Geneviève de Brabant*, sur la place de la Bastille, devant un public à deux sous. Il lui avait consacré un article de trois colonnes dans son journal, et Jeanne avait été engagée par son influence ; il connaissait à cette époque un jeune homme inconnu, d'un talent supérieur. Il lui commanda un drame, fit tailler à Jeanne Kessler un rôle de bohémienne, et deux intelligences d'élite lui durent d'avoir vu briller le soleil du succès. La pièce réussit : elle eut cent dix représentations.

L'auteur, qui devait tout à Charles Hurault, fut ingrat ; le journaliste se permit un jour une observation très-juste, noyée dans des éloges ; la vanité blessée du dramaturge ne pardonna jamais.

1

L'artiste, au contraire, fut charmante. Le soir de la première représentation, elle vint sauter au cou de Charles Hurault. L'amour acquitta pendant six grands mois la dette de la reconnaissance. Puis les deux amants devinrent deux amis : chez les bonnes natures, l'estime surnage au milieu des épaves du naufrage de la passion.

Jeanne, après avoir écouté anxieusement les bruits lointains qui des profondeurs du bois venaient mourir jusqu'à elle, demanda avec impatience :

— En somme, comment retrouverons-nous notre chemin ?

— En marchant droit devant nous ; c'est le plus sûr moyen d'arriver quelque part.

— Charles, prenez garde, — fit la jeune femme avec une moue charmante ; — si vous ne me ramenez pas au château ce soir, vous allez vous couvrir de ridicule.

— Et comment cela ?

— On vous accusera d'avoir conçu une jalousie rétrospective et de m'avoir égarée avec préméditation.

— Vous ne pensez pas un mot de ce que vous dites là ?

— Eh ! eh ! Vous paraissez nourrir une haine peu justifiée à l'égard du baron.

— De la haine, non ; du mépris, peut-être ; de la défiance, certainement.

— Et le motif de cette défiance ?

— Je soupçonne ce baron brésilien d'être un aventurier.

— Vos doutes ont-ils une base sérieuse ?

— Non ; ils reposent sur des indices... des pressentiments !

— Tout cela est bien vague.

— Jeanne, — dit le journaliste sérieusement, — prenez garde et réfléchissez... Vous êtes sur le point d'accepter l'amour de ce Brésilien. Entre nous, vous ne l'aimez pas. Ce serait une liaison... de convenance.

— Vous décidez bien vite.

— Oh ! je vous connais. Eh bien ! prenez garde. Une femme comme vous, une actrice de talent, doit savoir choisir. Si ce Brésilien était un escroc !

— Oh !

— On ne sait pas. Attendez.

La jeune femme réfléchit ; sans doute cet avis répondait aux échos secrets de sa conscience. Elle sourit à son cavalier et lui dit :

— Allons, vous avez raison. Merci du conseil, je le suivrai. — Puis elle ajouta avec un soupir vrai : — Mon Dieu ! que je suis malheureuse !

— Ah bah ! — fit le journaliste.

— Oui, — reprit-elle. — Tenez, Charles, je vais vous faire une révélation.

— J'écoute, mais pas de tirades ; nous ne sommes pas en scène.

— Rassurez-vous, je vous ferai l'aveu bien franc d'une détresse qu'on ne soupçonne pas.

— Diable ! Où voulez-vous en venir ?

— Je veux, ou je voudrais devenir amoureuse...

Jeanne dit cela d'un air charmant.

Le journaliste se mit à rire et dit :

— Savez-vous, ma chère, qu'après une telle confession j'ai le droit d'être fier ; vous ne m'avez pas encore donné de successeur ; cela prouve...

— Que vous êtes supérieur à tous ceux qui m'entourent et qu'il est bien malheureux que notre passion se soit éteinte si vite.

— Ma foi ! oui, — dit Hurault en allumant un cigare avec insouciance.

Jeanne reprit :

— Notre situation est assez bizarre. Nous voilà tous deux seuls dans une forêt, nous nous sommes aimés, nous nous sommes quittés sans querelles, nous appelons l'amour et il ne revient pas. C'est drôle.

— Ma chère Jeanne, vous allez trop loin, — fit galamment le journaliste. — L'amour est tout revenu si vous voulez.

Et il voulut prendre la main de l'actrice. Mais celle-ci lui dit d'un air de reproche :

— Oh ! fi donc ! Je vous croyais plus franc. Ne mentez pas ainsi ; c'est plat. Nous sommes deux amis loyaux dévoués ; c'est tout ce qui reste d'un beau feu d'autrefois. Ne soufflons pas sur des cendres. — Le journaliste ne protesta pas. — A propos, — reprit Jeanne, — savez-vous pourquoi je voulais essayer d'aimer ce Brésilien ?

— Non, ma foi !

— C'est précisément à cause du mystère que chacun pressent dans sa vie ; les secrets que cet homme doit cacher me fascinent et m'attirent. Vos gandins m'ont tellement fatiguée de fadaises et de platitudes, que je rêve une grande passion pour le héros d'un drame réel. Voilà où j'en suis, mon cher. Il y a des moments où je voudrais être lancée au milieu d'une aventure semée de périls, de trahisons, de...

— Et cætera, et cætera, — interrompit Charles Hurault ; — une pièce de la Gaîté à grand tralala ; inutile d'en dire plus long, vous allez être servie à souhait. — Le journaliste ramassa une baguette de bois et prit la pose majestueuse d'un sorcier faisant une conjuration, et d'une voix sombre débita la formule consacrée : — Princesse, tu vois devant toi le roi de la forêt ! Tu as fait un souhait... De par la vertu de ma baguette magique, il va s'accomplir. Brigands, paraissez... voilà une jeune fille qui désire se faire enlever et...

Le journaliste n'acheva pas. Il resta bouche béante en face de trois personnages féeriques qui semblèrent sortir de terre à son évocation magique.

Jeanne poussa un cri strident et ferma les yeux. Quand elle les rouvrit, elle revit la fantastique apparition.

Deux hommes... étaient-ce bien des hommes ? et un enfant, bizarrement accoutrés et armés, se tenaient debout devant elle et son compagnon. Ils s'étaient dressés tout à coup du milieu d'un buisson et semblaient attendre en silence les ordres du journaliste. Celui-ci jeta sa baguette, se frotta les yeux, examina les êtres qu'il avait devant lui, et se convainquit qu'il n'était pas le jouet d'une illusion.

Le premier de ces hommes était un vieillard, qui portait avec une imposante dignité le costume des chefs algériens. Sa longue barbe blanche aux reflets d'argent donnait à sa figure patriarcale une expression vénérable, qu'augmentait encore la parfaite impassibilité de sa personne, laquelle offrait du reste le type le plus pur de la race des djouads (nobles) arabes. Nez en bec d'aigle, tête anguleuse, menton pointu, pommettes saillantes, front haut, mais un peu fuyant, torse nerveux, porté sur des jambes longues et maigres, tel était l'étranger ; tel devait être Ismaël, le père de la race arabe. Grave, silencieux, recueilli, il s'appuyait sur sa carabine et était admirablement encadré dans le paysage pour faire un effet saisissant. Il aspirait les bouffées d'un long chibouque, et c'est à peine s'il daignait entr'ouvrir imperceptiblement les lèvres pour laisser passer une fumée presque invisible. C'était à croire qu'il l'avalait dans la crainte de desserrer les dents.

Son compagnon était un colosse d'aspect farouche à la puissante musculature, à la charpente grossière et massive. Ses gros yeux flamboyaient à fleur de tête, éclairant une rude physionomie aux narines dilatées, au nez fendu à la façon des bouledogues, aux favoris roux et épais ; il avait la taille courte et ramassée comme celle des lutteurs, la main large et puissante des hommes d'action, et des épaules à porter une montagne. Ses cheveux épais s'ensevelissaient sous un immense et pittoresque chapeau de palmier tressé. De lourds brodequins à triples semelles montaient jusqu'à moitié de ses mollets nerveux et saillants, même sous son large pantalon de toile blanche ; il portait un paletot très-court, garni d'un capuchon à la mode algérienne, et sa large poitrine soulevait une chemise de laine rouge dont le col n'était point cravaté; une ceinture bleue retenait autour de ses reins tout un arsenal de pistolets et de poignards. Cette espèce d'ogre, à l'apparence de brigand, avait aux lèvres une pipe en racine de bruyère ; appuyé comme son compagnon sur une carabine à long canon, il ne bougeait pas plus qu'un terme et roulait des yeux farouches autour de lui.

Enfin l'enfant qui accompagnait ces deux personnages était vêtu à la moresque ; il était charmant, regardait curieusement, presque amoureusement la jeune femme; seulement il était armé d'un petit mousqueton qui lui donnait un air crâne et martial, malgré sa jeunesse.

Jeanne voulut fuir. Mais les étrangers échangèrent quelques mots dans une langue inconnue et sauvage; puis l'homme au chapeau de palmier fit signe à Charles Hurault et à sa compagne de les suivre.

Dans le premier moment de stupéfaction, le journaliste et la jeune femme obéirent sans mot dire à cette injonction. Ils ne réfléchissaient pas. Il leur semblait faire un rêve; un mauvais rêve, par exemple.

Pourtant, au bout de dix pas sous la feuillée, Charles Hurault reprit un peu de sang-froid :

— Ah çà ! — demanda-t-il, — qui êtes-vous, et où nous conduisez-vous ?

Au lieu de répondre, l'homme au chapeau de palmier se retourna en fronçant le sourcil et laissa tomber de ses lèvres menaçantes un chut! qui n'admettait pas la moindre réplique. L'enfant curieux rôdait autour de l'actrice; il lui avait même pris la main sur laquelle il avait déposé un baiser. L'Arabe jeta un coup d'œil sévère au petit Algérien, qui n'osa plus s'approcher de la jeune femme, mais qui lui envoya quelques baisers à la dérobée.

— Halte ! — commanda l'homme au chapeau de palmier, après avoir fait une centaine de pas. Et il ajouta : — Ici, Ali. — L'enfant s'approcha. — Grimpe là-haut et appelle Juarez, — ordonna encore l'homme au chapeau en indiquant un chêne.

L'enfant s'élança vers l'arbre et en atteignit le sommet avec une adresse inouïe; on eût dit d'un écureuil. Arrivé au faîte, il imita le croassement du corbeau avec une rare perfection. Un croassement pareil lui répondit. L'enfant redescendit; dix minutes se passèrent et un autre étranger arriva. Il portait à peu près le même costume que l'homme au chapeau de palmier ; mais l'étoffe de ses vêtements était d'un tissu plus riche; la coupe en était plus élégante ; il avait des armes artistement damasquinées d'argent. Autant son compagnon semblait grossier, autant il paraissait distingué. C'était, du reste, un tout jeune homme. On lui aurait donné vingt ans à peine ; une blonde chevelure encadrait son charmant visage; son nez finement dessiné, son menton à fossettes, sa petite bouche sensuelle n'auraient pas déparé la tête mignonne d'une jeune fille. Et cependant cette gracieuse figure ne semblait pas efféminée, on sentait instinctivement qu'une rare énergie se cachait sous cette enveloppe délicate. De prime abord on ne se rendait pas parfaitement compte de cette impression ; mais on s'apercevait bientôt qu'une couche de bronze recouvrait cette peau satinée, qu'une brune moustache se dessinait au-dessus des lèvres roses, et que ses yeux bleus, semés de points jaunes qui leur donnaient un éclat verdâtre, lançaient des éclairs à travers de longs cils noirs. Ses deux petites mains auraient disparu dans celles de Jacques la Hache ; mais les souples ondulations de son corps admirablement sculpté dénotaient une si merveilleuse agilité, qu'en cas de lutte il eût peut-être triomphé de son colossal compagnon. Il s'inclina respectueusement devant la jeune femme et salua d'une façon fort affable le journaliste.

Jeanne, dès qu'elle aperçut le nouveau venu, se sentit immédiatement rassurée. Pourquoi ? Parce qu'une jolie femme d'ordinaire croit n'avoir rien à redouter de terrible de la part d'un jeune et beau garçon, fût-il un brigand calabrais ; témoin Fra Diavolo, dont les Anglaises raffolaient. Ah ! si le bandit est laid ! c'est autre chose... Cela se conçoit, du reste.

— Madame, — fit le jeune homme en s'inclinant, — et vous, monsieur, daignez excuser un malentendu ; mes compagnons vous ont arrêté par suite d'une déplorable erreur. Vous n'êtes certainement pas ceux que nous cherchions.

— Juarez, tu te trompes, — dit l'homme au chapeau de palmier. — Nous n'avons pas commis d'erreur ; nous ne confondons pas les ennemis avec un indifférent. L'homme que voici n'a aucune ressemblance avec l'homme que tu sais.

— Alors, mon vieux Jacques la Hache, pourquoi diable m'amener des personnes avec lesquelles nous n'avons absolument rien à faire ?

— Parce que tu avais besoin d'un renseignement sur le mulâtre, et que ceux-ci peuvent te le donner.

Jacques la Hache, puisque tel est le nom de l'homme au chapeau, acheva sa pensée en employant une langue inconnue.

Le jeune homme, après avoir entendu son compagnon, réfléchit et reprit, s'adressant à la jeune femme :

— Je suis placé, madame, dans des circonstances bien extraordinaires ; ne me jugez pas sur les apparences ; daignez exaucer une prière et répondre à une question indiscrète peut-être, mais d'où dépendent de sérieux intérêts. Connaissez-vous le baron de Santa-Ferice? Êtes-vous au nombre de ses invités, comme mon ami vient de me l'affirmer à l'instant?

— Oui, monsieur, — répondit l'actrice.

— Est-il vrai qu'il se propose de faire cette nuit une promenade au bois ? — reprit le jeune homme.

— Oui, — dit Jeanne.

— Merci, madame.

Les événements qui se succédaient avaient jeté Charles Hurault dans une sorte de stupeur; toutefois cet interrogatoire le révolta et le ramena au sentiment de la situation. Il prit une résolution énergique.

— Monsieur Juarez, — c'était le nom que le compagnon du jeune homme lui donnait, — monsieur Juarez, — dit-il, — j'ignore qui vous êtes. Vous nous avez fait arrêter par des gens armés et vous arrachez par intimidation des réponses à une femme que je ne puis protéger puisque je suis sans armes. A voir votre costume bizarre, je me demande si vous ne jouez pas une comédie ridicule. La farce serait mauvaise, je vous saurais gré de ne pas la continuer plus longtemps.

— Monsieur, — répondit le jeune homme, — je vous assure que nous ne jouons aucune comédie. Nous sommes des étrangers, portant le costume de notre profession et de notre pays. Les événements nous forcent à en agir arbitrairement avec vous. J'en suis désolé. J'oserai à mon tour vous demander qui vous êtes ? Ceci va déterminer ma conduite envers vous ?

— Je me nomme Charles Hurault.

— Le feuilletonniste du journal l'*Epoque!* — s'écria l'étranger.

— Précisément.

— Mes compliments, monsieur, j'ai lu vos articles au fond de vos solitudes, et vous voyez en moi un admirateur de votre talent. On gagne presque toujours à faire connaissance. Maintenant que je sais avoir affaire à un homme d'honneur, je puis vous laisser votre liberté si vous me jurez sur l'honneur de ne révéler à personne rien de ce qui s'est passé.

Le ton, les manières, la courtoisie même de ce jeune homme avaient singulièrement apaisé la susceptibilité de Charles Hurault et calmé les craintes de Jeanne.

Le journaliste, toutefois, craignait encore d'être la dupe de quelque mystification habilement préparée.

— Voyons, — dit-il, — avant d'aller plus loin, n'êtes-vous pas des étudiants déguisés en brigands afin de faire peur aux promeneurs.

— Par exemple ! — fit le jeune homme humilié, — croyez-vous que la barbe de Jacques la Hache soit postiche ?

— Alors, — dit naïvement et curieusement Jeanne Kessler, — vous êtes de véritables brigands !

— Oh ! fi donc ! Tenez, madame, par vos beaux yeux, par votre grâce et votre beauté, je vous jure que nous sommes d'honnêtes gens, venus en France dans un but honorable; je vous supplie d'employer votre influence sur votre cavalier pour qu'il prenne, ainsi que vous, l'engagement que je demande; ensuite vous serez libres, et dans quelques heures vous saurez tout et vous ne regretterez pas de nous avoir tenu parole.

— Mais c'est peut-être un devoir pour nous de prévenir le baron de Santa-Ferice de la rencontre que nous avons faite. Nous ignorons vos projets.

— Encore une fois, sur tout ce qu'il y a de plus sacré au monde, je vous affirme que notre but est loyal. N'hésitez plus, monsieur. Dans nos déserts, la parole de Juarez suffit, et nul ne lui a jamais demandé un serment.

— Jurez, Charles, jurez... — supplia Jeanne.

Le journaliste jura en souriant.

— Elle aime déjà ce singulier jeune homme, — pensait-il.

— Merci, — dit Juarez, quand le journaliste eut fait sa promesse. — Et vous, madame ?

— Oh ! moi, je ne sais trop pourquoi, mais j'ai foi en vous. Je me tairai.

— Comme elle y va ! — pensa Hurault. — Elle le provoque !

— Ah ! merci mille fois de cette confiance ! — s'écria le jeune homme avec reconnaissance, et il appela : —Ali ! — Le petit Algérien s'approcha. — Reconduis madame et son cavalier vers la villa du baron de Santa-Ferice, — dit Juarez à l'enfant. Puis il ajouta : — Quoi qu'il arrive, ne doutez pas de moi, madame; ce que je ferai, j'aurai le droit de le faire. Vous, monsieur, croyez-m'en, ne vous mêlez pas aux événements qui vont s'accomplir.

Cela dit, le jeune homme salua, ses deux compagnons se levèrent, et tous trois disparurent bientôt. Jeanne les suivait des yeux. Ali seul restait en face de la jeune femme, il lui avait pris la main et s'efforçait gentiment de lui glisser une bague au doigt.

— Que fais-tu, petit ? — demanda-t-elle surprise.

— C'est un souvenir de Juarez ! — fit l'enfant. — Il me l'a remis pour vous en s'en allant.

L'actrice examina cette bague ; c'était une chevalière ornée d'un brillant d'environ quatre carats...

Le cadeau était royal.

— C'est galant, cela ! — fit Hurault. — Décidément ce singulier personnage est un gentilhomme. C'est peut-être un Brésilien comme notre baron; son parent même, qui vient lui demander compte d'une part d'héritage, carabine à la main, comme cela se pratique dans les savanes d'Amérique. Nous nageons en plein drame. L'Arabe seul me paraît inexplicable. Conduis-nous, petit ?

— Oui, monsieur.

— On se mit en marche.

— Dis-moi, — demanda Charles à Ali, — qui est ton maître ?

— Je n'ai pas de maître, — répondit l'enfant. — De qui parlez-vous ? Est-ce du tueur de panthères ?

— De celui que tu as appelé Juarez.

— Et bien, oui, c'est le tueur de panthères; l'autre, c'est le vieux Jacques la Hache; le troisième, c'est mon oncle Selim.

— Que font-ils ?

— Ils sont coureurs de bois.

— Qu'est-ce qu'un coureur de bois ?

— Dame! c'est un chasseur, un homme qui vit dans les solitudes.

— De quel pays venez-vous ?

— Oh ! — fit l'enfant, — ce n'est pas bien de me questionner ainsi. J'aime mieux me taire. Juarez m'a fait signe de tenir ma langue. Tenez, voici l'avenue, le château est par là, sur la gauche. Au revoir, madame ! Qu'Allah vous garde et vous donne de beaux enfants.

Jeanne jeta sur le petit Algérien un coup d'œil affectueux; l'enfant était charmant !

— Veux-tu m'embrasser ? — demanda-t-elle.

Il se jeta à son cou, puis il dit :

— C'est bon d'embrasser une femme ; moi je n'ai jamais eu de mère ni de sœur; mais j'aurai une maîtresse quand je serai grand.

Et il se sauva en entendant un croassement de corbeau. C'était un appel.

II

Où le lecteur prend connaissance d'une lettre qui arrive fort à propos pour éclaircir la situation

Jeanne et Hurault continuaient lentement leur route ; le journaliste riait ; l'actrice était rêveuse.

— Qu'en pensez-vous ? demanda-t-elle enfin.

— Que vous êtes servie à souhait, — répondit-il.

— C'est vrai, — dit-elle. — Voilà un amoureux tout trouvé. Nous le reverrons sans doute.

— Oh ! bien certainement.

— Mais enfin, sérieusement, que supposez-vous ? Est-ce que ce sont des bohémiens ? Seraient-ce des chercheurs d'or ? « Vous saurez tout bientôt, » a-t-il dit. Je voudrais déjà savoir !

— Il est certain que la chose est faite pour intriguer. Voyons, je vais vous donner peut-être un commencement d'explications. Le hasard nous sert à merveille. J'ai lu dernièrement dans le compte-rendu d'une expédition au Soham qu'un coureur de bois avait quitté une colonne. Ce mot coureur de bois m'a intrigué; j'ai demandé par lettre des explications à un de mes amis, officier supérieur des chasseurs d'Afrique. Lorsque nous avons quitté le château, un domestique m'a remis une lettre venant d'Alger. Je tenais votre bras sous le mien, je n'ai pas voulu vous faire l'impolitesse de vous quitter pour lire ma lettre, qui en somme ne devait rien avoir de pressant ; sans doute elle contient des détails sur ces coureurs de bois dont nous venons de rencontrer une bande. Voici cette lettre, lisons.—Le journaliste rompit le cachet, et tout en marchant parcourut des yeux le commencement de la lettre et lut à haute voix les passages suivants : « Le » guide dont tu parles est le comte Juarez de C... »

— Oh ! — fit Jeanne, — le même que nous avons vu ?

— Probablement. Je continue : « Le comte de C... ap-
» partient à cette classe peu connue de la population al-
» gérienne que, par delà la Méditerranée, nous appelons
» coureurs de bois, et qui vit du produit de ses chasses
» au milieu des solitudes encore insondées de notre co-
» lonie.

» Se recrutant dans tous les rangs de la société et
» parmi toutes les races musulmanes, chrétiennes ou
» juives des États barbaresques, les coureurs de bois for-
» ment une caste à part qui a son code, ses mœurs, ses
» coutumes en dehors des usages de la civilisation. Er-
» rant sur les confins de nos possessions, ces intrépides
» chasseurs ont une existence semée des aventures les
» plus dramatiques, des incidents les plus bizarres.

» Sans cesse entourés de dangers imprévus, ayant à
» redouter et la balle des coupeurs de route et la griffe
» du lion et la dent de la panthère, ils bravent la mort
» avec une insouciance héroïque ; au milieu des situa-
» tions les plus terribles, ils conservent un calme intré-
» pide, qui est un des traits les plus accusés de leur ca-
» ractère indomptable.

» Les *coureurs de bois* aiment à s'enfoncer loin des

» villes, au fond du Sahara, parce qu'ils ont soif d'indé-
» pendance et que leurs âmes fortement trempées éprou-
» vent une invincible attraction pour les émotions vio-
» lentes. Poussés par une mystérieuse vocation vers les
» savanes désertes de l'Afrique centrale, mais tenant
» encore à l'Europe par quelques-uns de ces liens qu'on
» ne peut jamais détruire, ils sont la *tête de colonne* de
» notre civilisation ; la précédant toujours, ils forment
» un trait d'union entre elle et la barbarie, grâce aux
» affinités de leur nature mixte, à la fois sauvage par
» les goûts et policée par l'éducation.
» Parmi ces *coureurs de bois* il y a différentes spécia-
» lités qui toutes ont un nom et une existence diffé-
» rente.
» Les plus hardis et les plus célèbres de ces aventu-
» riers sont ceux qui vont explorer les steppes immenses
» du Sahara pour y tuer l'autruche, dont les plumes
» forment un ornement si précieux. Les Arabes appel-
» lent ces chasseurs d'autruches des *buveurs de sable*.
» Redoutés de toutes les tribus, respectés dans les
» *ksours* (villages sahariens), les buveurs de sable sont
» en lutte continuelle avec les Touareggs, les pirates du
» désert. Quand ceux-ci surprennent une troupe de
» chasseurs, ils s'emparent des dépouilles qu'ils ont con-
» quises à coups de carabine ; puis ils les réduisent en
» esclavage pour les vendre sur les marchés de Tom-
» bouctou, la ville nègre ! Aussi les buveurs de sable,
» acharnés contre les Touareggs, leur font-ils une
» guerre sans trêve, sans merci.
» C'est entre eux un duel à mort !...
» Quant au comte Juarez de C**, c'est le plus célèbre
» des coureurs de bois.
» Lui et ses amis, Jacques la Hache et Selim, ont ac-
» compli des exploits prodigieux.
» Une reine du Soudan a voulu épouser le comte, qui
» a refusé. Les plus jolies filles des tribus seraient heu-
» reuses d'être ses esclaves ; les Arabes le vénèrent
» comme un Dieu et le craignent comme le feu.
» Bref, c'est un être légendaire !
» Il vient de sauver une colonne ; on lui a offert la
» croix qu'il a refusée.
» Il est parti pour la France afin *de prendre un sang,*
» c'est-à-dire se venger. »
Là se terminait ce qui concernait les coureurs de bois.
Charles leva la tête et dit :
— Décidément nous allons être mêlés à d'étranges
événements. Nous allons assister cette nuit à quelque
scène de meurtre effrayante.
Ils arrivaient en ce moment à la grille du château.
On les attendait pour le dîner ; trente personnes in-
quiètes de leur retard poussèrent une joyeuse clameur
en les apercevant dans la cour.

III

*Où l'on prend les hommes et les chevaux au lacet, et où
Jacques la Hache rend œil pour œil, dent pour dent.*

La nuit était venue, les fenêtres du château s'étaient
illuminées, le dîner avait été servi.
Une trentaine de convives s'étaient assis à la table
somptueuse du baron de San-Ferice. Les hommes
étaient des viveurs ; les femmes étaient du demi-monde
(le mot n'était pas encore inventé).
Le repas fut splendide. Il dégénéra rapidement en
orgie.
Le baron de San-Ferice était petit, mais trapu et
nerveux, toujours inquiet, agité, ayant l'air de tourner
sur lui-même comme une panthère en cage ; son teint
de bistre et ses cheveux crépus, d'un noir métallique, lui
donnaient l'air d'un mulâtre, mais à Paris où l'on n'a
pas le préjugé de la couleur, on s'occupait fort peu de
savoir si quelques gouttes de sang nègre coulaient dans
ses veines ; ses yeux d'un vert sombre flamboyaient sous
d'épais sourcils et leur expression était féroce.
D'Estayrac, un peintre célèbre par ses bons mots, en
avait dit, le voyant pour la première fois :
— Voilà un beau jaguar !
La métaphore était juste.

. . . .

Arrivé depuis trois mois à Paris, ayant à y dépenser,
disait-il, l'héritage de son père mort au Brésil, le baron
menait la vie à grandes guides. Il avait convoqué une
société nombreuse et folle dans une villa avoisinant la
forêt et fêtait royalement ses hôtes.
Il s'était épris de Jeanne Kesler. Celle-ci, quoique appartenant au théâtre, n'était pas femme à accepter le
premier venu pour amant. Jusques-là, elle s'était abstenue de donner un successeur à Charles Hurault.
Il est vrai qu'un legs considérable du vieux duc de
Daricourt, admirateur platonique de Jeanne, avait donné
à celle-ci une indépendance assez grande. Elle pouvait
se passer d'un... protecteur, on sait ce que veut dire ce
mot. Toutefois, libre de son cœur, ennuyée, Jeanne
trouvait étrange les allures du Brésilien, commençait à
se laisser fasciner par les fauves éclairs que lançait la
prunelle de ce jaguar américain. Le baron espérait cette
nuit même obtenir ce qu'il attendait vainement depuis
un mois.
Il avait imaginé dans ce but une promenade nocturne
à travers la forêt, et ensuite un souper aux flambeaux ;
il comptait beaucoup sur l'orgie qui en résulterait et au
besoin sur quelques moyens à lui connus pour en finir
avec l'inexplicable résistance de Jeanne. Car celle-ci,
tour à tour fascinée et repoussée, hésitait à se livrer
aux caresses de cette bête fauve.
— La patte est douce, légère, quand les griffes sont
rentrées, — avait dit d'Estayrac à l'actrice ; — mais gare
aux morsures, gare aux déchirures. Ces bêtes félines
vous dévorent quand elles vous tiennent.
De la discrétion de Jeanne. Mais, grâce à ces in-
décisions, le caprice ou la passion du baron avait atteint
un degré voisin du délire ; les désirs irrités, dans les
tempéraments de feu, prennent des proportions ef-
frayantes.
Quand le dîner fut terminé, le baron invita les convives à monter dans les voitures. Il comptait bien se
placer seul avec Jeanne dans une calèche. Elle refusa.
Le Brésilien fronça le sourcil, mais dissimula sa fureur. Sa jalousie avait été vivement excitée, d'abord par
la disparition de l'actrice avec son ancien amant ; ensuite par la vue d'une bague nouvelle brillant au doigt
de la jeune femme. Cette bague et cette disparition
avaient excité la verve des convives, qui avaient plai-
santé longtemps sur ce sujet.
Ne pouvant avoir Jeanne dans sa voiture, le baron
voulut monter à cheval. Il se pencha vers le valet
nègre qui tenait les rênes de sa monture et lui dit à voix
basse :
— Va dire à *la mère* de te donner le flacon dont elle
m'a parlé et de le tenir préparé pour nous recevoir cette
nuit. — Puis, à part lui, il ajouta : — La vieille sorcière a
raison. Pourquoi se donner tant de peine quand on peut
triompher si facilement des plus farouches vertus. Quelques gouttes d'opium dans un verre et cette petite fille
va m'appartenir. Décidément il faut en finir. Quand
elle se réveillera... elle en prendra son parti ! Une actrice, bah ! — Et le baron reçut du nègre le flacon qu'il
avait demandé. — Tu sais, — lui dit-il encore à l'oreille,
— le coupé et deux bons chevaux.
Cette conversation avait lieu au milieu du bruit de la
fête, des piétinements des chevaux, des plaisanteries
qui s'entre-croisaient, d'un brouhaha, d'une confusion
extrême.

Bientôt les grilles du château furent ouvertes et les calèches partirent au galop, parcourant rapidement les allées, résonnant des folles exclamations, dont toute la bande échevelée des convives faisait retentir les échos de la forêt.

Cette course dura quelques heures, pendant lesquelles le baron chevauchait auprès de la calèche, au fond de laquelle Jeanne s'était pelotonnée rêveuse et frissonnant à chaque instant. Elle attendait la catastrophe que les paroles de Juarez semblaient promettre...

Le baron essayait en vain de la tirer de sa rêverie. Enfin, las de lutter contre un parti pris, il s'éloigna furieux, en proférant quelques menaces sinistres à mi-voix. Tout à coup lui aussi tressaillit : un croassement de corbeau venait de frapper son oreille ; des hououlements de chouette avait retenti ; rien d'extraordinaire dans ces faits ; pourtant il s'*était arrêté*.

— Si c'étaient eux ! — pensait-il.

Le baron prêta l'oreille, mais la forêt était redevenue silencieuse, il se rassura. Toutefois son front s'était assombri.

L'on avait indiqué un carrefour comme rendez-vous pour le souper. Les calèches, dispersées peu à peu, arrivèrent successivement sur ce point ; des cantines, apportées d'avance contenaient le repas, qui fut servi par des laquais nègres en livrée. La couleur de ses domestiques ne contribuait pas peu au succès du baron dans le monde parisien ; avoir des nègres à son service c'est trancher du nabab.

La nuit était douce, calme, tiède, parfumée. Les étoiles scintillaient dans l'azur du ciel ; la lune produisait à travers les échappées, des jeux d'ombre et de lumière qui donnaient aux grands arbres une imposante majesté.

Le souper était digne du dîner ; le vin coulait à larges flots ; on était assis sur des tapis ; des torches éclairaient la scène et lui donnaient un aspect fantastique ; les femmes en toilettes élégantes commençaient à se laisser aller à ce spirituel débauché qui donne tant de rapport aux lorettes parisiennes et assure leur suprématie sur leurs rivales du monde entier.

Les hommes, à peu près gris, fourrageaient les dentelles de ces dames ; c'étaient des cris perçants, des baisers plantureux, des frou-frou de robes, des jurons sonores, des luttes presque brutales, des soufflets reçus, que l'impatience et non la pudeur faisaient donner ; les laquais nègres commençaient à boire à longs traits ; deux ou trois drôlesses plus avinées que les autres ou plus blasées les agaçaient, et les gaillards souriaient de ce large sourire particulier à leur race ; ils espéraient butiner après les maîtres.

Charles Hurault et Jeanne avaient seuls à peu près conservé leur sang-froid ; toutefois ils avaient fait honneur au souper. Ils n'avaient pas pris garde que le baron avait fait signe à un nègre, lequel leur avait versé le vin d'un flacon qui n'avait servi que pour eux seuls.

Le baron semblait interroger anxieusement la physionomie de ces deux convives ; il poussa un soupir de satisfaction en remarquant que la tête du journaliste semblait s'alourdir ; bientôt aussi les yeux de Jeanne se fermèrent pour se rouvrir, puis se refermer, comme il arrive à ceux qui luttent contre le sommeil.

Le baron fit un signe à un nègre, qui s'approcha de la jeune femme. Celle-ci, ne pouvant triompher de l'opium traîtreusement versé dans son verre, essaya de secouer sa torpeur et retomba foudroyée par le narcotique. Hurault avait déjà succombé.

Le baron sourit. Les convives étaient trop occupés pour prêter grande attention à cet incident.

— Tiens ! — fit l'un d'une voix avinée, — voilà Charles ivre mort.

— Jeanne s'est grisée ! — dit une lorette.

Le baron s'occupa de faire avancer une calèche dans laquelle on déposa les deux dormeurs.

— Au château ! — ordonna-t-il au cocher.

Le cocher partit à toute bride. Mais au détour d'une avenue il s'arrêta et fut bientôt rejoint par un petit coupé dans lequel se trouvait le baron. Celui-ci voulait emmener Jeanne dans une petite maison de campagne voisine de son château, et habitée par une vieille négresse à laquelle il semblait porter un vif intérêt en donnant pour prétexte qu'elle l'avait nourrie de son lait.

Le baron redoutait la colère de Jeanne et n'avait pas voulu en affronter l'éclat dans son château, où il hébergeait tant d'invités. Il pensait calmer le ressentiment de l'actrice une fois la première explosion passée.

Il fit placer la dormeuse au fond du coupé, monta lui-même sur le siège, et partit d'un côté pendant que la calèche emportait Hurault au château.

Le baron était impatient. Le coupé dévorait l'espace. Quelques hououlements de chouette avaient bien impressionné le Brésilien ; une fois même il avait murmuré :

— Si j'étais encore en Algérie, je croirais entendre les signaux des coureurs des bois ; mais je suis fou de m'arrêter à de pareilles suppositions. Ils ne se doutent guère que je suis en France. — Et il avait vigoureusement fouetté ses chevaux. Pourtant un cri étrange qui passa sur la forêt, cri strident, rauque, sauvage, lui donna une sueur froide. — Un glapissement de chacal !... ici !... ce sont eux ! — murmura-t-il avec terreur. — Perdu ! Ils doivent être en force ! — Il écouta frémissant. Le silence était redevenu profond. — Je me trompais, — murmura le baron. — Je deviens poltron, c'est ignoble. Autrefois, j'ai bravé les coureurs de bois, les gendarmes maures, les panthères, les lions ; maintenant ma cervelle troublée s'emplit de visions et de chimères.

Il excita son attelage dont la course s'était ralentie.

Les chevaux bondirent, mais une ombre se dressa sur le bord d'un fossé, un léger sifflement fit vibrer l'air, un bruit mat le suivit, les chevaux s'abattirent et le baron de San-Ferice fut précipité sur son attelage.

Il se releva d'un bond, tirant un pistolet de ses fontes. Une forme humaine se dessina, le baron tira son coup de feu, mais presque en même temps un lasso le serrait au cou, l'étranglait et lui faisait perdre connaissance.

Quand le baron de San-Ferice reprit ses sens, il était dans la petite maison de campagne où il voulait conduire Jeanne. Il était attaché sur un lit. Jacques la Hache et trois compagnons l'entouraient.

— Eh bien ! bandit, te voilà donc en notre pouvoir, — dit le vieux coureur de bois. Le baron ne répondit pas. Ses dents s'entre-choquaient, sa chair frissonnait. Son heure a sonné, chien, — reprit le chasseur, — tu vas mourir. Tu sais la loi du désert : Œil pour œil, dent pour dent. Tu as tué, nous te tuons. Tu as brûlé, nous te brûlons. La maison est isolée, les secours sont loin, tout flambera en un quart d'heure. Songe en mourant à la main qui te frappe.

Le Brésilien fit un mouvement violent, mais il ne put briser ses liens. Il appela, mais on le bâillonna. Les compagnons de Jacques, l'œil haineux mais les traits immobiles, ressemblaient à des statues.

Le coureur de bois prit une lampe allumée sur un meuble, mit le feu au rideau du lit, qui flamba illuminant la chambre, et, s'éloignant vers la porte avec les siens, contempla aussi longtemps que le feu le permit l'agonie du baron.

Les trois hommes savouraient leur vengeance avec une volupté sauvage.

Quand l'incendie eut rempli la pièce d'étincelles et de fumée, quand la chaleur fut insupportable, les coureurs de bois se retirèrent. Les cordes qui retenaient le baron avaient été mouillées de telle façon qu'il mourut dans d'atroces souffrances avant que la flamme eût rongé ses liens.

Hors de la maison, les coureurs de bois trouvèrent une

vieille négresse qui vint à eux. Juarez lui dit durement, en la menaçant du geste :

— Les gens de la justice t'interrogeront, tu leur répondras que le baron de San-Ferice recevait ici les visites d'une dame qui venait presque chaque nuit; que cette dame n'est pas venue et que sans doute le baron a mis le feu à son lit en fumant. Surtout, pas un mot. Si tu ne suis pas mes instructions à la lettre, malheur à toi !

La vieille tomba à genoux et se prosterna. Juarez lui jeta une bourse pleine d'or, puis il se retira rapidement avec les siens.

La vieille négresse ramassa la bourse, compta les pièces et murmura entre ses dents :

— Si je parle, ils me tueront ; puis ce serait me dénoncer moi-même. Tant pis pour le mulâtre ; du reste, son compte est réglé.—La vieille s'assit devant la maison et la regarda flamber... Elle disait parfois : — Qui s'y serait attendu. Ce Juarez frappe comme la foudre !

Une heure plus tard des paysans de Gagny accouraient en foule pour éteindre l'incendie. Mais il était trop tard. La vieille fit la déclaration dictée par les coureurs de bois, personne ne soupçonna un crime.

Juarez et ses compagnons étaient retournés dans la forêt et avaient trouvé le coupé immobile, les chevaux ne s'étaient pas encore relevés, car rien n'est plus stupide qu'un cheval abattu sous un brancard ; il lui faut presque toujours le secours de l'homme pour se remettre sur ses jambes.

Juarez répara le désordre de l'attelage, fit monter Ali sur le siége et lui dit :

— Au château ! Tu diras à Mahmoud de faire placer cette dame sur son lit par sa femme de chambre, qu'on réveillera si elle dort. Tu remettras cet or au nègre et lui diras que je suis content de lui, qu'il fuie, que je lui pardonne. Ensuite tu reviendras au carrefour.

Ali partit à fond de train.

Juarez presqu'en même temps tombait sur un genou, et Jacques la Hache s'apercevait que le jeune homme avait la poitrine ensanglantée.

— Tonnerre ! — fit le vieux chasseur, — la balle du mulâtre avait porté. Que faire ?

— De Saint-Val ! — fit le vieil Arabe, jusqu'alors muet.

— C'est vrai, — répondit Jacques la Hache ; — jadis nous avons rendu de grands services à monsieur de Saint-Val.

— Reconnaissant ! — fit encore Selim.

Jacques la Hache chargea Juarez évanoui sur son épaule et se dirigea hors de la forêt.

IV

Où le lecteur voit se dresser la silhouette d'une femme charmante.

Dès l'aube du jour qui suivit cette nuit, dans le salon d'une jolie petite maison de campagne bâtie près de Gagny, non loin de la forêt de Bondy, un homme d'une cinquantaine d'années, enveloppé dans une robe de chambre, lisait avec distraction un journal illustré.

Cet homme était monsieur de Saint-Val, dont Jacques la Hache avait parlé, et dont la mort héroïque eut un immense retentissement. Depuis qu'un accident imprévu fit découvrir le motif de son sublime dévouement, il est devenu un de ces types historiques auquel on ne peut donner de relief.

Monsieur de Saint-Val avait une haute taille et une noble physionomie, la dignité de l'homme habitué au commandement, sous la raideur et la brusquerie du chef de troupes en contact avec le soldat. L'intendance militaire, dont il avait été l'honneur, est une position mixte où l'on est soldat par l'autorité et l'uniforme, civil par les rapports et la position.

Administrateur d'un grand talent, monsieur de Saint-Val s'était fait, même à côté des illustrations brillantes de l'armée active, une magnifique réputation d'habileté. Il avait contribué au succès de bien des colonnes en leur assurant les vivres dans les circonstances les plus dangereuses et les plus pénibles.

Le maréchal Clausel faisait le plus grand cas de son mérite.

Son visage accusait soixante ans bien sonnés ; mais son œil avait conservé un reflet de jeunesse qui s'épanouissait sur les rides des joues.

— Parbleu ! — se disait-il en frisant sa moustache, — voilà un événement qui va distraire Louise. Quel étonnement à son réveil !

Et il souriait à cette idée.

Une femme de chambre entra et jeta un coup d'œil dans l'intérieur du salon.

— Tiens ! — fit-elle, — monsieur est levé ?

— Oui, petite, — répondit monsieur de Saint-Val, qui paraissait traiter cette fille avec une douce familiarité.

— Alors monsieur sait peut-être qui a sonné si fort avant l'aube à la grille ?

— Tu es bien curieuse, Madeleine ?

— Monsieur, ce n'est pas moi, c'est madame.

— Ah ! vraiment. Madame a donc entendu le coup de sonnette ?

— Oui, monsieur. Madame a cru aussi que l'on marchait dans la chambre qui est à côté de la sienne ; elle m'envoie vous demander ce qui est arrivé.

— Un ami ?

— Ah ! — fit la soubrette.

— Comme tu dis ce Ah ! petite.

— C'est que monsieur ne répond pas positivement à la question. Madame voudra sans doute savoir le nom de cet ami.

— Tu lui diras que c'est Juarez, le tueur de panthères.

— Ah ! mon Dieu ! — s'écria la bonne en joignant les mains.

Et elle se sauva.

Cinq minutes après, madame de Saint-Val, en déshabillé du matin, accourait près de son mari ; elle déposa un baiser sur son front, la prit par la main et le fit asseoir. Ses manières avec elle avaient quelque chose de paternel ; mais c'est qu'aussi elle aurait pu passer pour sa fille.

Madame de Saint-Val avait vingt ans, elle s'était mariée à seize. Monsieur de Saint-Val avait déjà dépassé l'âge où un homme peut, après un mois de lune de miel, avoir transformé une toute jeune fille en femme ; l'amour, ou plutôt la volupté, est une enclume qui forge à la vierge aux formes indécises des membres plus arrondis, une taille aux contours plus arrêtés, un cou plus ferme et d'une teinte plus chaude.

A cinquante ans un mari n'a plus cette toute-puissance régénératrice, ce souffle de feu qui, sur la frêle organisation de la femme, agit avec autant de force que le souffle du Créateur sur le limon dont Adam fut pétri, d'après la tradition. La compagne d'un vieillard peut subir ses caresses, mais elle ne les lui rend pas ; elle peut accepter son amour, mais elle ne le partage pas. Aussi son développement est-il long, presque aussi long que si elle ne s'était pas mariée. Il en avait été ainsi pour madame de Saint-Val. A vingt ans elle avait encore une candeur virginale, une grâce un peu enfantine, une pudeur naïve qui la rendaient adorable. Dans les lignes correctes de son visage ovale, on lisait une inaltérable sérénité d'âme, un calme parfait ; ses yeux bleus avaient la profondeur et la limpidité de la mer sans en avoir les orages ; on y sentait une tendresse infinie, mais une tendresse sans passion. La bouche avait un sourire ineffable qui corrigeait l'imposante noblesse du front. L'impériale majesté de ce type, adoucie par la mignonne gentillesse des lèvres et par les suaves fossettes du menton et des joues, n'était plus qu'une dignité affable dont l'homme le plus épris devait subir l'ascendant.

— La! — lui dit son mari, — je m'y attendais. Tu t'es levée à la hâte, te voilà tout émue.

— Mais mon ami, — répondit la jeune femme, — c'est assez naturel. Vous recevez à une heure indue un ami qui porte un nom étrange! Cet ami est blessé, paraît-il?

— Ah! tu sais?...

— Oui. Madeleine a rencontré le jardinier dans un corridor, et elle a appris que Pierre était parti précipitamment chercher un chirurgien à Paris.

— Hein! mignonne, quelle page de roman palpitante! Un tueur de panthères gravement blessé, qui vient tomber chez nous comme une bombe!

— Vous vous plaisez à exciter ma curiosité...

— Je l'avoue.

— Eh bien! je vous déclare que je vais vous bouder pendant un mois si vous continuez ce jeu.

Et la jeune femme fit une moue menaçante qui la rendit charmante.

— Viens t'asseoir sur mes genoux, je vais tout te raconter, — dit le mari enchanté et sûr de savourer pendant une heure les plus délicates câlineries. La curiosité est une corde qui vibre toujours dans le cœur des femmes; quand on sait la faire jouer, on peut assouplir le plus rebelles filles d'Ève aux cajoleries les plus suaves. Madame de Saint-Val obéit à l'invitation de son mari, entoura son col de ses deux bras mignons, lui donna un baiser, puis elle attendit: — Ma petite Louise, ce sera long, — fit monsieur de Saint-Val.

— Commencez par la fin, — dit-elle.

— La fin, c'est l'arrivée de Juarez ici. Il a été blessé, j'ignore comment; je suis son obligé, et ses compagnons, Jacques la Hache et Selim, sont venus me demander l'hospitalité pour lui.

— Quels noms! Où sont ces gens-là?

— Partis! ils ont une mission à accomplir. Si tu veux m'en croire, tu me laisseras raconter à ma façon l'histoire de ces trois personnages et tu verras que je t'intéresserai.

— Allons! — fit-elle, — résignons-nous à commencer par le commencement.

Le mari prit un baiser et fit le récit qui suit:

V

Où l'on raconte le passé des buveurs de sable et l'histoire authentique d'un sapeur et de sa hache.

Le père de Juarez était un comte portugais, un de ces hommes du Midi, au teint de bronze, aux favoris d'un noir de jais, au regard passionné.

Comme il arrive souvent, cette âme de feu s'était sentie entraînée par une irrésistible sympathie vers une âme tendre; cette nature de flamme avait été attirée par une nature douce et délicate; le comte de Juarez de C... avait épousé une Anglaise de seize ans, blanche comme un lis, frêle comme un roseau. De cette union était né un enfant, dans lequel se retrouvaient mêlés, mais non confondus, les caractères des deux races. Un effort d'amour avait pu harmoniser ses traits, mais le contraste n'en subsistait pas moins, vif et saisissant.

Ce n'est pas sans danger qu'une jeune enfant du Nord se trouve transportée sous un ciel brûlant, surtout quand aux effets énervants d'un soleil trop chaud se joignent ceux d'une passion trop vive. Trois ans d'amour et trois étés tuèrent la femme du comte Juarez; elle se flétrit et mourut comme se flétrissent et meurent les fleurs d'un climat froid transplantées sous la zone torride. Son mari désolé se mit à courir les mers, laissant son fils à l'une de ses sœurs. Quand il revint, il trouva son pays en proie à des dissensions politiques.

Il embrassa la cause d'un parti qui fut vaincu; il perdit ses biens et il fut banni de sa patrie.

Avec les débris de sa fortune il passa en Afrique, où les Français appelaient des colons. Il fonda dans la plaine de la Mitidja un grand établissement agricole qui réussit admirablement. Mais, une nuit, un parti d'*hadjoutes* (cavaliers rouges d'Abd-el-Kader) attaqua la colonie naissante qui fut détruite. Le père de Juarez fut tué avec une grande partie des colons qu'il avait groupés autour de lui; son fils ne dut son salut qu'au dévouement de Jacques la Hache.

Jacques était un de ces paysans nobles, issus des branches cadettes, dont les familles vivent au milieu des landes de la basse Bretagne dans une pauvreté voisine de la misère. Déjà réduit à labourer son champ lui-même, le père de Jacques perdit ce champ pendant la révolution de 93, et il fut oublié par la restauration. Ses fils se firent braconniers pour le nourrir et se nourrir eux-mêmes.

La conscription prit Jacques ignorant, mais plein de cœur; grossier, mais fier et loyal. A son régiment, on crut que l'antique nom de sa terre domaniale était celui de son village; personne ne soupçonna qu'il avait un blason. Il se garda bien de protester contre cette ignorance. Faute d'éducation, il serait resté simple soldat toute sa vie; mais une barbe magnifique et précoce lui valut le poste de sapeur. Son régiment fut un de ceux qui firent la conquête d'Alger; Jacques gagna la croix à l'assaut du fort l'Empereur. Il avait abattu cinq janissaires avec sa hache. Il reçut son congé un an après la prise de la ville, et il voulut rester dans la colonie.

Jacques s'était fait remarquer à son régiment par son amour pour la chasse et sa passion pour sa hache. Il avait obtenu la permission d'emporter cette arme en quittant l'armée.

Dans le village fondé par le comte Juarez, Jacques fut à la fois bûcheron et braconnier; très-dévoué au noble Portugais, il se trouvait à ses côtés quand le comte fut frappé à mort.

Le gentilhomme portugais lui confia son enfant et le supplia de fuir avec lui. Grâce à sa force herculéenne, Jacques y parvint. Toute ressource était désormais perdue pour l'orphelin, mais Jacques ne l'abandonna pas.

Il savait tirer comme pas un, et le gibier foisonnait dans les environs d'Alger. En même temps, les *saracqs* (bandits) arabes foisonnaient aussi; quelques disciples de saint Hubert étaient partis avec leur tête et sur leurs jambes, et ils étaient revenus en civière et sans tête. Jacques, vu le danger, n'eut pas beaucoup de concurrents. Il fournit de lièvres, de lapins, de canards sauvages et de sarcelles les restaurants d'Alger. De plus, comme le brave Breton conservait à l'endroit des Arabes une rancune qu'ils n'avaient pas volée, il ne manqua jamais l'occasion de purger le pays des assassins qui l'infestaient.

Comme à cette époque le bureau arabe donnait vingt francs par tête de saracq, Jacques décapitait le plus proprement qu'il pouvait les brigands qu'atteignaient ses balles, et il s'empressait d'aller scrupuleusement toucher la prime d'encouragement allouée à cette opération philanthropique.

L'ancien sapeur ne se séparait jamais de sa hache, qui jouait un grand rôle dans ses expéditions, et il la maniait comme un autre eût manié un couteau de chasse, et lui conserva son surnom de Jacques la Hache, qu'il avait gagné à la tête de son régiment en chargeant l'ennemi avec cette arme redoutable.

Un jour il apprit que de l'autre côté de l'Atlas, dans le grand désert, on trouvait un gibier dont la dépouille rapportait des gains superbes : c'était un grand oiseau que Jacques n'avait encore vu qu'une fois, l'autruche. Nature simple et sincère, naïve et énergique, sans instruction, mais aventureuse et poétique, le Breton résolut de partir au Sahara, ne calculant pas les dangers de cette audacieuse entreprise. Il était brave sans en tirer vanité, ce pauvre Jacques, héros sans s'en douter !

L'homme qui lui avait parlé des autruches était Selim, lequel se trouvait à cette époque dans toute la force de l'âge. Jacques lui proposa de l'accompagner dans ses excursions lointaines. L'Arabe lui imposa des épreuves, admira son talent de tireur, sa sobriété, sa force titanesque, et il accepta.

A cette époque la mère d'Ali était morte; l'enfant avait été confié aux mains d'une vieille mauresque, parente de Selim; elle se chargea aussi de Juarez. Rassurés sur leurs enfants adoptifs, les deux amis se mirent en route avec une caravane; six mois après ils revenaient rapportant un riche butin. Tous les deux ans ils renouvelèrent leur voyage. Dans les intervalles, pour s'entretenir la main, ils braconnaient tranquillement dans la plaine de la Mitidja, abattaient force sangliers et nombre de gazelles, sans compter le menu gibier; le tout se vendait au marché et rapportait de beaux douros, sonnant bon et reluisant au soleil.

Les deux amis ne demandaient à Mahomet (Jacques, bonne pâte d'homme et esprit insouciant, avait fini par y croire), qu'une seule chose, à savoir que le soleil continuât à éclairer le monde et que les autruches femelles à pondre des œufs pour la perpétuation de l'espèce.

Il n'y avait presque plus de saracqs. Les Nemrods bourgeois d'Alger y avaient mis bon ordre (ils le prétendaient du moins avec la modestie ordinaire des disciples de saint Hubert). Il est vrai que quelques compagnies de zouaves les avaient soigneusement pourchassés de broussaille en broussaille, de ravin en ravin.

Enfin n'importe! tout allait pour le mieux dans le meilleur des mondes possibles, quand tout à coup, au milieu des lentisques et des tamarins de la Mitidja, apparurent des êtres étranges que Jacques la Hache, après un examen approfondi, reconnut pour appartenir à l'espèce des gendarmes, fonctionnaires hybrides mi-partie civile, mi-partie militaire, ornés d'un tricorne, d'une paire de bottes et d'un sabre. Bientôt derrière le gendarme apparut une autre variété du genre fonctionnaire, le garde champêtre.

Les braconniers conçurent d'abord une répugnance instinctive pour ces personnages si utiles, quand ils les virent arpenter nuit et jour et en tous sens le terrain de chasse; mais lorsqu'ils apprirent que les hommes jaunes étaient commis à la garde du gibier, et que désormais un fusil, des balles et un coup d'œil juste ne suffisaient plus pour abattre un lièvre, la répulsion devint de la haine.

La première fois que, son sabre sous le bras, un garde champêtre voulut dresser un procès-verbal à Selim et saisir son fusil, l'Arabe le coucha en joue. Heureusement Jacques la Hache se souvint fort à propos d'avoir vu faucher par le bourreau un braconnier bas Breton qui avait descendu un gendarme. Il arrêta le bras de son ami, entra en pourparler avec le fonctionnaire rural, et il obtint de garder ses armes. Les deux amis, traduits en police correctionnelle, furent condamnés à un certain nombre de jours de prison et à une forte amende.

Jacques la Hache, pendant sa détention, jura de faire crouler les murs de sa prison; Selim ne dit rien, mais son sourcil resta froncé pendant toute la durée de sa peine.

Quand luit le jour de la liberté, les deux amis se trouvèrent dans un grand embarras; ils avaient appris à leur dépens qu'Allah n'a pas créé le gibier pour être tué librement, qu'il est sur la chasse des lois restrictives et prohibitives. Après maintes discussions il fut décidé que la ville d'Oran, nouvellement conquise, se trouvant tout à fait dépourvue de gendarmerie rurale, on irait s'y établir.

Il est vrai, sans comparaison blessante, que, comme le chiendent, l'honorable institution de la gendarmerie, quand elle a pris racine dans un pays, ne tarde pas à l'envahir tout entier; mais Jacques la Hache et Selim résolurent de fuir toujours devant l'invasion des baudriers jaunes. Ils se promirent qu'après Oran ils gagneraient Tlemcen, après Tlemcen, Laghouat, après Laghouat, Tombouctou, jusqu'au jour où le tricorne régnerait en maître sur l'univers... Selim et Jacques la Hache espéraient à cette époque chasser en paix dans le paradis du Prophète. Ils s'embarquèrent donc pour Oran. Là, Jacques commença l'éducation de Juarez, il ordonna à la mauresque de l'envoyer chez le maître d'école musulman. Le jeune Portugais y apprit l'arabe et le Coran. Plus tard, quand s'établit une école française, l'enfant étudia tout ce que peut enseigner un magister de village.

Quand il eut neuf ans, Jacques la Hache l'emmena braconner avec lui, et il lui montra à se servir d'un fusil, à suivre une piste, à dresser un chien. Seulement, quand la saison des chasses au désert arrivait, Juarez voulait accompagner son ami Jacques qui refusait énergiquement.

Pendant une de ses absences, un beau dimanche, Juarez, libre de son temps, se promenait dans la plaine des Andalouses. Il avait un joli mousqueton, un couteau de chasse aussi grand que lui (l'enfant était âgé de onze ans), et une gentille petite paire de pistolets. Habile tireur, il avait déjà sur son cou, selon la mode algérienne, un long chapelet de perdrix abattues par lui. Tout à coup il aperçut sur le bord d'un ravin un énorme sanglier, lequel, s'étant suffisamment vautré dans la fange d'un ruisseau, dormait paisiblement à l'ombre des jujubiers, protégé contre les mouches par une couche épaisse de boue solidifiée. Trois jours auparavant, presque à la même place, un lieutenant du bureau arabe avait eu le bras cassé par un solitaire blessé, s'était retourné contre lui. Juarez ne s'intimida pas. Il glissa une balle dans le canon de son arme, se mit à ramper vers le sanglier, et, avec l'adresse d'un chat sauvage, il parvint à le réveiller à trente pas de lui. Alors il déposa son couteau sur le sol, il arma ses pistolets sans bruit et les plaça près du couteau, un genou en terre, et il coucha l'animal en joue avec son mousqueton.

Le cœur lui battait un peu fort, il attendit que l'émotion fut passée et il tira... Le sanglier, foudroyé par une balle en plein cœur, roula au bas du ravin. Alors Juarez courut à une petite ferme située à une demi-lieue de là. Il y emprunta un âne pour porter sa victime et un nègre pour la charger. Il rentra en triomphe à Oran. C'était un dimanche, comme nous l'avons dit; la parade défile à quatre heures sur la Grande-Place, et ce jour-là il y avait parade, musique, et par conséquent nombre de promeneurs et de promeneuses. L'enfant traversa la foule avec la fierté d'un conquérant, il obtint une ovation superbe. Pendant huit jours il ne fut bruit que de son exploit.

Le consul anglais voulut le voir; le sachant comte et le trouvant charmant, il s'intéressa à lui, le présenta à sa femme, et l'engagea à suivre les leçons qu'un excellent précepteur donnait à ses enfants. Juarez, sachant déjà trois langues, en apprit deux autres : l'allemand et l'anglais. A quinze ans, grâce à sa précoce intelligence, il était arrivé à ce degré d'instruction qui permet d'entrer dans une carrière libérale. Mais comme il pratiquait l'art de tirer les lapins avec plus de passion encore que celui de parler et d'écrire correctement les langues mortes et vivantes, il refusa un emploi de traducteur à la division et une place de comptable chez l'intendant.

Jacques la Hache, pour le décider à accepter les emplois que l'on offrait, fit des discours magnifiques où les jurons les plus énergiques brillaient à côté des comparaisons les plus originales. Le braconnier en fut pour ses frais d'éloquence. Selim se décida à citer des versets du Coran; mais Juarez, ferré sur le texte de la bible musulmane, lui répondit par des citations appropriées à la circonstance.

L'Arabe regretta d'avoir pris la parole.

— Mais enfin, — s'était écrié le Breton, — que veux-tu donc faire?
— Chasser l'autruche, — dit Juarez.
— Jamais! — avait répondu l'entêté braconnier.
— Nous verrons, — riposta Juarez.

Vint le moment pour les deux chasseurs d'autruches de gagner Tlemcen, afin d'y attendre une occasion de pousser jusqu'à Laghouat.

Selim et Jacques la Hache se mirent en route après avoir embrassé leurs fils adoptifs; le petit Ali qui grandissait pleura un peu, Juarez ne dit qu'un seul mot:
— Au revoir!

Une fois à Tlemcen, les deux amis s'informèrent si une caravane ne se formerait pas bientôt pour s'en aller vers le sud. Tlemcen, entrepôt des échanges qui se font entre le Tell (terre labourable) et le Sahara, était le rendez-vous des troupes de mozabites qui sillonnent le désert.

Deux jours après, une centaine de chameliers sortaient par la porte du Midi; les chasseurs d'autruches se trouvaient parmi eux. A la fin du troisième jour de marche, la caravane était campée près d'une source; assis en cercle autour d'un feu de thym et d'herbes aromatiques, les mozabites (marchands) et les Arabes d'escorte fumaient leurs chibouques en vidant leur tasse de café, selon l'habitude orientale. Soudain une ombre se dessina sur la partie du terrain qu'éclairait le foyer. C'était un voyageur isolé.

D'après les règles de l'hospitalité, il cria à une certaine distance :
— Je suis l'hôte de Dieu ; — et il attendit.

Le chef de la caravane s'avança vers lui pour l'accueillir, et il le conduisit auprès du feu. La surprise fut grande quand l'on reconnut un enfant. Il fallait une grande audace pour oser s'aventurer seul dans un pays que les plus braves ne traversent que par groupes.

Jacques la Hache leva les yeux sur le nouvel arrivant; il poussa un cri d'effroi ; c'était Juarez, et Juarez couvert de sang. Il le prit dans ses bras, et, comme tous les bourrus bienfaisants, il l'accabla en même temps de caresses et de reproches. Selim s'était levé, avait pris sa carabine, et il attendait que l'effusion du Breton fût calmée. Celui-ci comprit ce que voulait l'Arabe.

— Il faut le venger, n'est-ce pas? — s'écria-t-il.
— Oui, — répondit le vieil Arabe.
— Juarez, mon enfant, qui donc t'a blessé? — demanda Jacques.

Tous ceux qui faisaient partie de la caravane attendaient la réponse du jeune Portugais; il y a tant d'embûches au désert et sur ses confins !
— Qui m'a blessé? Jacques, — fit Juarez avec un vaillant sourire, — un ennemi qui n'attaquera plus personne. Vous occupez la source d'un ruisseau à sec pour le moment, parce que le soleil et le sable boivent l'eau à mesure qu'elle sort de terre. Une panthère, qui sans doute avait l'habitude de boire chaque nuit à cette fontaine, rôdait autour de votre bivac, dévorée par la soif. Nous nous sommes rencontrés. Le sang tiède d'un homme (il prononça fièrement ces mots) tenta la dame à la longue échine. Elle se ramassa et bondit. A la moitié de sa course, une balle lui cassa une patte. Elle retomba pour reprendre son élan. Je lui tirai un coup de pistolet au vol; elle s'abattit sur moi, et nous roulâmes sur le sol. Je me suis relevé avec un coup de griffe à l'épaule ; elle resta couchée avec une balle au cœur.

Juarez, son mousqueton à la main, la tête pâle et l'œil étincelant, indiqua du doigt la direction à suivre pour trouver la panthère.

Elle fut rapportée triomphalement.

Les Arabes enthousiasmés n'eurent pas assez d'éloges pour vanter l'adolescent; les mozabites lui firent des cadeaux magnifiques, Jacques la Hache essuya deux grosses larmes qui coulaient furtives entre les poils roux de sa moustache, et Selim ouvrit la bouche pour laisser passer des paroles d'éloges, et la main pour que Juarez y plaçât la sienne.

A partir de ce jour, l'adolescent fut considéré comme un homme.

Cette année, il fit son apprentissage dans le rude métier qu'il avait choisi ; à la campagne suivante, il devint maître. Peu à peu il prit une grande influence sur ses compagnons, et il fut bientôt le chef de leur association.

La réputation des trois chasseurs d'autruches grandit de jour en jour, elle devint merveilleuse. Comme Jules Gérard, cette grande et noble figure qui domine toute l'histoire de notre conquête, ils obtinrent un tel prestige qu'ils deviendraient sacrés pour les tribus les plus hostiles aux Européens. Jamais on ne fit un vain appel à leurs carabines. Quand un lion ou une panthère désolait un douar, ils allaient lui livrer bataille.

Tels étaient les trois hommes à demi sauvages dont les caprices d'une Parisienne allaient diriger la farouche énergie.

VI

Dans quelle circonstance elle le vit pour la première fois et de l'impression qu'il fit sur elle.

Vers la fin du récit de monsieur de Saint-Val, la soubrette entra.

— Monsieur, — dit-elle avec une mine effarée, — il y a eu un grand incendie dans les environs ; les gendarmes de Gagny viennent de revenir; ils ont raconté qu'un homme avait été brûlé.

— Sait-on le nom de la victime? — demanda monsieur de Saint-Val.

— On raconte que c'est le baron de San-Ferice, — répondit la soubrette.

— Ah! ah! — fit monsieur de Saint-Val devenu rêveur. Du geste il congédia Madeleine.

— Vous voilà singulièrement soucieux, mon ami, — dit la jeune femme.

— Je vois un rapprochement bizarre entre cet incendie, la mort du baron et l'arrivée des coureurs de bois, — répondit monsieur de Saint-Val.

— Mon Dieu! que supposez-vous?

— Mon enfant, ne t'ai-je pas avertie un jour que ce baron de San-Ferice ressemblait beaucoup à ce mulâtre qui s'était fait le chef d'une troupe de brigands en Algérie.

— En effet, — fit la jeune femme ; — vous m'avez même fait une peur terrible par cette révélation.

Monsieur de Saint-Val reprit :

— J'avais eu occasion de voir ce misérable de très près. J'étais à la chasse. Il a passé sur un sentier, à dix pas du buisson où je m'étais embusqué. Si j'avais été découvert, j'étais mort.

— Quel terrible pays que cette Algérie ! — s'écria la jeune femme.

— Oui, mais quelle existence émouvante on y mène ! — riposta le mari. — Pour en revenir à notre hôte, je crois qu'il avait voué une haine mortelle à ce mulâtre et qu'il n'est venu en France que pour s'en venger.

— Quoi !... Les coureurs de bois auraient fait brûler ce malheureux?

— C'est dans leurs mœurs.

— Mon ami, c'est épouvantable!

La jeune femme prit sa tête dans ses deux mains avec effroi.

— La voilà tout effarée, — pensa monsieur de Saint-Val ; — sa curiosité doit être vivement excitée. Louise,

— demanda-t-il en souriant, — veux-tu voir le tueur de panthères ?
— Mais, mon ami... — fit la jeune femme en levant les yeux.
— Ecoute, il dort en ce moment. . Nous pouvons...
— C'est inconvenant. S'il se réveillait...
— Il ne se réveillera pas. Les coureurs de bois ont une manière à eux de traiter les blessés ; ses amis lui ont fait prendre un breuvage qui l'a plongé dans une torpeur dont il ne sortira pas avant quelques heures. Voyons, conviens que tu meurs d'envie de connaître ce singulier héros ?
— Mon Dieu ! certainement... Pourtant...
— Allons ! viens. — La jeune femme se décida à suivre son mari ; celui-ci la conduisit vers la chambre où Juarez était étendu sur un lit ; il en poussa doucement la porte et pénétra d'abord sans bruit dans la chambre. Louise attendit. — Tu peux entrer, — lui dit son mari ; — je t'assure qu'il est plongé dans un sommeil de plomb.
Elle parut sur le seuil, avança sur la pointe du pied, se pencha curieusement vers le lit, contempla la douce figure de Juarez, et, se retournant vers son mari, lui dit :
— Mais c'est un tout jeune homme ! Je ne le croirais jamais capable de commettre une cruauté.
— Tiens, — fit monsieur de Saint-Val, — voilà une preuve certaine qu'il a contribué à l'incendie.
Et du doigt l'ex-intendant montra le chapeau de palmier du jeune homme, qui était à demi carbonisé.
— Mais, — s'écria-t-elle, — il a presque l'air d'une jeune fille ! je ne puis admettre qu'il soit auteur ou complice d'un crime horrible.
— D'un crime, non ! Sa loyauté est à toute épreuve. Quant à une vengeance légitime, si féroce qu'elle soit, il est homme à l'accomplir !... Maintenant, laissons-le. Madeleine veillera auprès de lui.
Madame de Saint-Val et son mari se retirèrent. Vers dix heures du matin, le chirurgien arriva : Madeleine s'éloigna par décence. Madeleine était la sœur de lait de sa maîtresse ; elle avait pour elle une affection tendre, et Louise la traitait avec une grande douceur. Madeleine entra dans la chambre de madame de Saint-Val, et la trouva accoudée à sa fenêtre, plongée dans une méditation profonde. Au bruit que fit la jeune fille, madame de Saint-Val se retourna.
— Eh bien ! Madeleine ? — lui demanda-t-elle.
— Ah ! madame, le joli jeune homme ! — répondit la soubrette étourdiment.
— Tu trouves ! — fit madame de Saint-Val avec une intonation étrange.
Madeleine rougit et baissa les yeux. Elle examinait pourtant, à travers ses cils baissés, le visage de sa maîtresse ; il lui sembla que celle-ci était aussi rouge, aussi embarrassée qu'elle.
— Je vais savoir de ses nouvelles, — dit-elle en tournant les talons. Elle revint bientôt. — Le docteur répond de le guérir, — dit-elle ; — vous pouvez être tranquille, madame.
— Ah ! tant mieux ! — fit Louise.
— N'est-ce pas, madame, c'eût été dommage de le voir mourir ?
— Il est si jeune !
— Et puis il vous intéresse malgré vous.
La conversation en resta là, car Louise fit un petit signe à la soubrette qui se retira en souriant. La jeune femme se remit à sa fenêtre et rêva en regardant les nuages courir dans l'azur du ciel.
Le docteur avait déclaré que la blessure de Juarez était assez grave, mais que ses jours n'étaient pas en péril. Le jeune homme, sorti de sa torpeur, avait pu une conversation avec le chirurgien, qui appartenait à l'armée ; il avait déclaré avoir reçu la balle dans *une lutte avec un ennemi.*

— Dans un duel, vous voulez dire ? — rectifia le docteur.
— Un duel, soit ! — répondit Juarez.
Le docteur ne s'en préoccupa pas davantage, il ne voulut point être indiscret et ne demanda pas au jeune homme le nom de son adversaire. Le baron s'abstint aussi de toute question. Il se souvenait des soins que les coureurs de bois lui avaient prodigués jadis, et de leur dévouement généreux. Il avait une dette à payer. Il conduisit sa femme auprès du blessé, et, le lui présentant, il lui dit :
— Ma chère Louise, figure-toi que monsieur le comte Juarez de C... est mon neveu, je dirai plus, mon fils. Je connais assez ton cœur pour être certain que tu veilleras sur lui avec la sollicitude d'une sœur. J'ajoute que je lui dois la vie.

VIII

Comment l'amour vient aux coureurs de bois et du danger pour un mari de transformer sa femme en sœur de charité au chevet d'un joli garçon.

Quinze jours s'écoulèrent ; quinze jours qui s'étaient passés rapides pour le blessé et qui cependant contenaient tant d'événements. Quinze jours ! Et l'avenir de Juarez était décidé, et toute sa vie allait fatalement se rattacher à un seul objet ; sa destinée, comme la roue à l'essieu, était désormais rivée à un pivot.
A la vue de Louise, le jeune homme avait éprouvé une commotion électrique indéfinissable, qui l'avait jeté dans un trouble inexplicable.
Elle s'était assise à son chevet, et un bien-être inouï l'avait envahi ; il avait senti le sang couler plus chaud dans ses veines, toute douleur avait cessé, une joie intense avait fait bondir son cœur dans sa poitrine ; il avait été obligé de fermer les yeux, car il lui semblait que sa pensée jaillissait en étincelles. Elle avait parlé et sa voix l'avait bercé comme un chant. Il ne distinguait rien de ce qu'elle disait, il ne savait ce qu'il lui répondait, les paroles arrivaient à son oreille comme une harmonie lointaine. Il aspirait par tous les pores, avec une volupté intense, les émanations féminines, les effluves magnétiques, senteurs parfumées et discrètes qui se dégageaient des plis soyeux de la robe dans laquelle emprisonnée la taille souple et mignonne de Louise.
Dès la première minute, Juarez fut comme écrasé par la passion ; c'était un coup de tonnerre. La foudre jaillit d'un choc produit par une attraction violente ; Louise exerça une fascination irrésistible sur Juarez, nature ardente, aux désirs de flamme, dont la fougue méridionale avait été exaltée par le soleil du Sahara. Les tièdes caprices de l'Europe sont aux brûlantes passions de l'Afrique ce qu'un feu de cheminée est à un incendie.
Une douce intimité s'établit entre Louise et le blessé. Elle le trouva si reconnaissant de la plus légère attention, si discret dans leurs tête-à-tête, si heureux de la moindre marque d'intérêt, qu'elle s'accoutuma à le traiter en frère. Elle venait pour le distraire broder à son chevet, et l'écoutait avec un charme inexprimable parler de la vie qu'il avait menée : il contait si bien !
Souvent elle frissonnait et s'étonnait, elle, si frêle, si paisible, du plaisir qu'elle éprouvait à entendre des récits de chasse et de guerre.
Cependant l'amour du tueur de panthères grandissait, et devenait pour lui un supplice, un tourment. Car cet amour était sans espoir, sans issue.
Les coureurs de bois ont un code qu'ils ne transgressent jamais ; leurs mœurs simples, patriarcales, regar-

dent l'hospitalité comme le plus saint des devoirs; en abuser serait un déshonneur.

Juarez considérait comme une lâcheté de profiter de son état et de la confiance de son hôte pour essayer de séduire la femme de celui-ci. Il devinait du reste par intuition le caractère de Louise; il pressentait qu'elle ne succomberait jamais.

Les entrevues de Juarez et de Louise avaient jusqu'alors été charmantes; leurs causeries délicieuses, et semées çà et là de ces petites faveurs qui ravissent un amoureux. Plusieurs fois, il avait pressé contre ses lèvres les mains mignonnes de la jeune femme; souvent leurs sourires s'étaient rencontrés. Mais ce qui devait arriver arriva; si fort contre lui-même qu'il puisse être, un homme épris laisse échapper un aveu.

Jusque-là Louise s'était abstenue de questionner Juarez sur l'incendie dont il était l'auteur; mais une occasion se présenta pour elle d'amener enfin la conversation sur ce sujet. Louise était entrée un jour tenant un journal à la main:

— Etes-vous bien ce matin? — demanda-t-elle.
— Si bien, que je compte me lever bientôt, — répondit-il.
— Je viens de voir un fait divers qui concerne un peu l'Algérie, — reprit-elle; — voulez-vous que je le lise à haute voix?
— Vous êtes trop bonne.
— Oh! il est très-court. Tenez, c'est assez curieux!

Et elle lut ce qui suit:

« On se souvient que nous avons rendu compte à nos
» lecteurs de l'incendie qui avait dévoré une maison de
» campagne dans les environs de la forêt de Bondy.
« On se rappelle aussi sans doute que, sous les décom-
» bres, on a trouvé le corps du baron de San-Ferice, le-
» quel, au dire de sa vieille nourrice, qui habitait cette
» maison, avait probablement mis le feu aux rideaux de
» son lit, car il avait la funeste habitude de s'endormir
» en fumant.
» Comme on s'étonnait que le baron eût couché dans
» cette maison, la nourrice a révélé que le baron rece-
» vait les visites nocturnes d'une dame qu'il attendait
» cette nuit-là même.
» Nous apprenons à l'instant que le baron de San-Fe-
» rice était un bandit célèbre; sa prétendue nourrice e
» un nègre qui avait été son complice ont passé à l'é-
» tranger, et l'on a perdu leurs traces.
» Ce faux baron aurait été, si nos informations sont
» justes, ce fameux mulâtre d'origine brésilienne qui,
» amené en Algérie après d'étranges aventures, y a or-
» ganisé une troupe de brigands européens. Ceux-ci, éta-
» blis dans les gorges du Rio-Salado, se sont signalés
» par des crimes atroces longtemps impunis.
» Enfin un coureur de bois, le comte Juarez de C***,
» et deux de ses compagnons ont surpris et massacré
» cette troupe de scélérats et les ont pendus aux branches
» d'un grand chêne; longtemps leurs squelettes y sont
» restés attachés comme un épouvantail.
» Le chef de la bande et un de ses compagnons avaient
» seuls échappé; ils passèrent en Espagne emportant
» avec eux l'or amassé par tous leurs compagnons et en-
» terré sans doute dans quelque ravin.
» Plus tard Pedro eut l'audace de venir à Paris sous un
» nom d'emprunt, et il y jouit pendant quelque temps de
» sa fortune avec une insolente sécurité; mais la Provi-
» dence, qui veille sans cesse sur les coupables, a puni
» ce misérable par sa propre main qui a allumé l'incen-
» die au milieu duquel il a péri dans d'atroces souffran-
» ces.
» C'est ainsi que le crime trouve tôt ou tard son châ-
» timent.
» Par une singulière coïncidence, le comte Juarez de
» C***, l'intrépide coureur de bois qui avait détruit la
» bande du mulâtre, est arrivé à Gagny avec ses deux

» compagnons. Le comte était attendu par le baron de
» Saint-Val, qui habite une villa voisine de celle où Pedro
» a trouvé une mort terrible.
» Le comte de Juarez de C*** est un Portugais; mais il
» a conquis ses lettres de naturalisation en sauvant une
» colonne française et en conservant jadis à notre armée
» un administrateur d'un grand talent, monsieur de
» Saint-Val. »

Pendant cette longue lecture Juarez était resté impassible.

Louise le regardait parfois du coin de l'œil, comme savent si bien regarder les femmes; pas un muscle de son visage ne sourcilla.

— C'est étonnant, — dit-elle en se rapprochant de lui, — vous ne m'avez jamais parlé de ce mulâtre?

Juarez ne répondit pas; il détourna les yeux. Enfin, relevant la tête, il fixa Louise comme pour deviner sa pensée, puis il lui dit:

— Vous voulez savoir...
— L'aventure d'Alger, — fit-elle en l'interrompant.
— Non, — riposta Juarez, — pas celle d'Alger; celle de la forêt. Eh bien, je l'ai brûlé vivant!

Et après cet aveu, il cacha sa tête dans ses deux mains comme un coupable après une confession honteuse.

— Voyons! — dit-elle se penchant vers lui et écartant ses deux mains; — je n'ai pas voulu vous attrister.

— Oh! je sais que je vais vous être odieux, — reprit-il sans oser la regarder, malgré le regret exprimé par elle; — il faut faire un effort pour toucher ma main sanglante; mais sachez tout. Cet homme s'était introduit à Meserghin dans la maison d'un vieux soldat qui s'était fait colon; ce soldat était l'ami de Jacques la Hache. Les bandits le firent brûler à petit feu pour le forcer à indiquer l'endroit où ses économies étaient cachées; quand ils en eurent obtenu ce qu'ils voulaient, ils l'abandonnèrent à moitié consumé. Nous sommes arrivés assez tôt pour recueillir ses indications et jurer à ce pauvre vieillard qu'il serait vengé. Quand un coureur de bois a fait un serment sur sa carabine, il le tient. Tenez! — continua-t-il avec véhémence et entraîné par la situation, — tenez! vous me supplieriez de manquer à la foi jurée, je vous refuserais. Et pourtant je vous sacrifierais mes forêts, les grandes chasses, le désert, tout; je vous donnerais ma vie pour un ruban, pour un baiser. Car je vous aime, voyez-vous, je vous aime...

— Taisez-vous! — murmura Louise, lui mettant son petit doigt rose sur les lèvres. — Taisez-vous donc! — reprit-elle avec effroi. Et elle ajouta. — Vous trompez la confiance de mon mari. C'est mal!

Elle partit sur ce mot dit simplement, honnêtement, mais sous lequel Juarez se sentit écrasé.

Depuis lors le jeune homme ne revit plus Louise en tête à tête; il exagéra ce qu'il appelait son crime et n'osa pas essayer une justification. Il se leva le lendemain de cette scène, se promena dans le jardin, renouvela chaque matin cet exercice, et parut faire des efforts désespérés pour recouvrer ses forces au plus vite.

. . . .

Un matin, Madeleine surprit sa maîtresse regardant dans le jardin par un coin du rideau; Juarez faisait dans les allées sa promenade ordinaire. Il semblait sombre, mais résigné; la jeune femme suivait ses mouvements avec un intérêt plein de pitié. Madeleine, toujours étourdie, dit à sa maîtresse:

— Ah! madame, si vous saviez!
— Quoi donc? mon enfant.
— Ce pauvre jeune homme!
— De qui parles-tu?
— De monsieur Juarez.
— Eh bien?
— Eh bien, il est malheureux comme les pierres, et je le plains de tout mon cœur.
— Que m'apprends-tu là?

— La vérité, madame. Et vous êtes la cause de son chagrin.
— Moi !
— Oh ! j'en suis bien sûre. Il n'y a que l'amour qui puisse faire pleurer un homme tous les soirs.
— Mais qui te fait penser qu'il s'agit de moi ?
— Dame ! nous sommes seules de femmes ici ; je ne compte pas la cuisinière, — fit entre parenthèse et avec un naïf dédain la soubrette. — Bien sûr ses chagrins l'ont pris depuis son arrivée. Et...
Madeleine s'arrêta.
— Après ? — demanda Louise. — Rien ne prouve que ce jeune homme pense à moi plutôt qu'à...
Louise hésitait.
La soubrette acheva la pensée de sa maîtresse en disant :
— Plutôt qu'à moi, veut dire madame. — Madeleine, d'un air sournois, reprit : — Si monsieur Juarez avait un petit brin d'amitié pour moi, il me l'aurait fait savoir tout de suite. On ne se gêne pas avec des fillettes comme moi ; ainsi il est déjà venu ici une douzaine des amis de monsieur ; ils m'ont tous franchement parlé du jour au lendemain. Mais je leur ai répondu qu'ils étaient trop vieux et trop laids pour être mes amoureux.
Madeleine était sinon complètement innocente, du moins ingénue ; sa maîtresse la laissait babiller à tort à travers, certaine que tant que la fillette parlerait c'est qu'elle n'aurait aucun gros péché à cacher : Fille qui se tait a mal fait, dit un vieux proverbe.
Louise tenait à tout savoir : d'abord par prudence, pour recommander la discrétion à sa soubrette ; puis surtout pour apprendre comment Madeleine avait surpris la passion du jeune homme.
— Tu l'as donc vu pleurer ! — demanda-t-elle.
— Je l'ai entendu, madame. Je passais dans le corridor ; j'ai cru que des sanglots étouffés partaient de sa chambre. Crainte qu'il ne fût plus mal, je suis entrée doucement, et alors je l'ai entrevu ; il était agenouillé devant son lit et il embrassait en sanglotant quelque chose que je ne pouvais reconnaître. Je crois bien que c'est un des petits fichus de batiste que vous mettez sur votre cou le matin ; cela m'a fendu l'âme. J'ai pleuré aussi, moi !
Madeleine crut remarquer qu'une larme avait roulé sur la robe de sa maîtresse.
— Ma chère petite, — dit celle-ci, — tu sais combien je t'aime, n'est-ce pas ? Nous sommes presque sœurs.
— Oh ! madame, moi je me jetterais au feu pour vous ! — s'écria la soubrette.
Et elle embrassa avec tendresse les deux mains de Louise, qui la baisa au front.
— Tu vas me jurer par ta patronne de ne parler à qui que ce soit de ce que tu as vu, — reprit madame de Saint-Val.
— Je vous le jure, madame.
— Allons ! tu es une bonne fille ; je compte sur ta discrétion ; car, vois-tu, ce n'est pas la faute à monsieur Juarez s'il m'aime ; mais, si mon mari le savait, il lui en voudrait.
— Et il deviendrait jaloux ! — ajouta la soubrette, qui sortit. Mais elle revint presque aussitôt. — Madame, dit-elle, *il* demande la permission de vous présenter ses compliments. Il est là !
— Fais-le entrer dans le petit salon, — reprit Louise, — et ne l'éloigne pas.
Louise alla rejoindre Juarez dans la pièce où celui-ci l'attendait : elle était émue.
Il est une corde qui vibre toujours dans le cœur des femmes, c'est la pitié. Juarez avait tenu une ligne de conduite si noble, il avait montré tant de résignation que la jeune femme le plaignait. Elle avait pris en grande estime son caractère chevaleresque et son âme noblement orgueilleuse, elle avait une secrète faiblesse pour un homme qui savait aimer si fort et si bien.

— Madame ! — dit Juarez un peu cérémonieusement, — pardonnez-moi d'avoir sollicité un entretien. Je pars aujourd'hui même. — Louise reçut comme un choc. — Je pars, — reprit Juarez d'une voix tremblante, — et je voudrais emporter avec moi le pardon d'une minute d'égarement pendant laquelle j'ai pu froisser votre légitime fierté. *J'ai mal agi* (Juarez souligna les mots), mais j'ai là de quoi me punir. — Et le jeune homme mit la main sur son cœur. — Ne m'en voulez pas, — reprit-il tristement ; — il ne faut qu'une étincelle pour faire sauter une poudrière ; quand on a un volcan dans la poitrine, il n'est pas facile d'en comprimer l'explosion. Je m'éloigne ; je ne vous reverrai jamais ; il dépend de vous d'adoucir un peu la tristesse qui désormais voilera ma vie comme d'un nuage.
Il attendait la tête baissée, n'osant même pas lui jeter un coup d'œil à la dérobée. Il l'entendit marcher, il crut qu'elle s'éloignait ; il se trompait. Elle était allée cueillir une fleur sur une jardinière, elle la lui apportait.
— Tenez, mon ami, — lui dit-elle, — gardez de moi ce souvenir d'estime et de tendresse. Malgré un moment d'oubli, je veux rester pour vous ce que mon mari voulait que je fusse, ce que vous méritez si bien ; je suis et serai toujours une sœur. Écrivez-moi quelquefois.
Juarez prit la fleur, la couvrit de baisers, se jeta aux pieds de la baronne, colla ses lèvres à ses deux mains, se releva précipitamment, l'enveloppa dans un regard qui la brûla comme une flamme et sous lequel elle frissonna, puis il s'enfuit.
— Pauvre garçon ! — dit Madeleine en paraissant.
— Tu étais donc là ! — demanda Louise honteuse et presque courroucée.
— Madame m'avait dit de ne pas m'éloigner, — répondit Madeleine.
Dans l'après-midi Juarez partait pour Paris, malgré les observations et les instances de monsieur de Saint-Val. Le jeune homme comptait trouver ses compagnons et puis reprendre avec eux le chemin de l'Algérie ; mais *l'homme propose et les femmes disposent.*

VIII

Où sont révélés les griefs de Jacques la Hache contre les Parisiennes de la rue Bréda, et où le pied de Juarez rencontre le grain de sable qui fait dévier son destin.

Huit jours plus tard, Jacques la Hache, Selim et Ali se trouvaient à l'étage supérieur d'un café situé sur le boulevard.
Selim, accroupi sur un coussin, les jambes croisées à la turque, fumait impassible et muet. Jacques la Hache était assis sur un tabouret, près d'un poêle rougi à blanc ; il respirait bruyamment, crachait de même, introduisait à chaque instant un fil de fer dans le tuyau de son *brûle-gueule*, lançant un juron énergique quand il ne le débouchait pas assez vite. Lorsqu'il voulait du café, il poussait un sourd grognement de terrier en colère ; alors le petit neveu de Selim apportait un bol plein d'une liqueur fumante, que Jacques la Hache vidait d'un trait. Pour avaler ce breuvage brûlant il fallait un gosier d'airain, et cependant Jacques la Hache maugréait, ne le trouvant pas assez chaud.
Ali témoignait pour Selim une crainte respectueuse ; mais il semblait redouter fort peu les jurons de Jacques la Hache. Actif du reste, remuant, gentil, espiègle, il ne restait pas une minute en place, et il taquinait Jacques la Hache, qui monologuait avec une mauvaise humeur évidente.

— Quelle satanée idée notre ami Juarez a-t-il eue de

nous retenir dans ce maudit Paris ! — disait-il. — Il est guéri, pourquoi ne pas partir ? Le soleil a déjà pâli dans le Sahara ; nous n'y serons rendus qu'en février, la saison sera mauvaise pour nous. Je veux que ma carabine rate en face d'une autruche si je mens ; mais encore un mois de cette vie monotone et je meurs ! — Puis il cria :
— Du café, Ali, du café, *muchacho* (gamin) ! et fais-le chauffer ! Mais il est donc gelé ce gueux de fourneau ? Dieu me damne ! le feu lui-même a froid dans ce chien de pays.

Et Jacques la Hache jeta du charbon sur le gril du calorifère.

— Tu t'ennuies donc ici, mon vieux Jacques ? — demanda le petit Ali en riant.

— Comme un chacal pris au piège, — répondit le Breton avec un soupir.

— Tu n'as pas toujours parlé ainsi, — reprit le petit Maure avec malice. — Quand je portais des bouquets à certaine petite gazelle de la rue Basse-du-Rempart, tu étais gai, tu sifflais comme un merle.

— Tais-toi, méchant gamin, tu siffles comme une vipère, toi !

— Ne te fâche pas, mon ami Jacques, — continua Ali sans s'effrayer ; — ce n'est pas ma faute si on nous a trompés en Algérie ; ce n'est pas la tienne non plus.

— Que veux-tu dire ? — fit Jacques la Hache, s'attendant à quelque espièglerie et fronçant d'avance le sourcil.

Ali jugea prudent de se mettre à l'abri derrière son oncle et il répondit :

— On assurait en Afrique que les femmes de France ne s'achetaient pas comme dans nos tribus. Et pourtant la jeune fille dont il te parle t'a coûté plus cher qu'une *moukaïre* (femme) de nos douars. Ce qu'il y a de plus ennuyeux, c'est que, chez nous, quand on a payé une femme, elle est à vous seul pour toujours : ici ta gazelle un beau matin s'est changée en panthère, elle t'a défendu l'entrée de son repaire ; ce matin-là ta bourse était vide. Tu as appris en outre que vous étiez deux braconniers sur la même piste ; seulement, l'un chassait le jour, l'autre la nuit. — Jacques la Hache roulait des yeux féroces ; mais comme le vieux Selim ne put s'empêcher d'approuver par un sourire la saillie de son neveu, le Breton n'osa pas infliger à celui-ci la juste correction qu'il méritait. Il s'assit, grondant contre les femmes en général et contre celles de Paris en particulier. Ali, pour l'apaiser, lui apporta du café et lui dit d'un ton câlin en se penchant à son oreille : — Mon vieux Jacques, console-toi, va ; tu n'es pas seul à te plaindre des Parisiennes.

— Eh ! eh ! — fit le Breton en secouant sa pipe, — est-ce que Juarez, notre camarade, aurait eu une aventure comme la mienne ?

— Oui ! car pour lui aussi j'ai fait des commissions d'amour. Et hier il m'a paru fort triste. Je crois qu'il songe à retourner à Alger.

— Ce serait bien heureux ! — s'écria Jacques la Hache. —Mais il tarde bien à venir ; il nous a donné rendez-vous à deux heures et demie ; il en est trois.

— Le voilà ! — dit Ali.

La porte s'ouvrit en effet et livra passage au compagnon des buveurs de sable.

Aussitôt entré, Juarez alla s'étendre mélancoliquement sur un divan, sans échanger avec ses amis les phrases banales et menteuses que les hommes civilisés se croient obligés de se débiter chaque fois qu'ils se rencontrent. Ali, qui aimait ce jeune homme comme on aime à douze ans un frère aîné lorsque l'on est orphelin, se hâta de lui porter du café.

— Tu ne fumes pas ? — demanda-t-il avec une intonation caressante. Et il chercha dans le paletot de Juarez son étui à cigares, en tira un qu'il choisit avec soin, et le lui présenta. — C'est un *mouzaïa*, — dit-il ; — sa fumée te rappellera l'Algérie.

— Il s'en moque un peu de *notre* Algérie, — fit Jacques la Hache avec brusquerie.—Il aime trop Paris pour penser au Sahara et à nos chasses !

Juarez poussa un long soupir, leva les yeux sur son compagnon et dit :

— J'ai pu aimer Paris, Jacques, mais les cités sont comme les fiancées ; elles promettent plus qu'elles ne tiennent. Toutes deux ont une apparence engageante qui donnent l'amertume et l'ennui.

— Je croyais que cette grande ville t'avait séduit ; tu parlais avec enthousiasme de son animation et de son tumulte.

— Au commencement, — reprit Juarez, — ma curiosité était excitée ; je trouvais tout charmant. Aujourd'hui, Jacques, les froides maisons de pierres ne valent plus pour moi un vert *goumbi* (cabane) sous la feuillée ; les édifices me paraissent mesquins quand je les compare aux montagnes de l'Atlas, dont les pics dentelés sont autrement poétiques que les clochers des églises. Tiens, Jacques, le moindre ravin sinueux me plaît infiniment mieux qu'une rue alignée au cordeau et monotone de régularité. Et, je te le demande, qu'est-ce que l'étendue d'une capitale comparée à l'immensité du désert ?

— Eh bien ! mais alors pourquoi restons-nous dans ce grand trou plein de boue et de pantins crottés, qui ne savent ni découvrir une piste ni sécher une peau ! — s'écria Jacques la Hache, lequel n'estimait au monde que les gens de sa profession.

— Nous partons pour Oran demain, — répondit Juarez. A cette déclaration, Jacques la Hache fit un bond et faillit renverser le poêle ; il saisit la main du jeune homme et la lui serra à la briser. — Comment, mon pauvre Jacques, cela te tenait tant au cœur ! Tu ne t'es pas plaint. Il fallait me prévenir, mon vieux camarade ; nous serions déjà campés dans une *angaïda* (petit désert) et les autruches tomberaient par douzaines sous nos balles. Ali, mon enfant, une dernière tasse de café ! Ali sans doute avait, comme Jacques, d'excellentes raisons pour regretter l'Algérie, car il servit Juarez avec un joyeux sourire. — Et toi aussi, *muchacho*, — demanda le Portugais, — tu es content de revoir la plage de Mers-el-Kébir ?

— Oui, — répondit Ali ; — ici on ne peut ni chasser, ni faire parler la poudre, ni se rouler sur l'herbe, ni galoper sur un coursier. Oh ! Juarez, que tu es donc gentil de nous ramener sous le beau ciel d'*Ouaran* (Oran) la guerrière !

Et Ali sauta au cou du jeune Portugais.

Certes en ce moment Juarez était bien décidé à partir, à ne plus revoir Louise. Il n'eût tenue cette résolution, sans un de ces jeux du hasard qui jouent un si grand rôle dans la vie humaine.

Au moment où il annonçait à ses amis son intention de retourner en Algérie, une troupe joyeuse de gandins et de femmes du demi-monde, parmi lesquelles Jeanne Kessler, faisait irruption dans le cabinet voisin de celui où se trouvaient les coureurs de bois.

— Mesdames et messieurs, — criait une voix, — je vous ai convoqués céans pour une curée.

— Dis donc, de Villemer ! — cria une lorette, — nous prends-tu pour une meute ?

— Et des plus ardentes à accourir quand sonne l'hallali.

— Insolent !

— Attendez donc. Il s'agit, mes tigresses, de vous livrer en pâture la réputation d'une femme du monde.

—Oh ! oh ! — cria-t-on. — Le nom, le nom ?

— Louise de Saint-Val...

— Hourra ! A la rescousse ! — clamèrent les lorettes avec enthousiasme.

Au milieu du bruit des petits bancs que les garçons glissaient sous les pieds de ces dames, à cause même de la violence des exclamations et du brouhaha dont retentissait le cabinet voisin, les coureurs de bois ne distinguèrent pas les paroles qu'on y proférait.

Toutefois Juarez prêtait instinctivement l'oreille de ce côté.

. . . .

La conversation des chasseurs un instant interrompue recommença.

— Tu vas maintenant nous dire quelle grande affaire a pu si longtemps retarder notre départ, — demanda Jacques la Hache.

— Oui, — ajouta Ali, — conte-nous cela ; Jacques sera content de voir qu'un beau garçon comme toi n'a pas plus de bonheur que lui auprès des Parisiennes.

— Ne ris pas, Ali, mon histoire est profondément triste.

Le Portugais eut une intonation de voix si émue que le petit coulougli se repentit de sa plaisanterie ; une expression de regret passa sur son charmant visage.

Juarez n'y prit pas garde.

— Un malheur ! — fit Jacques la Hache.

— Oui, un chagrin profond me mine, me ronge, me tue. Vous avez vu les vautours du rocher maudit dévorer le cœur du Touareg que nous y avions attaché vivant ? J'endure les mêmes tortures.

— Mais dis-nous donc enfin la cause de tes tourments, — s'écria Jacques la Hache.

— J'aime comme un fou, avec fureur, avec frénésie et j'aime sans espoir !

— Elle est donc bien belle ? — demanda Selim sortant de son mutisme.

— Belle à faire maigrir de jalousie toutes les reines des harems de l'Orient ! — s'écria Juarez. — Elle a, comme disent les poëtes arabes, des yeux de gazelle et des dents de perles ; dans ma patrie ses mains et ses pieds paraîtraient petits, et je suis de Lisbonne ! Tu as vu des panthères se jouer sur le bord d'un ruisseau, dans la saison des amours, n'est-ce pas, Jacques ? Elles ne sont ni plus gracieuses, ni plus coquettes que cette femme quand elle danse. Sa soyeuse chevelure a les reflets de l'or et sa bouche a un sourire radieux comme un rayon de soleil entre deux nuages. Une rose sauvage au milieu de son buisson, un nénuphar sur les eaux, les blanches fleurs des lianes flottant le soir sur l'aile de la brise, ont moins de charme qu'elle. C'est un rêve sans réveil, une flamme de bonheur, une aurore de printemps.

A cette description enthousiaste le vieux Selim lui-même poussa un soupir d'admiration, et dit lentement :

— Tu aimes cette femme comme le désert a soif. Il nous faudra abattre bien des autruches pour te l'acheter. Pareille perle doit être chère !

Juarez sourit tristement.

— Acheter ! — répondit-il ; — hélas ! Selim, on n'achète pas ici celle que l'on aime, sans cela elle m'appartiendrait bientôt.

— Jacques a cependant vidé sa bourse d'aloès pour solder les baisers d'une Parisienne !

— C'est qu'ici, — reprit Juarez, — il y a femme et femme. Il en est qui font commerce de leur beauté ; celles se payent, celles-là ; mais il en est d'autres qui savent se donner à qui leur plaît.

— Et tu n'as pas réussi à rendre folle de toi celle sur qui s'est arrêté ton regard ! J'ai vu pourtant dans les douars toutes les tentes se soulever pour laisser passer des têtes de jeunes filles, qui te souriaient.

— Peut-être son cœur bat-il pour moi, mais elle en étouffe les palpitations, parce qu'elle est mariée et ne veut pas trahir le serment qu'elle a fait.

— Qu'importe le mari ; il te faut cette maîtresse, tu l'auras. Car je te connais, — continua Selim, — tes désirs sont brûlants comme le simoun, impétueux comme lui. Tu enlèves demain cette Française ; c'est là le dénouement de cette aventure, n'est-ce pas ?

— Non, c'est un plan impossible.

— Tu plaisantes, mon fils, — reprit avec flegme le vieil Arabe, — rien n'est impossible à l'homme qui ne craint pas la mort. D'ailleurs l'impatience te tuerait plus sûrement qu'une balle.

— C'est vrai, — fit froidement Juarez.

— Suis donc mon avis ; enlève, mon fils, enlève ! nous placerons ta maîtresse dans un ksour (ville saharienne) et tu seras heureux.

— Moi, oui ; elle, non.

— Elle !... Qu'est-ce que cela peut te faire ?

— Beaucoup. Je souffrirais en la voyant souffrir. — Selim hocha la tête, comme un homme qui entend dire une énormité. Juarez essaya de lui faire comprendre nos idées sur la femme. — Un autre sang que le tien coule dans mes veines, — dit-il ; — tu es né à Blidah, Selim, et moi à Lisbonne. En Europe on respecte sa compagne, on lui accorde une âme, on lui permet une volonté. Aussi, pour moi, posséder un corps, si joli qu'il soit, sans le cœur qui l'anime, c'est avoir un manche de poignard sans lame, un arbre sans feuilles, un jardin sans fleurs. Quand je dépose un baiser sur un visage qui ne sait pas sourire, il me semble embrasser un cadavre.

— Je sais encore un moyen, — fit Selim, sans prendre la peine de discuter ce qu'il considérait comme un préjugé.

— Lequel ?

— Il serait trop long de chercher une femme pareille à celle dont tu es épris ; mais on peut trouver dans nos tribus une jeune fille qui ait ses yeux, une autre qui ait sa taille, une troisième son front, une quatrième sa grâce ; on les achète toutes et de ces fragments de la beauté qui te manque on forme un tout sous ton toit. Tu te donneras en détail ce que tu ne peux avoir en entier.

Ce plan proposé gravement par le vieil Arabe amena un sourire sur les lèvres du jeune Portugais. Selim comprit que son idée n'obtenait pas tout le succès qu'il en attendait ; il s'abstint d'en émettre une nouvelle. Jamais il n'avait tant parlé ; aussi retomba-t-il dans un profond silence, non sans pousser le soupir de fatigue de l'homme qui a fait un violent effort.

Jacques la Hache, pendant cette conversation, roulait ses gros yeux, son cerveau fermentait, il s'écria avec une joyeuse intonation :

— J'ai un moyen, moi !

— C'est bien étonnant, — dit Ali avec sa malice d'enfance. — Si ton moyen est bon, ce sera plus étonnant encore.

Jacques la Hache avait une tête peu fertile en expédients, mais il avait assez de bon sens pour reconnaître ce défaut. Aussi ne se formalisa-t-il pas de l'exclamation du jeune coulougli.

Il se contenta de le menacer du doigt.

— As-tu essayé de t'assurer si tu ne déplaisais pas à cette femme ? — demanda-t-il à Juarez.

— Oui.

— Eh bien ?

— Elle a, je pense, une vive sympathie pour moi.

Jacques la Hache se recueillit un instant pour rassembler ses idées. Il reprit :

— Étant admis qu'elle ne te déteste pas, quel sentiment éprouve-t-elle pour son mari ?

— De l'estime seulement, — répondit Juarez en souriant.

— Peuh ! — et Jacques la Hache eut un mouvement d'épaules magnifique, — il est à croire alors que, si elle était veuve, tu deviendrais son second époux ?

— C'est possible. Mais, tant que vivra le premier, il n'y a pour moi aucun espoir d'être son amant. La réputation de vertu de cette femme est assise sur des bases aussi solides que le granit du mont Santa-Cruz.

— Eh bien ! le mari qui te gêne mourra !

— Non, Jacques, il vivra.

— Nous verrons bien !

— Jacques, cet homme doit nous être sacré. C'est monsieur de Saint-Val !

Cette déclaration fit l'effet d'un coup de massue sur le colosse.

— Le mal est sans remède, — dit-il avec découragement.

— Oui, sans remède, — fit Juarez. — Je vivrai tant que je le pourrai avec ce serpent qui me rongera la poitrine ; et, quand mon heure sera venue, quand je trouverai l'existence intolérable, je saurai bien rencontrer un lion pour me broyer le crâne, ou le yatagan d'un *saracq* (assassin) arabe pour me trouer le cœur. Ali, du café ! Tiens ! tu pleures, toi ?

— Oui, frère, ton malheur m'attriste.

— Console-toi, mon petit Ali ; mon sort est moins à plaindre que celui de certains autres. Je ne suis pas seul à adorer Louise, et j'ai eu l'insigne honneur de ne pas être traité aussi dédaigneusement que mes rivaux. Elle a été douce pour moi, elle m'a consolé avec une touchante pitié. Elle pense à moi quelquefois, souvent peut être. — Et un éclair de joie passa dans les yeux du jeune homme. Juarez reprit : — Depuis un mois j'ai passé par toutes les joies et les tourments d'une situation déplorable. Depuis que j'ai quitté sa villa, elle est revenue à Paris ; et, monsieur de Saint-Val m'ayant rendu une visite qui en nécessitait une de ma part, j'ai revu Louise ; elle m'a permis de fréquenter son salon en me faisant promettre de ne lui donner aucune marque de tendresse. Tu ignores ce que c'est qu'un salon, Jacques, toi aussi, Selim ; figurez vous le paradis du Prophète, pour les houris seulement, car les hommes sont laids et vêtus d'une façon peu poétique. J'avais, moi aussi, endossé l'habit européen, je me trouvais ridicule, on me jugea présentable et je m'aventurai dans cette terre de chasse, inconnue pour vous, mes amis, et qu'on appelle le monde... Depuis, j'ai assisté à deux soirées où elle se trouvait ; chaque fois, j'ai reçu à son aspect comme un coup de poignard au cœur. Le moment est venu où je dois quitter Paris pour toujours ; car je sens que je ferais quelque coup de tête insensé.

— Pauvre Juarez ! — fit Ali.

— Je vivrai avec mes pensées, — dit tristement le jeune homme, — n'ayant d'elle qu'un souvenir précieux ; sur le cuir d'une poire à poudre, jointe par son mari à une carabine qu'il m'a donnée, Louise a brodé de sa main des fleurs d'or et d'argent.

— Et c'est là tout, — demanda Jacques la Hache ?

— Oui, — fit Juarez avec un soupir.

En ce moment un grand bruit de voix se fit dans le cabinet voisin, et Juarez entendit une voix qu'il crut reconnaître. Cette voix criait :

— Je parie un souper aux Frères-Provençaux qu'aujourd'hui même, dans une heure, cette petite bégueule de Saint-Val viendra à un rendez-vous que je lui ai donné.

Juarez devint livide ; il se redressa, mais soudain il retomba écrasé sur un tabouret. Puis, se relevant enfin, il fit voler d'un coup de pied la porte du cabinet, et apparut aux yeux stupéfaits d'une bande joyeuse et folle de viveurs et de lorettes.

— Je tiens le pari ! — cria-t-il en cherchant, l'œil étincelant de colère, celui qui avait parlé.

IX

Un pari sur la vertu d'une femme.

Les paroles et l'action de Juarez avaient fait une grande impression sur tous les assistants, parmi lesquels se trouvaient Charles Hurault, qui avait amené Jeanne Kessler, la célèbre et charmante actrice ; Emma Souri, une lorette d'esprit, chose rare, et réellement originale, chose plus rare encore ; son cavalier était un provincial fraîchement débarqué à Paris. C'était encore Finette, une danseuse que protégait un agent de change nommé Claude Vigouroux. C'était aussi et enfin le marquis de Villemer avec sa maîtresse en titre, une juive nommée Sarah, sotte et hautaine, mais belle comme un marbre antique, dont elle avait toute la froideur.

Le premier mouvement de stupéfaction passé, Charles Hurault se leva et vint serrer la main de Juarez. Il avait plusieurs fois revu le jeune homme depuis son retour à Paris.

Jeanne Kessler était enchantée d'être en présence du tueur de panthères, qui ne lui avait rendu qu'une visite assez cérémonieuse. Elle rougit, preuve certaine d'une vive émotion.

Le marquis de Villemer avait été présenté à Juarez dans une soirée ; ils se connaissaient. Le marquis se leva à son tour et vint tendre la main au jeune homme.

— Bravo ! lui dit-il ; bravo, mon cher comte ; vous arrivez à point pour relever le gant que j'ai jeté. Mesdames, — ajouta-t-il, — permettez-moi de vous présenter monsieur le comte Juarez de C***. Dans son empressement à vous présenter ses hommages, il vient de briser la porte. Vu le motif, on ne saurait lui en vouloir.

Un vif sentiment de curiosité se manifesta parmi les femmes ; elles pressentirent un drame.

— Il aime la baronne, — dit l'une d'elles à voix basse.

— De Villemer la lui a soufflée, — répondit l'autre de même.

— Voilà les femmes du monde, — observa Emma ; — elles ont un goût détestable. Préférer de Villemer, est-ce bête ?

Juarez, toutefois, le sourcil froncé, semblait lutter contre une sourde fureur.

— Messieurs ! — dit-il, — un pari comme celui-ci est sérieux ; permettez-moi d'appeler mes amis, qui me serviront de témoins.

— Comment donc ! — fit de Villemer. — Dix, vingt, trente témoins si vous voulez, cher ; je ne cache pas mes bonnes fortunes, on le sait. Quand j'ai une maîtresse, je veux qu'elle m'aime assez pour s'afficher. Autrement je la plante là.

Ceci fut dit avec une fatuité révoltante. Juarez tressaillit, mais se contint ; il introduisit dans la salle ses deux compagnons, derrière lesquels Ali se glissa comme un furet.

Jacques la Hache, à la vue de tout ce monde, ne put, malgré ses efforts, amener sur sourire sur toute sa physionomie. Selon l'usage oriental, il ne se décoiffa pas en présence des étrangers ; il se leva cependant et resta debout fort embarrassé de sa personne ; il crut toutefois devoir se poser majestueusement, comme quand il se trouvait en présence de quelque grand chef du désert ; dans ces circonstances solennelles il s'appuyait avec assurance sur sa carabine, et il regardait fièrement son interlocuteur en face, les jarrets tendus, la tête en arrière, une main dans sa ceinture, l'autre au canon de son arme. Dans cette imposante attitude, Jacques la Hache avait une prestance magnifique ; malheureusement il chercha en vain sa carabine absente et, ne la trouvant pas, il manqua son effet.

Les lorettes auraient bien voulu conserver leur sang-froid ; mais Jacques la Hache avait l'air si gauche avec son gigantesque chapeau de paille et sa mine embarrassée, qu'elles eurent toutes les peines du monde à étouffer leurs rires sous leurs mouchoirs de batiste.

Juarez vint au secours de son ami. Il le prit par la main, lui fit signe de se découvrir et dit :

— Je vous présente, mesdames, le chevalier Jacques de Saint-Yves, le dernier rejeton d'une illustre famille bretonne, dont presque tous les membres sont morts au champ d'honneur, pour le service du roi, pendant votre révolution de 93. — Si peu glorieux que l'on soit d'un parchemin, et lors même que l'on n'est jamais parvenu à déchiffrer ce parchemin, on ne peut réprimer néanmoins un mouvement d'orgueil quand on voit l'énonciation de la qualité nobiliaire produire un effet immédiat sur des personnes disposées à vous tourner en ridicule. Le coureur de bois se redressa tout à coup, et Jacques la Hache s'effaça complètement pour faire place à Jacques de Saint-Yves. L'œil du Breton étincela avec fierté, il fut vraiment gentilhomme pendant quelques minutes. L'impression que causa cette transformation fut profonde. Les lorettes ne riaient plus. Juarez désigna ensuite Selim, et il reprit : — Je vous présente aussi *sidi* Selim-Ben-Mouza, dont la noblesse remonte à l'oncle du prophète, et dont les ancêtres ont occupé le trône de Tlemcen.

Le vieux *djouad* (noble) arabe fit une inclination de tête quand Juarez prononça son nom. Mais ce simple geste était empreint d'une telle noblesse que l'on y vit le *nec plus ultrà* de la politesse.

Selim avait déposé son chibouque. Les femmes furent frappées de la déférence qu'il leur avait témoignée ; le prièrent de reprendre sa longue pipe, ce que fit le vieil Arabe avec le calme d'un automate ; seulement sa lèvre supérieure ébaucha un sourire de remerciment. Après quoi il retomba dans son immobilité de statue.

Ali, curieux et sautillant, avait déjà tourné autour des femmes, qu'il regardait avec des grands yeux étonnés. Cette indiscrétion déplut à Selim ; il prononça le mot :

— *Arroua mena!* (Viens ici).

Et aussitôt l'enfant confus vint s'accroupir aux pieds de son oncle.

Jeanne Kessler, à qui l'interpellation du vieillard avait fait lever la tête, aperçut Ali, qui tout craintif n'osait lever les yeux. A l'âge du jeune coulougli, on est presque un homme en Algérie ; en France, Ali n'était en apparence qu'un enfant, mais un enfant fort joli.

— Veux-tu m'embrasser encore, petit ? — demanda l'actrice, faisant allusion au baiser échangé dans la forêt de Bondy.

Ali regarda son oncle et lut un consentement dans ses yeux. Il sauta au cou de Jeanne Kessler ; depuis la mort de sa mère, il avait été sevré de caresses de femmes ; il fut si adorable de gentillesse et de grâce, que les lorettes le couvrirent de baisers et l'accablèrent de dragées. Pendant qu'elles se disputaient le petit couglouli, de Villemer et ses amis s'installaient autour des tables.

A la grande surprise de Selim, non-seulement ces messieurs se mirent à fumer, mais, parmi les lorettes, Jeanne Kessler fut seule à ne pas allumer une cigarette.

Après quelques mots insignifiants, de Villemer rappela les termes du pari. Juarez, sûr de la vertu de Louise, ne put réprimer un sourire quand le marquis lui dit :

— Dans une heure, cher, vous serez notre amphitryon ; vous reconnaîtrez vous-même que vous avez perdu. — Interprétant un sourire du jeune Portugais, le marquis ajouta : — Vous doutez, n'est-ce pas ?

— Certes oui, —répliqua Juarez, — et j'offre de doubler l'enjeu.

— J'aurais mauvaise grâce à accepter, — fit le marquis avec fatuité.

— Bah ! — dit Charles Hurault le journaliste, — vous n'êtes pas tellement certain de gagner que vous ne puissiez consentir. Je connais madame de Saint-Val, je suis en fonds ce soir (un homme de lettres ! moi surtout ! cela vous étonne) ; je n'en ai pas moins cinq cents francs à hasarder contre la vertu d'une femme, et si quelqu'un veut les tenir contre moi, je me range du côté du comte.

Juarez remercia son allié par un regard ; désormais Charles Hurault était son ami.

— Pariez contre, — glissa Emma à l'oreille de son provincial.

Celui-ci rougit jusqu'aux yeux et murmura une phrase inintelligible, qui fut prise pour un assentiment.

— De Villemer, tenez-vous bien, — dit le journaliste, — je ne me rendrai qu'à l'évidence.

— Soyez comme Saint-Thomas ou Georges Dandin, — répondit celui-ci ; — à moins de fermer les yeux vous verrez.

— Nous verrons quoi, enfin ?... — demanda Hurault.

— J'ai loué un petit appartement près d'ici, — dit Villemer ; — Louise — Juarez frissonna en entendant traiter familièrement madame de Saint-Val, — Louise viendra m'y voir aujourd'hui même. Elle passera à pied devant ce café, je la suivrai. Nous entrerons dans la même maison, nous y resterons une demi-heure. Puis, comme il faut qu'elle soit de retour chez elle à six heures, je la reconduirai, son bras sous le mien, jusqu'à la première station de voitures de remise, et je reviendrai dîner avec vous. Est-ce assez ?

Juarez dit :

— Oui.

Charles Hurault ne répondit pas. De Villemer paraissait sûr de lui-même.

Les femmes galantes ont en haine les femmes mariées. Chez elles, c'est un besoin instinctif, une nécessité impérieuse, de démolir pièce à pièce l'échafaudage sur lequel est assis l'honneur des mères de famille. Elles trouvent dans l'inconduite des épouses légitimes l'excuse de la leur. Elles savourent avec une âpre volupté les joies de la vengeance, quand elles peuvent traîner dans la boue où elles piétinent celles qui les dominaient du haut d'un piédestal de vertu. Elles se vengent enfin des humiliations qu'impose quand même le déshonneur le plus fastueusement doré. C'est la grande lutte de l'ange déchu contre l'ange immaculé, du mal contre le bien, de l'enfer contre le ciel. Aussi madame de Saint-Val fut-elle déchirée à belles dents. Une meute, au moment de la curée, peut donner une idée de l'acharnement que mirent les lorettes à cribler leur victime.

De Villemer avait ouvert le feu en disant avec une fatuité superbe :

— Je ne tenais pas aux faveurs de cette petite Louise, j'ai les bégueules en horreur : ce sont de tristes maîtresses ; mais je voulais venger tous ceux qu'elle a dédaignés. — Juarez frémissait, mais se contenait, attendant l'issue du pari pour faire un éclat terrible. De Villemer reprit, continuant son rôle de Don Juan. — Quelle sotte créature que cette Louise ! Voici le comte Juarez, le lion du jour, à qui elle a eu la chance de plaire. Elle a fait la sottise de ne pas profiter de son bonheur. Aussi, cher comte, — ajouta-t-il, — ces dames vont-elles me tresser des couronnes ; car toutes s'occupent fort de vous, et vous ne vous occupiez que d'une seule ; mais les choses vont changer sans doute.

Cette attaque à brûle-pourpoint laissa Juarez impassible.

— Il est vrai que le comte est d'une sauvagerie sans pareille, — dit Jeanne Kessler de l'air du monde le plus provocant. — Il donne un mauvais exemple aux Parisiens.

— Mon exemple ne sera pas suivi, — répondit Juarez, — les Parisiens sont trop galants pour m'imiter.

— Galants ! eux ! — s'écria Emma, — allons donc ! C'est une réputation volée, comme celle de cette prude Louise. Ce sont les étrangers qui la leur ont faite.

Et, pendant une demi-heure, la conversation continua vive, serrée, spirituellement méchante.

Jeanne Kessler fut impitoyable pour Louise ; Juarez en souffrait cruellement, mais il ne se départissait pas de son calme.

— Pardonnez-lui, — dit tout bas Charles Hurault à Juarez ; — elle vous aime depuis l'aventure de la forêt ; vous n'avez pas répondu à ses provocations et le caprice est devenu une passion...

A cinq heures, de Villemer se leva ; sa vue plongeait sur le boulevard, il dit :

— La voilà ?

Juarez se précipita vers la fenêtre. Une femme passait devant le café. C'était bien madame de Saint-Val.

X

Où l'auteur donne la description détaillée d'un animal extraordinaire, visible tous les jours au boulevard des Italiens ; phénomène étrange qui tient à la fois du singe et du dindon.

C'était bien madame de Saint-Val qui passait à pied sur le boulevard. Elle était enveloppée dans un grand châle, son voile était rabattu, mais néanmoins il était facile de la reconnaître. Juarez, à sa vue, devint d'une pâleur livide, et il porta sa main à son cœur. Le regard du jeune comte rencontra celui de Jeanne Kessler ; l'actrice, effrayée de la colère qui étincelait dans ses yeux, fit un pas vers lui ; mais il dompta son émotion et sourit. La fierté portugaise lui donna la force d'étouffer sa colère.

— Eh bien ! — fit de Villemer triomphant, — avais-je raison ? — Les lorettes étaient enthousiasmées. Finette lui sauta au cou avec un sans gêne dont Vigouroux son cavalier ne s'offusqua pas le moins du monde. Chez ces courtisanes la chute d'une honnête femme provoqua une explosion de sarcasmes et de railleries qui trouèrent le cœur de Juarez de mille coups de poignard. Il fut de bronze néanmoins. — Voulez-vous me suivre, messieurs ? — dit de Villemer, — il faut constater mon entrée. Dans une demi-heure, vous viendrez assister à ma sortie.

Et il s'éloigna accompagné de ses adversaires.

Charles Hurault, devinant la torture du Portugais, passa son bras sous le sien et le soutint. Juarez salua avec une grâce exquise en quittant la salle, mais il faillit s'évanouir dans les escaliers. L'acte du marquis de Villemer jetant en pâture à la rancune des femmes galantes l'honneur de madame de Saint-Val était une infamie ; mais la vanité est la plus cruelle et la plus lâche de toutes les passions ; comme elle est à peu près la seule qui anime un peu vigoureusement l'âme flasque d'un gandin, toutes les forces vives de son être se reportent là. En véritable gandin, de Villemer n'était pas homme à cueillir une rose sans la porter à sa boutonnière ; c'est pourquoi il compromettait madame de Saint-Val d'une façon infâme.

Nous croyons curieux de peindre le type du gandin à côté de celui des buveurs de sable.

Le gandin est un crétin, un avorton, au cœur desséché, à l'esprit étroit, au corps chétif ; fils de parvenu ou descendant d'une noblesse que tue l'oisiveté ; on a laissé s'étioler ses jeunes dans les langes dorés et dans une paresse énervante ; sur les bancs des lycées, cancre et fainéant à lasser un jésuite, son intelligence s'est engourdie, parce que déjà il se savait assez d'or pour se passer de science ; plus tard, sorti fruit sec de toutes les écoles, il n'a pris aucune carrière parce qu'il ne se sentait aucune vocation, la vocation supposant une âme vigoureusement trempée. S'il était né pauvre, le coup de fouet de la nécessité eût fait jaillir quelque chose de son cerveau creux. Mais quelles aspirations peut avoir un homme dont tous les désirs ont été comblés avant d'avoir eu le temps de grandir ?... En somme, son imagination n'ayant jamais été excitée par les passions, les ressorts de sa pensée sont détendus ; si bien que, là où peut-être se trouvait l'étoffe d'un homme, il n'y a plus qu'une mauvaise doublure humaine, d'un tissu mou, d'une couleur terne.

Une seule passion survit chez cet être abâtardi : la vanité. Et encore la vanité n'est-elle qu'un pâle reflet de l'orgueil, dont elle n'a ni la noblesse ni les élans. L'orgueil est souvent une vertu, parfois un vice ; la vanité n'est jamais qu'un défaut. Défaut mesquin, qui inspire tous les actes du gandin.

Il veut briller ; mais, ne pouvant inventer, il se fait copiste. Singe en tout, il prend aux lions de la fashion la coupe de leurs vêtements, peu faits pour sa taille étriquée ; aux artistes leurs bons mots, qu'il rend banals à force de les répéter, lorsqu'ils ont perdu leur sel ; aux gentilshommes leurs manières, qui lui vont comme le manteau de Charlemagne à un nain. Et, ridiculement paré des plumes d'autrui, arrangées sans art, il passe sa vie à se faire moquer. Coq d'Inde de l'espèce humaine, il croit toujours qu'on l'admire ; il se pavane quand même on le bafoue, prenant le sourire du dédain pour celui de l'envie.

Chose étrange, le gandin se bat. Sa vanité lui donne un peu de cœur ; mais quel courage que le sien ! Que d'angoisses, que de défaillances, avant le duel ; quelle rage furieuse de poltron forcé au combat pendant l'action, quel soulagement et quels airs de matamore après !

Tel était de Villemer, le rival de Juarez, préféré, dont en ce moment le jeune comte et Charles Hurault épiaient la bonne fortune.

Quand la porte fut retombée sur Juarez, Jacques la Hache poussa un terrible juron, auquel il ajouta une épithète peu flatteuse pour madame de Saint-Val. Les femmes éclatèrent de rire.

— Sang et tonnerre ! — s'écria le Breton en remettant son chapeau sur sa tête et en l'enfonçant d'un coup de poing, il n'y a pas de quoi rire. Juarez va planter son poignard dans la poitrine de ce petit marquis, et peut-être tuera-t-il aussi cette sotte drôlesse qui lui a préféré un imbécile !

Il se fit un grand silence.

— Est-ce que vraiment le comte Juarez commettrait un meurtre ? — demanda Vigouroux avec inquiétude.

— C'est donc un tigre que ce Portugais ! — s'écria Sarah.

— C'est un lion, — riposta le Breton.

— Monsieur de Saint-Yves... — dit Jeanne Kessler.

— Dites Jacques la Hache ? — fit le Breton.

— Jacques la Hache, — reprit l'actrice, — il faut à tout prix empêcher votre ami de verser du sang.

— D'abord, madame, il est difficile d'empêcher Juarez de faire ce qu'il veut, et puis je ne sais pas pourquoi je m'intéresserais à ce de Villemer, que je suis loin d'aimer.

— Ce n'est pas pour lui, mais pour votre ami, qu'il faudra intervenir. Car, ajouta Vigouroux, — il y a des gendarmes en France, et un exécuteur des hautes œuvres.

— Vous comprenez, — reprit encore l'actrice, — qu'il serait dommage de voir tomber sur l'échafaud une aussi jolie tête que celle du comte.

Le Breton réfléchit et il vit encore une fois les baudriers jaunes danser une sarabande dans son imagination. Sa condamnation à Alger lui avait inspiré une crainte salutaire de la gendarmerie.

Il y eut entre lui et Selim une conversation à la suite de laquelle le vieil Arabe fit une grimace significative qui annonçait une sainte horreur pour les tricornes.

En ce moment Juarez rentrait. Il avait presque l'air joyeux.

— Pour un homme jaloux il semble indifférent, — dit Jeanne Kessler à Jacques la Hache.

— Et moi, je vous répète, — dit celui-ci, — que je ne donnerais pas un poil de sanglier de la vie du marquis.

— Et pourquoi cela ? Jacques, — demanda Juarez, qui avait entendu.

— Eh ! mais, — dit le Breton embarrassé, — il me semble que... enfin... tu avais dit...

— J'avais dit que je tuerais le marquis en duel parce qu'il avait soupçonné la vertu d'une femme honnête. Il se trouve, mon pauvre Jacques, que je suis un niais (ce qui n'est pas étonnant, car nous sommes tous trois de vrais sauvages). Cette femme que je croyais une sainte n'est qu'une hypocrite, cet ange n'est qu'un démon ; mais sais-tu, mon ami Jacques, qu'au lieu de provoquer de Villemer je lui dois des excuses ! Il avait raison de parler... Allons! mesdames, je vous offre à souper aux Frères-Provençaux, et j'espère que nous y mènerons joyeuse vie. Selim ne boit pas, il n'est pas des nôtres; mais toi, Jacques, tu ne dédaignes pas la bonne chère, et le vin te sourit. Tu viendras ? Comment, tu ne réponds rien ?

Jacques la Hache croyait rêver.

Vigouroux vint serrer la main de Juarez.

— Vous êtes philosophe, — lui dit-il, — et vous avez mon approbation.

Claude Vigouroux, qui ne joue qu'un rôle épisodique dans ce roman, a trop de notoriété à la bourse pour que nous ne tracions pas à grands traits son croquis. Agent de change, riche et parfaitement posé, il avait deux faces dans le caractère. Hors de la bourse, il était rond, roulant comme un louis placé de champ ; mais en revanche il était plat et froid comme une pièce d'or reposant sur sa pile dès qu'il entrait en affaires. Il avait su partager sa vie en deux parts, l'une consacrée à gagner de l'argent, l'autre à le dépenser. Il s'acquittait parfaitement de l'une et de l'autre tâche.

Tour à tour usurier et bon vivant, généreux et avide, cuistre et grand seigneur, mais toujours profondément philosophe, il restait une énigme pour certaines gens, pour ceux qui jugent à la surface. Il entretenait magnifiquement Finette, danseuse sans mérite, un peu niaise mais admirablement jolie. (Observons que la niaiserie chez la femme n'exclut pas certaines malices). Il lui laissait la liberté d'avoir des caprices.

A ceux qu'étonnait cette tolérance, il répondait avec une froide bonhomie :

« Je n'aime pas être trompé, et la femme fidèle est encore à trouver, comme le mouvement perpétuel.

» Donc je préfère laisser Finette libre ; elle ne peut par conséquent se vanter de m'avoir mis dedans ; j'aime mieux cela que de ressembler à d'autres, à toi par exemple, qui es ridiculement trahi par ta maîtresse. »

Et si l'on se fût fâché de la leçon, Vigouroux se serait battu sans se mettre en colère.

Quant à Finette, après avoir usé et abusé de son indépendance, elle avait fini par se calmer et devenir un modèle de fidélité. Vigouroux n'en avait paru ni plus ni moins content.

La façon dont Juarez prit sa déconvenue plut beaucoup au boursier.

— Vous auriez bien tort de vous tourmenter pour une femme qui vous échappe, — dit-il à Juarez ; — vous n'avez qu'à ouvrir les bras et dix autres se disputeront l'honneur de vous sauter au cou. — Puis il ajouta sans prendre garde au rapprochement de ce qui précédait et de ce qui allait suivre : — Finette, mon enfant, je te laisse ici ; j'ai un ordre à donner pour demain à un garde du commerce. Je te rejoindrai au souper. Pour quelle heure, comte ? — demanda-t-il.

— Je propose sept heures, — dit Emma.

— C'est trop tôt ou trop tard, — objecta Jeanne Kessler. — Trop tard pour un dîner, trop tôt pour un souper.

— Tu as raison, — dit Sarah, — mettons minuit.

— Mais qu'avez-vous fait de Charles ? — demanda Jeanne Kessler.

— Il veut voir sortir les deux amants, — dit avec une parfaite insouciance Juarez, — et il ne se tient pas pour battu.

— Alors je suis sans cavalier, — reprit l'actrice d'une voix câline et insinuante. — Si vous vouliez me reconduire, je vous serais reconnaissante. — Juarez ne pouvait refuser. Il accepta avec un compliment de remerciement. Comme Charles Hurault l'avait dit à Juarez, Jeanne s'était follement éprise du beau Portugais. C'était un de ces amours étranges, tout-puissants, spontanés, qui éclatent soudain dans le cœur des femmes artistes surtout, et cet amour avait grandi de toute l'indifférence que jusqu'alors Juarez avait mis à y répondre. Jeanne semblait se hâter d'emmener Juarez. — Nous vous quittons,

— dit-elle à ses amis, — il faut que je joue ce soir, et je suis pressée.

— De le jeter à la tête de ce tueur de panthères, — se dit mentalement Emma. — Il n'a pas l'air enchanté de ta conquête, va ! — ajouta-t-elle en aparté.

— Je suis à vos ordres, madame, — dit Juarez :

Et il offrit son bras à l'actrice, qui le prit en frémissant de bonheur.

Juarez recommanda à Jacques la Hache de donner l'heure et le lieu du rendez-vous aux autres convives, quand ceux-ci reviendraient.

Emma lança un regard de tigresse à l'actrice qui lui enlevait le beau Portugais ; elle se jura de le lui disputer. Elle chercha une querelle à son provincial, le planta ébahi au milieu du café, et s'en alla toute seule.

Jeanne Kessler et Juarez montèrent en voiture. Le jeune homme s'assit en face de l'actrice ; il laissa aussitôt tomber son masque d'indifférence, sa tête s'inclina sur sa poitrine, et il jaillit des larmes de ses yeux.

— Je l'aime mieux comme cela que fanfaron d'amour, — pensa Jeanne Kessler.

Elle lui prit la main et l'enveloppa d'un affectueux regard. Cette caresse rappela Juarez à la situation.

— Ne dites jamais que vous m'avez vu pleurer, — s'écria-t-il ; — oh ! je ne vous pardonnerais pas.

— Vous êtes un enfant, — fit-elle. — Je conçois votre chagrin, je vous ai emmené parce que l'on est heureux, dans une circonstance aussi pénible que celle-ci, de trouver dans un cœur de femme un écho à ses souffrances.

— Bercé par la douce voix de Jeanne, Juarez écouta ses consolations avec une docilité qui la charma. Il s'abandonna naïvement aux charmes des confidences ; et elle sut si bien le captiver que, lorsque la voiture s'arrêta en face de chez elle, il avait laissé tomber sa tête sur son sein et les lèvres de Jeanne déposaient sur son front un baiser d'amour... maternel. Le prétendait du moins, et il eut la simplicité de ne pas protester. — Il l'aime encore ! — pensa-t-elle. Mais Jeanne comptait sur trois choses bien puissantes pour transformer l'amitié du comte en amour, ou quelque chose d'approchant. C'était sa beauté, le besoin de se venger en prenant une maîtresse, et l'orgie qui les attendait à minuit. Femme habile, elle comprit qu'il ne fallait pas lui laisser une minute de réflexion, elle voulut l'étourdir. — Vous allez dîner avec moi, — dit-elle ; — puis vous me conduirez à mon théâtre. C'est une première représentation, tout Paris y sera. Je veux que l'on vous voie dans ma loge. Demain votre Louise apprendra cela, elle croira que vous êtes mon amant et elle vous regrettera. Nous autres femmes nous sommes ainsi faites ; la jalousie est toute-puissante pour nous ramener à ceux que nous avons dédaignés. Demain soir elle vous demandera un rendez-vous.

— Que je refuserai.

— Du tout, vous l'accepterez.

— Oh ! pour cela je le jure que non.

— Eh bien ! vous avez du cœur ! — s'écria Jeanne Kessler joyeuse, et elle lui sauta au cou.

Ils dînèrent tous deux en tête à tête. Puis, avec l'audace des comédiennes, elle fit sa toilette devant lui, le fascinant par des coquetteries qui obtinrent un tel succès que Jeanne fit signe à sa femme de chambre de ne pas la quitter une minute. Les regards du jeune homme lui apprenaient les progrès qu'elle faisait ; s'ils eussent été seuls, il serait tombé à ses genoux.

Jeanne connaissait trop les hommes pour écouter aussitôt une déclaration. Elle voulait exciter ce désir à peine éclos, le grandir, le pousser au délire, et faire une bonne et vraie passion.

Et cela en une soirée !

Elle était trop éprise de son côté pour se contenter d'un caprice. L'arrivée d'un aspirant au titre de protecteur vint gêner le tête-à-tête ; Jeanne Kessler, à la grande joie de Juarez, congédia l'importun. Quand ils montèrent en voiture pour se rendre au théâtre, Juarez, avant que la portière fût fermée, chercha à enlacer la taille de la jeune femme.

— Déjà ! — pensa-t-elle toute frissonnante, et, pour se garder contre elle-même, elle cria au concierge de son hôtel : — Voyez donc pourquoi Julie ne vient pas ?

— Vous emmenez votre femme de chambre ! — s'écria Juarez d'un air contrarié.

— Chaque soir, — dit-elle, — elle m'habille dans ma loge.

— Dans sa loge ! — pensa Juarez, — et j'y serai...

— Un baiser avant qu'elle vienne ! — dit-il.

— Et Louise ! — fit l'actrice en se défendant assez habilement pour qu'il en prît trois.

— Louise ! je n'y pense plus ! vous m'avez guéri.

Quand la femme de chambre fut montée (elle avait compris ce que désirait sa maîtresse), ils partirent, les pieds de Juarez enlacés dans ceux de Jeanne, sa main pressant la sienne. Elle essayait parfois de se dégager pour qu'il serrât plus fort. Elle arriva de dix minutes en retard.

La première personne que vit Juarez en jetant un coup d'œil sur la salle fut Louise.

XI

Drame sur la scène, drame dans la salle, après un peu de comédie partout !...

La salle était comble. On jouait pour la première fois un drame qui eut depuis un immense succès, dû surtout au talent de Jeanne Kesler. L'élite de la société parisienne était réunie au foyer, où l'on causait avant le lever du rideau.

Le public des premières représentations est composé de tout ce qui a un nom ou une fortune à Paris ; artistes et gens du monde, toutes les célébrités se coudoient dans les couloirs et au foyer. Vigouroux, qui avait rendu quelques services à des gens de lettres, était entouré par des écrivains qui le questionnaient vivement sur les relations que l'on disait exister entre madame de Saint-Val et de Villemer ; car le bruit public colportait déjà les événements de cette après-midi.

Les calomnies se répandent avec une rapidité effrayante partout : celui qui en a inventé une tient à la propager ; ceux qui l'écoutent sont tout disposés à la crier sur les toits ; il est si doux de mépriser ceux que l'on était forcé d'estimer ! Mais à Paris, la ville où l'on cause le plus et toujours malicieusement, un scandale a plus de retentissement qu'ailleurs. L'esprit s'exerce bien plus facilement sur le mal que sur le bien ; et le sceptre des salons appartient à l'homme spirituel. Aussi tous ceux qui visent à cette royauté sont-ils sans cesse à l'affût des méchantes nouvelles, qu'ils recueillent avec avidité, qu'ils amplifient et qu'ils ornent de variantes et de bons mots.

En choisissant Charles Hurault, Vigouroux et les lorettes dont nous avons fait le portrait, pour témoins de la chute de madame de Saint-Val, le marquis de Villemer était certain de la compromettre avant la fin de la soirée.

Cet homme s'acharnant ainsi à salir la réputation d'une femme devait avoir quelque but inexplicable.

Finette avait causé, Sarah aussi ; toutes deux étaien au théâtre, entourées, courtisées. Et à ceux qui venaient les saluer dans leurs loges elles désignaient madame de Saint-Val, la lorgnaient insolemment, caquetaient comme des pies, et la déchiraient à coups de langue.

Sarah surtout était acharnée ; c'était une femme découverte par monsieur de Villemer et mise à la mode par lui. Elle appartenait à cette classe de courtisanes qui n'ont pour excuse de leur vie ni le talent ni l'esprit. Ces prostituées ne savent que donner un banal et facile plaisir à cette nombreuse et misérable catégorie de jeunes gens pour lesquels on a trouvé, il y a quelques années, le nom de gandins.

De la loge des deux lorettes on allait à Vigouroux, vers qui Finette renvoyait le curieux, pour plus *ample informé*, disait-elle. A chaque instant on venait demander à Vigouroux :

— Est-il vrai que de Villemer ait pour maîtresse madame de Saint-Val ?

— Oui, — répondait Vigouroux.

— Et tu as eu des preuves, toi et d'autres, à ce qu'on assure ?

— Oui.

— Voyons, conte-nous cela, cher ?

— C'est la huitième fois que je réédite mon histoire, et c'est fort ennuyeux, je vous assure. Tenez, nous formons cercle maintenant.

En effet, de nouveaux personnages s'arrêtaient et saluaient Vigouroux.

— Eh bien ! qu'est-ce que l'on raconte, — fit un peintre qui avait adoré madame de Saint-Val, — ce faquin de Villemer a donc triomphé de la prude Louise ? J'aurais plutôt parié pour le comte portugais.

Et après le peintre survint un feuilletoniste ; puis deux romanciers ; puis ce fut presque une foule.

Vigouroux, assailli par tout ce monde et impatienté, s'écria :

— En vérité on me prend pour un bureau de renseignements ; c'est trop de besogne, je renvoie à la succursale. Je vais demander du blanc au régisseur et faire écrire sur mon dos : Pour obtenir des explications sur l'affaire de Saint-Val-Villemer, s'adresser à mademoiselle Finette, première loge de face. Je suis ahuri avec vos questions.

On accueillit par un rire bruyant cette plaisanterie, et les chercheurs de nouvelles coururent auprès de Finette.

Emma s'installait en ce moment dans sa loge, elle tint cercle aussi, son provincial l'accompagnait. Ce dernier, majeur depuis deux mois, débarqué à Paris depuis quinze jours, était beau comme un masque de cire et niais comme tout enfant élevé à l'ombre des sacristies par un chapelain de village et une vieille douairière dévote ; mais il cachait sous son air gauche des désirs de femme aussi insensés que ceux d'un Oriental qui a fumé du hachich.

Ceux-là seuls qui ont sondé le cœur d'un séminariste de vingt ans peuvent savoir quel levain y ferment !... Les femmes qui lui ont inspiré les premier amour sont effrayées des voluptés que savent inventer ces vierges du sanctuaire !...

Emma, une gloire du demi-monde que nous devons esquisser, avait gagné par ses mignardises, sa vivacité, sa gentillesse, le surnom de Souris, sous lequel elle était connue des habitués de Mabille. Femme capricieuse, elle ne sut jamais conserver un *protecteur ;* elle entama bien des fortunes, grignota à chacun de ses amants quelques dizaines de billets de banque, puis les abandonna pour d'autres, se souciant peu des désespoirs qu'elle causait.

C'était du reste la femme la plus capable d'inspirer une passion profonde et la moins faite pour la satisfaire pleinement. Quand on lui parlait de son inconstance bien connue, elle répondait par un mot spirituel que Charles Hurault, un des critiques les plus distingués de Paris, avait fabriqué pour son usage : Les hommes, disait-elle, sont des pots au lait, qu'il faut se contenter d'écrémer, parce qu'au bout de quelques jours ils tournent à l'aigre. Bonne fille du reste, ayant parfois des élans de cœur assez vrais pour se faire adorer, assez courts pour être regrettés, elle laissait à ceux qu'elle n'aimait plus des désirs inassouvis, mais jamais d'amertume.

On allait d'elle à Sarah, de Sarah à Finette, de Finette à elle.

Madame de Saint-Val fut le point de mire de toutes les lorgnettes. De Villemer ne paraissait pas ; on le comprenait, mais Charles Hurault manquait à la fête ; on s'expliquait mal cette abstention du critique.

— Il a tenu cinq cents francs pour la vertu ; il a perdu, — disait Emma, — et il bat monnaie. Car on soupe ce soir, et il doit solder une partie de la carte.

— Et le Portugais ? — demanda le peintre qui avait interpellé Vigouroux.

— Jeanne l'a accaparé. Vous allez sans doute le voir dans sa loge, si toutefois elle vient ce soir. Elle serait bien capable de laisser son directeur en plan.

— Monsieur de Saint-Val parle à sa femme ; il semble inquiet de la sensation qu'elle a produit, — reprit le peintre.

— Elle a l'air innocent d'une femme honnête ; si elle se doutait que son histoire est connue, elle perdrait contenance.

Et on lorgnait de plus belle.

Cependant l'entr'acte qui avait suivi le vaudeville donné comme lever de rideau se prolongeait indéfiniment ; le parterre grondait, le paradis hurlait, une tempête s'amoncelait dans la salle. Au foyer des artistes, on s'inquiétait du retard de Jeanne Kessler. Quand elle arriva enfin, donnant le bras à Juarez, elle trouva le directeur au désespoir et l'auteur furieux.

Le régisseur, vieux bonhomme maniaque, osa faire des reproches et gronder. Jeanne, par sa beauté et son talent, était reine toujours et despote à certains moments.

— Si l'on m'ennuie, — fit-elle, — je pars ; sachez qu'en venant je fais un grand sacrifice à l'art.

Elle jeta un regard sur Juarez.

— Elle a raison, — dit une figurante ; — il est beau comme un rêve, ce jeune homme. Si vous aviez cette tête-là, — ajouta-t-elle en s'adressant à son protecteur, — je vous tiendrais quitte de vos mille francs par mois.

— Je vous en supplie, — vint dire le directeur, — hâtez-vous, la salle va crouler sous les sifflets.

En ce moment les piétinements, les sons aigus des clefs, les cris allant crescendo, formaient une harmonie sauvage, un tumulte assourdissant qui agaça Juarez, nerveux comme une panthère.

— Attends, — dit Jeanne, — je vais les faire taire. — Elle appela le directeur et lui dit : — Vous allez prévenir nos imbéciles de spectateurs que je suis très-malade, et que le bruit me fait souffrir.

Le directeur était dans la position d'un prétendant dont la couronne dépend du succès d'une bataille que va livrer un général, lequel est alors plus maître que le roi. Il obéit, fit lever le rideau, et annonça que *mademoiselle Jeanne Kessler réclamait l'indulgence du public, parce qu'elle était indisposée.*

Les sifflets se changèrent en bravos, le calme revint, l'on prit patience.

Une chose digne de remarque c'est que, quand un régisseur vient faire à son public une annonce dans une circonstance semblable, il y a toujours un petit monsieur bossu, à lunettes vertes, au nez pointu, qui lève sa canne à l'orchestre, dont il est l'ornement, et qui crie : C'est bien ! c'est très-bien ! se faisant l'interprète de tous. Ce soir-là il y eut deux bossus.

Jeanne s'habilla sans se presser. Juarez, qu'elle avait tutoyé, était ravi. Ils étaient trois dans la loge de l'actrice, lui, elle et la femme de chambre ; il fit à peu près comme s'ils eussent été deux, c'est-à-dire qu'il colla vingt fois ses lèvres sur les épaules blanches de Jeanne. Celle-ci, sachant Louise dans la salle, craignait un de ces retours de tendresse auxquels les cœurs ardents sont sujets, et elle laissa Juarez signer un engagement par ses baisers. Elle eut soin de le placer bien en évidence dans sa loge, d'où l'on apercevait madame de Saint-Val. Les loges des *premiers sujets* sont sur le devant de la scène, et tout Paris allait savoir que Jeanne Kessler avait pour amant le comte Juarez de Castro.

Le premier acte commença, Juarez devint le point de mire des lorgnettes ; il soutint parfaitement les regards inquisiteurs, jusqu'au moment où il reconnut Louise. Il eut froid au cœur, il pâlit.

— Il aime toujours madame de Saint-Val, — dit Emma, qui saisit cette impression. Mais Jeanne Kessler fit son entrée. Elle était d'une beauté resplendissante, dans un costume de gitana. Des bravos frénétiques l'accueillirent, et une pluie de bouquets tomba à ses pieds. Elle eut pour Juarez un de ces regards qui semblent offrir à l'homme aimé le triomphe obtenu. Le Portugais, dont la jalousie s'était réveillée, répondit par un sourire. Madame de Saint-Val pour la première fois aperçut Juarez, elle eut un frémissement que remarqua encore Emma. — C'est drôle, — dit-elle, — il se joue ce soir un drame tout mystérieux auquel je ne comprends rien.

— L'exposition est cependant bien claire, — lui répondit le peintre — et je prévois d'avance le dénoûment. La Bohémienne...

— Il ne s'agit pas de la pièce, mon bon, — riposta Finette, — mais de madame de Saint-Val. Il n'y a qu'une femme profondément éprise qui puisse avoir ce mouvement de surprise douloureuse que je viens d'observer. Or, si elle est jalouse du Portugais, comment peut-elle se donner à Villemer ?

— Elle a sans doute fait deux parts de son cœur, — fit une voix charitable.

— Ces prudes, quand elles s'y mettent, n'y vont pas de main morte ! — ajouta une autre voix non moins charitable que la première.

— Eh ! — renchérit une troisième, — ce n'est pas la première fois qu'une femme conduirait deux intrigues à la fois.

Juarez, tout à Jeanne qui l'enivrait, ne la quitta plus des yeux. Cette attention mit Emma de méchante humeur, et la devint plus agressive encore contre madame de Saint-Val.

— Qu'a donc à regarder ainsi cette petite dame ? — demanda monsieur de Saint-Val à sa femme.

— Je l'ignore, mon ami, — répondit celle-ci.

— Mais elle rit en te désignant presque du bout de son éventail.

— Tu te trompes sans doute ?

— Notre ami Juarez semble au mieux avec Jeanne Kessler, qui se surpasse ce soir, — continua monsieur de Saint-Val.

— Je croyais qu'il retournait en Algérie demain ? — fit madame de Saint-Val, en comprimant l'émotion qui malgré elle altérait sa voix.

— Il a voulu sans doute, pour sa dernière nuit parisienne, se signaler par un grand succès. Elle est fort bien, cette actrice !

— Vous croyez donc qu'il est son amant ?

A cette réponse la jeune femme pâlit.

— Cela se lit dans leurs yeux !

Le rideau tomba ; une bruyante ovation rappela les acteurs.

Jeanne Kessler se sauva dans sa loge, échappant aux éloges dont tout le personnel du théâtre la poursuivait. Elle se mit aux genoux de Juarez et lui dit d'une voix enchanteresse :

— M'as-tu trouvée gentille ?

Il répondit par un enlacement passionné.

A chaque entr'acte elle vint ainsi chercher dans ses baisers une inspiration nouvelle, et, s'exaltant à chaque scène, s'enivrant du regard de Juarez, elle fut si vraie, si grande, qu'elle électrisa la salle. Au cinquième acte elle fut sublime. Elle avait atteint ce degré d'exaltation qui touche à la folie et qui est le comble de l'art ; jamais elle n'avait obtenu un succès aussi prodigieux. La salle était en délire.

Quand, au dénoûment, le rideau tomba, personne ne songea à sortir ; les spectateurs restaient cloués sur leurs sièges. Il y eut un ouragan de bravos et d'applaudissements ; on voulait la revoir ; elle ne se présentait pas, on s'entêta. Le directeur la chercha ; on fouilla sa loge tous les coins des coulisses, elle avait disparu. Le directeur eut une lumineuse idée ; il annonça que mademoiselle Jeanne Kessler, indisposée avant de jouer, s'était évanouie aussitôt que le drame avait été terminé, et qu'on l'avait transportée mourante dans sa voiture.

— Vieux blagueur ! — dit Emma, — voilà une anecdote qui fera obtenir cinquante représentations de plus à ton drame !

— Quelles belles tartines les feuilletonnistes vont faire demain là-dessus, — ajouta Vigouroux.

Un religieux silence avait accueilli la triste nouvelle ; le lendemain, six cents cartes furent déposées en signe de sympathie chez Jeanne Kessler. La farce fut poussée si loin qu'un petit journal publia le lendemain, heure par heure, le bulletin de la santé de l'illustre malade.

Une heure après, Jeanne, sur les genoux de Juarez, soupait aux Frères-Provençaux. Madame de Saint-Val, rentrée chez elle, se trouvait seule dans sa chambre à coucher.

Elle était assise sur son lit ; elle semblait profondément triste. Elle rêva longtemps... Enfin elle poussa un long soupir, puis elle cacha sa tête dans ses deux mains en disant :

— Il ne m'aimait pas !...

Quelques instants après l'on entendit le bruit d'une chute ; deux femmes accoururent, elles trouvèrent leur maîtresse étendue sans connaissance sur le sol.

XII

L'orgie.

Sauf Charles Hurault, tous les invités se trouvèrent réunis à une heure du matin dans une salle des Frères-Provençaux.

Jacques la Hache avait fait toilette, Ali s'était esquivé pendant le sommeil de son oncle ; le provincial d'Emma, malgré l'abandon de celle-ci, était venu au rendez-vous.

Charles Vigouroux avait emmené le peintre qu'avait étonné si fort le succès dramatique du marquis de Villemer ; ce peintre, que tous les artistes connaissaient sous le pseudonyme de Denis Leclerc, était un paysagiste éminemment distingué, qui avait gardé quelque peu les allures d'atelier.

Emma, ne comptant plus sur son séminariste, s'était accrochée au bras de d'Estayrac. De tous les écrivains politiques, c'était le plus mordant, le seul peut-être qui eût conservé intactes les traditions laissées par les spirituels polémistes de la restauration.

Denis Leclerc était connu de son côté pour les charges aussi audacieuses que drôles qu'il avait jouées à d'importants personnages ; ses saillies originales étaient célèbres ; en l'absence bizarre de Charles Hurault, il donna la réplique aux sorties ironiques du journaliste.

De Villemer aurait dû être le héros de la fête ; mais, soit que l'absence de Charles Hurault l'inquiétât, soit tout autre motif, il resta froid et embarrassé.

Juarez au contraire fut plein d'entrain et de gaieté. Jeanne lui avait murmuré à l'oreille cette phrase enchanteresse :

— Méchant ! vous m'avez bien fait souffrir par votre indifférence ; j'étais allée cacher mon chagrin à Tréport, et plus d'une fois j'ai pleuré au bord de la mer en songeant à vous.

En s'affichant au théâtre avec Jeanne, il avait répondu en homme d'esprit au dédain de madame de Saint-Val.

Il s'était lancé à corps perdu dans la passion que Jeanne avait habilement excitée en lui ; son œil étincelait, sa gracieuse figure rayonnait de plaisir ; il tenait tête intrépidement aux buveurs, et ripostait avec une vivacité méridionale au chassé-croisé des interpellations qui, de tous les coins de la table, pleuvaient sur lui. Il fut le roi de la soirée ; il écrasa son heureux rival. A trois heures du matin, le champagne pétillait et avec lui la conversation ; le laisser-aller devint du sans-gêne ; les hommes, à moitié gris, avaient déboutonné leur gilet ; les corsages des lorettes étaient à demi dégrafés. Les garçons de service se permettaient de rire.

Une amie d'Emma, placée à côté de Jacques la Hache et le voyant à travers les nuages de l'ivresse, avait fini par le trouver superbe, et le Breton commençait à la regarder avec des yeux troublés.

Ali était sur les genoux d'Emma ; mais l'enfant, sentant sa tête alourdie par le vin, s'endormait dans les bras de la houri.

Le provincial n'avait pu se soutenir sur sa chaise ; Vigouroux l'avait fait enlever par les garçons pour éviter tout accident.

Denis Leclerc et d'Estayrac étaient aux prises ; ils discutaient sur les mérites des femmes à la mode.

Heureusement Ali dormait ; il aurait entendu d'étranges théories.

Jeanne avait passé son bras autour de la taille de Juarez, qui cherchait en vain à se lever pour émettre son opinion sur les blondes. Il se mutinait contre le despotisme de sa maîtresse, qui le forçait à se rasseoir chaque fois qu'il tentait de se dresser. Il essayait de lutter, mais Jeanne l'attirait à elle et assurait son triomphe par un baiser. Et chaque fois qu'une rébellion du jeune homme se terminait ainsi, un éclat de rire saluait la victoire de sa maîtresse.

Soudain la porte s'ouvrit pour laisser passer Charles Hurault. Un hourra retentit à son entrée.

De Villemer le regarda avec une attention extrême ; il essayait de lire sur sa figure. Le critique vint se placer en face du marquis, sans être troublé du concert d'exclamations soulevé par sa présence.

Ce fut un feu de file d'interpellations :

— D'où viens-tu ?
— Qu'as-tu fait ?
— Comment vont les morts ?
— Car tu dois sortir d'un tombeau ?
— Est-ce qu'une femme du monde t'a enlevé ?
— As-tu été arrêté ?
— Certainement pour attentat aux mœurs ; son dernier feuilleton était un appel à la débauche.
— Ce n'est pas cela, il revient du sabbat.
— Qu'est-ce qu'il est allé y faire ?
— C'est samedi aujourd'hui ; il a emprunté à Belzébuth les cinq cents francs qu'il a perdus.
— L'enfer lui a refusé cet or ; il partait pour la vertu !
— Sphinx, dis-nous ton secret ?
— Allons, Charles, parle !
— Nous écoutons !

Au milieu de tous ces feux croisés, Charles Hurault arrêta son regard sur de Villemer et dit d'un air ironique qui fit pâlir le marquis :

— Mes enfants, je suis allé au ciel, j'y ai vu des anges. Cela m'a ému, et les émotions creusent l'estomac. Je dévore cette aile de perdreau, je vide une bouteille de moët, et je vais vous raconter mon voyage au paradis.

Juarez avait enfin réussi à se mettre sur ses pieds.

— Je proteste ! — dit-il.
— Contre qui ?
— Contre ceux qui ont parlé d'anges. Il n'y a pas d'anges.
— Charles, on t'attaque comme imposteur.
— On a tort, j'ai vu un séraphin.
— Mâle ou femelle ?
— Ni mâle ni femelle, — s'écria Juarez en se hissant sur la table. — Les mâles seraient trop laids, les femelles trop coquettes.
— Bravo ! il a raison ! A la santé du comte !

— Charles, tu as menti.
— J'en appelle au marquis, — dit celui-ci ; — il connaît mon ange.
Le marquis pâlit.
— De Villemer, — cria Emma, — tu appartiens au vice et à l'enfer, tu n'as pas le droit d'avoir des intelligences au paradis ; De Villemer, tu es un traître !
— A mort de Villemer, qui connaît des anges !
— A mort !
— Il se trouble, le perfide !
— Jugeons-le.
— Eh bien, soit ! je ne demande pas mieux que de présider un tribunal, — dit Charles Hurault de plus en plus ironique. — Gendarme, emparez-vous de cet homme. Qui sera le gendarme ?
— Jacques la Hache ; — répondit Juarez, à qui cette plaisanterie dirigée contre de Villemer souriait.
— Nom d'un tonnerre, je ne veux pas être gendarme, moi ! — hurla Jacques.
— Va donc ! c'est pour nous amuser, — dit Ali, qui s'était réveillé.
— Empoignez l'accusé, — commanda Charles Hurault, qui s'était installé sur un siége au milieu de la table, avec une gravité magistrale. — Juarez, tu seras greffier, — ajouta-t-il, tutoyant le comte.
— Emma, où es-tu ? Emma, ma chérie ? — cria une voix.
C'était le provincial qui rentrait en titubant.
— Tais-toi, malheureux, — dit Emma, — c'est le jugement dernier !
L'ex-séminariste se sauva.
— Je procède à l'interrogatoire du prévenu, — dit Charles Hurault ; — allons, silence dans la salle ! huissiers, faites taire les femmes !
Chacun trouvait la farce d'autant plus comique que de Villemer, livide, semblait transi d'effroi.
— De Villemer, tu joues ton rôle à ravir ; gendarme, soutenez le coupable, il va s'évanouir ! — cria d'Estayrac.
— Juarez, viens t'asseoir, — dit Jeanne Kessler ; et elle voulut tirer le jeune homme à elle.
Arrière ! — cria Charles Hurault, — le sanctuaire de la justice est inviolable ; respectez mon greffier, madame !
— Et il reprit : — Marquis de Villemer, écoutez mon réquisitoire. Vous êtes accusé, vous un grand prêtre du vice, d'avoir commis un acte de vertu en complicité avec une femme honnête. Que faisiez-vous le 15 février ?...
— Ah çà ! mais c'était hier, — observa Juarez devenu tout à coup attentif.
— Greffier, vous êtes là pour écrire et non pour parler. Je continue. Que faisiez-vous dans une mansarde hier, à cinq heures de relevée ? — De Villemer balbutia quelques mots inintelligibles. — J'appelle l'attention de messieurs les jurés sur la contenance troublée du prévenu, — dit Charles Hurault, — et je continue. Vous avez, toujours en complicité avec une honnête femme, secouru un pauvre artiste et sa famille.
— C'est faux, — répondit de Villemer d'une voix étranglée.
— Messieurs les jurés, rappelez-vous ce démenti cynique Que l'on introduise les témoins !
— Les témoins ! Il y a donc des témoins ? — s'écria-t-on.
Et tout le monde se leva vivement intrigué. Jeanne Kessler eut un pressentiment sinistre. Juarez passa sa main sur son front, il eut un soupçon étrange. Un jeune homme, amaigri, plein de distinction et de dignité, entra dans la salle ; il tenait dans ses bras une petite fille mignonne comme les amours.
— Monsieur Georges, reconnaissez-vous cet homme ? — lui demanda Charles Hurault.
— Oui, certes, — répondit avec fermeté le jeune homme ; — et si ce que vous m'avez dit est vrai, si monsieur a profité de ses rencontres avec la bienfaitrice de ma famille pour la calomnier, s'il a transformé un acte de charité en visites d'amour, c'est un infâme et un misérable. J'atteste ici que la vertu de madame de Saint-Val est au-dessus de tout soupçon.

Juarez, en entendant ces mots, comprit toute la vérité. Il poussa un cri terrible, s'empara d'un couteau et il bondit sur de Villemer. Heureusement Jacques la Hache se jeta devant le marquis.
— Sauvez-vous, — cria le Breton au marquis ; — sauvez-vous, ou vous êtes mort !
Et il essaya de retenir Juarez. Mais celui-ci, avec une force que l'on n'aurait pas soupçonnée, soulevait son ami, le faisait rouler à terre, et bondissait de nouveau, comme une panthère blessée, à la poursuite du marquis.
Ce dernier s'était enfui ; l'un des garçons avait eu la présence d'esprit de pousser la porte de la salle, contre laquelle Juarez vint se heurter violemment. Le Breton s'était relevé ; il courut à son ami, qui avec une rage insensée hachait la porte à coups de couteau.
Les témoins de cette scène dramatique, qui terminait si étrangement une comédie burlesque, entourèrent Juarez, et ils eurent toutes les peines du monde à le calmer. La figure du tueur de panthères avais pris une expression de férocité effrayante ; sa prunelle, injectée de bile, s'était colorée de points jaunes qui donnaient à ses yeux bleus un reflet verdâtre, d'un éclat fulgurant ; au coin de ses lèvres s'était formé un pli semblable au rictus d'une bête fauve ; il s'était fait en lui une transformation telle que Charles Vigouroux, plus calme que les autres, murmura :
— Je comprends maintenant que tu aies tué des panthères, toi !...
Peu à peu le calme revint à Juarez ; il jeta son couteau.
— Ah çà ! vous n'y allez pas de main morte, — lui dit Charles Hurault ; — mais, mon cher, ne restez pas en France, vous iriez vous asseoir sur les bancs de la cour d'assises et je ne serais plus président. Vous me sembliez si bien avec Jeanne que je vous croyais détaché de madame de Saint-Val.
Jeanne Kessler avait des larmes dans les yeux ; elle comprenait que toute espérance d'amour était perdue pour elle.
Elle vint embrasser Juarez.
— Adieu ! — lui dit-elle.
Le jeune homme fut ému du ton navrant dont furent dits ces mots ; il emmena l'actrice dans un cabinet voisin, qu'il vit entr'ouvert.
— Jeanne, — lui dit-il, — vous comprenez, n'est-ce pas, que je dois rendre mon estime à Louise.
— Oui, — répondit-elle d'une voix étouffée.
— Seulement, — reprit-il, — je promets de passer auprès de vous tout le temps que je ne passerai pas près d'elle. Et, — ajouta-t-il, — je vous aimerai en frère. Je repartirai bientôt pour l'Afrique, votre image sera toujours dans mes rêves à côté de celle de Louise.
— Bien vrai ? — fit-elle.
— Je vous le jure.
— Vous m'aimez réellement un peu ?
— Jeanne, j'ai pour vous une tendresse profonde.
— Et, bien sûr, vous jurez de me donner quelques heures avant votre départ ?
— Je vous consacrerai ma dernière soirée.
— Au revoir ! — dit-elle joyeuse, et elle colla ses lèvres au front du jeune homme. Puis elle ajouta naïvement :
— Si j'avais prévu cela, nous serions restés chez moi au lieu d'aller au théâtre.
Elle s'enfuit heureuse et triste à la fois.
— Messieurs, — dit Juarez en rentrant dans la salle, — vous comprenez bien que le marquis de Villemer nous doit une réparation.
— Il doit d'abord solder la carte, — s'écria Charles Hurault. — J'ai failli me ruiner pour un mois cette nuit.
— Vous serez mon témoin, n'est-ce pas ? — lui demanda le Portugais.

— Avec qui partagerai-je cet honneur?
— Avec monsieur Jacques de Saint-Yves. Je compte sur vous pour toutes les démarches à faire. Et maintenant, si vous voulez nous raconter ce que vous savez, j'écouterai avec un vif plaisir, et ces dames aussi, je suppose, — ajouta Juarez.

— Ces dames! — dit d'Estayrac, — entendre avec plaisir une réhabilitation! allons donc! Elles sont trop rageuses pour cela!

— En arrachant de leurs griffes la réputation d'une femme qu'elles lacéraient avec acharnement, on ressemble à celui qui retirerait un mouton de la gueule d'un tigre, — ajouta Denis Leclerc.

— Nous sommes meilleures que vous ne croyez, — répliqua Emma; — pour ma part, je proclamerai la vertu de madame de Saint-Val; nous méprisons l'hypocrisie de certaines drôlesses qui mènent la même vie que nous et se posent en vertus de bon aloi, sous prétexte que le pavillon marital couvre la contrebande d'amour; mais nous honorons les véritables femmes honnêtes.

— Quel triomphe! — dit d'Estayrac. — L'enfer s'humiliant enfin devant le ciel! Et cela volontairement, sans le glaive de saint Michel! C'est touchant. Parle, Charles, nous sommes attentifs comme l'Académie écoutant les rapports sur les candidats au prix Montyon.

— Alors vous allez dormir. N'importe! Figurez-vous que vous êtes bohèmes comme moi; que vous avez touché six billets de cent francs, par un de ces hasards inespérés comme il en arrive une fois, jamais deux, dans la vie d'un artiste, et que sur cette somme vous avez bâti des châteaux en Espagne.

— Quels châteaux?
— Tu as donc une ambition?
— Tu as fait quelque rêve insensé?
— Je suis sûr qu'il a envie d'acheter un orgue de Barbarie pour en jouer sous les fenêtres du directeur de son journal.

— Du tout, il veut faire partie de la garde nationale, et corrompre le tambour de sa compagnie pour être nommé caporal.

— Il allait acheter un perroquet jaune et un balai d'honneur à sa concierge pour assurer sa tranquillité à perpétuité et obtenir la considération du quartier.

— Sybarite, va!
— Vous tenez à savoir mon projet?
— Ne mens pas, surtout!
— Non, voici la vérité : je placerai mes fonds dans une société bien canaille, que Vigouroux me recommandera; cette société ne manquera pas, pour leurrer les actionnaires, de donner un dividende superbe la première année afin de faire faillite la seconde. Vigouroux me vendra mes actions avant la débâcle, et je recommencerai trois fois cette spéculation malhonnête, mais légale et inoffensive. Quand j'aurai deux mille francs, je partirai pour l'Algérie; j'irai à la recherche du comte Juarez, et nous trouverons bien quelque panthère à laquelle je chercherai querelle. Le comte me servira de second dans ce duel, comme moi je lui en servirai demain.

— Tu es fou!
— C'est possible, mais chez moi c'est une idée fixe. Je reprends mon histoire. Vous comprenez, n'est-ce pas? que je tenais à mes billets comme une huître à sa coquille.

— Comparaison peu flatteuse, — dit Sarah.
— Ma fille, tu n'oserais pas la faire.
— Et pourquoi?
— Parce que tu aurais peur qu'on la trouvât trop juste!
— Tu es un insolent!
— Et toi tu es adorable. Je reprends encore : donc, j'étais furieux de perdre mon pari. Le comte Juarez s'était tenu pour battu, moi je persistais à nourrir un espoir. Quand de Villemer sortit, il ne donnait pas le bras à madame de Saint-Val; lorsque celle-ci monta en voiture, il

la salua très-respectueusement. Ce n'est pas là la conduite d'un amant. Je m'introduisis dans la maison que le marquis quittait; je pris des informations, et, comme monsieur est le héros de l'aventure, il va finir, je lui cède la parole.

L'attention se reporta sur le jeune homme que le journaliste avait appelé Georges. Il s'était assis, tenant la petite fille sur ses genoux. Il avait aux lèvres le mélancolique sourire des natures d'élite qui ont beaucoup souffert.

— Je suis peintre, — dit-il, — je me nomme Georges van Beck.

— Vous! — s'écria Denis Leclerc en se levant, — et c'est vous qui avez rentoilé le tableau de Rembrandt de la galerie du prince Poriaki?

— Oui, monsieur.
— Vous avez sauvé un grand chef-d'œuvre et vous avez un grand talent.

Les deux artistes se serrèrent la main.

— Après avoir terminé cette œuvre dont vous parlez, monsieur, — continua Georges, — je me mariai, espérant beaucoup de la protection du prince et comptant sur le succès. Le prince partit; il emporta le tableau en Russie, je demeurai inconnu, et pour comble de malheur je tombai dangereusement malade. Ma femme eut le courage de travailler nuit et jour pour me soigner; elle fit des travaux d'aiguille. Au nombre de ses clientes se trouvait madame de Saint-Val, qui remarqua la pâleur de ma femme. Elle a, par son mari, obtenu pour moi une commande au Louvre, et hier elle venait m'annoncer cette bonne nouvelle. Depuis quelques jours un jeune homme, ce marquis, nous rendait visite; il m'avait commandé un tableau. Après avoir espionné madame de Saint-Val, il avait sans doute inventé ce moyen de la compromettre. Telle est la vérité, et vous trouverez comme moi que la conduite du marquis est odieuse. Je vous demande maintenant la permission de me retirer, car ma femme doit être inquiète.

Charles Hurault reconduisit l'artiste en le remerciant; d'Estayrac lui promit un article dans son journal, promesse déjà faite par Hurault, et Juarez lui demanda la permission d'aller le voir. Cette réunion de circonstances singulières mirent en lumière un homme auquel on doit aujourd'hui la conservation de presque tous les chefs-d'œuvre de l'école hollandaise par un nouveau procédé de rentoilage.

A la suite de cette explication l'on se sépara.
— A demain! — dit Juarez en quittant Charles Hurault. — Je vous jure que Louise sera bien vengée, car je tuerai le marquis.

— Il tire bien l'épée et le pistolet, — répondit le critique, — et il s'est déjà battu avec un certain courage.

Juarez sourit.

XIII

Duel à mort.

Le lendemain, à huit heures du matin, Charles Hurault, Jacques la Hache et Juarez montaient dans une voiture qui devait les conduire au bois de Vincennes, où l'on avait pris rendez-vous pour le duel. Jacques, confiant dans le courage de son ami, était insouciant; il ne pouvait se figurer que de Villemer serait capable de se battre avec énergie; le journaliste ne partageait pas cette sécurité.

— Tenez-vous bien, comte, — disait-il à Juarez; — de Villemer est une fine lame; il a cinq ans de salle et il a déjà tué un de ses adversaires.

— Je vous ai dit que je vengerais Louise, n'est-ce pas?

— répondit Juarez ; — je tiendrai ma promesse, quoique à tout prendre ce duel me plaise médiocrement.

— Ah ! — fit Charles Hurault avec une certaine surprise.

— Oui ! ce n'est pas ainsi que j'aime à lutter contre un ennemi. Le duel peut suffire à la haine des hommes civilisés, mais pas celle que nous éprouvons, nous autres chasseurs à demi sauvages. Qu'est-ce que cette rencontre froide, sans colère apparente, où l'œil des témoins gêne l'expansion de la rage, où les coups sont prévus, réglés, compassés. Si vos passions n'étaient pas des caprices d'un jour, si vous éprouviez des transports de jalousie réels, des fureurs sincères, vous verriez bien qu'un duel est quelque chose de bien mesquin, de bien insuffisant pour apaiser une soif de sang. Je voudrais, moi, tenir ce de Villemer au coin d'une de nos forêts algériennes, par une belle nuit d'été, au moment où rugissent les lions et les panthères, au milieu d'une nature solitaire; nous serions seuls avec un couteau de chasse à la main et une haine dans le cœur. Alors je pourrais savourer les voluptés de la vengeance, je pourrais m'enivrer dans le combat, je serais satisfait. Mais un duel ! Est-ce que je sentirai son corps se tordre sous mes enlacements, sa chair crier sous l'acier de mon poignard, son sang rougir mes mains frémissantes? Oh! tenez, vos duels sont des plaisanteries.

— Plaisanteries si vous voulez, mais on en meurt.

— Quelquefois seulement. Tandis qu'entre deux Arabes, par exemple, la haine est toujours mortelle. Vous devez venir un jour en Algérie; si vous y restez trois mois, vous sentirez votre sang chauffé par le soleil courir plus chaud dans vos veines, et vous comprendrez ce que je vous dis aujourd'hui. Tenez, Jacques reçut un jour une insulte de la part d'un cheik arabe ; croyez-vous qu'il ait allé le provoquer en combat singulier? Du tout ; il a attendu pendant quatre mois une occasion propice. Il est allé une nuit l'enlever dans sa tente, et il l'a fait dévorer par ses chiens. Cependant, dans l'intervalle des quatre mois, il aurait pu vingt fois lui loger une balle dans la tête. Mais il ne l'eût pas fait assez souffrir.

— J'ai peine à croire que je serai jamais aussi féroce.

— Passez quelque temps avec moi au Sahara, et vous deviendrez cruel, tout en restant juste et honnête. Soixante degrés de chaleur pour vous échauffer la bile, trois litres de café par jour pour agacer vos nerfs et la privation des femmes pour exalter vos sens, puis vous éprouverez le besoin de trouer la poitrine de quiconque vous offensera, comme d'ouvrir la mâchoire du chien qui jappera après vous : du grand au petit. Du reste, vous avez dû entendre parler des zouaves et des chasseurs d'Afrique, n'est-ce pas ?

— Oui, certes.

— Eh bien ! ce sont des Français d'origine, et cependant l'Algérie leur a donné une fougue, une furie que jusqu'alors vos meilleurs régiments n'avaient jamais atteintes. Le soleil et le café sont leurs stimulants. Mais nous arrivons, je crois.

— En effet, — dit Charles Hurault. Vous tâcherez d'être calme, n'est-ce pas ? — ajouta-t-il.

— Ce sera difficile, — répondit Juarez. — Je vois déjà de Villemer ; il sourit avec fatuité, il croit se relever aux yeux du monde en me tuant. Vous êtes ainsi, en France ; à l'homme qui s'est bien battu on pardonne tout. Mais, par mon honneur de gentilhomme ! il sera touché en plein cœur. Descendons. Il fait un peu de soleil, j'en suis ravi.

— Moi aussi ! — s'écria Jacques la Hache. — Dis donc, Juarez, ton adversaire sera un vilain mort.

Et, en disant ces mots, Jacques sauta à terre. Charles Hurault et Juarez sortirent derrière lui de la voiture. Le journaliste portait des épées et des pistolets. Ce que voyant, le cocher de remise se frotta les mains ; car, à la suite d'un duel, on peut réclamer deux heures de voiture en plus et un pourboire déraisonnable. Si son bourgeois a été vainqueur, l'automédon se pose devant lui, le salue militairement et lui dit : « Faut avouer que vous êtes un crâne lapin ! » Mais si au contraire il ramène un blessé, le cocher trouve une larme hypocrite et le pauvre monsieur touchant.

Dans les deux cas, il tend la main ; on la remplit de monnaie. Celui qui avait amené Juarez poussa l'adresse jusqu'à lui crier en clignant de l'œil :

— Bonne chance, bourgeois ! — Et il lit le geste de se fendre. — Il a souri, — pensa-t-il, — il me donnera un louis.

Les témoins de Juarez saluèrent ceux du marquis, et ils eurent une conférence de quelques instants, après laquelle on chercha un endroit convenable. Charles Hurault finit par découvrir une petite clairière dont le terrain parut suffisamment uni. Les deux adversaires se placèrent un peu à l'écart, et l'on discuta les conditions du duel. Il fut arrêté que l'on se battrait à l'épée. En février le froid est encore piquant, de Villemer proposa de garder les gilets ; Juarez refusa.

— Nous croyons, — dit un des témoins du marquis, — que, vu la saison, on pourrait cependant faire cette concession.

— Rendez-vous à l'insistance de ces messieurs, — dit Charles Hurault en transmettant cette prière au Portugais ; — vous auriez mauvais goût en refusant.

— J'ai un grave motif pour désirer voir à nu la poitrine de mon adversaire, — répliqua le comte. — Je veux lui trouer le cœur, et il faut que je puisse toucher juste.

Cette prétention de Juarez fit hausser les épaules au marquis.

On croisa les fers, et Charles Hurault dit :

— Allez ! messieurs.

Juarez prit une garde qui déconcerta tout d'abord le marquis ; c'était en dehors de toutes les règles de l'escrime.

De Villemer tâta son adversaire, et, malgré l'étrangeté de sa pose, il demeura convaincu qu'il se trouvait en face d'un tireur de première force.

Juarez maniait son arme avec une souplesse et une rapidité prodigieuses ; il avait des bonds terribles, des élans irrésistibles. Le marquis, à chaque instant, se trouvait en défaut ; il avait à parer des coups inconnus dans les salles d'armes, et, chaque fois qu'il se fendait, croyant son ennemi à découvert, son fer glissait contre le sien, et une riposte inattendue le forçait à retomber en garde. Il espéra que Juarez se fatiguerait et qu'il pourrait profiter de cet instant où la main faiblit pour lier le fer et désarmer. Mais malgré les attaques précipitées de Juarez, malgré le jeu violent auquel son mode de combat forçait ses muscles, le Portugais ne fatiguait pas.

Il multiplia au contraire ses feintes et ses ripostes, forçant le marquis à une défense continuelle, et peu à peu celui-ci, essoufflé, rendu, le front couvert de sueur, sentit sa vue se troubler. Alors Juarez se fendit à fond et se jeta sur le carreau avec la poitrine traversée de part en part.

Le Portugais ne put réprimer un cri sauvage de triomphe : il se pencha au-dessus du marquis frappé à mort, et le contempla quelques instants avec des yeux où se peignait une joie cruelle. Charles Hurault lui prit le bras pour l'arracher au plaisir féroce d'entendre le râle d'un ennemi ; il craignait que les témoins du marquis ne se tinssent pour offensés de l'affectation du vainqueur.

— Ma main s'est rouillée à Paris, — dit Juarez ; — il n'est pas mort sur le coup.

On essaya de transporter le blessé dans sa voiture ; il s'y refusa.

— Je me sens mourir, — dit-il d'une voix faible, — je voudrais supplier le comte Juarez de demander pardon pour moi à madame de Saint-Val. Je vous en supplie, qu'il vienne à moi !

— Moi ! — répondit le Portugais, — réclamer de l'indulgence pour un misérable qui a si indignement outragé une femme ! Jamais. Je voudrais encore croire à l'enfer et le faire mourir sans absolution.

— Oh! comte, — dit Charles Hurault, — pour moi, pour vous, pour le monde, ne refusez rien à ce mourant.

— Pour vous qui êtes mon ami parce que vous avez eu foi en Louise, j'y consens; mais, pour le monde, je m'en soucie fort peu.

Et il fit un pas vers le moribond. Mais il éprouvait une telle répulsion qu'il hésitait.

— Je vous en supplie, — dit faiblement le marquis, — venez, monsieur! — Cet appel suprême décida Juarez. Il s'approcha de de Villemer. — Tâchez de me soulever, — dit celui-ci à ses témoins, — et donnez-moi mon épée pour me soutenir un peu.

On fit ce qu'il désirait.

Juarez attendait qu'il parlât. Mais le blessé, rassemblant ses forces par un suprême effort, lui porta un coup rapide à la poitrine.

L'épée, mal dirigée, atteignit le comte à la cuisse. Villemer retomba sans vie entre les bras de ses témoins.

— Quel misérable! — dit Juarez froidement, — j'aurais dû m'en douter. Enfin il est mort.

En ce moment Jeanne Kessler se précipitait hors d'une voiture arrivée à petit bruit; elle poussa un cri à la vue de Juarez blessé; mais le jeune homme montra d'un geste de Villemer inanimé.

Jeanne prit la main de Juarez, la baisa avec transport, et sans mot dire remonta dans sa calèche.

— Comme elle t'aime! — fit Jacques la Hache.

— Elle mériterait que vous fassiez quelque infidélité à votre platonique amour! — s'écria Charles Hurault.

Juarez sourit. Le journaliste offrit son bras pour soutenir son ami.

— Pendant une demi-heure encore je pourrai marcher, — répondit ce dernier, — gagnons notre voiture.

Et il salua les témoins du marquis.

Jacques la Hache avait lancé un : Canaille! des plus énergiques en voyant la trahison dont Juarez était victime.

Mais l'auteur du guet-apens n'existant plus, il n'y avait rien à faire.

En regagnant la demeure du blessé, le Breton murmura entre ses dents:

— C'est égal, il avait tout de même de l'énergie ce Villemer! Je n'aurais pas cru cela.

— Ce n'est pas étonnant pourtant, — dit Charles Hurault; — comme tous ceux de son espèce, le marquis était vaniteux; ces gens-là dévorent un outrage reçu en secret, mais ils bravent la mort quand l'insulte a été publique. Savez-vous, — continua-t-il, — que vous avez des chances de succès, comte?

— Que voulez-vous dire?

— Vous avez eu une conduite chevaleresque, mêlée d'une originalité sauvage (pardon du terme) qui séduit les femmes; tout Paris s'occupera de vous, et vous aurez bien peu de veine si madame de Saint-Val ne s'humanise pas... un peu!

— Vous ne la connaissez pas, — répondit Juarez. Elle me demandera pardon à genoux de ne pouvoir m'aimer, mais elle ne faiblira pas.

— C'est possible, — fit Charles Hurault d'un air incrédule.

Voyant que Juarez avait froncé le sourcil, le journaliste n'insista pas sur ce point. Une demi-heure après, Juarez était au lit et Ali le pansait. Charles Hurault avait offert d'aller chercher un médecin, mais le blessé s'y était opposé.

— Nous autres chasseurs, — dit-il, — nous nous guérissons promptement avec des remèdes énergiques. Il faut que dans cinq jours je sois debout.

— A moins qu'elle ne vous aime! — dit le journaliste en riant.

Et il se sauva pour éviter les reproches de Juarez.

Il se croisa dans l'escalier avec une femme; ce n'était pas Jeanne Kessler, ce devait être Louise!...

XIV

Enfin!

Une femme, le visage caché sous un long voile qui dérobait ses traits, entra dans la chambre où Juarez était couché; à cette vue le jeune homme fit signe à Ali et à Jacques la Hache de se retirer.

— Quelle est cette dame? — demanda le Breton.

— C'est sa Louise, — répondit le petit Ali joyeux. — Je savais bien qu'elle viendrait.

— Pourquoi?

— Parce que je suis allé lui raconter que Juarez n'aimait pas Jeanne Kessler (tu sais, l'actrice?); qu'il se battait avec un marquis par lequel son honneur avait été terni (hein! c'est comme cela qu'il disait hier), — dit l'enfant riant de cette phrase à effet, — que... enfin tout ce que je savais. Alors elle a levé ses bras au ciel en soupirant et a crié : Mon Dieu! s'il allait mourir! Elle m'a demandé l'adresse de Juarez et tu, le vois, elle est accourue. Il n'y a pas un quart d'heure que je suis rentré.

Le Breton regarda le petit coulougli avec admiration. Ali triomphait de ce coup d'œil. Jacques ne voulut pas le laisser dans cette orgueilleuse satisfaction.

— Et ton oncle? — demanda-t-il, — s'il savait que tu as bu du vin, que tu as passé la nuit dehors?...

— On ne le lui dira pas.

— Eh! eh! — fit le Breton, — si tu n'étais pas sage, je lui raconterais tout cela.

— Ah! ah! ah! — s'écria Ali en riant, — tu veux te faire gronder par mon oncle, mon vieux Jacques! Tu veux qu'il me reproche de n'avoir pas veillé sur moi, de ne pas m'avoir ramené aussitôt près de lui. Va, va raconter mon escapade! Le vieux Selim me tirera les oreilles, mais il ne te pardonnera pas ces récriminations.

— Tu es un drôle, — dit Jacques la Hache furieux.

— Et toi tu es un méchant; tu cries toujours comme un vieux chacal grincheur.

Ali s'esquiva. Juarez, resté seul en présence de la visiteuse, se souleva sur son séant et demanda :

— Louise, est-ce vous?

Louise (c'était bien elle) se débarrassa de son chapeau et de son manteau; puis, timide, rougissante, elle s'approcha du lit. Juarez saisit sa main, la colla à ses lèvres et l'y tint pressée.

— Vous êtes blessé, mon ami, — dit-elle, — blessé grièvement.

Elle fondit en larmes.

— Louise, ma Louise, — murmura le jeune homme ivre de bonheur, — vous m'aimez donc?

L'attirant à lui, il but ses larmes et les sécha sous ses baisers.

— Juarez, ne me faites pas repentir d'être venue, — dit-elle en repoussant doucement son bras qui entourait sa taille; — souffrez-vous beaucoup? Oh! répondez-moi, je vous en supplie!

L'effort que le jeune homme avait fait pour se lever lui avait causé une si vive douleur qu'il s'évanouit. Le voyant pâlir, elle s'effraya.

— Il se meurt, — s'écria-t-elle, — je l'ai tué! Juarez, mon Juarez, oui, je t'aime!

Et, folle de désespoir, elle se jeta à son cou en sanglotant.

Quand il revint à lui, une flamme passa dans ses yeux : les cheveux de la jeune femme se mêlaient aux siens, son sein était appuyé sur sa poitrine, il était baigné dans ses pleurs. Quand elle vit luire son regard, elle poussa un cri de joie délirante. Ils passèrent quelques secondes

ainsi ; mais Louise se releva vivement, échappant à son étreinte.
— Oh ! — dit le jeune homme douloureusement, — vous me fuyez !
— Voyons, — répondit-elle en s'asseyant près de lui et en prenant sa main dans la sienne, — vous avez mon aveu maintenant ; vous savez que je n'ai pu, à ce chevet où vous souffrez pour moi, retenir le cri de mon cœur. Mais vous ne me ferez pas l'injure de douter de moi. Je veux rester pure à vos yeux ; je préférerais ne point vous revoir que de m'exposer à faiblir. Vous allez donc me jurer de ne jamais me parler d'amour, de partir pour l'Algérie aussitôt que vous serez guéri, et moi, en échange, je vous promets de venir ici chaque jour, de vous soigner comme une mère, de vous... — elle hésitait — de vous embrasser comme un enfant, — reprit-elle ; — et, quand la mer sera entre nous, je ne craindrai plus de vous écrire ce que j'éprouve, de lire vos réponses. Consentez-vous ?

Juarez, ravi, transporté, presque fou, s'écria :
— Ce que vous me proposez là est un rêve de bonheur dont je n'aurais pas osé bercer mon imagination. Vous me sauvez de l'opium.
— De l'opium ! — dit-elle, — vous vouliez donc vous empoisonner ?
— Non, mais en fumant de l'opium les malheureux qui aiment sans espoir se procurent des hallucinations où ils trouvent le bonheur. Leur maîtresse leur apparaît souriante et douce, comme vous l'êtes maintenant, Louise ; elle donne ses caresses et ses baisers, ils éprouvent des joies ineffables. Seulement, après quelques années de ce bonheur factice, l'âme, habituée à planer dans l'espace, se détache tout à fait du corps où elle est prisonnière ; si ce corps ne meurt tout à fait, ce n'est plus qu'un squelette décharné, un fantôme. Voilà le destin fatal auquel vous m'arrachez.
— Je ne me repens plus de vous avoir avoué ma tendresse, Juarez, puisque vous échappez à ce danger ; mais cette blessure que vous avez reçue ? Vous ne répondez pas à mes questions ; ne me cachez rien ; est-ce grave ?
— Presque rien ; dans quinze jours je serai rétabli. Seulement je souffre un peu quand je cherche à changer de position.
— Je ne veux plus que vous vous agitiez ; je vais m'installer près de vous, et je vous servirai si bien que vous n'aurez aucun mouvement à faire.
— Je ne lèverais jamais les yeux si les vôtres ne quittaient pas les miens, je ne bougerais pas mon bras si votre main serrait toujours la mienne, je n'aurais aucun désir si je vous sentais sans cesse là tout près de moi.
— Eh bien ! jusqu'à cinq heures je puis vous contenter, — dit-elle avec un angélique sourire. — Mais soyez sage.

Elle s'assit dans un fauteuil, et Juarez put la contempler à l'aise. Ce fut une délicieuse après-midi.

Madame de Saint-Val vint chaque jour soigner Juarez ; mais elle fut forcée d'arrêter ses élans, et lorsque celui-ci convalescent put s'appuyer sur son bras pour se promener autour de sa chambre, il ne sentit jamais le cœur de la jeune femme battre plus vite qu'à l'ordinaire ; quand il se mit à ses pieds, il fut toujours forcé au respect par des regards qui arrêtaient sur ses lèvres les mots trop brûlants.

Le sentiment de bonheur une fois profondément gravé dans le cœur d'une femme, l'éducation peut la retenir sur le chemin de la vertu conjugale, tant que la voix des sens exaltés par l'imagination ne dominera pas celle de la conscience.

Louise avait une âme aimante, un cœur plein de mansuétude : mais le délire de l'amour, les élans fougueux de la passion lui étaient inconnus. Aussi, sûre d'elle-même, n'ayant jamais éprouvé ce trouble qui fait oublier les plus beaux serments de résistance, avait-elle dit à Juarez :

— Vous ne me posséderez jamais !
Il avait compris qu'elle tiendrait ce serment.

Madame de Saint-Val éprouvait pour Juarez une sympathie qui le lui rendait cher ; un véritable amour tenant de celui d'une mère pour son enfant.

Quand elle songeait à lui, elle s'abandonnait délicieusement à des rêves innocents ; depuis qu'elle lui avait avoué son amour, elle le laissait baiser son front, savourant avec calme, sentant profondément cette caresse, mais ne frissonnant pas, ne s'enivrant pas au contact de ses lèvres.

Dans la lutte qu'une femme soutient contre un amant, elle étouffe au fond de son cœur les aspirations qu'elle éprouve ; il arrive un moment où le cœur gonflé es frappé par l'électricité de l'amour et laisse échapper les trésors qui s'y sont entassés. C'est un irrésistible entraînement ; le frémissement nerveux qui parcourt tout l'organisme prouve qu'il est ébranlé par une secousse magnétique.

Madame de Saint-Val était à l'abri de ces coups de tonnerre qui terminent souvent par une chute complète et profonde les plus énergiques résistances. Se laissant paisiblement aller aux expansions tranquilles de ses affections, Louise ne se trouvait jamais dans cet état de pile de Volta si dangereux pour la vertu des femmes.

Charles Hurault, analysant ce caractère, en avait dit :
— Elle a un paratonnerre qui dégage peu à peu l'électricité de son âme et la met à l'abri de la foudre.

Juarez obtint des baisers au front et rien de plus.

Jeanne Kessler venait aussi chez le blessé ; l'actrice trouvait un bonheur plein de mélancolie à épier la sortie de madame de Saint-Val pour lui succéder auprès du malade. Elle se consolait d'avoir perdu son amour en songeant que sa rivale n'était pas plus avancée qu'elle.

XV

Où la silhouette du mari se dresse à l'horizon.
Dénoûment rapide.

Cependant l'aventure de Juarez avait eu dans tout Paris un immense retentissement ; on en causa huit jours, toute une éternité pour Paris, dans les salons, dans les cercles et jusque dans les cafés.

Un chroniqueur à court de scandale s'était emparé de cette histoire pour en faire une pâture à l'avidité des abonnés d'un petit journal. On avait bientôt mis à la place des X*** et des C*** transparents des noms propres sous lesquels l'auteur avait fait semblant de cacher les héros de son anecdote.

Cinq jours après le duel, plusieurs jeunes gens étaient attablés dans un café du boulevard ; ils causaient bruyamment, comme on cause après avoir déjeuné comfortablement.

— Sais-tu, — disait l'un d'eux, — que la mort de Villemer n'a pas été le dénoûment du duel dans lequel tu lui as servi de témoin ?
— Est-ce que le comte Juarez serait mort aussi ? — répondit la personne interpellée.

Un monsieur d'un certain âge, qui se trouvait à la table voisine lisant le journal, leva la tête en entendant prononcer le nom de Juarez.

— Il s'agit bien pour lui de mourir, — reprit le premier interlocuteur. — La jeune femme pour laquelle il s'est battu s'est enfin humanisée.

— Ah ! Est-ce bien prouvé, au moins ? Vous savez quelle odieuse machination de Villemer avait inventée pour la compromettre ?

— Mon cher, elle lui rend visite tous les jours.

— Eh bien ! moi, je trouve la chose très-naturelle. Il

ne s'ensuit pas qu'elle est pour cela la maîtresse du comte.

— Hum ! hum ! sans doute, c'est la vertu personnifiée; mais enfin, messieurs, à la place du mari, nous serions inquiets. N'est-ce pas un certain monsieur de Saint-Val ?

— Précisément !

— Si j'étais son ami, je lui conseillerais de voyager. Il y a cinq jours déjà que le comte est blessé; bientôt viendra la convalescence, échappant à l'action du temps. Possesseur d'une belle fortune, cavalier séduisant, il fut jusqu'à trente-cinq ans le favori des salons du faubourg Saint-Germain où sa naissance lui donnait accès. Plus tard il lutta contre les ravages que la quarantaine fait parmi les séductions d'un homme à la mode : il eut recours aux mille et une petites ressources de la toilette pour obtenir encore quelques triomphes, semblable à un général qui doute du succès et ne néglige aucune précaution. Puis vint le jour terrible où il fallut teindre des mèches grisonnantes, ruse de guerre comme en inventent des assiégeants pour faire capituler une place qu'on ne peut enlever de vive force. Puis enfin une fatale échéance arriva ; il fallut se décider à payer l'amour, à acheter les femmes, comme on achète les chefs ennemis qu'on ne peut vaincre. Devant cette extrémité rigoureuse il recula ; il lui semblait dur, cruel, impossible de se résoudre à cette honte.

Il chercha un expédient, il trouva le... mariage! Avec sa profonde connaissance du cœur humain, il espéra découvrir une naïve jeune fille de quinze ans, dans une position assez modeste comme fortune pour lui savoir un gré infini de lui apporter la richesse, assez élevée pourtant comme classe pour avoir reçu une bonne éducation. Il eut la chance de rencontrer Louise.

Fille d'un capitaine tué en Algérie, elle partageait avec sa mère une petite pension, retraite suffisante pour la faire végéter dans cet état qu'on pourrait définir la gêne en chapeau. En voyant Louise, monsieur de Saint-Val apprécia d'un seul coup d'œil le trésor qu'il avait rencontré.

— Elle a quinze ans, — pensa-t-il, — et je pourrais, à force d'expérience, de surveillance déguisée, de soins et d'attentions, la maintenir jusqu'à vingt-deux ans dans cette virginité de cœur qui fait qu'une femme est encore jeune fille, et que le seul mot d'adultère fait trembler d'effroi.

Sept années de repos, de félicité tranquille, c'était une enivrante espérance ; mais après ce terme extrême il fallait compter sur la lutte. Car, à cette époque, une femme sait quel marché de dupe elle a fait ; elle regrette son indépendance, elle comprend de quels sacrifices elle a payé un titre et une position. Alors ou elle ne veut plus continuer à étouffer les aspirations de son cœur, ou elle met un prix énorme à sa fidélité. Il faut que le mari la fasse largement jouir du luxe et des plaisirs que donne cette fortune contre laquelle elle a échangé sa jeunesse. La situation est déplorable.

Le mari et la femme ressemblent au vendeur et à l'acheteur discutant à chaque instant avec âpreté le prix d'une marchandise : les soirées, les spectacles, les toilettes, les parures sont la monnaie dont se solde la vertu de l'épouse, qui stipule en outre une foule de petites conditions particulières, lesquelles assurent l'esclavage de monsieur et la liberté de madame. Encore arrive-t-il presque toujours que la femme fait une banqueroute frauduleuse ou tout au moins la contrebande d'amour. Le tribunal, par une séparation, liquide la position, quand le mari n'accepte pas le concordat onéreux du ménage à trois.

Monsieur de Saint-Val avait vu son programme se réaliser jusqu'au moment où la vingtième année de Louise avait sonné. La conversation recueillie par lui au café avait vibré comme un glas funèbre à ses oreilles : c'était le tocsin signalant un incendie. Le cœur de Louise était en feu ! La lutte commençait.

. . . .

Le lendemain, Juarez reçut une double visite. Monsieur et madame de Saint-Val venaient lui faire leurs adieux. La visite fut courte, un peu embarrassée. Après quelques phrases banales, monsieur de Saint-Val dit au blessé :

— J'ai appris un peu trop tard votre aventure, cher. C'est mal de ne pas m'avoir informé de votre état. Il paraît, — ajouta-t-il avec une feinte bonhomie, — que vous êtes un heureux mortel. — Juarez devint affreusement pâle. — On prétend, — continua monsieur de Saint-Val, — que la dame pour qui vous vous êtes si chevaleresquement conduit vous consacre tous ses soins. Nous vous quittons donc sans trop d'inquiétude. — Juarez jeta sur Louise un regard inquiet. Elle était pâle et triste. — Nous allons en Italie, — reprit monsieur de Saint-Val, chercher le soleil dont j'ai grand besoin. Adieu, comte, ne vous dérangez pas, je vous en supplie.

Et monsieur de Saint-Val, prenant le bras de sa femme, prit congé de Juarez sans qu'il fût possible à celui-ci d'échanger un mot avec Louise.

— Elle m'écrira, — pensa-t-il. Il aperçut un petit billet sur le parquet, il sonna. Ali accourut. — Apporte-moi ce papier, — dit-il à l'enfant.

Celui-ci obéit. Il ouvrit le billet, il était de la main de Louise et ainsi conçu :

« Mon mari sait tout, oubliez-moi ! »

. . . .

Le cœur de Louise était en feu, avons-nous dit ; son mari ignorait au juste les dégâts commis par l'incendie. Il lui restait à savoir s'il aurait à combattre le sinistre ou à réparer un désastre, s'il arriverait assez tôt ou trop tard.

Aux premiers mots d'explication, il fut convaincu de l'innocence de Louise ; elle répondit à des questions captieuses avec une naïveté qui le rassura quant au passé. Il eut un accès de joie, un véritable délire, quand il s'aperçut que l'édifice de son bonheur était encore debout. Mais la crainte qu'il avait éprouvée lui inspira pour sa femme un redoublement d'attachement, et il prit la résolution de la mettre à tout jamais à l'abri d'une chute.

Comme cet avare dont les voleurs ont essayé d'emporter le coffre-fort et qui cherche à son or une cachette mystérieuse, il résolut de dérober Louise à toutes les tentatives.

Il fit avec elle un voyage en Italie, et il ne la quitta pas plus que son ombre ; après trois mois de pérégrinations incessantes, monsieur de Saint-Val, ayant tout bien préparé pour l'exécution de son plan, annonça à sa femme qu'il désirait aller passer quelques mois en Afrique, dans une propriété qu'il possédait près de Tlemcen. Il voulait s'enterrer avec elle dans une solitude profonde. Condamner une jeune femme à une réclusion pareille était cruel, mais la jalousie est féroce.

Monsieur de Saint-Val avait choisi l'Algérie comme lieu de retraite, parce que nulle part ailleurs on ne peut mieux abriter une femme contre les intrigues ; du reste, avec une habileté peu commune, monsieur de Saint-Val avait feint d'ignorer tout ce qui s'était passé et avait redoublé de soins auprès de Louise. Il lui avait caché qu'il connaissait le secret de ses visites ; il n'avait eu avec elle qu'un commencement d'explications qui n'avait jamais reçu son complément. Dès le début, reconnaissant qu'il n'était pas... trompé, monsieur de Saint-Val avait habilement changé le tour de la conversation.

Si candide que soit une femme, elle est femme, c'est-à-dire qu'on ne peut la tromper tout à fait. Aussi Louise s'était-elle doutée de quelque chose, et, quand elle connut la résolution de départ prise par son mari, ses doutes furent changés en certitude. L'adieu écrit qu'elle laissa à Juarez en fut la conséquence.

Elle eût désiré plus de confiance de la part de son mari; elle se tint comme offensée de ce brusque enlèvement, causé par une jalousie injuste selon elle. Mais elle ne proféra pas une plainte, ne fit pas une observation. Elle eût accepté la plus dure tyrannie de l'homme qui avait épargné à sa mère les horreurs de la misère, et qui pendant cinq ans avait été pour elle admirablement bon. Elle résolut d'accomplir son devoir; mais elle sentait sa chaîne, elle souffrait, et parfois elle songeait à l'amour si tendre, si respectueux de Juarez. L'abnégation spontanée est moins pénible que le renoncement forcé; cet amour dont Louise avait fait volontairement le sacrifice lui tint au cœur quand elle le vit brisé par la volonté de son mari. Malgré sa vertu et son caractère, la situation eût offert des dangers si Juarez eût été près d'elle. Jadis elle se sentait vaillante, et maintenant elle se croyait obligée de combattre sa fidélité à un cher souvenir.

Dans de pareilles conditions, si jamais Juarez se retrouvait sur son chemin, une occasion pouvait naître où Louise succomberait. Mais monsieur de Saint-Val avait choisi pour débarquer à Oran le commencement de la saison des chasses. Il savait que les chasseurs d'autruches étaient loin dans le Sahara; il espérait s'installer dans la villa qu'il avait fait préparer à trois lieues de Tlemcen, avant le retour de Juarez; une fois là, il était certain de s'assurer la fidélité de sa femme...

Monsieur de Saint-Val avait un cœur excellent; mais la jalousie est une terrible passion, et l'égoïsme tue la pitié dans le cœur des vieillards. Il se disait que Louise s'ennuierait à mourir dans cette campagne solitaire; seulement il comptait, toutes les saisons, passer la mer et la promener sur le continent. Calcul de mari, calcul toujours faux! Le hasard, l'instinct des amoureux, la malice des femmes déjouent toujours les meilleures combinaisons.

DEUXIÈME PARTIE.

LES GORGES DU RIO-SALADO.

I

En mer.

Trois mois après le duel de Juarez, courrier de Marseille à Oran se trouvait en vue des côtes d'Afrique. La mer était calme; la brise gonflait les voiles du navire, mais si faiblement que parfois la toile retombait le long des mâts, pour se relever lentement sous le souffle indécis d'un vent léger du nord-est. La nuit venait à peine de laisser tomber sur les eaux son voile diaphane, et l'on apercevait au loin, vers le sud, une sombre masse noyée dans l'azur de l'horizon du ciel et dans celui des flots. C'était l'Algérie.

Le pont du bâtiment était encombré de colons et de militaires à destination de la province d'Oran; mais, malgré le voisinage de la terre, la soirée était si belle, il y avait tant de poésie dans cette première heure de la nuit, que tous les passagers gardaient un silence profond.

Tous avaient l'œil fixé vers la flamme rouge du phare de Mers-el-Kebir, qui brillait confondue, à cette distance, avec les étoiles dont le ciel bleu de la Méditerranée était émaillé. Ce flambeau allumé par l'homme, étincelant parmi les feux que Dieu a lancés dans l'espace, fait naître dans l'âme d'un marin tout un monde de douces pensées et de rêves consolants. La blanche étoile, c'est l'œil de la Providence ouvert sur lui, quand il est perdu dans l'immensité de l'Océan; mais le phare c'est l'œil de la terre, ardemment fixé sur l'enfant qui va bientôt fouler son sol. Alors le matelot n'est plus isolé, il y a toute une ville, tout un peuple, l'humanité entière, qui le regarde du haut d'une falaise battue par la vague.

Sur le navire, les soldats, presque tous volontaires, songeaient à cette vie d'aventures qui les attendait sur ces plages barbaresques, nouvellement conquises, et retentissant encore des clameurs de la guerre et du canon des combats; les colons, eux, caressaient l'espoir d'une fortune rapide; derrière eux ils laissaient dans la mère patrie les chagrins, la misère, la ruine; ils allaient chercher dans la colonie une vie nouvelle de richesse et de prospérité. Il est vrai que beaucoup de ces illusions devaient s'évanouir, les unes au milieu de la fumée de la poudre, les autres au milieu de la poussière du désert apportée par le simoun.

Le courrier du départ s'était croisé avec celui du retour... Sur celui-ci revenaient des blessés de la dernière expédition et des cultivateurs de la plaine du Sig; les uns étaient affreusement mutilés par les balles et les yatagans des Arabes, les autres étaient minés par la famine et la fièvre. Mais pour eux aussi le phare de Marseille avait lui comme une étincelle de bonheur.

A l'avant du navire se tenait un jeune homme ou plutôt un enfant enveloppé dans un cafetan. Il regardait avec surprise une jeune femme qui venait d'apparaître sur la dunette du navire; cette jeune femme était enveloppée dans un épais manteau qui la garantissait de la fraîcheur, elle laissait errer son regard sur la mer. Elle semblait profondément triste, son œil avait un éclat fiévreux et son corps des tressaillements nerveux; c'était madame de Saint-Val. Elle était appuyée sur le bastingage du navire, et elle se demandait quelle étrange idée son mari avait de la conduire sur cette terre d'Afrique où Juarez se trouvait sans doute à cette heure. Elle frissonnait de crainte et d'espérance : l'espérance de le revoir, la crainte de faiblir !

Le jeune homme qui la regardait à l'avant du navire avait poussé plusieurs fois des exclamations étonnées; enfin il se rapprocha d'elle lentement. Un matelot en le coudoyant entr'ouvrit son cafetan : c'était Ali.

Un homme, les bras croisés sur la poitrine, se tenait debout derrière elle.

Sans doute elle ignorait sa présence; car elle se livrait au courant de sa pensée avec cet abandon auquel les femmes ne se laissent aller que dans la solitude. Trop délicates pour ne pas être excessivement impressionnables, elles sont gênées par un témoin qui sonde leurs pensées et entrave le libre essor de leur imagination. Un mari surtout est un obstacle à leurs rêveries, et c'était le mari de Louise qui se tenait près d'elle. Il devinait avec inquiétude la cause de l'émotion qui agitait son sein.

— Louise, — dit-il d'une voix grave, — vous semblez préoccupée ce soir?

Madame de Saint-Val se retourna vivement.

— Vous m'avez fait peur, mon ami, — s'écria-t-elle avec une expression douloureuse.

— Pardonnez-moi, ma chère enfant; mais je voulais vous causer d'une personne que nous aimons tous deux.
— Et qui cela? — demanda-t-elle avec une certaine défiance.

Comme tous les jaloux, monsieur de Saint-Val tendait souvent des piéges à sa femme; au commencement de cette guerre de ruses, elle avait été battue; mais, dans la diplomatie conjugale, les femmes finissent toujours par être de première force. C'est ce qui était arrivé. Bien imprudent le mari qui engage pareille lutte, il est certain d'être vaincu un jour. Ce que voulait monsieur de Saint-Val c'était faire croire à Louise qu'il ne voyait pas autre chose qu'un ami dans Juarez.

Il est toujours bon qu'un mari ait l'air d'avoir confiance en sa femme, comme un patron doit toujours sembler sûr de la probité de son commis. Si l'épouse est honnête et le commis aussi, cette estime où l'on paraît les tenir les grandit à leurs propres yeux, les affermit dans le devoir; s'ils sont infidèles, cette sécurité complète de celui qu'ils trompent leur fait commettre des imprudences qui mettent sur la trace de leurs méfaits. A ce jeu les commis se laissent prendre toujours, les femmes presque jamais.

Madame de Saint-Val se tenait en garde, elle savait parfaitement ce que voulait dire son mari, et néanmoins elle lui demandait de qui il parlait.
— Du comte Juarez, ma bonne amie, — répondit-il; — sans doute il est à Oran.
— S'il dit cela c'est que ce n'est pas vrai, — pensa Louise. Une pensée lui vint. — En quelle saison chasse-t-on l'autruche? — demanda-t-elle à son tour.
— Mais je ne sais trop au juste, — fit son mari qui se sentit deviné.
— Il est étrange que vous ne sachiez pas cela; je crois que c'est à cette époque, — ajouta-t-elle. — Monsieur Juarez avait, il y a trois mois, l'intention de repartir pour le désert, et, si je ne me trompe, il est à cette heure en pleine chasse. Mais, mon ami, voyez donc quel magnifique spectacle se déroule à nos yeux, je conçois que le comte aime cette terre algérienne... Regardez!...

Monsieur de Saint-Val, dépité et se sentant battu, jeta les yeux vers la terre. Au même moment Ali se glissait près de Louise, et, caché derrière un tas de cordages, il baisait respectueusement la main de la jeune femme.

Le navire entrait dans le port de Mers-el-Kebir.

Grâce à la limpidité de l'atmosphère, les nuits des tropiques sont plus transparentes et plus claires que nos sombres journées d'hiver. La lune versait des torrents de lumière sur une vaste nappe d'eau enfermée entre deux promontoires, et ses rayons la faisaient étinceler comme un immense miroir d'argent.

Cette baie, large de deux lieues, est formée par une haute montagne semi-circulaire, dont les deux extrémités s'avancent dans la mer comme des jetées naturelles; elles y forment une rade immense que défendent un des forts et des batteries rasantes, dont les canons de bronze montrent leur gueule menaçante à travers les embrasures. Une citadelle qui ressemble à un vieux château fort se dresse sur la crête la plus élevée; c'est le *Santa-Crux*, qui domine à la fois Oran et Mers-el-Kebir; à cette heure, ses vieilles murailles, debout sur un rocher perdu dans la nue, avaient un aspect imposant. Comme au flanc des vieilles tours gothiques, on apercevait, suspendues aux remparts, des lampes de pierre où veillaient les sentinelles, dont les *garde à vous* sonores traversaient l'espace et venaient se répercuter sur la surface des ondes.

Le village de Saint-André dormait à l'abri des forts de Mers-el-Kebir, et ses blanches maisons le détachaient du fond sombre de la montagne à laquelle elles étaient adossées, offrant une riante image au milieu du site sauvage et grandiose que présentaient les pentes abruptes du Santa-Crux. Çà et là, comme des nains honteux de leur difformité, quelques rocs montraient au-dessus des eaux leurs têtes bizarrement taillées et incessamment lavées par la vague. Le bâtiment, en entrant en rade, passa assez près de l'un d'eux pour que madame de Saint-Val pût y voir accroupi un phoque, dont la forme hideuse lui arracha un cri d'effroi. Au même instant un hurlement plaintif, lamentable, passa au-dessus du navire, venant de la côte; cent autres pareils le suivirent, formant un concert lugubre. Louise trembla.

— Rassure-toi, ma chère enfant, — dit monsieur de Saint-Val à sa femme; — ce sont des hyènes et des chacals qui poussent ces clameurs chaque nuit.
— Chaque nuit, dites-vous, monsieur? mais c'est épouvantable! Et ces animaux rôdent aussi près des villages?
— Ils en sillonnent souvent les rues pour ronger les os qu'on y jette.
— Et dans cette propriété que nous allons habiter nous serons entourés de pareils voisins?
— Mon Dieu! oui.
— Je vous le déclare, monsieur, je vous suivrai, mais nous n'irons pas plus loin. La peur me tuera.—Puis elle ajouta en aparté: — Le comte Juarez a bien du courage de parcourir seul la nuit des solitudes peuplées par ces animaux féroces.

Elle se retira dans sa cabine pour y bouder à l'aise.

Au moment où Louise quittait son mari, Ali se croisa avec la jeune femme et lui dit tout bas:
— *Il* est peut-être encore à Oran!...
— Mon enfant, je vous en prie, — fit Louise frissonnante, — s'il est à Oran qu'il quitte la ville sans me voir.
— C'est cruel.
— C'est nécessaire...
— Il a bien souffert, allez!...
— Ah! mon Dieu!—Louise entendit le pas de son mari.
— Tenez, — dit-elle, — donnez-lui ceci. Et elle glissa une bague dans la main d'Ali. — C'est un talisman, — fit-elle.
— Il guérira, — murmura le jeune homme joyeux.
— Surtout qu'il parte!

Et Louise descendit dans sa cabine... Elle rêva du tueur de panthères.

II

Oran.

Le lendemain, dès que le soleil dora le sommet de Santa-Crux, madame de Saint-Val monta sur la dunette du navire.

Le spectacle qu'elle avait entrevu la veille avait changé d'aspect. La brise du matin, soufflant de terre, apportait des senteurs parfumées; la montagne, couverte de cactus gigantesques et d'aloès aux feuilles immenses, avait conservé son cachet sauvage; mais l'œil y découvrait mille détails pittoresques et étranges ensevelis jusqu'alors sous le manteau de la nuit.

La diane sonnait dans les forts, qui prirent une animation extraordinaire causée par l'arrivée du courrier; les remparts se couvrirent de soldats, et parmi eux se distinguaient les zouaves et les turcos, dont les vestes orientales et les turbans gracieux contrastaient avec le sévère uniforme de la ligne. Vingt canots se détachèrent du rivage et vinrent entourer le bâtiment; un piquet de spahis attendait les soldats sur les quais; les coursiers numides de cette cavalerie indigène piaffaient d'impatience et se cabraient avec une souplesse et une vigueur qui faisaient ressortir l'admirable élégance de leurs formes.

Madame de Saint-Val fut distraite de ses terreurs de la veille par cette scène pleine de mouvement et saisissante de nouveauté. Son mari la pria de descendre dans une embarcation, il lui offrit son bras pour arriver au bas de l'escalier adapté au flanc du navire; ils entrèrent tous deux dans la barque, à laquelle deux rameurs firent bientôt toucher la rive. Là, monsieur de Saint-Val, laissant ses bagages aux soins des domestiques, prit une des nombreuses voitures qui stationnaient sur les quais, et il donna au cocher espagnol l'adresse de l'hôtel de France.

— *Ana sabir* (je connais), — fit celui-ci.

Et, prenant en main les guides de son attelage, il fouetta vigoureusement ses deux rosses, qui partirent au petit trot d'abord. Le conducteur les suivait au pas gymnastique, sans monter sur son siége; les malheureuses bêtes qui traînaient le véhicule semblaient à peine avoir la force de se porter. Louise pensa que leur maître courait ainsi pied pour leur épargner le poids de son corps; mais elle s'aperçut qu'elle se trompait. L'Espagnol ne cessa d'exciter ses chevaux de la parole, et quelle parole! des jurons dont l'accent seul écorcha l'oreille de Louise; il accompagna cet encouragement d'une incessante distribution de coups de lanière, et peu à peu les deux animaux prirent une allure plus vive. Ce que voyant l'automédon, il saisit son fouet par le petit bout, et du manche administra une volée terrible aux pauvres bêtes, qui s'élancèrent au galop. Alors l'Espagnol sauta sur son siége d'un bond qui eût fait honneur à un gymnasiarque célèbre, et debout, toujours riant, toujours frappant, il dévora l'espace avec une rapidité vertigineuse.

A chaque instant Louise se penchait à la portière et se rejetait à l'intérieur de la voiture tout effrayée. La route était taillée dans le roc vif, au-dessus des falaises, et courait sur le bord des précipices au fond desquels la mer mugit. Tout à coup elle se crut perdue. La voiture s'engageait sous un tunnel où régnait une profonde obscurité. La jeune femme se serra tremblante contre son mari; celui-ci profita de ce mouvement instinctif, inspiré par le besoin de protection, pour l'embrasser.

— Calme-toi, mon enfant, — dit-il, — et mets la tête à la portière; nous arrivons à Oran.

Louise, à demi rassurée, ouvrit les yeux et jeta un cri de surprise.

Aussitôt après avoir dépassé la voûte, la voiture était entrée dans le port d'Oran par la porte de Mers-el-Kébir, d'où l'on aperçoit un panorama splendide.

La cité oranaise, disposée en amphithéâtre, étale au soleil ses maisons à terrasse, les clochers de ses églises, les minarets de ses mosquées; le fort Lamoule, le château Neuf, Saint-Grégoire, Saint-Philippe et les batteries basses forment une ceinture formidable de défenses imposantes, au-dessus desquelles flotte le drapeau français. Le port, accessible seulement aux navires d'un faible tonnage, est rempli de balancelles espagnoles et de bricks caboteurs, dont les pavillons s'enroulent autour d'une forêt de mâts. Au loin se dessinent à quinze lieues, sur l'est, la pointe d'Arzew et la montagne des Lions; puis à perte de vue se déroule la Méditerranée, semée çà et là d'un point blanc sur un fond bleu. C'est la barque d'un pêcheur qui va chercher sa proie au fond des eaux, jusqu'au jour où il deviendra lui-même la pâture des requins.

Il semblait à Louise qu'elle entrait dans une vie nouvelle; des sensations étranges l'animaient. Cette terre africaine, avec ses parfums puissants, son atmosphère d'une transparence inouïe, ses productions originales, révélait à la jeune femme un monde inconnu qui promettait des émotions profondes et bizarres dont son cœur n'avait jamais été assailli.

Un temps d'arrêt arracha Louise à ses réflexions; les douaniers arrêtaient la voiture, qui repartit après cette formalité.

Une population bigarrée remplissait les rues: les juifs à la robe longue, à la calotte noire; les Mores au brillant costume oriental, parsemé de broderies étincelantes; les Arabes au burnous majestueux; les matelots et les colons français, les militaires de toutes armes et les émigrants espagnols se croisaient dans les rues, offrant une variété inouïe de types, de costumes, d'allures et de dialectes.

Sur le point d'arriver à l'hôtel de France, Louise aperçut un jeune homme qui passait, causant avec un officier du bureau arabe; elle reconnut Juarez. Un nègre se tenant derrière le chasseur portait une peau de panthère; la population faisait cercle.

L'émotion de madame de Saint-Val fut si vive à cette vue qu'elle porta la main à son cœur. Quand elle chercha de nouveau à voir le jeune homme, il avait disparu.

Madame de Saint-Val ignorait les usages de l'Afrique; mais elle comprit que Juarez était en costume de voyage. Le jeune chasseur portait des guêtres de cuir jaune, un élégant chapeau de paille, une gibecière de chasse qui semblait bourrée de provisions; deux chiens se tenaient derrière lui, et il avait passé en bandoulière une longue carabine. S'agissait-il d'une simple partie de chasse, ou retournait-il au Sahara? C'est ce que Louise ne put savoir; même quand on fut installé à l'hôtel. La jeune femme se respectait trop pour interroger des garçons ou des filles de service.

Monsieur de Saint-Val passa huit jours à Oran avant d'emmener sa femme à Tlemcen.

Oran, qui comptait déjà vingt mille habitants à cette époque, offre tous les avantages d'une ville française unis au luxe oriental d'une cité moresque. Chaque soir, monsieur de Saint-Val conduisait Louise sur cette délicieuse promenade de Letang, qui domine la mer et où la musique des régiments de la garnison vient jouer des airs français sous les platanes dont elle est ombragée. Parmi les groupes de promeneurs, Louise plongeait des regards inquiets; elle n'aperçut jamais Juarez.

Enfin, un dimanche, son mari lui apprit que tout était prêt pour le voyage.

— Vous avez de singuliers caprices, mon bon ami, — fit observer Louise; — me voilà transformée en amazone, et c'est un rôle qui convient peu à une dame. Qui vous force à vous aventurer dans une contrée si peu civilisée? Pourquoi ne pas rester ici? — Monsieur de Saint-Val ne sut rien répondre. Jusqu'alors Louise n'avait fait aucune résistance, aucune objection. Il fut pris au dépourvu. Certes, il ne pouvait expliquer les véritables motifs de ce voyage bizarre; il sentait combien il était dur à une jeune femme de s'ensevelir, loin de la société, dans une thébaïde, sans autre compagnie que celle d'un mari déjà vieux. Le reproche de Louise lui alla droit au cœur; il mettait son esprit à la torture pour chercher une explication, il ne la trouvait pas. — Eh bien! mon ami, vous ne voulez pas m'honorer d'une confidence, vous gardez vos secrets et vous persistez dans votre résolution? Qu'il soit fait selon votre volonté! Je vous dois tout; de vous j'accepterai tout. — C'était la première parole amère qui tombait des lèvres de Louise, et encore le ton de résignation profonde avec lequel elle fut prononcée remua-t-il profondément monsieur de Saint-Val. Une lutte violente s'engagea dans son âme; la jalousie était aux prises avec la pitié. Une larme jaillit de ses yeux; il allait se jeter aux pieds de sa femme, lui avouer ses injustes défiances, remettre en ses mains son honneur et lui proposer de retourner en France. Cette larme d'un vieillard en désespoir toucha Louise; cette larme, après tout, était inspirée par un amour aussi profond, aussi grand que pouvait l'être celui de Juarez. Les paternelles bontés dont son mari l'avait bercée pendant cinq ans, les délicates prévenances dont il l'avait entourée, la noblesse de ses procédés envers elle lui revinrent à la mémoire; elle eut un généreux élan. Elle se leva, lui sourit, lui donna son front à baiser et le laissa ensuite entourer sa taille de son bras et l'attirer sur ses genoux, — Je sais tout, — lui dit-elle, — vous êtes jaloux. Eh bien! je veux vous guérir de ce vilain défaut; tant qu'il vous plaira de rester dans cette propriété où vous me conduisez, nous y resterons. Je saurai être si bonne et si gentille, que vos défiances cesseront. Allons, laissez-moi, monsieur,—ajouta-t-elle en riant du trouble de son mari;—on frappe.

Monsieur de Saint-Val était fou de joie, rayonnant de bonheur. Un garçon entrait annonçant que le dîner était servi; il ordonna qu'on le montât dans son appartement. Ce soir-là, il eut dix-huit ans pendant quelques heures. Mais, chose étrange, Louise eut comme un remords d'avoir provoqué cet accès de tendresse; il lui sembla qu'elle venait de commettre un crime à l'égard de Juarez. Elle devint triste. Son amour avait grandi de façon à l'effrayer.

Le lendemain la diligence l'emportait vers Tlemcen, au milieu d'un pays désert, sur des chemins à peine tracés; pendant qu'elle songeait à Juarez, monsieur de Saint-Val dormait.

A la même heure un courrier arrivait à Oran, annonçant qu'une révolte allait éclater parmi les tribus; on envoya un cavalier à la poursuite de la diligence, il fut assassiné avant de la rejoindre.

III

La gorge du Rio-Salado. — Le marabout sidi El-Hadji-Eliacim.

La diligence qui emportait vers Tlemcen monsieur et madame de Saint-Val roulait au bord d'un lac salé, qui commence à Miserghint et va finir à deux journées de là. Le chemin qui mène à Tlemcen traverse une petite fraction de ce désert en miniature, qui est couvert d'un ou deux pieds d'eau pendant la saison des pluies, mais entièrement desséché après quelques jours de soleil. Ce lac, situé à douze kilomètres d'Oran, était, assure-t-on, en communication avec la mer; mais une convulsion du sol, soulevant une chaîne de montagnes, l'en aurait séparé depuis. Rien n'est plus curieux que cette image du Sahara, placée à quelque distance du littoral comme un spécimen des solitudes immenses de l'Afrique centrale. La vue s'y étend au loin, éblouie par la reverbération de la lumière sur le sable; les mirages les plus trompeurs y présentent à l'œil surpris des îles de verdure, des fleurs, la mer avec ses rives et ses vaisseaux; le simoun même y forme des monticules de sable mouvant. C'est enfin le grand désert en raccourci.

La route, après avoir traversé l'espace de cinq lieues, s'engage dans la forêt qui couvre les bords du Rio-Salado (le ruisseau salé). Les tribus qui habitent cette contrée sont les plus braves et les plus redoutables de la province d'Oran. Leurs cavaliers y ont joué le rôle des hadjoutes dans la Mitidja; ils furent l'élite de l'armée d'Abd-el-Kader. Leur origine explique leurs aptitudes belliqueuses. Presque tous les douars de cette contrée sont formés d'Arabes *melads* (du mot melad, armée), c'est-à-dire de ceux qui, venus d'Asie, firent la conquête du pays et ne se mélangèrent pas avec la population primitive; presque tous les guerriers y sont djouads.

A l'époque où se passe l'histoire que nous racontons, la province d'Oran était entièrement soumise à notre autorité. Mais elle avait été longtemps la plus indomptable des trois provinces. Elle semblait pacifiée; toutefois, le voisinage du Maroc était une cause d'agitations fréquentes. Des révoltes partielles avaient éclaté quelques années auparavant, révoltes rapidement apaisées néanmoins. Le théâtre des séditions les plus graves fut toujours cette plaine du Rio-Salado où la diligence était engagée.

Celle-ci arriva sans encombre jusqu'au pont de bois qui est jeté sur le torrent; seulement, de l'autre côté du pont, le conducteur crut apercevoir un cavalier qui fuyait bride abattue.

La redoute d'Aïn-Temoutchen ne se trouvait plus qu'à trois lieues de là; depuis une année au moins toute cette contrée, à chaque instant sillonnée par des détachements de soldats, n'avait donné aucun signe de mécontentement.

Les convois faiblement escortés, les courriers isolés, les rouliers civils circulaient librement de Tlemcen à Oran. Cependant monsieur de Saint-Val, qui lui aussi avait entrevu le cavalier, eut comme un pressentiment sinistre.

Entre le Rio-Salado et Aïn-Temoutchen, un tremblement de terre a creusé une gorge encaissée entre deux murailles de rochers, et que le massacre d'une armée turque, anéantie jusqu'au dernier homme par les Arabes *melads*, a rendue célèbre. La nuit commençait à tomber, alors qu'elle ce site, affreusement tourmenté par la convulsion souterraine qui l'avait formé, prenait un caractère effrayant. L'ombre prêtait aux objets des proportions bizarres et des demi-teintes fantastiques; la forêt s'emplissait de bruissements mystérieux et étranges; les bêtes fauves, quittant leurs retraites, commençaient leur chasse et jetaient au vent leurs rugissements féroces; à travers la feuillée étincelaient les yeux phosphorescents des hyènes et des chacals.

Monsieur de Saint-Val connaissait de longue date les harmonies sauvages des nuits algériennes; il savait que malgré ces cris menaçants le lion et la panthère n'attaquent jamais les groupes nombreux de voyageurs, et pourtant il éprouvait une inquiétude vague et indéfinissable. Il avait sommeillé tout le jour et Louise était restée éveillée; puis vers la brune les positions s'étaient interverties. Louise dormait gracieusement et son mari était heureux de cette circonstance.

— Elle serait épouvantée, — pensait-il, — si elle entendait ces hurlements; c'est singulier, une hyène n'est pas aussi à craindre qu'un loup, et j'ai frémi tout à l'heure en en voyant une traverser la route. — Et il se penchait avec anxiété hors de la portière. — Sommes-nous loin de la redoute? — demanda-t-il au conducteur.

— A deux lieues, — répondit celui-ci.
— Nous y arriverons bientôt alors?
— Si nous y arrivons.
— Pourquoi doutez-vous?
— Regardez!

Une masse noire barrait le chemin.
— Qu'est cela?
— Des Bédouins, et nous sommes flambés.
— Il y a deux domestiques dans la rotonde et trois autres voyageurs, — fit observer monsieur de Saint-Val.
— Si ce sont des ennemis, il y en a trop pour combattre.
— Mais tournez bride alors!
— A quoi bon? nous sommes cernés.
— Peut-être est-ce un goum ami qui se rend à quelque blockaus.
— Nous le saurons bientôt. Mais, si nous avons affaire à des tribus révoltées, notre compte sera bientôt réglé. On nous coupera la tête.

Monsieur de Saint-Val ne s'étonna pas du sang-froid avec lequel le conducteur envisageait cette horrible perspective; cet homme était un ancien soldat du train habitué à conduire des cacolets sous le feu des Arabes, sans s'occuper des balles, des charges furieuses de leurs cavaliers, des phases diverses du combat. La mission du soldat du train est d'enlever les blessés dans les circonstances les plus périlleuses, et il l'exécute sans avoir les enivrements de la lutte. De la guerre il ne voit que les horreurs sans éprouver les exaltations, les délires, l'entraînement d'une mêlée. A ce rude métier on apprend à envisager avec calme la hideuse image de la mort, on acquiert une stoïque résignation.

Le conducteur avait compris que sa voiture était entourée d'ennemis, que la retraite était impossible; il continua à fouetter les chevaux. On arriva à trente pas des cavaliers, qui, au nombre de deux cents au moins, fermaient complétement la voie.

— Qui vive! — cria le conducteur, revenant à ses habitudes militaires et voulant savoir enfin s'il avait en face de lui des amis ou des ennemis.

— *Samis, samis*, — répondit une voix en langue sabir. Et les cavaliers se rangèrent à droite et à gauche pour ouvrir un passage à la diligence.

— Nous sommes sauvés ! — dit monsieur de Saint-Val.

Mais à peine avait-il prononcé ces mots qu'une vingtaine de coups de feu éclatèrent. Le conducteur poussa un râle étouffé et roula du haut du siége.

Une clameur rauque, le cri de guerre indigène, vibra, ébranlant les échos de la gorge ; les Arabes se ruèrent sur la voiture et l'entourèrent.

Monsieur de Saint-Val fut arraché de l'intérieur du coupé, garrotté et jeté sur le sol ; dans la rotonde on entendait les autres voyageurs qui poussaient des cris de détresse et se débattaient contre leurs agresseurs.

Louise s'était réveillée en sursaut ; en voyant les sinistres figures des Arabes, elle s'évanouit. La jeune femme n'avait pas été aperçue au début de l'attaque parce que, pendant son sommeil, son mari, pour la garantir de la fraîcheur de la nuit, l'avait enveloppée de son manteau. Appuyée au coin le plus sombre du coupé, elle ressemblait à un paquet d'effets.

Quand les Arabes se mirent à piller les malles des voyageurs et à fouiller la diligence pour emporter tout le butin possible, l'un d'eux, soulevant le manteau, reconnut qu'il cachait une femme. Il en prévint ses compagnons. Mais tout à coup une vive fusillade éclata ; le clairon français sonna ; les Arabes remontèrent à cheval pour combattre. Ils avaient sur les bras deux compagnies de zouaves formant une partie de la garnison d'Aïn-Temoutchen.

Le commandant de cette redoute avait appris qu'un cheik s'était mis à prêcher la guerre sainte aux tribus du Rio-Salado, et il envoyait ce détachement au douar habité par ce chef, avec mission de le surprendre pendant son sommeil et de le ramener prisonnier. Le capitaine qui commandait cette petite colonne, entendant le bruit d'une lutte, fit prendre à ses soldats le pas de course, et tomba sur les Arabes pour dégager les prisonniers. Malheureusement l'ennemi fut renforcé par des goums accourus des douars les plus proches ; les zouaves furent obligés de se replier sur la redoute en exécutant une retraite extrêmement difficile, dans laquelle ils perdirent vingt-sept hommes, dont pas un ne resta aux mains de l'ennemi.

Pendant la lutte, la diligence était restée abandonnée ; l'un des chevaux fut blessé par une balle et la douleur le rendit furieux. Les guides traînaient à terre, Louise était toujours évanouie, l'attelage s'emporta et fond de train. Les chevaux, dans leur rage, escaladèrent les pentes escarpées du défilé et ils s'égarèrent dans la forêt. Quand Louise s'éveilla une des roues était brisée, un cheval était tué, l'autre râlait sous le timon, et, sous les arbres, une bande de chacals glapissaient comme les chiens qui hurlent à la lune.

. . . .

Pendant que sa femme échappait aux Arabes, monsieur de Saint-Val, prisonnier, gisait à terre solidement garrotté.

Quand les guerriers indigènes eurent repoussé les zouaves, ils revinrent auprès des voyageurs qu'ils avaient garrottés. Le combat avait animé leur haine pour le nom chrétien ; tout en se retirant, les zouaves s'étaient défendus comme des lions ; les cavaliers des douars avaient essuyé des pertes considérables.

Le côté le plus saillant de la guerre d'Afrique c'est l'acharnement qu'y apportent les deux partis, et dans toutes les luttes semblables des représailles sanglantes, des cruautés réciproques, se reproduisent invariablement.

LE SIECLE. — XXXVI.

L'Angleterre dans l'Inde, la Hollande à Java, ont été forcés d'accepter la féroce manière de combattre de leurs adversaires et d'oublier les lois d'humanité qu'observent les peuples européens entre eux. Toutes les conquêtes tentées par les nations civilisées sur les tribus barbares deviennent par la force des choses des chasses à l'homme, où le gibier ne ménage pas plus le chasseur que le chasseur ne ménage le gibier. D'un côté comme de l'autre on est sans merci.

Ceci tient à ce que chaque soldat se passionne, s'irrite et s'anime bien autrement que sur les champs de bataille réguliers.

Les Arabes, dont les charges n'avaient pu mettre en déroute les compagnies françaises, étaient furieux ; ils assommèrent à coups de crosse deux des voyageurs et leur coupèrent la tête. Ce qui les exaspérait le plus, c'est que, les Arabes ayant emporté leurs morts, ils ne possédaient aucun trophée. Il leur en fallait à tout prix, et, malgré la défense de leur principal chef, ils décapitaient les prisonniers.

Fort heureusement pour monsieur de Saint-Val, *sidi* El-Hadj-Eliacim, le principal instigateur de la révolte, accourut au moment où un yatagan allait s'abattre sur son cou.

— Par Allah ! — s'écria-t-il, — est-ce ainsi qu'on écoute mes ordres ? Malheur à celui qui touchera à ces chiens ! La main du Prophète s'appesantira sur lui.

La parole des marabouts (1) a un grand prestige, basé sur leur caractère religieux,

Eliacim, né d'un père déjà marabout, riche, possesseur de nombreux troupeaux, aspirait à cette haute position de chérif que nous avons définie. C'était un homme de cinquante ans, grand, maigre, d'aspect austère, de mœurs irréprochables, ne fumant pas, ne souriant jamais, lisant, jeûnant et priant sans cesse, faisant de nombreuses aumônes, affichant enfin cette hautaine pitié de l'ambitieux pour qui la religion est un marchepied, et qui veut se faire une réputation de vertu par l'ostentation d'actes capables de frapper la foule. Tout

(1) Les marabouts sont les saints de la religion musulmane, canonisés de leur vivant ; ils enseignent le Coran, en font respecter les préceptes, tiennent des écoles de théologie dans des monastères nommés zouas, véritables petits séminaires arabes ; ils vivent aussi comme nos moines en communautés religieuses, ou dans la solitude comme les ermites du moyen âge. Il en est enfin qui habitent les douars, où leur situation est celle des curés de nos villages au temps des croisades.

Ils forment en Algérie une caste vénérée, toute-puissante, une oligarchie théocratique dont l'influence est établie sur l'ignorance des masses qu'ils exploitent, et le fanatisme der *croyants* qu'ils dirigent au gré de leur ambition.

Parfois la réputation, la richesse, la domination d'un de ces prêtres s'étend si loin qu'elle en fait le chef spirituel de toute une contrée. Alors on lui confère la haute dignité de chérif, qui a quelque rapport avec l'épiscopat catholique, et le *sidi* (monseigneur) devient *sidna* (altesse).

Tous les marabouts sont animés d'un esprit de corps qui les rend redoutables à tout et tous ; ils ont pour adversaires, et parfois pour maîtres apparents, les djouads. Ceux-ci forment l'aristocratie féodale du pays ; ils descendent des Arabes conquérants et gouvernent en despotes les douars.

Cheiks, califats, aghas, ils sont vis-à-vis des vaincus ce qu'étaient les barons, les comtes, les marquis francs vis-à-vis des Gaulois.

Comme dans la France du moyen âge, ces deux castes sont en lutte constamment, lutte sourde, mais persistante.

Le djouad a son sabre, le marabout a son chapelet, un chapelet sur les grains duquel il récite les versets du Coran, et le marabout triomphe presque toujours !

Chose étrange ! au xixe siècle, aux portes de la France, il y a un peuple qui offre une image saisissante de la société telle qu'elle était constituée au xe siècle sur notre terre gauloise !

Les mêmes causes, à neuf cents ans de distance, ont produit les mêmes effets.

Clergé, noblesse, serfs, voilà l'Algérie.

5

prophète ou aspirant prophète a ses disciples; quand Eliacim eut traversé trois fois le désert pour visiter la ville sainte, sa renommée lui en attira de nombreux qui, selon la marche ordinaire des choses, se firent ses apôtres.

De tout temps, les hommes qui se sont prétendus inspirés de Dieu ont fait des miracles, que la bêtise de leurs contemporains a acceptés sans contrôle. Eliacim, comme tous les autres, eut des apparitions, pendant lesquelles il s'entretint avec Allah. Lui aussi, à l'instar de Mahomet, dressa une colombe à venir manger dans son oreille des grains de millet et il la transforma en messager céleste, lui apportant des nouvelles du paradis. En matière de prodige, plus les ficelles sont vieilles, mieux elles valent. Celle-là eut un succès merveilleux.

Quand Eliacim eut suffisamment joué son rôle, il pensa que le moment de frapper un grand coup était venu. L'exemple d'Abd-el-Kader lui ayant donné à réfléchir, il résolut de savoir à quoi s'en tenir sur les forces de la France. Il s'embarqua à Oran, débarqua à Marseille et se dirigea sur Paris. Il étudia attentivement nos ressources, notre organisation militaire et politique, et s'en revint intimement convaincu que nous étions invincibles.

C'était, on le voit, un homme de sens que sidi Eliacim; aussi eut-il une lumineuse idée.

— Je m'en vais fomenter, — pensa-t-il, — une bonne petite révolte ; je pourrai parfaitement mettre en feu une partie de la province d'Oran. Je puis seul réunir en un seul faisceau toutes les forces du Rio-Salado, et dan cette effervescence causée par moi je serai bien maladroit si je ne me fais pas acclamer chérif. Avant que les Français aient eu le temps de rassembler leurs régiments et de recevoir du renfort d'Alger, j'aurai remporté quelques avantages et je me serai rendu redoutable. Je tiendrai la campagne pendant quelque temps, et puis je ferai sous main des propositions au gouverneur d'Oran. Pour pacifier le pays je demanderai la confirmation de mon titre de chérif, l'investiture de l'aghalik (gouvernement) d'Aïn-Temoutchen, la croix d'honneur, le grade de général de division, un traitement annuel de vingt mille francs, et le recouvrement des impôts, sur lesquels je volerai moitié. Je ne serai pas un grand homme comme ce niais d'Abd-el-Kader, mais je ne me ferai pas emprisonner comme lui dans une citadelle, où il gèle l'hiver.

Et le marabout Eliacim, après ces belles réflexions, prépara tout pour mener à bien son plan machiavélique.

Il avait recommandé de ménager les Français, afin de les rendre au moment où il ferait sa soumission, espérant disposer favorablement en sa faveur les autorités de la province. Il comptait rejeter la rébellion sur deux ou trois djouads et les blanchir facilement. Ces trois djouads étaient les seuls compétiteurs qu'il eût à redouter, et il s'en débarrassait par ce moyen peu délicat. Mais, en politique, l'indélicatesse est une vertu.

Ce n'était donc pas à la pitié qu'il fallait attribuer l'intervention d'Eliacim en faveur des roumis.

— Comment ! — s'écria un cheik, — nous allons ménager ces maudits ! Et c'est toi, un serviteur du Prophète, qui les prends sous ta protection ?

— Mustapha, — répondit le marabout avec solennité, — les hommes jugent les actes, Dieu juge les cœurs ! Il est utile, pour notre cause, que ces prisonniers vivent; j'ai sur eux des desseins que tu approuverais s'il m'était permis de les révéler.

Une trentaine de disciples entouraient le marabout, toujours prêts à l'appuyer.

— Le chérif a raison, — crièrent-ils, — le Prophète l'inspire. Il faut respecter ses volontés.

Tous les guerriers se rangèrent à cet avis.

Le marabout ordonna de délier monsieur de Saint-Val ; à sa mise, malgré la nuit, il reconnut un homme de qualité. Il le fit placer sur un cheval et chevaucher à ses côtés.

Le cheik Mustapha était un des trois djouads influents qu'il voulait perdre. Celui-ci grondait dans ses moustaches, taxant intérieurement de caprice la tolérance bizarre du chérif.

— Vous voyez ce cavalier ? — dit le marabout à monsieur de Saint-Val en français.

Celui-ci releva la tête surpris.

— Oui, — répondit-il.

— Remarquez son visage quand nous arriverons au douar.

— Mais pourquoi cela ?

— Pour vous souvenir que c'est le plus mortel ennemi de votre pays et qu'il a voulu vous faire périr.

— Vous êtes donc notre ami ?

— J'ai vu Paris, monsieur, la lutte est inégale entre les musulmans et les chrétiens; nous serons battus. Je suis forcé de paraître approuver cette guerre, sous peine d'être mis à mort. Mais, autant que possible, je paralyserai l'insurrection. Ce soir, grâce à moi, les zouaves ont pu regagner Aïn-Temoutchen.

— Je vous remercie mille fois, — dit monsieur de Saint-Val, — et je vous serai éternellement reconnaissant.

— Chut ! — fit Eliacim ; — soyez prudent, je joue ma tête.

Monsieur de Saint-Val se tut, se promettant un jour, s'il revoyait Oran, de parler vivement au gouverneur en faveur de ce bon marabout. Il aurait bien voulu le questionner sur le sort de sa femme. Il n'osa plus. On approchait du douar, dont le cheik Mustapha était le chef nominal et Eliacim le maître réel.

Les tentes en poil de chameau formaient un cercle sombre qui se fût confondu avec le sol si des feux de joie allumés par les femmes n'avaient pas étincelé au milieu des ténèbres.

Le retour des guerriers vainqueurs fut salué par des acclamations joyeuses ; les femmes, les enfants, les vieillards, tous les gens de basse extraction qui ne possédaient ni chevaux ni fusils, et par conséquent ne prenaient pas part à la guerre, tous ceux enfin qui, incertains du succès, attendaient avec anxiété le retour des guerriers, se précipitèrent à leur rencontre.

On n'avait que deux trophées de victoire : les têtes coupées des voyageurs ; elles furent jetées à la foule, ramassées triomphalement, plantées au bout d'une pique et promenées autour du douar. Une meute innombrable de chiens mêlaient leurs bonds aux sauts de joie des enfants, leurs aboiements aux cris de victoire. Les enfants regardaient avec admiration leurs pères, les épouses embrassaient leurs maris, les aïeuls bénissaient leurs fils vainqueurs. On égorgea les moutons pour préparer le couscoussou ; on se groupa par famille afin de célébrer le triomphe par un festin.

Une grande et belle jeune fille était venue présenter son front à baiser au marabout Eliacim ; c'était Sarah, sa fille, la reine de la tribu. Eliacim rentra sous elle sous sa tente ; il ordonna d'y amener monsieur de Saint-Val. Quand aux autres Français, il les remit à l'un de ses disciples, lui recommandant de leur faire prendre un peu de nourriture.

Monsieur de Saint-Val, en entrant sous la tente d'Eliacim, fut frappé de la beauté de Sarah.

La jeune fille, en face de cet étranger, rabaissa son voile.

— Mon enfant, — lui dit son père, — voici un hôte que je reçois sous mon toit ; je le confie à ta garde et à ta sollicitude. Je suis obligé d'assister aux réjouissances de cette nuit, — ajouta-t-il, — pour ne pas froisser la susceptibilité de mes coreligionnaires ; mais si mon corps est avec eux, mon esprit et mon cœur sont avec les Français. Quelle grande nation que la vôtre ! J'aime mes compatriotes, mais j'admire les vôtres ; et quand il sera possible de rétablir l'accord, je profiterai de mon influence pour apaiser les haines et étouffer les rancunes. — Le marabout s'exprimait avec une aisance, une pureté qui frappèrent monsieur de Saint-Val. Il se demandait s'il avait bien affaire à un Arabe. — Je suis resté deux années à Paris, — continua Eliacim, — j'ai compris quel avenir et quels avantages nous aurions à nous jeter dans vos bras, à accepter votre tutelle, à ne faire qu'un peuple avec vous. Je consacrerai ma vie à la réalisation de cette idée.

Monsieur de Saint-Val se leva, transporté d'admiration.

— Je fus autrefois intendant militaire,— dit-il; — j'ai conservé avec nos généraux des relations excellentes, et je me ferai auprès d'eux l'interprète de vos généreux sentiments.—L'œil du marabout étincela. Il avait atteint son but. —Je vais vous adresser une question,— reprit monsieur de Saint-Val.

— Laquelle? Parlez, monsieur, et je tâcherai de vous répondre le mieux possible.

— Dans la diligence que les guerriers ont pillée, — le marabout fit un geste de douloureuse compassion,—il y avait une jeune femme, la mienne. J'ignore ce qu'elle est devenue. Je donnerais tout mon sang pour la sauver.

— La voiture s'est emportée, mais sans doute cette personne a disparu avec elle ; je vais lancer des cavaliers à sa recherche. Nous la retrouverons, soyez-en certain. — Un serviteur entra en ce moment et dit quelques mots à son maître.—Peut-être allons-nous savoir quelque chose,—dit le marabout;—voici un secours précieux qui nous arrive. Le tueur de panthères me fait demander, et il est l'homme le plus capable de toute la plaine de trouver la trace de celle que vous avez perdue.

— N'est-ce pas un Européen? fit monsieur de Saint-Val tressaillant.

— Oui, monsieur, et plus que personne il contribue à faire tomber les préjugés que nourrissent nos populations contre les roumis.

— Il se nomme?
— Juarez.
— Vous êtes un hypocrite et un drôle!— s'écria tout à coup monsieur de Saint-Val; — vous jouez une odieuse comédie. D'accord avec Juarez, vous m'enlevez ma femme!...

Le marabout, ne comprenant rien à cette sortie brutale, se drapa dans sa dignité et écrasa d'un regard hautain son prisonnier.

— Vous reconnaissez bien mal un service, — dit-il. — Savais-je, moi, qui était dans cette voiture. Pourquoi me supposez-vous capable de vous tromper? D'un signe je puis faire tomber votre tête. Vous ne connaissez pas le tueur de panthères, vous pensez qu'il veut vous ravir votre épouse? Il y a assez de jolies filles nobles et riches dans nos douars pour attirer ses yeux, sans qu'il aille par un rapt se procurer une femme.

Sarah, la fille du marabout, échangea avec son père un sourire qui donna beaucoup à penser à monsieur de Saint-Val.

— J'ai eu tort, excusez-moi,—dit-il,—un ridicule soupçon a traversé ma tête.

— Calmez-vous,— répliqua Eliacim; — tâchez de dormir. Dans quelques heures ma fille exercera les devoirs de l'hospitalité envers un hôte de plus, et ce sera votre épouse.

Le marabout sortit.

IV

Lui!...

La diligence s'était renversée dans un ravin, au fond duquel coulait un ruisseau alimenté par une source qui jaillissait au pied d'un figuier séculaire. Les arbres, favorisés par la fraîcheur, avaient pris un développement extraordinaire à cet endroit de la forêt, et ils y projetaient une ombre épaisse. Louise se trouvait dans un isolement complet, au milieu d'épaisses ténèbres. Une frayeur extrême l'avait saisie au moment où les détonations des fusils l'avaient tirée de son sommeil. Mais elle regrettait presque de ne plus voir les indigènes, de ne plus entendre leurs vociférations. C'étaient, après tout, des êtres humains, et le danger imminent auquel elle venait d'échapper lui semblait moins terrible que sa situation présente.

Elle éprouvait une inexprimable angoisse; son imagination fiévreuse peuplait le ravin de fantômes épouvantables, de monstres dont les gueules entr'ouvertes la menaçaient; sous chaque feuille elle croyait apercevoir un œil sanglant dardé sur elle ; le raque aboiement des chacals vibrait à ses oreilles avec des modulations qui le jetaient dans des crises nerveuses sous lesquelles son corps se tordait dans les convulsions de l'agonie de la peur.

Cet état de surexcitation atteignit son paroxysme quand elle vit une bande de chacals se ruer sur le cheval mort et en faire la curée ; ils lui ouvrirent les entrailles, qu'ils traînèrent hors du ventre en se les disputant ; ils déchiquetèrent ses membres, rongèrent les os qui craquaient sous leurs dents affamées, et, quand les premiers arrivés étaient repus, d'autres leur succédaient, conviés à ce banquet par des appels retentissants. Puis la bande se dispersa tout à coup et deux hyènes se montrèrent; leur arrivée avait mis en fuite les chacals, lesquels se tinrent à distance, aboyant furieux contre les hyènes qui les avaient dérangés dans leur repas.

Celles-ci étranglèrent la deuxième, cheval et se rassasièrent à loisir, sans s'occuper des chacals qui les harcelaient et tournaient autour d'elles. Elles leur laissèrent le champ libre quand elles furent repues, et la curée recommença de plus belle. Vint le moment où il n'y eut plus que deux squelettes. Alors les chacals rôdèrent autour de la voiture ; se dressant sur leurs pattes de derrière pour atteindre à la hauteur des portières, par lesquelles ils passaient leurs museaux ensanglantés.

Louise était transie d'effroi.

Soudain les bêtes fauves s'enfuirent, une forme humaine se montra à Louise ; elle pensa rêver en reconnaissant Juarez. Elle poussa un cri.

— Rassurez-vous, madame, vous êtes sauvée,—dit une voix dont l'accent ne lui permit plus de douter de l'identité du comte ;—essayez de sortir de ce coupé et n'ayez plus peur.

— Juarez!—murmura-t-elle d'une voix étouffée. Et en ce moment elle oublia ses terreurs pour se jeter dans les bras du jeune homme. Juarez n'avait pas compris le mot prononcé par Louise ; il attribua à une émotion, fort naturelle en un pareil moment, l'étreinte passionnée dont l'entoura cette dame, de laquelle il se croyait inconnu ; et il la transporta au bord du ruisseau. Un rayon de lune, perçant le feuillage, éclaira le visage de madame de Saint-Val ; le jeune homme sentit son cœur battre à briser sa poitrine quand il comprit de quel précieux fardeau ses bras étaient chargés. Ses lèvres vinrent se coller au front pâle de Louise, et ils restèrent ainsi sans parler, dans une extase d'amour. Il n'y a pas au monde un animal plus tenace, plus curieux, plus effronté, plus insolent même que le chacal ; sa force ne lui permet pas de lutter contre l'homme, mais sa présence ne l'intimide pas. Sous ce rapport, il a les les habitudes du loup avec plus de finesse et plus de vivacité : il suit les voyageurs, allant et venant autour d'eux, espérant toujours quelque profit en les escortant de cette incommode façon. Entre deux baisers passionnés, Louise entendit encore un de ces aboiements qui l'avaient si fortement impressionnée.

—Oh!—dit-elle,—quel horrible cri?
— Ce n'est absolument rien,—dit Juarez en souriant ; — toutes les nuits j'ai pour compagnons de course une

bande de ces animaux, et je vous assure qu'ils ne sont pas à craindre. Louise, vous êtes ici chez moi ; c'est mon domaine. A l'abri de ma carabine, vous êtes aussi en sûreté que dans votre hôtel à Paris. Mais je vais vous conduire à mon *gourbi* (cabane) afin que vous puissiez y prendre un peu de repos. Par exemple, il y a un inconvénient dans nos forêts, qui n'existe pas dans vos salons, c'est qu'il faut y parler le moins possible, par prudence. Nous avons une lieue à faire,—ajouta le jeune homme, —et il vous sera impossible de traverser cet espace sans vous meurtrir les pieds. Permettez-moi de vous porter.

Il est des instants où l'on est forcé de passer par-dessus les convenances. La jeune femme ne se sentait pas assez d'énergie pour marcher longtemps à travers des broussailles et des rochers dont les sentiers étaient parsemés. Juarez se mit à ses genoux, couvrit d'abord ses mains d'ardents baisers, puis la pria doucement de se placer sur ses épaules. Louise s'attacha à son cou; son sein palpitant reposa sur son dos ; puis les bras du jeune homme enlacèrent ses jambes, et il se releva avec précaution. Il se mit en route tenant sa carabine à la main.

— Suis-je bien lourde ?—demanda-t-elle.
— Pas autant qu'une gazelle et plus jolie, — répondit-il.

Elle attira sa tête vers lui, et sur sa joue déposa un baiser qui fit courir une flamme dans les veines de Juarez.

Chose étrange ! elle ne songeait ni aux scènes de meurtre qu'elle avait vues se dérouler devant ses yeux, ni à son mari. Elle était toute au présent, tout à cet amour que l'imprudence de son mari avait fait subitement grandir à ce point qu'elle n'en était plus maîtresse.

Si peu sensuelle que soit et chaste que puisse être son cœur, il est des circonstances où forcément elle s'exalte et se passionne. Le sentiment de leur impuissance pousse les êtres faibles vers les forts. Dans la tendresse de la femme il y a toujours une admiration irraisonnée pour l'énergie de l'homme, une reconnaissance tacite de sa supériorité. Dans tout ce qui est caprice, fantaisie, elle veut dominer, et il est prudent de céder à cette tyrannie de détail ; mais dans les circonstances graves elle s'efface, et, si l'on veut conserver son estime et son attachement, il faut énergiquement agir.

On nous pardonnera cette comparaison qui expliquera comment un grand caractère peut inspirer plus d'amour qu'un gracieux visage. Toutes les femelles de la création, depuis la lionne jusqu'à la souris, choisissent pour mâle celui qui a triomphé de ses rivaux. Chez l'homme, où l'esprit domine la matière, les bonnes fortunes viennent échoir souvent aux intelligences d'élite. Juarez venait de se présenter aux yeux de Louise dans les circonstances les plus capables de développer chez elle cet instinctif besoin des natures craintives de se laisser dominer par les natures courageuses.

Juarez avait recommandé le silence ; elle n'osait parler. Bercée par la marche élastique et rapide du jeune homme, elle interrogea avec curiosité les mystères de la forêt ; elle n'avait plus peur.

Le trajet fut assez long ; on fit mille détours; Louise se demandait comment Juarez pouvait reconnaître sa route et s'orienter. Son attention, toujours en éveil, ne se reporta pas sur son mari. Il y eut dans son cerveau un phénomène qui s'opère souvent après les grandes catastrophes. C'est une sorte de temps d'arrêt subi par la mémoire, une absence, comme on dit dans la langue populaire.

Par moments une petite exclamation de surprise s'échappait de sa poitrine ; un geste de Juarez la rassurait. Soudain le chasseur s'arrêta subitement, il mit un genou en terre, dénoua les mains de Louise enlacées sous son cou, et apprêta sa carabine. La jeune femme vit une masse fauve se mouvoir entre les broussailles.

Heureusement le lion disparut sans prendre garde au groupe que les jeunes gens formaient.

Louise s'étonna de ne pas avoir éprouvé plus de crainte en face du monarque à la fauve crinière. Elle reprit sa place après avoir serré la main de Juarez. Dix minutes après, elle se trouva en face d'une jolie petite maisonnette, recouverte en chaume, appuyée à un rocher, aux murs de pierres cimentées par de la terre glaise.

— Voici mon gourbi,—dit Juarez,—vous y serez moins à l'aise qu'à Paris dans un appartement somptueux ; mais c'est un abri commode.

Et il frappa à une porte composée de branches d'arbres entrelacées.

— Qui va là ?—demanda une voix enfantine.
— Ouvre, Ali, c'est moi.—Ali se hâta de tirer la barre qui tenait la porte close, et Juarez, tenant Louise par la main, lui fit descendre deux marches, après lesquelles la jeune femme sentit sous ses pieds une fourrure épaisse.—Allume la lampe, —dit Juarez.

— Pourquoi es-tu donc revenu si tôt ? —demanda l'enfant en battant le briquet. — As-tu tué la panthère ?

— Non. Mais je ramène quelqu'un que tu aimes et dont tu parles souvent.

— Qui cela ?
— Dépêche-toi d'enflammer ton amadou, tu verras.

Ali redoubla d'efforts, questionnant toujours.

— Est-ce mon oncle Selim ?
— Non.
— Jacques la Hache ?
— Non.
— Le marabout Eliacim ?
— Non.
— Enfin la mèche éclaire ! — s'écria-t-il. — Madame Louise ! — fit-il. Et il posa la lampe pour sauter au cou de la jeune femme avec une gentillesse charmante.— Vous ici, oh ! que vous êtes bonne d'être venue ! Juarez ne sera plus triste.

— As-tu du lait ?—demanda Juarez.
— Oui, oui, et un quartier de gazelle.

Et l'enfant , se glissant dans une ouverture pratiquée au fond de la cabane, en revint bientôt, portant une jatte pleine de lait, et une assiette d'étain garnie d'un morceau de venaison.

Il avança près de Louise une petite table de bois sur laquelle il déposa tous ces objets, et il retourna chercher du vin d'Espagne et du pain. Louise mourait de faim. Elle s'assit sur un escabeau et fit un repas dont elle avait grand besoin. Ali, pour dessert, servit des arbouses et des figues.

Pendant qu'elle mangeait, Juarez isolait tout un côté du gourbi à l'aide d'un vaste morceau d'étoffe qui servait de turban à Ali. On se ferait difficilement une idée de la longueur et de la largeur excessives que présente un turban déroulé.

— Que faites-vous donc ?—demanda Louise.
— Votre chambre,—répondit Juarez.

La jeune femme rougit jusqu'aux yeux. Le sentiment de la pudeur raviva celui de la mémoire. Elle se leva avec des larmes de honte dans les yeux.

— Qu'avez-vous ? — demanda Juarez effrayé, — vous ai-je offensée ?

— Mon ami, — dit-elle, — j'étais si bouleversée tout à l'heure que j'ai tout oublié. J'ai été folle pendant plusieurs heures. Un malheur est sans doute arrivé à mon mari ; les Arabes nous ont attaqués ; les chevaux se sont emportés, et je ne sais plus ce qui est arrivé depuis ce moment. Mais monsieur de Saint-Val doit être prisonnier de ces sauvages, il a peut-être égorgé. Juarez aurait reçu un coup de couteau en pleine poitrine, il ne serait pas devenu plus pâle qu'après cette révélation. Il s'était enivré d'un espoir auquel il lui fallait renoncer. Il n'avait pas encore eu le temps de demander des explications à Louise ; il supposait qu'elle était veuve et qu'elle cherchait ses traces en Algérie. Aux quelques phrases échappées à Louise il comprit tout ce qui s'était passé. Il éprouva une atroce douleur. Louise, voyant son sourcil se froncer, se jeta à ses pieds et le conjura de se mettre à la recherche de son mari. — Sauvez-le, — lui dit-elle, — et je me pardonnerai ma conduite, car je suis bien coupable.— Il hésitait.—S'il est en votre pouvoir de le sauver, faites-le, car je vous maudirais s'il mourait par votre faute.

— Louise,—dit Juarez,—reposez-vous tranquillement. Mon gourbi est sacré pour tous les villages ; son seuil ne sera pas franchi. Je ferai ce qu'il est humainement possible de faire pour monsieur de Saint-Val.

Il prit la main de Louise, la baisa respectueusement, siffla son braque et s'éloigna, sa carabine sur l'épaule.

V

Où Juarez est magnanime.

Juarez s'était dirigé vers la tente du cheik Mustapha, qui en sa qualité de chef du douar donnait la *diffa*. La diffa est un banquet, un repas solennel, où celui qui l'offre déploie une magnificence dont s'étonnent fort les Européens, habitués à considérer les nomades comme des misérables ignorant les aises de la vie et les splendeurs du luxe. Et cela parce qu'ils n'ont pas pignon sur la rue, parce qu'ils couchent sur des nattes au lieu de dormir sur un matelas, parce que certaine vermine, immonde selon nous, se cache dans les plis des burnous, comme une autre, tout aussi immonde selon eux, empoisonne nos appartements les mieux tenus. Entre le parasite blanc et rond et la punaise noire et plate, en vérité on est indécis. Mais nous sommes si inconséquents que nous reprochons cette petite misère aux Arabes sans nous apercevoir de la nôtre.

Est-ce que leur maison d'étoffe, si chaude en hiver, si vaste, si commode, si fraîche l'été, si facile à transporter, si bien appropriée à leur genre de vie, ne vaut pas, sous le ciel transparent d'Alger, nos maisons de pierres, froides, malsaines, toujours fixées au sol, où l'air et le soleil nous sont mesurés avec une parcimonie extrême, qui a pour seule compensation la puanteur des égouts dont chacune d'elles est garnie du toit à la base ?

Et cette tente en poil de chameau de l'Arabe est une fortune. Celle-là du chef avec le personnel de mulets et de dromadaires, de serviteurs et de noirs affectés à son service, à son transport, à son entretien, vaut cent mille francs.

Combien y a-t-il de Français qui consacrent pareille somme à leur logement ?...

C'est donc une profonde erreur de croire les Arabes misérables.

Quand Juarez arriva près du cheik Mustapha, une vingtaine de djouads, ses pairs par le sang, l'entouraient. Il était le chef de cette famille de gentilshommes musulmans; à ce titre il gouvernait le douar. La terre et ses produits lui appartenaient.

Autour de cette aristocratique assemblée, assis en rond, les cavaliers formaient un second cercle plus vaste. Ceux-là vivaient sous les tentes des djouads, comme jadis les écuyers servants dans les châteaux féodaux. Ils possèdent un ou plusieurs chevaux et une petite fortune mobilière. Puis en troisième ligne venaient les prolétaires, les serviteurs infimes, les mendiants de toutes sortes, les misérables enfin. Il y en a partout ! Mais ceux-là au moins sont nourris ; nourris d'os, c'est vrai, de noire galette et de coups de matraque, mais nourris !

Les moutons, rôtis en entier, étaient servis dans des plats d'argent, sculptés par des Benvenuto Cellini indigè-nes; les djouads entamaient les meilleurs morceaux, puis passaient la carcasse à leurs cavaliers. Ceux-ci achevaient de la dépecer et la jetaient aux serviteurs de troisième ordre, qui se disputaient ces restes avec avidité.

La boisson se composait de lait aigri, de miel fondu dans l'eau, de café noir, servi dans des amphores et dans des coupes d'une richesse fabuleuse.

Les chefs, vêtus de leurs splendides costumes, gardaient une imposante fierté ; à deux pas d'eux des coursiers de race pure, valant leur poids d'or, cinq mille têtes de bétail, un nombre considérable de mules et de chameaux, de génisses et de taureaux, qu'on apercevait dormant près du douar, eussent humilié l'orgueil de nos sportsmen, fiers d'une rosse de deux mille francs, et rabaissé l'importance d'un gros fermier des Flandres, qui se rengorge quand il possède vingt ou trente bêtes de trait et une quarantaine de vaches.

Nous ajouterons pour mémoire que chacun de ces grands seigneurs entretient un sérail composé de femmes blanches, brunes et noires, couvertes de soie et de pierreries, lesquelles femmes de races si diverses sont à lui seul qu'à lui ; tandis que chez nous un riche propriétaire ne peut suffire à l'entretien d'une lorette. La moitié du temps l'amour de ces dames est payé par une société en commandite !...

L'approche de Juarez fut signalée aux convives du cheik Mustapha par les aboiements des chiens.

Selon la coutume indigène, le jeune homme fut reçu avec force salamalecs, et comme il était hautement considéré parmi les tribus, Mustapha lui fit prendre place à ses côtés, tout près de la place d'honneur réservée au chérif, que l'on attendait avec impatience. Il vint enfin et il reçut un accueil respectueux, tous s'inclinèrent à sa vue.

Le marabout embrassa le jeune homme avec effusion, en l'appelant son fils ; en toute occasion il lui prodiguait les marques du plus vif attachement. Juarez en augura bien pour le succès de la mission dont il s'était chargé.

Il venait savoir des nouvelles de monsieur de Saint-Val et le sauver s'il était possible.

La diffa se termina au milieu d'un silence profond. En France on dîne pour avoir occasion de causer bruyamment ; en Algérie on s'assied sur la natte du festin pour manger. Seulement, quand les plats ont été enlevés, quand les *stpsis* (pipes) sont allumés, on parle.

Juarez étant Européen, on ignorait dans les tribus quelle ligne de conduite il voulait tenir pendant la révolte. Les Arabes supposaient que, ayant entendu le bruit de la fusillade, le jeune homme venait en connaître la cause. Il avait rendu trop de services aux douars, en tuant des panthères et des lions, pour que l'idée vînt à qui que ce fût de le traiter en ennemi. Seulement on désirait savoir quelle serait son attitude.

Mustapha résolut de provoquer une explication.

— La poudre a parlé ce soir, — dit-il, — le tueur de lions a entendu sa voix ?

— Oui, — répondit Juarez, — je sais que l'ange de la guerre a déployé ses ailes rouges au-dessus du Rio-Salado ; j'ai entrevu le noir fantôme de la mort planant dans l'air ! Du pan de sa robe sombre il a touché des guerriers, qui sont tombés et ne se relèveront plus.

— Le tueur de lions sait-il pourquoi le cri de guerre a ébranlé l'écho de nos ravins ?

— Il attend qu'on le lui dise.

Le cheik interrogea d'un coup d'œil ceux qui l'environnaient et reprit :

— Quand un lion est près de sa femelle, si un autre lion survient, ils se battent tous deux. Cette terre est notre épouse achetée et payée par le sang de nos pères ; les Français la veulent posséder, nous la défendons. Le sort des armes décidera. Le tueur de lions blâme-t-il les fils d'Ismaël de combattre l'étranger ?

— Il ne blâme pas, il n'approuve pas. Il a reçu d'Allah un coup d'œil juste et une main sûre, avec mission de détruire les bêtes fauves ; cette mission il l'accomplit du mieux qu'il peut, sans juger les voies des autres, sans se demander s'ils sont dans le sentier de l'erreur ou de la vérité. Il y a plusieurs siècles, il a plu à Allah d'inspirer au calife Omar une pensée belliqueuse, et le calife a lancé ses cavaliers sur le *Mogreb* (Occident), qui fut conquis parce que l'esprit de Dieu était avec les *mouslem* (musulmans). Aujourd'hui il a inspiré aux Français la pensée de s'emparer du Tell ; si son souffle divin est avec eux, ils triompheront. J'attends. Lorsque les bataillons des chétiens forceront les cavaliers de ces douars à quitter leurs tentes pour livrer bataille, le tueur de lions veillera sur les troupeaux et les défendra contre la dent et la griffe du seigneur à la *grosse tête* (le lion). Cela déplaira-t-il aux Arabes ?

Cette ligne de conduite que Juarez venait de tracer était la conséquence forcée de sa profession. Pour parcourir les contrées les plus éloignées des villes occupées par nous, pour obtenir l'affection des tribus les plus lointaines, où la réputation des chasseurs d'autruches était arrivée, il fallait conserver la plus stricte neutralité. Jacques la Hache lui-même, quoique ancien sapeur d'un régiment français, s'était souvent abstenu de prendre un parti au milieu des guerres qui éclataient autour de lui.

— Puisque le tueur de lions n'est pas notre adversaire, puisqu'il reste parmi nous, — reprit le cheik, — il peut compter comme autrefois sur notre affection et notre reconnaissance. Nous avons foi en lui.

C'était un appel à un serment de neutralité.

— Par mon ma carabine,—dit Juarez en se levant,— que mes yeux seront aveugles, que mes oreilles seront sourdes, que mes lèvres seront muettes.

— C'est bien, — répondit le cheik, qui se leva à son tour et scella le pacte en serrant la main de Juarez. — Nous sommes sacrés pour toi, tu es sacré pour nous.

Le marabout Eliacim avait écouté cette conversation sans prononcer une seule parole. L'aube blanchissait l'horizon, il se retira dans sa tente, faisant signe à Juarez de le suivre.

— Tu veux me parler, mon fils, — dit-il.
— Oui, — répondit Juarez, qui restait froid en face des manifestations amicales du marabout.
— J'écoute, — fit celui-ci.
— Il y a eu un prisonnier français.
— Sans doute.
— Qu'en a-t-on fait ?
— Il est sous la garde de mes serviteurs.
— Peut-on le voir ?
— Viens ! Et Eliacim, se demandant quel intérêt si grand Juarez portait au prisonnier, lui demanda : — Quel intérêt t'unit à cet homme ? J'ai prononcé ton nom devant lui et il s'est écrié que tu voulais ravir sa femme ; je croyais que, sans te connaître, il avait fait cette supposition. Mais vous tenez l'un à l'autre par la haine ; tu t'inquiètes de lui, il s'inquiète de toi. Comment vous êtes-vous connus ?

Juarez se tint en garde. Le marabout avait deviné presque juste.

— Loin de haïr cet homme, — dit-il, — je viens te demander de le sauver lui et sa femme. — Et il ajouta : — Est-elle près de lui ?

Le marabout jeta un coup d'œil inquisiteur sur Juarez ; celui-ci le soutint sans sourciller.

— Sa femme s'est égarée dans la forêt, — dit Eliacim, — mais explique-moi donc pourquoi il me supposait de connivence avec toi pour la lui enlever.

— C'est bien simple,—répondit Juarez : — j'ai vu monsieur de Saint-Val à Paris ; comme tous ceux qui ont à cinquante ans une jeune épouse, il est jaloux, et le jaloux voit des rivaux partout. Il a pensé que madame de Saint-Val m'aimait, qu'elle m'avait prévenu de son voyage et que le pillage de la diligence et le rapt avaient été organisés par moi. Tu vois, cela n'a pas le sens commun.

Eliacim haussa les épaules.

— Allons, — dit-il, — je suis heureux que mes doutes soient faux ; je désirais après la guerre rendre la liberté à ce Français, et j'aurais été contrarié si tu m'avais demandé sa tête afin de posséder sa femme.

— Qui t'inspire cette pitié pour un roumi ?
— Plus tard je te donnerai des explications. Pour le moment, je ne t'en dirai pas plus long. Seulement c'est un bonheur véritable pour nous deux que tu n'aies pas envie de tuer cet homme afin de te marier avec sa veuve.
— Je te jure que ce crime est loin de ma pensée !
— Tant mieux, — fit le marabout.
— Pourquoi enfin ?
— Parce qu'il est bon que ton cœur soit libre. — Et le marabout accompagna cette phrase d'un regard qui fut toute une révélation. — Il y a une rose qui s'est ouverte pour être cueillie par toi, — ajouta-t-il. — Cette rose veut être seule dans ta main. Maintenant allons réveiller le Français.

— Il est très important, — pensa Juarez, — que le marabout ne se doute pas de mon amour pour Louise. Sans doute il pense à me marier avec une femme de la tribu.

— Et il suivit Eliacim, se promettant d'être circonspect. Ils trouvèrent monsieur de Saint-Val étendu sur une natte et tenant entre ses doigts un petit cordon de soie auquel pendait un médaillon qui renfermait des cheveux de sa femme. Juarez le devina. Cette tendresse d'un vieux mari qui s'était endormi en rêvant à son épouse émut profondément le jeune homme. Il appela doucement le prisonnier. Celui-ci se réveilla en sursaut. Sans doute il faisait quelque doux songe, car son visage, qui exprimait le bonheur, prit une teinte de tristesse.—Monsieur,—lui dit Juarez, — je regrette de vous avoir arraché au sommeil ; mais je désirais m'entretenir avec vous et vous annoncer une bonne nouvelle.

— Louise est retrouvée ! — s'écria vivement monsieur de Saint-Val.

Juarez n'aimait pas mentir. Il répondit indirectement :
— Je vais obtenir des chefs de ce douar votre mise en liberté ; nous pourrons la chercher ensemble.
— Oh ! merci, comte !

Et un regard de reconnaissance accompagna ces mots.
— Mais,—fit observer le marabout,—ma bonne volonté ne suffit pas pour délivrer monsieur.

Quand Eliacim parlait du captif, il employait les formules françaises.
— Du moment où ton consentement nous est acquis,— répondit Juarez, — je me fais fort d'obtenir celui du cheik Mustapha et des autres djouads.
— Comment ?
— Accompagne-moi, tu le sauras. Au revoir, monsieur, — dit Juarez.
— Comte, je vous en prie, songez à Louise, le reste m'importe peu.
— *Salvam feci* (je l'ai sauvée,) — dit en latin le jeune homme.

Le marabout ne comprit pas. Monsieur de Saint-Val avait assez d'instruction pour saisir le sens de cette phrase. Un éclair de bonheur illumina ses yeux.

Juarez et le marabout s'éloignèrent. Le vieux mari murmura :
— S'il l'aime, comment peut-il être assez magnanime pour faire tant d'efforts en ma faveur. S'il ne l'aime pas... Mais comment ne pas l'aimer. Oh ! s'il ne me trompe pas, le comte Juarez est héroïque.

Et il réfléchit longuement.

V

Une tête de lion pour une tête d'homme.

Une *djemmâa* (assemblée) devait suivre la diffa.

A quelque distance du douar, un grand figuier ombrageait le tombeau d'un marabout célèbre, mort depuis un siècle. Comme les fidèles du culte catholique, les musulmans croient qu'une prière va mieux au cœur de Dieu quand elle lui est présentée par un saint personnage ; aussi la tombe du marabout était-elle fréquentée par les dévots de toute la plaine.

Un usage fort commun en Algérie c'est de suspendre des ex-voto à la *couba* (monument funéraire) des prêtres vénérés. Celle de ce marabout et le figuier séculaire qui la couvrait de ses branches, étaient ornés de rubans de toutes couleurs, de lambeaux d'étoffe, de bâtons, de menus objets de toute sorte, absolument comme nos chapelles miraculeuses, nos grottes consacrées par la découverte d'une statue de la Vierge.

Le nouveau chérif Eliacim avait à dessein choisi ce lieu, où planait un religieux souvenir, pour y convier les cheiks et les djouads de toute la plaine du Rio-Salado. Il voulait y tenir un conseil de guerre. Son but était d'y imposer sa volonté à tous les chefs, et il comptait beaucoup sur la mémoire des bienfaits rendus par le marabout enterré sous le figuier pour influencer les décisions de la djemmâa. L'exemple de son prédécesseur et de son ancêtre, qui avait su sauver le pays de la domination turque et de celle des rois de Tlemcen, devait frapper les imaginations des chefs.

Eliacim pria Juarez de ne présenter sa requête à la djemmâa qu'à la fin de la séance. Le jeune homme consentit à se tenir à l'écart.

Eliacim se dirigea vers le lieu de cette assemblée. Trois cents guerriers nobles, au moins, entouraient la couba, tous à cheval selon la coutume indigène. Le soleil, qui venait d'empourprer l'orient, faisait étinceler l'acier des armes, et diaprait de ses reflets encore humides le splendide costume des djouads.

Quatre mille cavaliers, accourus de tous les points de la plaine, formaient à une demi-lieue de là une armée bruyante, animée, pittoresque, dont nos escadrons réguliers ne sauraient donner idée. Les chevaux piaffaient, se cabraient, hennissaient ; leurs maîtres poussaient des clameurs bruyantes, allaient et venaient d'un *goum* (troupe armée) à un autre ; une confusion inexprimable régnait dans les contingents des tribus, confusion d'un effet poétique et saisissant au point de vue de l'art ; déplorable, il est vrai, à celui de la guerre.

Eliacim traversa la foule des guerriers qui l'attendaient ; il monta sur le sommet de la couba, et, se tournant successivement vers les quatre points cardinaux, il entonna d'une voix vibrante l'appel à la prière que les ulémas lancent à chaque heure à toute la terre du haut des minarets.

La haute taille du marabout, son œil inspiré, son geste noble, son visage ascétique firent une profonde impression sur la djemmâa.

Tous les cavaliers descendirent de cheval.

Alors Eliacim, les regards fixés sur la Mecque, récita les versets du Coran, que trois cents voix répétèrent pieusement. Quand cette cérémonie fut terminée, il se releva et il annonça qu'il allait descendre dans l'intérieur de la couba, près du corps de son ancêtre, pour y chercher les inspirations d'Allah, pendant que la djemmâa discuterait un plan de bataille. Et il disparut.

Aussitôt le plus grand désordre régna parmi les djouads, les uns voulaient marcher sur Oran, les autres sur Tlemcen ; d'autres demandaient que l'on fît le siège d'Aïn-Temoutchen. Le marabout revint. On attendit sa décision. Le doigt levé vers le ciel, Eliacim, majestueux, imposant, prononça un discours véhément, coloré des images orientales.

Les auditeurs d'Eliacim, électrisés par sa parole, l'acclamèrent avec enthousiasme ; le cheik Mustapha lui-même, lui témoigna son admiration.

Eliacim fit monter ses disciples à cheval pour les lancer dans toutes les directions, afin de faire un appel à tous les guerriers. Avant leur départ, il les bénit solennellement, les yeux tournés vers la Mecque.

En voyant le respect, la vénération de ces fanatiques instruments d'un hypocrite ambitieux, Juarez éprouva une tristesse profonde.

— Que de cadavres vont joncher le sol, que de sang va être répandu, pensa-t-il, — pour cimenter le piédestal de ce prêtre orgueilleux.

Le jeune homme avait pénétré en partie le plan du marabout.

La tribu entière assistait au départ des envoyés d'Eliacim, la foule entourait la couba, dont elle s'était rapprochée. Le cheik Mustapha, par le nombre de ses guerriers, était le chef naturel de toute la plaine ; il allait donner l'ordre de départ pour le blocus d'Aïn-Temoutchen et des autres redoutes. Juarez s'avança vers lui et lui dit quelques mots ; puis, pour dominer la foule, il monta, lui aussi, sur le tombeau, et son prestige était si grand que les Arabes n'y virent pas une profanation.

— Vos seuls ennemis, — dit-il, s'adressant à toute la tribu, — ne sont pas les Français. Il y dans cette contrée un tyran qui vous impose à tous un impôt chaque nuit, prélevé sur vos troupeaux, un tyran qui vous brave ! La dernière fois que vous l'avez attaqué, vingt de vos frères ont été frappés et plusieurs sont morts. Il a survécu, lui, à toutes vos blessures ! Vous n'osez plus lui donner la chasse, parce que vous pensez que quelque sortilège l'a rendu invulnérable, et vous laissez le trépas de vos proches impuni. Reconnaissez-vous celui dont je parle ?

— C'est le lion noir de Kamarata, — répondirent cent voix dans la foule.

— Eh ! bien, moi, je veux lui loger une balle au cœur !

— Fais cela, fais cela, Juarez, et tu seras grand parmi les grands, brave parmi les braves ! — s'écria le cheik Mustapha.

— Délivre-nous du lion noir, et nous te bénirons, — disaient les assistants.

Juarez, la main sur sa carabine, l'œil étincelant de fierté, dominait la foule.

— Je veux une tête en échange de celle du lion noir, — dit-il. Le marabout crut que le jeune homme demandait la mort de Saint-Val. Il s'élança vers lui ; mais, d'un geste énergique, Juarez l'arrêta. La multitude attendait avec anxiété ; ce lion était la terreur des douars, les plus vaillants tremblaient quand il rugissait. La superstition en avait fait un monstre protégé par l'enfer, avec lequel il était impossible de lutter. — Il est un homme qui m'a rendu un service, — continua Juarez, — cet homme est entre vos mains, je veux que sa vie soit respectée, je veux qu'on me le confie. C'est un des prisonniers faits par vous hier. Vous ne pouvez manquer de captifs, ce soir vous aurez surpris d'autres chrétiens. Donnez-moi votre prisonnier, et demain, à cette place, vous verrez le cadavre du lion noir.

La proposition était trop belle pour ne pas être acceptée avec enthousiasme. Mustapha convint avec Juarez que le Français serait rendu à une pleine liberté, quoi qu'il pût arriver, dès que l'on n'aurait plus rien à craindre de ses révélations. Le cheik s'engagea par serment. En attendant, Juarez répondant de lui corps pour corps, il fut décidé qu'il lui serait confié et qu'il le garderait dans son gourbi. Le jeune homme voulait le rendre au plus tôt à Louise.

Lorsque toutes ces conditions furent arrêtées, Juarez annonça que le lendemain, à la pointe du jour, il aurait tué le lion noir. Et il descendit du sommet de la couba.

— Va, — lui dit le cheik Mustapha en l'embrassant, — va, mon fils, et que le Prophète guide ta balle ! Si tu es vainqueur, tu pourras choisir la plus belle fille de nos douars pour ton épouse, il n'est pas un père qui ne soit glorieux de t'avoir pour gendre.

Eliacim fronça le sourcil en entendant ces mots.

— Méfie-toi, — dit-il à l'oreille du jeune homme ; — garde ton cœur !

Juarez se trouvait fort embarrassé. Sans doute, chacun des deux chefs voulait l'avoir pour gendre. Pour éviter de s'engager soit avec l'un, soit avec l'autre, il prit congé d'eux en promettant de revenir annoncer le lendemain la mort du lion noir.

Monsieur de Saint-Val vit rentrer bientôt le marabout Eliacim, qui lui annonça la résolution du comte.

— Quel éminent service avez-vous donc pu lui rendre? — demanda-t-il. — Il va braver seul pour vous un ennemi que nos plus vaillants cavaliers n'osent plus affronter.

— C'est un secret qui n'est pas le mien, — répondit évasivement monsieur de Saint-Val. Et quand Eliacim l'eut laissé seul, il se dit : — Comment Louise pourra-t-elle ne pas l'aimer après ce trait d'héroïsme ?

— Père, — disait en ce moment la belle Sarah au marabout Eliacim, — père, je veux Juarez pour époux ; vous me le donnerez, n'est-ce pas ?

— Oui, — répondit celui-ci. — Demain nous aurons tous deux sa visite ; sois belle comme une houri, Sarah. Je désire ce mariage plus que toi.

— Oh! père !— fit-elle incrédule.

— Tu l'aimes donc bien ?

— A ce point que, s'il ne devenait pas votre gendre, j'en mourrais.

— Sarah ! tu auras ton Juarez. Mais écoute, quand il mettra sa main dans la tienne, souviens-toi que, si tu ne le domines pas, si tu n'as pas l'adresse de le plier à tes volontés, tu le perdras un jour et tu verras une autre femme partager sa couche. — Il faudra donc suivre mes conseils.

— Père, — dit-elle, — je vous obéirai.

En ce moment les quatre mille cavaliers passaient près du douar pour se rendre à Aïn-Temoutchen.

— Embrasse-moi, — dit Eliacim à sa fille, — je serai agha dans un mois, et, si Juarez veut suivre la ligne de conduite que je lui tracerai, les plus grands honneurs l'attendent.

VII

Un gourbi.

Juarez, heureux d'annoncer à madame de Saint-Val que son mari vivait encore, vola plutôt qu'il ne courut vers son gourbi. Mais peu à peu tomba l'exaltation qui l'avait poussé à se dévouer au salut d'un homme qui était à son bonheur un obstacle insurmontable ; l'enivrement causé par le regard et la prière de Louise se calma, et, à mesure que le jeune homme se rapprochait de l'endroit où reposait la seule femme qu'il aimât, il éprouvait un profond regret d'avoir agi trop noblement.

— Ne pas le perdre, — pensait-il, — c'était bien ; mais l'arracher aux griffes des Arabes en me mettant dans celles du lion noir c'était agir en niais ! Le ferait-il pour moi, lui ? — Et Juarez, furieux contre lui-même, serrait ses poings avec rage. Il aperçut tout à coup un groupe de trois ou quatre gazelles qui se trouvaient à deux cents mètres de lui sous un bosquet de lentisques. A cette heure matinale, le mâle venait de se réveiller, et il frappait le sol du pied pour tirer du sommeil les femelles paresseuses. L'une d'elles se levait, étirant ses membres engourdis, comme eût pu le faire un enfant sortant du lit à l'appel de son père ; les autres ouvraient à demi leurs paupières, tournaient la tête vers le mâle et le reposaient languissamment sur leurs flancs. Juarez était peu disposé en ce moment à se laisser émouvoir par un tableau de famille. Il avait une carabine à longue portée, il ajusta le groupe, à peu près sûr de faire coup double. En ce moment la femelle qui était sur ses pieds approchait son museau du cou du mâle et le léchait doucement ; celui-ci répondait à cette caresse. Juarez avait mis le doigt sur la détente ; le coup ne partit pas pourtant. Il fronça le sourcil, désarma sa carabine, et, pour ne pas déranger la craintive famille, il fit un détour. La femelle ayant entendu un léger bruit détala rapidement. — Suis-je assez sot d'être sensible? — pensa-t-il un peu plus loin ; — je perds deux fourrures superbes.

Le souvenir de Louise venait de lui faire épargner deux créatures inoffensives.

Il continua sa marche. Un second incident attira son attention. Une bande de lapins se livrait à des ébats charmants sur une pelouse dont le soleil n'avait pas encore desséché le gazon.

Il n'est pas au monde un animal qui ait l'air plus Jean Bonhomme que ce philosophe des terriers. Le lapin c'est le bourgeois ; mais un bourgeois de bonne souche, honnête, sans morgue, sans ambition ; aimant son épouse, ni trop ni trop peu ; ayant de nombreux enfants, nourris modestement, décemment vêtus d'une robe toujours lisse et nette, et qu'il marie plus tard à ceux du voisin, en sorte que toute la tribu ne forme qu'une famille, dont le patriarche est un vétéran blanc de poil, grave d'attitude, ce qui ne l'empêche pas, à certains jours où le ciel est bleu et l'herbe tendre, de se livrer à quelques gambades, comme un aïeul qui retrouve ses jambes à la fête du village.

Maintes fois, dans ses chasses du matin, le tueur de panthères avait semé l'épouvante dans les garennes, peuplées de vertueux couples incapables de nuire à qui que ce fût ; et il n'avait pas été ému du cri de douleur et d'effroi poussé par la bande au bruit de la détonation, à la vue des cadavres. Cette fois, Juarez n'eut même pas la pensée d'abattre une de ces pauvres petites bêtes qui broutaient joyeusement devant lui, se dressaient sur leur train de derrière pour attirer gentiment les branches de thym avec leurs pattes de devant et en ronger l'extrémité, pendant que d'autres, des femelles sans doute, lissaient avec coquetterie les poils de leur fourrure ; tandis que quelques mâles, plus amoureux ou gourmands, retroussaient avec leurs pattes leurs larges moustaches, leur donnant une conquérante allure.

Le soleil éclairait joyeusement cette scène, et le jeune homme allait passer tranquillement sans jeter le trouble parmi ces innocents rongeurs, quand deux yeux brillants de malice et de convoitise attirèrent son attention. Il reconnut un chacal à l'affût. Le coquin, embusqué dans un buisson, guettait le moment où il pourrait s'élancer sur un lapin.

Un tout petit jeune, attiré par l'éclat d'une jolie fleur jaune, courait droit à sa perte. Le chacal allait bondir quand une balle lui brisa le crâne. Et Juarez partit sans que les lapins aient jamais su le nom de leur libérateur. Ce qui ne les empêcha pas, bien sûr, de prier pour lui le Dieu des bonnes gens, la providence du pauvre monde, celui qu'implorent en hurlant le chien qui a perdu son maître et le passereau à qui l'on a volé ses petits. La seule vengeance que tirèrent les lapins de leur ennemi mort fut de s'asseoir le matin et le soir sur son ventre pour faire toilette, parce que c'était un siège moins froid que le sol humide.

Quand Juarez, ramené à de bons sentiments par les

deux rencontres qu'il avait faites, rentra au gourbi, toute méchante idée était bannie de son esprit.

Ali, pour faire pénétrer l'air frais de la forêt, avait laissé la porte ouverte; il avait aussi relevé le rideau improvisé la veille par Juarez pour que Louise pût s'endormir sans être gênée par ses regards. La jeune femme reposait doucement; ses longs cils formaient à ses paupières closes une frange de soie noire qui semblait avoir conservé un brillant reflet de sa prunelle voilée. Ses longs cheveux déroulaient leurs boucles épaisses sur son cou aussi ferme que celui d'une jeune fille, mais plus saillant et d'une teinte plus chaude. Sa figure avait cette suavité mystique de la vierge mère, chez laquelle les aspirations tendres du cœur n'ont pas troublé la sérénité de l'âme.

Cette candeur de Louise étouffait chez Juarez les plus ardents désirs.

En face de ce lit où dormait à sa merci la frêle et douce créature qu'il adorait, le jeune homme se mit à genoux. Et respectueusement il la contempla, si chastement que son œil ne quitta pas son visage.

Ali, avec l'étourderie d'un enfant, vint mettre un terme à cette rêverie délicieuse.

Il s'était éloigné un instant pour ramasser quelques broussailles, afin de préparer le repas du matin. En rentrant, il aperçut Juarez et poussa une joyeuse exclamation qui réveilla Louise. Elle ouvrit les yeux. Il était encore à genoux, mais à une distance assez grande, dans une attitude assez recueillie, assez douloureuse même, pour que la jeune femme ne s'offensât point de le voir là. Elle jeta les yeux sur le long manteau qui l'enveloppait et elle sourit. Pas un pli n'en était dérangé.

— Louise, — dit Juarez d'une voix grave et triste, — votre mari vous sera rendu demain.

— Oh! merci, — dit-elle, — vous êtes un noble cœur, mon ami. — Et elle lui tendit sa main tiède et parfumée. Juarez y déposa un froid baiser. — Il souffre, — pensa-t-elle, et elle regarda autour d'elle. Ali s'était éloigné. Alors son œil s'arrêta sur celui de ce jeune homme qui venait de faire à son amour une violence si douloureuse; elle comprit que dans cette loyale poitrine se brisait un cœur généreux; elle fut émue, la pitié l'envahit, une pitié de femme, puissante, spontanée, pleine d'élan. Sa paupière s'humecta d'une larme, ses deux bras s'ouvrirent irrésistiblement, et un mot où elle mit toute son âme sortit de ses lèvres : — Juarez! — dit-elle.

Le jeune homme vint l'enlacer dans une ardente étreinte en poussant un cri sourd et étouffé. Cette pression brûlante lui fit peur, elle fit un mouvement pour se dégager.

— Oh! — dit Juarez, — ne craignez pas, Louise! et voyez comme je vous aime. Je sens dans mes veines mon sang qui bouillonne, ma tête s'égare, je tremble, je suis affolé d'amour..... et pour vous obéir je détache mes lèvres de votre front, mes yeux de vos yeux, ma main de votre main. Louise, rendez-moi cette justice de ne pas douter de mon respect. Louise, faites-moi cette grâce de croire à ma vénération. Mais sachez donc, — ajouta-t-il avec un accent déchirant, — que mes rêves les plus fous n'ont jamais été plus loin qu'un baiser, un baiser d'enfant. Louise, vous seriez à moi, toute à moi, je n'oserais pas, je crois, profaner l'ange auquel j'ai voué un culte.

Une joie ineffable inonda le cœur de la jeune femme; c'était bien ainsi qu'elle voulait être aimée.

— Allons, — dit-elle en prenant à deux mains la tête blonde de Juarez, sur le front duquel elle posa sa bouche mignonne quelques secondes, — vous êtes sage et je puis vous répéter ce qu'une fois déjà vous avez entendu : Je vous chéris comme une mère chérit son fils, et toutes mes pensées sont à vous, à vous seul. Est-ce assez? Il ne répondit pas, il était ravi. — Maintenant, — reprit Louise, — expliquez-moi tout ce qui s'est passé; mais asseyez-vous, je ne veux pas que vous vous fatiguiez à mes genoux.

— Oh! — fit Juarez avec une expression de regret.

— Allons, restez, puisque vous êtes bien ainsi, mais accoudez-vous au bord du lit; tenez, voilà mes mains, — ajouta-t-elle avec une adorable gentillesse.— Je vous écoute. — Juarez raconta la révolte des Arabes, la situation où chacun des héros de cette histoire se trouvait, tous les événements enfin qui venaient de s'accomplir.

— Mais, — demanda Louise, — par quel heureux hasard m'avez-vous secourue?

— D'abord, — dit Juarez, — nous autres coureurs de bois, nous ne croyons pas à ce mot, trop souvent employé par les hommes civilisés, le hasard! Tenez, Louise, j'ai un ennemi, je suppose, chasseur comme moi; nous nous rencontrons sur la même piste, poursuivant le même gibier; croyez-vous que la circonstance qui nous mettra en présence s'appellera le hasard? Une jeune femme court un danger, deux hommes de cœur lui viennent en aide à la fois et s'unissent d'amitié ensuite, est-ce encore par hasard? Appellerez-vous de ce nom le sentiment qui a poussé Charles Hurault à prendre votre parti avec moi?

— Oh! non! — dit-elle.

— Les musulmans, d'accord avec l'antiquité, appellent destin ou fatalité ces lois d'attraction qui amènent sur les mêmes voies les êtres qui ne se connaissent pas et sont faits cependant pour se combattre ou se protéger; et les musulmans ont raison. Ne croyez donc pas que le hasard, triste mot, m'ait amené au ravin où je vous ai retrouvée. Je connaissais depuis peu le plan des Arabes, je songeais que ma présence, malgré la stricte neutralité que m'impose ma profession, pourrait être utile à quelques malheureux dignes de pitié. Car, — fit observer Juarez, — il est des hommes que je ne défendrais pas; je laisserais s'accomplir la loi du talion pour eux. J'observais donc les allées et les venues des guerriers indigènes quand j'entendis la fusillade; j'arrivai au moment où la voiture s'emportait, où un Arabe criait : Il y a une femme! Je tâchai de suivre la trace de la diligence, qui fuyait avec une effrayante rapidité, et c'est ainsi que je suis arrivé si à propos près de vous.

Une douce pression des mains, un long et tendre regard remercièrent le jeune homme.

— Et vos amis? — demanda la jeune femme.

— Ils sont au désert, mais ils reviendront bientôt. Dès le début de nos chasses, nous avons eu la chance de faire une capture très importante et très difficile : un couple d'autruches et plusieurs petits éclos depuis un certain temps. J'étais un peu souffrant, une caravane retournait à Oran, nos prisonniers, d'une grande valeur, réclamaient les plus grands soins, je revins sans amis. Ils me promirent de me rejoindre quand ils auraient surpris assez d'autruches pour en former un troupeau, et, grâce à un piège que j'ai inventé, ce sera facile. Eux, sachant la révolte de cette province, hâteront-ils leur retour. Nous ne courons aucun danger, mais la guerre peut être longue. Votre mari, tant qu'elle durera, ne doit pas être rendu aux Français; ma parole et la sienne y sont engagées. Si, comme je l'espère, Louise, si Jacques la Hache et Selim étaient ici, vous pourriez être conduite à Oran.

— Non, — dit-elle, — Juarez, je ne quitterai pas mon mari.

— A moins que votre présence ne soit un danger pour nous tous!

— En est-il ainsi? — demanda-t-elle inquiète.

— Une femme est toujours plus exposée qu'un homme. Aussi vais-je vous faire apporter des vêtements moresques par Ali, dont vous vous travestirez; vous les revêtirez. Ce n'est pas tout, il faudra couper vos cheveux.—Elle se mit à pleurer. — Ils sont bien beaux,, — dit Juarez désolé, — mais vous n'en serez moins belle ni pour lui, ni pour moi.

— Oh! mon ami, — s'écria-t-elle, — n'attribuez pas à la coquetterie mon chagrin, mais bien au désespoir de vous mettre en péril.

— N'exagérez rien, Louise. Il est bon qu'on ne se douta pas qu'une femme est ici; mais on le saurait après tout, ce ne serait qu'un inconvénient grave, et non une menaçante éventualité !

— Eh bien ! je vais m'habiller en homme, — dit-elle. Cette pensée de déguisement la fit sourire ; au fond du caractère féminin, il y a toujours un peu d'espièglerie.

— Ali va vous apporter tout ce qui vous est nécessaire, —dit Juarez ;—nous sommes obligés parfois d'être un peu tailleurs dans nos expéditions : il y a ici de quoi coudre et couper. La veste turque et la calotte rouge vous iront à ravir ; je vous prie de vous hâter un peu, dans deux heures le déjeuner sera prêt. Je vous envoie Ali, et je vais abattre un marcassin. A tout à l'heure, Louise.

Et ils s'embrassèrent.

Elle resta seule un instant ; elle en profita pour examiner le gourbi.

C'était à l'extérieur une humble et modeste cabane, mais au dedans tout était coquet, gracieux, pittoresque. Le sol était pavé d'une mosaïque enlevée à une ruine romaine située près de là ; elle avait été transportée tout d'une pièce, avec l'aide des Arabes que Juarez avait requis. A droite et à gauche de l'entrée étaient dressés deux lits, soutenus par des pieux de bois, dont l'écorce était cachée par des peaux de serpent qui s'enlaçaient tout autour, formant une sculpture naturelle et bizarre. Un petit matelas de peaux étendues sur une claie permettait de se reposer à l'aise, et une fourrure de panthère servait de descente de lit. Les murailles, moitié pierre et moitié terre, étaient cachées par des nattes tressées d'alfa lisse et souple, sur lesquelles Ali avait piqué un a un la plus magnifique collection de scarabées et de papillons qu'il fût possible de voir.

Le petit coulougli avait aussi empaillé des oiseaux de toutes couleurs et de toutes sortes, groupés avec la naïve originalité de l'enfance.

Une fauvette éventrée par un faucon avait une attitude si vraie que Louise en fut vivement frappée.

Au fond étincelait dans l'ombre une panoplie garnie d'armes de toute sorte. Le fusil arabe aux batteries munies d'une pierre à feu, au canon démesuré, aux garnitures d'argent, se croisait avec une canardière française ; un tromblon espagnol, à la lourde crosse, à la gueule évasée et sinistre, formait un centre d'où partaient en rayon des pistolets de toutes les nations, dont quelques-uns étaient gros comme le petit doigt et d'autres longs comme des mousquetons. Puis çà et là étaient accrochés des poignards, des stylets, des couteaux de chasse, des yatagans et des sabres.

Sur chacune de ces armes étaient gravés un nom et une date. C'était l'histoire des trois amis.

Un flissa kabyle, droit, effilé, bruni par le sang, brisé à la poignée, attira particulièrement l'attention de Louise. Elle eut un pressentiment, comme en ont parfois les femmes ; elle s'enhardit jusqu'à décrocher l'arme, poussée par une curiosité qui à elle-même lui semblait étrange, et elle lut :

« Mériem, 15 février 18... »

Cette date remontait à une année, ce nom était un nom de femme.

— Je n'ai pas eu son premier amour, — pensa-t-elle, et elle fut jalouse, jalouse à devenir pâle et chancelante.

Le petit Ali entra. Elle fut surprise.

— Tiens, — dit-il, — vous regardez le flissa du mari de Mériem. C'est un grand chef Beni-Snassen que Juarez a tué ; il s'appelait Saïda (la panthère).

— Ah ! — dit-elle, — et pourquoi ?

— Le Beni-Snassen prétendait que Juarez était amoureux de sa femme, et il l'a attaqué.

— Juarez l'aimait-il réellement ?

Ali jeta sur elle un regard perçant.

— Bon, — pensa-t-il, — tu l'aimes sincèrement, toi, tu es jalouse ! c'est ce que je voulais savoir.—Et il répondit :

— Non ! l'amant de Mériem était un sous-officier de spahis nommé Paul, qui au ravin de Djemmâa a contribué à détruire le *brouillard sanglant*, avec d'Aubigny, un tueur de lions comme Juarez, qui est son ami. — Louise respira. — A propos, il va chasser le lion cette nuit, notre Juarez, — dit Ali, — et il m'a dit de préparer son mousqueton à baïonnette.

Louise redevint inquiète.

— Il ne faut pas qu'il s'expose, — s'écria-t-elle, — je l'en empêcherai.

— Et vous ferez bien, — ajouta l'enfant, — car il n'y a plus qu'un lion dans le pays, et c'est le lion noir.

VIII

Sur les lions noirs en général et sur celui de Kamarata en particulier.

Ali avait trop excité l'inquiétude et la curiosité de Louise pour qu'elle ne le questionnât pas sur le lion noir.

Voici ce que lui répondit le petit coulougli pendant qu'ils apprêtaient tous deux son costume masculin :

— Il y a deux espèces de lions. L'une est fauve, grande, haute sur pattes ; l'autre est noire, plus basse sur ses griffes, plus allongée, et porte une tête énorme. C'est des deux la plus redoutable. Presque tous les lions célèbres par leur force appartiennent à cette race : par exemple, celui qui dévora trente-sept janissaires sur la route d'Ousda ; un autre qui reçut cent douze blessures et alla mourir à trois lieues du champ de bataille ; puis enfin le fameux lion de Tegedempt, que nul n'a osé attaquer et qui vit encore tout blanc de vieillesse. Contre le lion noir de Kamarata, celui-là même que veut abattre Juarez, vingt douars avaient réuni chacun cinq de leurs meilleurs cavaliers, qui devaient lui présenter un front de bataille formé par cent guerriers montés et équipés parfaitement, armés jusqu'aux dents, et qui, selon l'expression arabe, savaient tenir leur âme. La plaine fut battue en tous sens par des nuées de piétons et de cavaliers qui finirent par cerner le lion. Toutes les hauteurs qui couvrent Kamarata étaient garnies de gens munis de fusils et de yatagans, excités par la présence des douars voisins, leurs émules en courage ; en bas, dans la plaine, le goum spécialement chargé de l'attaque provoquait par des injures le lion abrité sous un quartier de roc. Il avait déjà été chassé plusieurs fois, il se défiait surtout des cavaliers qui cherchaient à lui tenir tête à eux. Pendant qu'on le croyait toujours dans son repaire, il avait rampé vers les piétons qui menaient grand bruit, et il s'était élancé sur eux. Le carnage qu'il en fit fut horrible ; les cavaliers chargèrent pour dégager ces malheureux. Mais il leur fallait gravir la pente escarpée d'une montagne ; le lion profita de cet avantage pour bondir contre eux, et il mit dans leurs rangs le plus grand désordre. La plupart, au milieu des rocs, ne furent pas maîtres de leurs coursiers effarés, qui s'emportèrent ; d'autres furent étranglés. Et le lion noir regagna vainqueur son repaire, où nul depuis n'avait eu la pensée d'aller mesurer la longueur de ses griffes.

— Oh ! — disait Louise frissonnant à ce récit, — je ne veux pas qu'il aille s'exposer à une mort certaine ; oh ! non, il m'obéira quand je le lui défendrai.

— C'est bien ! — dit Ali, — habillez-vous, maintenant. Voici l'eau fraîche de la source pour votre visage ; la moelle d'un os de bœuf parfumée d'essence de rose pour vos cheveux ; du henné pour vos ongles et du kohœul pour vos yeux. A tout à l'heure !

Ali embrassa Louise et s'éloigna.

Une demi-heure après, madame de Saint-Val vint le rejoindre auprès du feu où Juarez faisait rôtir un jambon de marcassin suspendu à une ficelle, attachée à une fourche en face d'un grand feu. Une enfilade d'alouettes cuisaient aussi, percées d'une longue baguette posée sur deux pierres, près des charbons. Sous la cendre, entre deux plaques de tôle, chauffait une galette de farine blanche, et dans une petite marmite mijotait une soupe à la tortue qui répandait une odeur exquise. Des œufs de perdrix étaient préparés pour une omelette, et une douzaine d'escargots, assaisonnés dans leurs coquilles, attendaient sur la cendre chaude le moment d'être servis.

Louise surprit Juarez en train d'éplucher des herbes aromatiques pour l'omelette; il rougit.

— Vous êtes un enfant, — dit-elle, s'apercevant de son trouble; — il est certain que le comte Juarez transformé en maître d'hôtel pourrait sembler ridicule à quelque sotte et coquette créature; mais à moi vous semblez si bon, que je vous permets d'abord de m'admirer sous mon nouveau costume, et de m'embrasser si vous me trouvez jolie.

Juarez ne se fit pas répéter deux fois cette invitation. Il embrassa d'abord, ensuite il admira... tant, que Louise lui fit observer qu'un côté du jambon brûlait.

Quand le déjeuner fut prêt, on le transporta sous le gourbi et on le dévora. Juarez avait une faim de chasseur, Ali un appétit d'adolescent, et Louise ces caprices de palais qui saisissent les Parisiennes en face d'un mets nouveau.

Lord Byron prétend qu'une femme, pour être ou du moins pour rester belle, ne doit pas manger; il n'est rien de si joli au monde cependant qu'un de ces êtres délicats, immatériels presque, toujours prêts à s'échapper de nos bras qui cherchent à les saisir, qu'une femme enfin, lorsque après un repas son teint pâle s'anime de riches couleurs, son œil petille et sa lèvre s'empourpre! Et ici nous n'entendons pas parler de la courtisane après l'orgie; oh! non; il s'agit d'une femme honnête. Alors elle a un babil adorable, des gestes dont elle ignore la grâce provocante; alors on descend un peu de la région des rêves, au désespoir des poëtes mais à la grande joie des amants; le songe prend un corps; l'ange laisse entr'ouvrir un peu les ailes dont il se voile; et, qu'il reste pur ou qu'il ternisse sa blanche tunique, ce n'en est pas moins un moment ravissant que celui-là.

Tel fut l'instant que passèrent Louise et Juarez pendant qu'il allait préparer le café.

La blanche tunique de l'ange, légèrement froissée par une main fiévreuse, ne fut pas ternie. La jeune femme fut d'autant plus charmante qu'elle tenait à l'être. Elle voulait charmer Juarez pour obtenir de lui qu'il renonçât à son projet. Elle s'y prit avec l'adresse que les femmes savent mettre dans tout.

Quand l'enfant revint, Louise lui dit :

— Ne m'as-tu pas appris qu'il y avait un lion noir dans le voisinage, Ali ?

— Oui, — répondit-il.

— Est-ce que son repaire est bien loin? — demanda-t-elle à Juarez.

— A trois lieues, — fit-il.

— L'entend-on rugir? — continua-t-elle avec persistance.

— Vous ne l'entendrez plus; si cette nuit du moins il troublait vos oreilles, ce serait la dernière. Ainsi n'ayez plus peur.

— Pourquoi ne rugira-t-il plus?

— Parce que, — dit Juarez avec une insouciance affectée, — je le tuerai.

Et il but une gorgée de café.

— Je vous défends de vous exposer ! — s'écria Louise avec un accent mutin ; — et vous n'oserez certes pas me déplaire.

— Louise, je ne puis renoncer à mon projet.

— Quand même je vous promettrais un baiser?

— Je refuserais.

— Deux?

— Je refuserais encore.

Elle se mit à pleurer.

— Louise, — s'écria Juarez, — ne me portez pas malheur ! C'est un mauvais présage que les larmes d'une femme. Si je me mets en chasse cette nuit, quand vous êtes sous mon toit, c'est que, en échange de ce lion, on doit me donner la vie de votre mari.

— Oh ! — dit-elle se levant frémissante, — si monsieur de Saint-Val a accepté ce sacrifice, c'est un lâche !

— Il l'ignore, Louise, — répondit généreusement Juarez.

— Eh bien ! moi, en son nom, je vous refuse. Vous n'avez pas le droit d'être si grand que vous l'écraserez; le racheter au prix de votre sang c'est faire une tache à son honneur.

Et, folle de douleur, elle lui prenait les mains, le suppliant, le conjurant de ne pas aller braver le lion noir.

Tant qu'elle avait eu à choisir entre son devoir et l'amour de Juarez, Louise n'avait jamais hésité. Mais maintenant cet amant si dévoué, si beau, si noble, allait peut-être mourir pour un mari dont la sotte jalousie avait causé la perte; et Louise comprenait au fond du cœur que Juarez ne devait pas être la victime du plan de réclusion dirigé contre lui surtout par monsieur de Saint-Val. Elle se révoltait contre cette pensée que l'amour si pur, si désintéressé du jeune comte, allait avoir un dénouement sanglant; tandis que la passion égoïste, calculée, cruelle même d'un vieillard, continuerait à glacer sa jeunesse, qui se serait écoulée si doucement aux bras de Juarez. Elle eut un instant de délire, causé plutôt par le sentiment de cette injustice du sort que par l'entraînement des sens. On eût dit une mère suppliant un fils de ne pas se battre en duel. Mais Juarez résista.

Alors, dans son désespoir, elle lui dit :

— Si tu veux, nous allons fuir, je serai à toi; ne te bats pas et nous irons vivre ensemble où tu voudras... au désert ! Je te suivrai partout, mais ne te bats pas.

Et son air égaré, sa voix tremblante, prouvaient qu'elle disait vrai.

Un instant le jeune homme fut ébloui par ce mirage de bonheur qui venait de faire miroiter devant ses yeux ; ce ne fut qu'un éclair.

— Louise, — dit-il en l'attirant sur ses genoux, calme-toi ; ce que tu proposes aujourd'hui dans ton exaltation tu le regretterais demain. Je te connais trop pour ne pas redouter le remords qui te poursuivrait. — Ces paroles apaisèrent un peu la crise qu'elle venait d'éprouver. — Voyons, — reprit Juarez, — j'ai donné ma parole aux Arabes, veux-tu que je la retire ? Je serai deshonoré; mais, si tu l'ordonnes, je le ferai. Songe seulement que la honte est un lourd fardeau à porter !

Louise ne répondit pas; elle lui jeta des deux bras une chaîne qui riva un instant sa poitrine à la sienne ; il sembla à Juarez que c'était un dernier, un suprême baiser. Puis elle se releva, essuya ses pleurs, et, plus tranquille, alla s'asseoir sur son lit.

Il la regardait tout étonné de ce changement subit.

— Mon ami, — lui dit-elle, — vous avez raison et je me résigne. Seulement, permettez-moi de vous demander quelques renseignements.

— Je le veux bien, — répondit Juarez.

— A quelle heure pensez-vous rencontrer le lion ?

— A l'aube du jour, quand il reviendra de sa tournée nocturne !

— Et où serez-vous à ce moment ?

— En face de son repaire, dont je lui barrerai l'entrée. Mais pourquoi ces questions ?

— Je veux prier Dieu quand vous serez en présence de votre ennemi.

— Oh ! merci, Louise !

Et la conversation cessa.

Juarez avait besoin de se reposer, il s'étendit sur une natte; madame de Saint-Val l'enveloppa dans un long et tendre regard, puis elle quitta le gourbi. Ali l'attendait avec anxiété.

— Eh bien ! — demanda-t-il ?
— Il ira à Kamarata, — fit-elle. — Mais, — ajouta-t-elle après un instant de réflexion, — il n'ira peut-être pas seul. Connais-tu le chemin de ce vallon ?
— Oui, — répondit Ali.
— Serais-tu assez brave pour m'y conduire cette nuit.
L'enfant la regarda avec admiration et il dit :
— J'avais déjà, moi, l'intention de suivre Juarez à son insu. Nous partirons tous deux.
— Et, — ajouta-t-elle, — si le lion est vainqueur, il nous dévorera aussi.
— Du tout, — riposta intrépidement Ali : — nous vengerons Juarez en le tuant. Notre ami lui aura fait sans doute quelque large blessure, et il nous sera facile de l'achever. Venez voir comme je tire bien ! — Et l'enfant la conduisit à un figuier, après avoir été décrocher un fusil au gourbi ; il coucha en joue une figue et la traversa. — A mon âge Juarez ne faisait pas mieux, — dit-il triomphant. — Et puis, — ajouta-t-il, — j'ai mon idée pour cette nuit...

IX

Le plan d'Ali.

Vers dix heures du soir, Louise, ne pouvant résister au sommeil, s'était endormie ; du moins Juarez le supposait.
— Tant mieux, — pensa-t-il ; — si je ne réussis pas, tout sera dit. Si au contraire je tue le lion, elle apprendra cette bonne nouvelle sans avoir éprouvé les angoisses d'un adieu.
La petite lampe du gourbi était allumée ; le jeune homme à sa clarté vacillante fit ses préparatifs. Il vida sa poire à poudre, l'approcha du feu qui flambait dans la cheminée de sa maisonnette, et il la chauffa extérieurement afin que la poudre fût bien sèche, quand il l'y reverserait. Ensuite il visita sa carabine ; c'était une arme excellente, qui se chargeait de balles coniques terminées par une pointe d'acier, afin que le projectile pût entamer la peau du lion ; non que cette peau soit très dure, mais parce que ses longs poils amortissent le coup et font l'effet d'un matelas contre un boulet. Outre cette carabine, il se munit aussi d'un mousqueton très-court, très-maniable ; auquel s'adaptait une baïonnette. En supposant que le lion ne fût pas atteint au crâne ou au cœur par la première balle, cette arme, à portée de la main, permettait de lui en envoyer une seconde, et de le recevoir ensuite la baïonnette croisée.
Juarez compléta son équipement en passant deux pistolets à sa ceinture et un couteau de chasse, puis il chercha Ali de l'œil. L'enfant, lui aussi, était ou semblait endormi. Il l'aimait comme un frère. De lui à elle il promena son regard, il leur envoya à tous deux un baiser, et il partit résolûment.
A peine fut-il dehors que Louise et Ali sautaient à bas de leur lit.
— Nous allons le suivre ! — s'écria madame de Saint-Val.
— Petite sœur, — dit Ali, — soyez sage, et laissez-moi vous guider. Nous avons tout le temps. Juarez ne sera aux prises avec le lion que vers trois ou quatre heures du matin, ainsi ne nous pressons pas. Je vais vous expliquer mon plan. Je connais très-bien Kamarata. Je puis vous mener droit au repaire du lion. Notre ami, dès que le premier rugissement lui annoncera le départ du seigneur à la grosse tête, ira s'installer à l'entrée de sa grotte et il prendra ses dispositions de combat. Nous verrons parfaitement où il est placé, parce que, tant que le lion rugira, Juarez, le sachant bien loin en quête de sa proie, fumera son cigare, dont le feu sera facilement visible. Nous tâcherons de parvenir en rampant au sommet de la grotte. S'il nous entend, il sera trop tard pour nous renvoyer. S'il ne nous entend pas, nous pourrons lui prêter main-forte. Depuis ce matin, je vous ai appris à tirer. Vous n'avez plus peur de votre fusil ; vous n'êtes pas de première force, mais enfin vous avez touché un lapin à quinze pas et une perdrix au vol. C'est fort beau pour un novice, et surtout pour une femme. Seulement, si vous tremblez trop fort à l'aspect du lion, il vaut mieux ne pas brûler votre poudre. C'est convenu, n'est-ce pas ?
— Oui, — dit-elle ; — mais je sens bien que j'aurai du courage.
— Ça ne m'étonnerait pas, — fit Ali ; — mon oncle prétend que pour être à l'épreuve de toute faiblesse il suffit de se dire une bonne fois : je ne tiens pas plus à la vie qu'une figue bien mûre à la branche. Et alors on est brave. Vous avez fait à l'avance le sacrifice de vos jours, vous ne voulez pas survivre à Juarez. Par Allah ! vous avez un cœur d'homme. Comme moi ! — ajouta intrépidement le petit Ali.
— Mais, — demanda Louise, — peut-être Juarez attaquera-t-il le lion au moment où il se mettra en chasse.
— Non, — dit le petit coulougli ; — voici pourquoi ? D'abord il vaut mieux choisir pour une pareille lutte un terrain à son gré, que l'on étudie, que l'on dispose même. En outre, sbah ! (le lion) a faim quand il se met en chasse, il a toute sa vigueur, l'esprit prompt, la griffe leste, et les dents aiguisées. Quand il revient, au contraire, il est fatigué, il a couru, il a rugi. Sa prunelle est lourde de sommeil, sa griffe de lassitude, son ventre de nourriture. La digestion engourdit son intelligence, et il a hâte de retourner à son gîte pour y dormir. C'est l'heure propice, et c'est celle que Juarez attendra. — Louise se rendit à ces raisons ; du reste, Ali avait l'air si déterminé, il s'occupait avec tant de vivacité et d'intelligence des précautions à prendre, qu'elle mit en lui toute sa confiance. — Petite sœur, — disait-il, — nous pouvons rencontrer des Arabes, il faudra être muette. J'ai un moyen de nous tirer des mains des révoltés, si un de leurs postes nous arrêtait. N'oubliez pas non plus d'imiter chacun de mes gestes et copiez mes allures. — Louise promit de se conformer à ces recommandations. — Juarez, — continua l'enfant, — tirera le premier ; il est très-sûr de son premier feu, et peut-être le lion sera foudroyé ; en tous cas il sera étourdi. Notre ami, ignorant notre présence, s'empressera de lâcher son second coup de fusil ; il faudra alors faire notre décharge. Nous aurions bien du malheur si le seigneur à la grosse tête se relevait de quatre blessures.
Louise était dans cet état de surexcitation où les femmes, si craintives d'habitude, deviennent héroïques. Son œil étincelait de fièvre, elle était pâle, mais son geste était sûr et sa voix ferme.

Quand Ali jugea le moment venu, il le dit à Louise ; et tous deux se mirent en marche.
Les chacals et les hyènes avaient recommencé leur sabbat de chaque nuit ; mais Louise n'en avait plus peur ; Ali lui en avait montré deux ou trois fuyant à la vue de l'homme, et elle en était venue à ne pas frémir en songeant au lion. Aussi un chacal ou une hyène lui semblaient-ils peu de chose.
Ali de son côté n'en était pas à sa première sortie nocturne ; plusieurs fois Juarez l'avait, d'après les conseils de Selim, emmené à l'affût de la panthère. L'enfant savait s'orienter, suivre une sente sans faire craquer une branche, interroger les broussailles, reconnaître la cause de tout bruissement insolite.
Il fit gagner sans encombre à Louise le chemin qui va d'Oran à Aïn-Temouchen ; là une difficulté se présentait. Évidemment les indigènes avaient établi des vedettes et des postes pour se garder contre toute surprise ; la route était surveillée et il fallait absolument la suivre pendant une demi-lieue.
— Il ne faut pas avoir l'air de nous cacher, — dit Ali ; —

nous allons suivre tout droit notre chemin, comme des gens sûrs d'eux-mêmes. Ne perdez pas contenance quoi qu'il arrive.

Louise eut un instant d'hésitation ; mais elle se remit bientôt.

Dix minutes après s'être engagés sur la route frayée, ils furent tout à coup brusquement entourés par une dizaine d'Arabes, qui les conduisirent dans un petit ravin où une quarantaine de cavaliers, dont les chevaux étaient près de là, se chauffaient à l'entour d'un feu qu'on ne pouvait apercevoir parce qu'il était allumé dans un bas-fond. Ali reconnut qu'il avait affaire à un contingent commandé par le cheik Mustapha. Celui-ci heureusement connaissait l'enfant ; de plus, deux heures avant, Juarez était passé et avait échangé quelques mots avec lui.

Cependant Mustapha fut surpris de voir Ali courir les bois à cette heure, de compagnie avec un tout jeune homme.

— Où vas-tu donc ? — demanda-t-il.
— Je ne puis le dire, — fit Ali.
— Alors tu fais mal.
— Oui et non.

Sur ce, l'enfant sourit avec malice.
— Quel est ton compagnon ?
— Mon cousin.

Mustapha accepta facilement cette explication ; car il avait été convenu avec Juarez que Louise passerait pour le parent d'Ali, et le jeune homme rencontrant le cheik lui avait dit :

« Je suis sûr que le lion mourra de la blessure qu'il recevra ; seulement il peut me dévorer avant.

» En ce cas, je te recommande de conduire Ali, mon petit compagnon, et un de ses cousins arrivé depuis peu à mon gourbi, auprès du prisonnier français.

» Il les emmènera à Oran, quand tu jugeras qu'il n'y aura aucun danger pour votre cause à lui donner la liberté. »

Seulement, sans avoir de soupçon sur l'identité de Louise, le cheik tenait à savoir où ces deux enfants se dirigeaient.

— Tu vas rester ici, — dit-il, — si tu ne veux pas parler ; toi aussi, — ajouta-t-il, s'adressant à Louise.

Celle-ci eut assez d'énergie pour sourire.
— Mon cousin ne parlera pas, il est muet de naissance, — dit Ali. — Quant à moi, je mangerais plutôt ma langue que de dire un mot.

Les cavaliers écoutaient curieusement ce dialogue.

Leurs figures déterminées, leurs allures sauvages, épouvantaient Louise ; mais elle surmontait son trouble.
— Prenez place tous deux au foyer, — dit Mustapha, — et l'on va vous surveiller toute cette nuit.
— Soit, — dit Ali. Et lui ainsi que Louise s'assirent. Mais à peine avait-il replié ses jambes à l'orientale qu'il se ravisa. — Voyons, — dit-il, jetant un regard sur Mustapha ; — tu es un homme ferme dans tes serments, sidi ? Eh bien ! si tu me jures par le nombril du Prophète de taire mon secret, je vais te le confier
— Je jure, — dit en riant le cheik.
— Bien vrai !
— Bien vrai.
— Etends la main vers la Mecque et prononce les paroles sacrées, — continua avec un aplomb imperturbable le petit Ali.
— Ah ça ! mais, gamin, tu veux te moquer de moi.
— Tu ne sauras rien alors !

Mustapha était très-intrigué.
— Soit, — dit-il, et il s'exécuta.
— Retirez-vous, vous autres, — s'écria avec un mouvement tout royal le petit Ali en s'adressant aux cavaliers.

Ceux-ci consultèrent leur chef de l'œil :
— Allez, — leur fit-il.

Ils s'écartèrent.

— Connais-tu Aïssa, l'épouse du cheik Ibrahim ? — demanda Ali.
— Je ne l'ai pas vue, — répondit Mustapha, — mais je sais qu'elle est belle. Après.
— Après ! — et Ali eut un haussement d'épaules tout à fait magnifique.—Après ! Je suis son amant !
— Oh ! oh ! — fit Mustapha.
— Tu doutes ? regarde !

Et Ali tira un anneau sur lequel était gravé un chiffre.
— Par Allah ! tu dis vrai, — exclama le cheik. — Voici bien un anneau donné par Ibrahim ; sa femme prétendait l'avoir perdu. Et comment as-tu fait pour aborder Aïssa ?

Le cheik ne s'étonnait pas que le jeune homme eût réussi à se faire aimer ; on est précoce en Algérie, l'âge n'était pas un obstacle ; Ali était beau et Ibrahim était laid, grave circonstance dans un pays où le plus sûr garant de la fidélité des femmes est le yatagan d'un mari ou d'un eunuque.

Ce qui surprenait Mustapha c'est qu'Ali eût pu arriver à parler à Aïssa.

— Un jour, — dit Ali, — il y a une année de cela, Juarez ayant tué une panthère, la bête fut conduite au douar d'Ibrahim. La circonstance permit aux femmes de se montrer ; j'étais avec mon ami, auquel parlait le cheik ; j'aperçus Aïssa qui me regardait. Je quittai Juarez, je me glissai dans la foule, qui, avide de voir, n'observait rien autre chose que l'animal étendu sur le sol. Je pus saisir la main d'Aïssa et me baisser pour y déposer un baiser. Elle répondit par un pressement de main. « Où te voir ? » lui dis-je. « Cette nuit, dans ma tente, il dormira. » Et j'y allai. Tu sais comment on se glisse dans un douar ; on va du côté du vent, on fait du bruit, tous les chiens se rassemblent à l'extrémité où ils vons sentent et vons entendent. Ils restent là à aboyer. Vous vous éloignez et vous pénétrez dans l'enceinte des tentes par le point opposé à celui-là. Cette nuit, mon cousin vient avec moi, parce que Ibrahim a une seconde femme, laquelle sera heureuse d'avoir un amant.

— Et si Ibrahim s'éveillait ?
— L'opium que lui verse Aïssa le fait dormir.—Ibrahim était le rival de Mustapha en influence ; ce malheur, si toutefois ce mot convient à ce qui lui arrivait, ne toucha donc pas le vieux cheik. Au contraire, il riait bruyamment de la confidence d'Ali. — Chut ! — fit l'enfant, — ma vie dépend de ton silence.

Mustapha redevint grave.

— Allons ! — dit-il, — allez à vos amours. Je serai muet. Pauvre Ibrahim ! — pensait-il un instant après.
— Pauvre Mustapha ! — disait à son tour Ali ; car il avait joué à Mustapha le même tour qu'à Ibrahim. — Ils arrivèrent tous deux sans autre rencontre jusqu'au ravin de Kamarata. Avant de s'y engager Ali s'arrêta. — Etes-vous toujours prête ? — demanda-t-il à Louise. — Sentez-vous que votre âme est ferme ?
— Oui, — répondit la jeune femme.
— Hâtons-nous alors : il est tard. Le lion doit être en route pour revenir à son repaire.

X

La chasse au lion.

Le vallon de Kamarata est aujourd'hui encore l'un des lieux les plus giboyeux de la province d'Oran.

C'est là que Larrer (1), le propriétaire de la baraque

(1) Larrer, que nous connaissons particulièrement, et que

aux sangliers, le plus célèbre braconnier des frontières du Maroc, abat cette innombrable quantité de menu gibier dont il entretient presqu'à lui seul la ville de Tlemcen et celle d'Oran.

Éloigné de tous les centres et de tous les chemins, solitaire, silencieux, il sert d'abri à des bandes innombrables de perdrix et de lapins; depuis que Juarez l'a débarrassé du lion noir, les gazelles y ont établi sur les hauteurs leurs gîtes de nuit; et, dans les bas-fonds, des sangliers y labourent paisiblement le sol de leurs défenses pour en arracher les ognons sauvages.

C'est du reste un site charmant, toujours vert, couvert de gazon à sa base, d'arbustes au sommet, mais attristé aujourd'hui encore par une incroyable quantité d'ossements blanchis par le temps, de squelettes desséchés, de carcasses poudreuses, témoins funèbres qui attestent encore les terribles ravages de l'hôte qui l'habitait.

Chaque nuit, ce lion noir, d'une force extraordinaire, apportait sur son cou quelque victime, qu'il y égorgeait à l'aise.

Tous les colons qui ont visité Kamarata affirment que sept voitures du train d'équipages ne suffiraient pas à faire disparaître ces débris de la férocité du roi des monarques à la fauve crinière. Depuis, l'on n'a connu qu'un seul lion capable de lui être comparé, c'est celui de Tegedempt.

Louise et Ali, arrivés à Kamarata, jetèrent un coup d'œil anxieux autour d'eux.

Le jeune homme indiqua à madame de Saint-Val un point rouge, brillant dans l'obscurité, à mi-côte d'un mamelon.

— Il est là, — dit-il, — voilà le bout de son cigare qui flambe.

— Mais, — dit Louise, — c'est imprudent à lui de fumer ainsi.

— Oh! non; il n'a à craindre que le lion, et il sait à deux minutes de la distance où il se trouve. Il éteindra son cigare quand le seigneur à la grosse tête sera proche. Gagnons la cime de ce mamelon, puis nous redescendrons vers lui. Seulement il faudra ramper sur les pieds et sur les mains.

— J'aimerais mieux, — dit Louise, — aller droit à lui et nous placer à ses côtés.

— Non, non, — répondit vivement Ali; — vous sachant là, il tirerait moins bien. Tâchons au contraire de nous embusquer près de lui sans qu'il s'en doute.

— Allons! — fit Louise avec un soupir.

Et tous deux gravirent la montagne, se dirigèrent juste en face du point où se trouvait situé le repaire, et avec les plus grandes précautions, parvinrent à une distance fort rapprochée du roc sous lequel était creusée la grotte du lion.

Ali en connaissait déjà la situation, mais il s'arrêta pour l'observer plus attentivement.

Ce roc faisait une saillie de douze mètres de largeur au moins sur trois de hauteur; c'est sous cette voûte naturelle que Juarez attendait son ennemi. Un peu à gauche, un petit sentier tournait le roc et passait à quinze pas du point où Ali voulait s'installer. Mais il semblait probable que l'hôte dangereux de la grotte se présenterait de face et ne gagnerait pas son domicile par ce chemin escarpé.

Tout à coup, à une demi-lieue tout au plus, un rugissement formidable retentit. Pour la première fois Louise entendait d'aussi près la voix du lion; elle trembla de tous ses membres, son compagnon frémit aussi.

Il n'y a rien de comparable à ce cri terrible, qui réunit la puissance de tous les bruits formidables de la nature. C'est à la fois le sourd grondement de la mer qui déferle sur les falaises, le hurlement sauvage de l'ouragan passant au-dessus d'un abîme, le fracas de la foudre qui éclate.

Ali se remit de suite pourtant. Il pressa la main de Louise pour la rassurer. Quelques minutes après, ils se trouvaient juste au-dessus de la tête de Juarez, dont la main faisait craquer la batterie de son fusil.

Le cœur de Louise palpitait en songeant qu'il était là, à deux pas, que peut-être il allait mourir, et qu'elle ne pouvait l'embrasser. Elle lui envoya un baiser muet.

Tout à coup, sur la gauche, deux masses noires se détachèrent, se mouvant dans la direction du repaire, au bas du roc.

— Allons, du cœur! — dit Ali à Louise, — le moment approche. — L'enfant parlait si bas qu'elle entendait à peine. On apercevait les deux gros yeux du lion qui flamboyaient dans l'ombre; elle se sentit défaillir. — Raidissez-vous contre la peur, — dit Ali, — ou nous sommes tous perdus.

Louise surmonta son trouble.

— Ils sont deux, — fit-elle.

— Non, — répondit Ali, — le second animal est un âne, sa proie de cette nuit, qu'il ramène.

En effet, le lion poussait devant lui un baudet, qui ne voulait pas avancer. A chaque instant la pauvre bête s'arrêtait; mais de sa patte royale le sbah frappait sa victime, qui se décidait à trotter un peu, pour ralentir bientôt son allure. Le roi des animaux, impatienté de cette résistance, fit ce que font les loups pour les moutons; il saisit dans sa gueule l'oreille de l'âne, et, à grands coups de queue en guise de fouet, lui battit les flancs. Cette fois l'âne se mit à courir plus vite que le lion ne voulait; mais ce dernier le maintenait par l'oreille. Il était furieux de la mauvaise volonté de maître Aliboron, car il soufflait avec force et serrait vigoureusement la longue oreille de sa proie, qu'il finit par broyer sous sa dent et séparer de la tête.

L'âne, se sentant libre, fit un écart violent et imprévu, et gravit le sentier qui conduisait au sommet du rocher où se trouvaient Ali et Louise. Le lion fit un bond terrible à sa poursuite; mais l'âne, ayant un peu d'avance, avait disparu dans les broussailles. En cherchant sa proie des yeux, le farouche animal aperçut Louise et Ali.

Le regard du lion a quelque chose de magnétique : il sembla à Louise que cet œil fauve et phosphorescent, dardé sur elle, traversait son corps de mille pointes aiguës. Elle s'évanouit.

L'embarras d'Ali fut mortel. Le lion était là, aussi étonné qu'irrité; labourant ses côtes de sa queue qu'il agitait avec fureur, et s'apprêtant à bondir.

Alors l'enfant cria :

— A moi, Juarez!

Puis il coucha le lion en joue et tira.

L'animal alla rouler en bas du rocher en poussant un effroyable rugissement de colère; il avait une épaule cassée.

Ali rechargea son fusil, et, abandonnant Louise, sauta auprès de Juarez. Celui-ci, quoique habitué à toutes les surprises, était stupéfait. Mais l'heure n'était pas propice aux explications.

Le lion, après s'être débattu un instant, se releva, et, quoique sur trois pattes, fit un bond qui l'amena à quelques pas des chasseurs.

Juarez avait dit à Ali de ne pas bouger; il visa son ennemi à la tête.

Le lion poussa un râle inachevé et expira.

— Tu m'as gâté une bien belle fourrure, — dit tranquillement Juarez à Ali.

— Si madame Louise n'avait pas été là, — répondit l'enfant, — j'aurais beaucoup mieux tiré.

— Comment! tu l'as amenée ici? — s'écria Juarez.

— Elle a voulu y venir.

— Où est-elle?

— Là-haut!

---

tous nos camarades du 2ᵉ zouaves connaissent aussi, Larrer est un ancien ami de Juarez.

Il vit encore aujourd'hui près d'Aïn-Temoutchen.

Juarez bondit, saisit la jeune femme dans ses bras et la couvrit de baisers.

Ali poussa le lion du canon de son fusil pour s'assurer qu'il était tout à fait mort.

— C'est égal, — se dit-il, — Aïssa, la femme d'Ibrahim, sera fière de moi quand elle saura que j'ai envoyé la première balle à un *sbah !*—Et il s'amusa à soulever l'énorme tête du lion qu'il avait peine à remuer ; il se servit du canon de son fusil comme levier. Le noble animal, ayant été frappé au moment où il s'élançait, était accroupi et semblait prêt à bondir encore. Ali disposa sa crinière à son idée et appela Louise. Celle-ci, revenue à elle, descendit au bras de Juarez. — Tenez, — lui dit Ali, — voilà le *sbah* qui vous demande pardon de vous avoir fait peur.

Louise était encore trop effrayée pour sourire ; mais Juarez se mit à rire en voyant la bizarre façon dont l'enfant avait arrangé l'animal.

Il lui avait donné la posture d'un caniche rampant aux pieds de son maître et craignant d'être battu.

— Il faut aller prévenir le douar le plus rapproché que le lion noir est mort, — dit Juarez. — Cours, Ali !

L'enfant obéit, et il se dirigea rapidement vers le village.

Juarez, la main appuyée sur le canon de sa carabine, regarda l'enfant s'éloigner : peu à peu le front du tueur de panthères s'assombrit ; il parut oublier la scène terrible qui venait de se passer ; il songea, les sourcils contractés, l'œil fixe, la lèvre plissée.

Louise le regardait avec une inquiétude mêlée de dépit ; il semblait ignorer qu'elle fût là.

— Qu'avez-vous donc, mon ami ? — lui demanda-t-elle timidement.

— Rien, — répondit-il presque brusquement.

— Cependant, — reprit-elle, — vous êtes rêveur, préoccupé, et, il n'y a qu'un instant encore, vous étiez heureux, vos lèvres souriaient.

— Il y a quelques instants je ne pensais qu'au triomphe ; j'étais joyeux de vous avoir sauvée, tandis que maintenant...

— Eh bien ! — fit-elle.

— Et maintenant, Louise, — s'écria Juarez, — je réfléchis que je vais vous serrer sur ma poitrine pour la dernière fois ; dans une heure vous serez enfin rendue à votre mari. — Le cœur de la jeune femme se serra douloureusement ; elle se jeta en sanglotant dans les bras de Juarez. — Si tu voulais ! — murmura-t-il. — Maintenant j'ai tenu ma promesse, sa vie est sauve, nous pourrions fuir au désert, comme tu me le proposais hier ; Louise, nous serions heureux !

— Hier, — dit-elle, — j'aurais sacrifié mon honneur pour écarter un danger de votre tête ; aujourd'hui vous n'êtes plus menacé et je préfère vivre malheureuse près de lui, mais digne encore de votre estime, que de me déshonorer à vos yeux t aux miens en acceptant le bonheur coupable que vous m'offrez.—Juarez s'assit sombre, désespéré, sur un rocher. Elle vint à lui. — Mon ami, — dit-elle, et sa voix tremblait, — votre chagrin me pousse à vous confier un espoir que je devrais cacher.

— Ah ! — s'écria Juarez frémissant soudain, — lequel ?

— C'est affreux ce que je vais dire, mais écoutez : Nous sommes jeunes, il est âgé déjà ; et si, comme vous l'assurez, vous m'aimez toujours, l'heure de la délivrance sonnera un jour. Puis, — ajouta-t-elle tout bas et en rougissant, — je ne vieillirai pas, parce que, ne pouvant être à vous, je ne serai pas à lui.

— Oh ! — dit Juarez, — Louise, soyez bénie !

— Assez, — s'écria-t-elle, — assez ! vous me brisez.

Et elle repoussa le jeune homme qui l'avait enlevée dans ses bras comme ivre.

Aussitôt que la nouvelle de la mort du lion noir fut connue dans les douars, les cavaliers montèrent à cheval et accoururent en foule vers Kamarata.

Louise et Juarez se virent bientôt environnés d'une grande quantité de guerriers munis de torches ; Ali était revenu aussi suivi d'un mulet qui devait porter le cadavre ; les Arabes faisaient à Juarez et à ses deux compagnons une brillante ovation. C'étaient des cris, des exclamations, un pêle-mêle bruyant, des éloges hyperboliques, des manifestations joyeuses à réveiller un mort.

Le vallon étincelait du feu des lumières ; à chaque instant des groupes nouveaux arrivaient, et c'étaient des félicitations nouvelles.

Ali et son prétendu cousin prenaient leur large part de ce triomphe ; le petit coulougli, fièrement campé sur son fusil, serrait la main des guerriers avec une dignité superbe qui faisait sourire Juarez. Louise était plus embarrassée de sa contenance ; sous ses habits masculins, en face de tout ce monde, obligée d'accueillir les salamalecs dont on l'accablait, elle se sentait mal à l'aise.

Juarez s'en aperçut. Il engagea les Arabes à charger le corps inanimé du lion noir sur le mulet. On fit non sans peine ce qu'il désirait ; puis on se dirigea vers le douar du marabout Eliacim.

Le long du chemin, dans les villages à portée desquels on passait, une grande quantité de femmes et d'enfants se joignirent au cortége ; l'aube, selon la promesse de Juarez, rougissait l'orient quand le cadavre du lion noir fut déposé près de la couba au sommet de laquelle le jeune Portugais avait fait son serment.

Eliacim était venu au-devant de lui ; à la vue du chérif, le peuple s'était prosterné et il l'avait béni. L'ambitieux marabout ne perdait jamais une occasion de constater son pouvoir sur la multitude.

Malgré leur réserve habituelle, les femmes sortirent des tentes pour saluer le vainqueur. Parmi elles Louise aperçut Sarah, la fille d'Eliacim, qui enveloppait Juarez d'un long regard d'amour.

Sarah était allée prendre le bras de son père ; elle lui causait sans perdre des yeux celui qu'elle aimait.

Louise, au mouvement des lèvres, au jeu de la prunelle, à l'inquiétude de son propre cœur, comprit que Sarah parlait de Juarez au marabout. Elle eut un triste pressentiment.

Cependant les autres femmes s'étaient approchées du lion, et selon leur coutume lui prodiguaient les coups et les insultes ; chacune lui reprochait quelque terrible méfait. Cet acharnement sur un ennemi vaincu déplut fort à Juarez ; il prit Ali et Louise par la main, et ils s'assirent tous trois sur le cadavre du lion.

— Nous seuls, — dit-il, — avons tué le seigneur à la grosse tête, nous seuls avons le droit de l'injurier.

On avait pour le tueur de lions trop de vénération pour ne pas lui obéir. Les femmes se turent. Elles lui amenèrent leurs enfants afin qu'il les touchât, dans la croyance que cette imposition des mains leur donnerait du courage. Cette naïve croyance remonte aux temps primitifs et prouve que d'instinct les peuples ont toujours compris la puissance du magnétisme. Jésus, et avant lui Moïse, imposaient déjà les mains.

Cet empressement, dont celui qu'il voulait prendre pour gendre était l'objet, plut fort à Eliacim. Il lui souriait, ainsi que Sarah.

— Quelle est cette femme ? — demanda Louise à Juarez avec un léger tremblement de la voix.

— La fille unique d'un grand chef.

— Elle semble vous connaître ?

— Je ne lui ai jamais parlé, — répondit-i avec un certain embarras.

— Elle vous aime ! — s'écria Louise en pâlissant.

Juarez se mit à la rassurer. Eliacim venait à lui.

— Mon fils, —disait le marabout au milieu d'un grand silence, — tu as tenu ta promesse, à nous de tenir la nôtre. Suis-moi, je vais remettre entre tes mains le prisonnier

Au milieu de la multitude enthousiaste, Juarez s'ache-

mina vers la tente d'Eliacim. Le jeune homme, en partant, glissa ces mots à l'oreille de Louise :
— N'ayez pas l'air de reconnaître votre mari et attendez-moi ici avec Ali. — Il s'éloigna donc, la laissant seule au milieu des curieux qui affluaient. Eliacim le mena auprès de monsieur de Saint-Val ; il était très important que celui-ci fût prévenu qu'il allait revoir sa femme et qu'il devait sembler ne pas la reconnaître sous son déguisement. Juarez, certain que le marabout voulait le marier, tenait par prudence à temporiser avec lui. Il ne pouvait nettement refuser son offre sans l'offenser; Eliacim tenant entre ses mains le sort de Louise et de son mari, il devait éviter de l'irriter. Déjà Eliacim avait conçu des doutes sur ses liaisons antérieures avec la femme du prisonnier; s'il venait à apprendre que cette femme avait couché sous son toit à l'insu de tous, il ne manquerait pas de lui attribuer le refus de Juarez. Aussi, quand il fut en présence de monsieur de Saint-Val, affecta-t-il pour lui, malgré sa répugnance, une vive sympathie. Il lui sauta au cou, mais au lieu de l'embrasser il lui dit :
— Louise est là, déguisée; sur votre tête et la sienne, n'ayez pas l'air d'y prendre garde. — Puis il ajouta tout haut : — Vous êtes libre, mon cher ami, et vous allez me suivre de suite à mon gourbi. J'ai aussi à vous annoncer une nouvelle heureuse. J'ai trouvé les traces de votre femme, qui a gagné la redoute d'Aïn-Temoutchen, j'en suis à peu près certain.
Eliacim, qui avait longtemps vécu en France et affectait vis-à-vis de monsieur de Saint-Val la plus grande politesse, offrit d'envoyer un parlementaire s'assurer du fait. Juarez accepta la proposition.
— Comte, — lui dit monsieur de Saint-Val en serrant affectueusement sa main, — je ne vous remercierai jamais assez, ni pour elle ni pour moi.
— Venez donc, venez donc ! — dit Juarez impatient.
Et il conduisit le prisonnier auprès du lion.
Quelques sourdes clameurs éclatèrent sur le passage du Français, mais la présence du tueur de lions continit l'hostilité. En face de Louise, monsieur de Saint-Val éprouva un sentiment de crainte indéfinissable. La jeune femme, comme si elle eût été coupable, détournait son regard du sien. Le vieillard sentit son cœur se serrer dans sa poitrine ; il compara son rôle de mari jaloux et tyrannique à celui de cet amant si dévoué, si chevaleresque; il comprit le ridicule de sa position.
— Si elle n'a pas failli encore, du moins elle aime, — pensa-t-il.
La foule était plus compacte que jamais; les cheiks commençaient à venir. Chacun d'eux voulait offrir la diffa à Juarez. Il fut convenu que l'on attendrait Mustapha, au poste duquel on avait envoyé un courrier, et que l'on célébrerait par un grand festin la victoire du tueur de lions. Mustapha accourut.
— Qu'ai-je appris ? — dit-il en embrassant à la fois Juarez, Ali et Louise ! — ce sont ces deux enfants — il désignait madame de Saint-Val et le coulougliqui — ont porté le premier coup au sbah. Tu m'as menti, Ali; mais n'importe, prends ces pistolets en souvenir de cette nuit.
— Et il fit don à l'enfant joyeux de ses propres armes. A Louise il offrit un poignard. — Petit muet, — dit-il avec bonté, — tu pourras toujours répondre à une insulte avec cela.
Au doigt de Juarez il passa une bague ornée d'un brillant.
C'était un vaillant et généreux djouad que le cheik Mustapha. Aussi le marabout craignait-il à bon droit sa popularité, qu'il cherchait à combattre par tous les moyens possibles. Plus que jamais il sentit le besoin de s'attacher Juarez. Celui-ci, prévenu par Ali du rôle de muet qu'il faisait jouer à Louise, craignit qu'elle assistât à la diffa. Il obtint que le prisonnier et elle, sous la conduite d'Ali, gagneraient son gourbi.
— Les deux enfants, — dit-il, — sont fatigués, et le Français serait trop mal à l'aise parmi vous.

On consentit avec peine à laisser s'éloigner Ali ; tous les djouads voulaient le garder avec eux pour lui faire fête, et plus d'une femme le dévorait des yeux. Enfin il se retira avec Louise et monsieur de Saint-Val ; ils étaient tous montés sur des chevaux qu'on leur avait prêtés.
Après leur départ, les réjouissances commencèrent pour ne finir qu'à la nuit.

XI

Un vieux chacal, un jeune lion et une jolie panthère.

Juarez ne pouvait, sans froisser les Arabes, se soustraire à l'ovation dont il était l'objet. Il souffrit cruellement tant que dura le banquet indigène.
— Elle est avec lui, — pensait-il.
Et il éprouvait les tortures de la jalousie.
Lorsque enfin il put quitter l'assemblée des djouads, il se leva et prit congé d'eux. Tous lui firent quelque riche présent et lui renouvelèrent leurs protestations d'amitié.
Juarez se crut rendu à la liberté. Mais Eliacim, passant son bras sous le sien, le mena sous sa tente.
A l'air joyeux, à la contenance extraordinaire du marabout Eliacim, Juarez se douta que celui-ci allait enfin aborder cette redoutable question de mariage qui demandait de sa part une grande prudence. Le marabout et lui s'assirent sur une natte ; d'un geste du maître tous les serviteurs furent congédiés; Juarez resta seul en face d'Eliacim. Ce dernier, comptant sur les brillants avantages qu'il proposait au tueur de lions, et surtout sur la beauté de Sarah, joua ce que les Arabes appellent le jeu de Dieu. C'est-à-dire qu'il fut franc.
— Écoute, — dit-il au jeune homme, — je dois te rappeler que toujours j'eus pour toi une tendresse de père. En toutes occasions je t'ai témoigné mon estime et mon affection. Est-ce vrai ? — Juaroz fit un signe de tête affirmatif. — Tu dois t'ennuyer, toi, un comte, un djouad d'Europe, de mener cette vie sauvage ; et c'est vrai que, ne possédant pas une grande fortune, tu ne pourrais briller dans les villes. Mais tu es habile. Tu as pensé qu'en semant tu finirais par recueillir, et tu as arrosé la terre de sang pour y faire pousser des honneurs. Tu as maintenant une réputation magnifique, tu es grand partout où un uniforme français a pénétré, partout où un burnous arabe couvre un fils d'Ismaël. Tu as donc bien posé les bases de la fortune. Mais il faut me dire comment tu comptes bâtir l'édifice sur ces fondements magnifiques. Dis-moi, Juarez, comment vas-tu exploiter cette renommée ?
Eliacim croyait en effet, au fond de son âme, que Juarez avait un but ambitieux ; qu'il tuait des lions pour se faire un nom ; en un mot, il attribuait au chevaleresque jeune homme des visées pareilles aux siennes.
Juarez s'était toujours mis en garde contre les actions hypocrites du chérif ; il était de ceux qui, sans chercher à duper les autres, ne se laissent pas tromper pour cela par les fourbes. Le monde ne se compose pas seulement de fripons et de dupes, il est des êtres richement doués qui ont une intelligence assez fine pour comprendre toutes les rouéries du vice, assez vive pour les mettre en défaut, assez profonde pour sonder l'abîme du mal et en acquérir la science. Mais ces natures d'élite ont aussi un cœur large, noble et bon, aux généreux élans, aux aspirations passionnées pour le beau et le bien.
Quand un homme est ainsi, il est complet ; c'est sur ce modèle que sont faits les héros, qui diffèrent essentiellement des grands hommes. Ceux-ci peuvent, comme Attila, être les fléaux de l'humanité ; tandis que ceux-là, comme Washington, en sont les bienfaiteurs.

Juarez ne fut pas surpris en voyant le marabout lui attribuer quelque projet mystérieux, quelque rêve ambitieux.

Il ne jugea pas à propos de le désabuser.

— Je ne puis te confier mes pensées, — dit-il ; — on croit souvent parler à un muet, et il arrive que ce muet a une langue.

— Bien ! — fit Eliacim, qui, loin de s'offenser, fut charmé de cette discrétion ; — bien ! ta discrétion me plaît. Mais moi je serai plus confiant avec toi. Tu connais l'Europe, la France, le monde civilisé ; tu as dû, comme moi, te convaincre que jamais nos tribus ne parviendront à s'affranchir du joug d'un peuple fort, uni et très-avancé. — Eliacim prononça ce mot en français pour lui donner toute sa valeur. — Abd-el-Kader l'a essayé, il a succombé à la tâche. Ce n'est pas à reprendre sa mission impossible qu'un homme habile doit user ses forces ; il faut se mettre du côté des Français. Me comprends-tu ?

— Oui, — dit Juarez.

— Or, crois-tu que si, en un jour de péril momentané, aujourd'hui par exemple, où les douars sont révoltés, deux hommes possédant une influence pareille à la nôtre rendaient au gouverneur d'Oran le service de pacifier le pays, ce service ne serait pas récompensé ?

— Évidemment, — répondit encore laconiquement Juarez, qui tenait à ne pas se livrer.

— Eh bien ! je viens te proposer de t'unir à moi dans ce but. Je veux qu'on ratifie mon titre de chérif et qu'on me nomme agha d'Aïn-Temoutchen ; je veux que l'on te confie un goum levé dans nos douars ; avec ce goum tu défendras la cause française et tu assureras la paix de ce pays. Il va sans dire que nous serons décorés. Lorsque tu auras exercé quelque temps ces fonctions mixtes de chef de goum, tu demanderas qu'on régularise cette position en te donnant un grade militaire dans l'armée régulière. C'est ainsi que Mustapha et Yousouf sont devenus généraux. En même temps on te mettra à la tête du bureau arabe, et rien ne pourra borner notre carrière à tous les deux. Est-ce là un beau plan ?

— Il y a des honneurs et de la richesse à recueillir en mettant cette idée à exécution, — dit Juarez sans blâmer ni désapprouver positivement. — Cependant tu auras après la pacification des concurrents : le cheik Mustapha et d'autres. Ils seront en disgrâce d'abord, mais les Français pardonnent vite, et pour se les attacher accorderont des faveurs. Comment combattrons-nous leur légitime influence ?

— C'est facile. Je connais à fond le mécanisme de la politique française ; il y a Oran, à Alger, à Paris, une puissance redoutable qui fait trembler les plus hauts dignitaires, c'est la presse. J'ai désigné à monsieur de Saint-Val le cheik Mustapha comme l'homme qui avait ordonné de couper la tête aux prisonniers et à lui-même. C'est un témoin précieux de la culpabilité de notre adversaire. Je ferai publier par un marabout qui m'est dévoué une lettre à lui adressée par moi, dans laquelle au moment propice je lui raconterai tout ce que j'ai fait pour la cause française, et dans cette missive je compromettrai Mustapha. Cette lettre sera insérée dans l'*Echo d'Oran*, dans l'*Akhbar*, puis dans les journaux de Paris. D'une part on me vantera comme un homme ayant compris l'avenir, et de l'autre on stigmatisera la sauvagerie des djouads. L'opinion publique surexcitée demandera la punition des assassins des Français, et ils seront condamnés par un conseil de guerre à être fusillés.

— Le misérable ! — pensa Juarez.

S'il eût été seul, sa colère aurait éclaté, mais il était forcé de la contenir pour sauver Louise.

Le marabout reprit :

— Quand on conclut un marché, il est bon de sceller le pacte. Sais-tu quel gage je vais te donner, moi ?

— Non, — répondit Juarez, qui pourtant s'en doutait.

— Tu vas voir. — Eliacim se leva, appela sa fille, et, relevant son voile qui permit de voir son magnifique visage à nu, il la présenta au jeune homme. — Voilà ta fiancée, mon fils, — dit-il avec un orgueil bien légitime. Sarah était en effet un type radieux de beauté orientale. Cependant Juarez resta froid en face de cette reine du Rio-Salado, qui cependant provoquait une amoureuse exclamation par un appel passionné du regard. Le marabout Eliacim attribua à un sentiment des convenances la réserve du tueur de lions. Sarah, avec la pénétration d'une femme, comprit qu'il était indifférent à ses charmes. Elle abaissa son voile pour cacher une larme et se retira. — Eh bien ? — demanda Eliacim.

— Je réfléchirai, — répondit Juarez.

— A quand la réponse ?

— Dans huit jours.

— Va, mon fils ; songe que nous pouvons atteindre au sommet de la puissance. La France a une rivale, l'Angleterre ; qui sait quelle guerre pourrait un jour éclater entre les deux peuples ! Alors l'Algérie serait à nous.

Et après avoir entr'ouvert au tueur de lions le dernier repli de ses pensées, il le laissa s'éloigner.

Sarah bondit alors auprès de son père dès que Juarez fut sorti.

— Il ne m'aime pas ! — s'écria-t-elle.

— Qui te l'a dit ?

— J'en suis sûre !

— En effet, — dit Eliacim, dans le cœur duquel se glissa un soupçon ; — pourquoi m'a-t-il demandé huit jours de réflexion ?

Le père et la fille réfléchirent un instant.

— Quel est donc ce jeune homme qui accompagnait le petit Ali ? — demanda Sarah.

— Un de ses cousins, un muet, — répondit le marabout.

— C'est faux, — reprit-elle, — il a parlé à l'oreille de Juarez ; c'est une femme, c'est l'épouse du Français.

— Par Allah ! — exclama Ibrahim, — tu as raison, ma fille ! Oh ! maintenant, malheur à cet homme qui a mon secret, malheur à ceux qui l'entourent ! Ils périront tous. Je vais envoyer mes cavaliers les brûler dans leur gourbi.

XII

Où le renard triomphe du lion.

Le marabout Eliacim réfléchit quelques instants au danger de sa position. Juarez, n'aimant pas Sarah et demandant à remettre sa décision à huit jours, cherchait évidemment à gagner du temps. Il était sans doute hostile au plan proposé, et, maître des secrets d'Eliacim, il renverserait à un moment donné l'édifice de ruses et de mensonges si laborieusement construit pour cet ambitieux.

Eliacim était un de ces hommes qui pour atteindre un but ne reculent devant aucun obstacle. Il ne voulait pas perdre le fruit de vingt années d'hypocrisie et de méditations. Il trouva un moyen de perdre Juarez. Le faire assassiner n'était pas chose facile ; la vénération qu'inspirait le tueur de lions était si grande que nul, même parmi les disciples du marabout, n'aurait voulu attenter aux jours du jeune homme. Une lumineuse idée traversa le cerveau d'Eliacim : il ordonna à ses serviteurs de seller son cheval et à deux d'entre eux de se tenir prêts à l'accompagner. Il les choisit parmi ses plus fidèles. Suivi par eux, il marcha droit sur la redoute française.

Il comptait, pour y entrer sans éviter les soupçons, sur l'aveuglement des guerriers arabes, auxquels il préparait une mystification. A quelque distance d'Aïn-Temoutchen, il rencontra un des postes arabes qui la tenaient bloquée ; il en fit venir le chef.

— Je vais, — lui dit-il, — pénétrer dans ce fort ennemi pour connaître le nombre de ses défenseurs et savoir comment nous pourrons l'attaquer. Que pendant mon absence on prie le Prophète de me protéger et d'aveugler les roumis, afin qu'ils ne puissent me reconnaître.

— Tu vas t'exposer à la mort, *sidna*, — fit naïvement observer le chef de l'embuscade.

— Allah n'abandonnera pas son serviteur, — répondit Eliacim d'un ton inspiré.

Et il mit sa monture au galop, toujours suivi de ses deux compagnons.

Il existe en Afrique et dans tous les pays musulmans une secte religieuse qui a quelques rapports avec les fakirs de l'Inde et les solitaires de la Thébaïde. Ce sont des fanatiques qui cherchent à gagner le paradis de Mahomet en s'imposant sur cette terre les plus cruelles privations; jeûnant sans cesse, toujours en oraison, ces hommes arrivent à un degré d'exaltation dévote qui touche à la folie.

Dans toutes les religions on retrouve des pratiques semblables inspirées par un zèle outré ; il faut donc les mettre sur le compte de la sottise humaine, et non les attribuer aux préceptes des codes religieux, qui peuvent être plus ou moins imparfaits, mais qui ont toujours été dictés par des intelligences trop supérieures pour approuver des écarts insensés.

Les compagnons d'Eliacim appartenaient à cette secte de l'islamisme qui renouvelle à Alger, et dans les villes barbaresques, les sanglantes momeries des convulsionnaires catholiques sous Louis XV. A de certaines époques, ils se rassemblent de fort loin, et dans des séances publiques ils se mutilent et se déchirent de la plus horrible façon.

Peut-être, comme nous l'avons déjà dit, ces deux hommes auraient-ils refusé de tuer Juarez, mais à coup sûr ils auraient traversé un brasier sur l'ordre du chérif. Ils galopaient donc à sa suite, muets, indifférents, ne songeant même pas aux dangers qu'ils eussent affrontés si leur chef n'eût pas été un traître.

A cinq cents mètres du fort, une voix cria :

— Halte-là ! Qui vive ?

— Amis ! ne tirez pas, — cria en bon français le marabout ; — nous venons parlementer.

— Descendez de cheval et venez seul, — reprit la même voix.

Eliacim mit pied à terre sans hésiter et il avança. A cent mètres de la place, il trouva dans une embuscade une vingtaine d'hommes retranchés. On le fit passer pardessus des embrasures garnies de fusils de rempart et de canons de montagne.

— Me bandez-vous les yeux ? — demanda Eliacim.

— A quoi bon ! — dit l'officier qui commandait le détachement et qui avait ses ordres, — nous n'avons rien à cacher.

Et il montra les gueules de bronze prêtes à cracher la mitraille.

Le marabout sourit.

— Monsieur, — dit-il, — je vous sais invincibles.

L'officier, étonné du langage de cet Arabe et de l'opinion qu'il exprimait, lui demanda :

— Ah çà ! pourquoi diable vous révoltez-vous alors ?

— Parce que tous mes compatriotes ne savent pas ce que je sais, — répondit le marabout. Et il reprit : — Mais veuillez, je vous prie, me conduire au commandant ; je tiens à lui parler.

— Sergent, — dit l'officier à un vieux zouave chevronné, — je vous laisse le commandement du poste. Veillez attentivement.

— *Sufficit*, lieutenant, — répondit le sous-officier avec un clignement d'yeux ; — on ouvrira l'œil, et le bon.

— Vous avez raison d'être défiants, messieurs, je ne vous en blâme pas, — fit Eliacim ; — mais vous avez tort de croire que mon arrivée cache un piége.

L'officier, le sergent et les zouaves se regardèrent en riant.

— M'est avis, — dit l'un d'eux, — que cet Arabe-là est venu au monde au bord de la Seine. C'est un déserteur.

— Voilà ce que c'est que d'avoir appris votre langue à Paris, — continua Eliacim. — Vous me prenez pour un Français, — et il sourit, — je le suis à moitié, — reprit-il, — vous le verrez bien dans quelques instants. Allons, messieurs, soyez assez bons pour me faire parler au commandant.

— Venez, — dit le lieutenant.

Ils se dirigèrent vers la porte de la redoute, qui se referma sur eux.

— Sergent, — s'écria tout à coup un des zouaves, — je reconnais ce Bédouin-là.

— Ah bah ! où l'as-tu vu ?

— Sur le boulevard des Italiens. A c't'époque-là, j'étais encore un gamin et je *gouapais* le long des journées.

— T'as pas changé depuis.

— Si, sergent, dans ce temps-là j'buvais un canon de vin plus souvent qu'à mon tour ; maintenant je ne bois que de l'eau saumâtre. Vous voyez bien que j'ai changé de puits.

Un éclat de rire accueillit ce calembour audacieux.

— Si t'es sûr d'avoir reconnu le bédouin, va le dire au commandant, ça peut servir, — fit le sergent. — Qu'est-ce qui peut vouloir, ce vieux Normand-là ?

— On saura ça plus tard ; du reste le Parisien va voir le *kebir* (chef) et peut-être qu'il apprendra quelque chose.

Tel est le soldat français. Il aime à savoir pourquoi, quand, comment il se bat ; c'est pour cela que dans le monde entier il n'y a pas une meilleure armée que la nôtre. Chaque soldat sait quel rôle il joue, quel genre d'ennemis il combat, quelles sont les chances de succès ; il raisonne ses actes, il ne marche pas en aveugle, c'est une baïonnette intelligente. Aussi les zouaves, tout en riant de la saillie de leur camarade, visitaient-ils les amorces de leurs fusils et ajustaient-ils leurs baïonnettes ; l'envoi d'un parlementaire avait souvent servi à endormir la vigilance des sentinelles.

Eliacim fut bientôt auprès du commandant. Celui-ci était un de ces chefs qui ont fait leur carrière dans les bureaux arabes et qui sont rompus aux affaires de la politique indigène comme à celles du métier des armes. Ibrahim était un homme trop notable pour qu'il ne fût pas connu de lui. A tout autre chef arabe il eût dit *tu;* à ce chérif, qu'il savait francisé depuis longtemps, il dit *vous*, le traitant avec politesse et l'invitant à s'asseoir.

— Commandant, — dit Eliacim, — vous savez sans doute comment s'est faite cette sédition, puisque vous envoyiez la veille du jour où elle devait éclater une partie de vos troupes pour arrêter Mustapha qui en est l'instigateur ?

— Après ? — demanda le commandant d'un ton laconique.

— C'est sur un avis mystérieusement donné que vous avez exercé sur Mustapha une surveillance qui vous a permis de constater ses menées. Cet avis, écrit sur un parchemin, contenait quatre mots : c'est moi qui vous l'ai envoyé. Vous pouvez donc me considérer comme un de vos amis.

— Ceci peut être vrai ; cependant votre lettre est arrivée trop tard.

— J'ai eu tort d'attendre, mais j'ai éprouvé une hésitation bien naturelle. Je possède de grands troupeaux, une grande influence que je crains de perdre, une position enfin. En me déclarant ouvertement pour vous, moi marabout, je combats les fidèles de ma religion. Est-ce chose possible ?

— Non.

— Ce n'est pas tout : une fois rangé ouvertement de votre côté, je perds sur mes coreligionnaires tout moyen d'action. J'ai jugé qu'il valait mieux à un moment donné user de mon autorité, quand l'heure favorable serait venue, pour apaiser cette révolte en épargnant le sang des miens comme celui des vôtres. A ce jeu j'expose ma tête; mais c'est une nécessité cruelle que je dois subir avec résignation.—Le commandant ne quittait pas des yeux le marabout. Celui-ci soutenait parfaitement ce regard inquisiteur. Il reprit : — Il est un homme qui, comme moi, peut influencer beaucoup les tribus; c'est Juarez, le tueur de panthères. Aujourd'hui même, pensant que cet Européen ferait cause commune avec moi, je lui ai proposé mon alliance; bien mieux, séduit par son courage, sa réputation brillante, j'ai voulu en faire mon gendre. Il a refusé mes propositions. Dernièrement on lui a demandé s'il voulait se retirer à Oran ; il a répondu qu'il resterait parmi les révoltés. Il ne veut pas y défendre les intérêts français, pourquoi donc demeure-t-il au milieu des douars soulevés? Je crois avoir deviné son plan. Si les goums l'emportent sur vos régiments, il prendra le parti des vainqueurs, et, croyez-le bien, ce sera pour vous un dangereux adversaire, un nouvel et redoutable Abd-el-Kader. Et, songez-y, cet homme a maintenant mon secret. Il tient ma vie entre ses mains.

— Si ce que vous dites est vrai, c'est grave, — interrompit le commandant; — venez vous réfugier ici avec votre fille. Cent mille Arabes ne prendraient pas la redoute.

— Je le crois; mais qui fera entendre aux tribus des paroles de paix si je quitte ma tente? — Le marabout mit un tel accent dans ces paroles que le commandant commença à prendre en lui un peu de confiance. — Si je vous donnais le moyen d'arrêter Juarez et de l'amener prisonnier ici? — demanda Eliacim.

— La culpabilité de ce jeune homme ne m'est pas parfaitement démontrée, — observa le commandant.

— Avec les ménagements vous me perdrez et vous causerez de grands et irréparables malheurs. Quel inconvénient y aurait-il à tenir sous votre surveillance le tueur de panthères? Plus tard il vous serait facile de faire son procès.

Eliacim pensait qu'en ce moment il aurait amassé assez de preuves contre Juarez pour le faire condamner.

— Quel est votre moyen? — dit le commandant.

— Il est très-simple. Vous trouverez bien parmi vos zouaves deux hommes résolus ; je les conduirai au gourbi de Juarez, que j'attirerai facilement dehors, nous l'amènerons garrotté à la redoute. J'accompagnerai vos soldats jusqu'à la porte.

— Qui me garantira votre retour?

— Je vous laisserai entre les mains deux de mes serviteurs, que j'ai amenés près d'ici ; ils répondront tête pour tête de vos zouaves.

— Hum! — fit le commandant indécis. — Et comment mes zouaves passeront-ils à travers les postes indigènes ?

— Je leur ferai endosser les burnous de mes serviteurs, et nul ne songera à les interroger, moi présent.

Le commandant fit conduire le marabout dans une salle voisine, et y manda le capitaine qui avait dirigé la retraite dont nous avons déjà parlé. Il avait en lui une confiance illimitée. Il lui raconta l'entrevue qu'il venait d'avoir, et lui demanda ce qu'il en pensait.

— Je n'ai pas une foi bien grande dans les paroles du marabout, — répondit le capitaine; — mais peut-être ne ment-il pas. Je vais passer un uniforme de simple soldat, nous trouverons dans la garnison un volontaire déterminé, capable de monter à cheval, et, si Eliacim tient une conduite suspecte, c'est lui que je garrotterai.

— Je ne peux consentir à votre dévouement, capitaine. On ne joue pas sur un coup de dé la vie d'un homme comme vous.

— Je crois au contraire que la circonstance est sérieuse. Du tueur de panthères ou du marabout un homme est notre ennemi, tous les deux peut-être ; il me semble que cette nuit aura une importance décisive.

— Il y a un zouave qui demande à vous parler, mon commandant, — vint annoncer un planton.

— Faites-le venir. — Le Parisien entra ; il fit le salut militaire. — Que veux-tu, mon garçon? — dit le commandant.

— Vous donner un renseignement sur le Bédouin qui est ici, mon commandant, — répondit le Parisien.

— Parle. Où l'as-tu déjà vu?

— Je l'ai reconnu pour l'avoir rencontré sur le boulevard des Italiens, avant que je sois au régiment. J'ai pensé que vous seriez aise de savoir ça.

— Tu as bien fait, mon garçon : mais je connaissais les antécédents du marabout ; cependant enfin j'aurais pu ne pas être si bien instruit.

— Commandant, — interrompit le capitaine, — voilà un gaillard décidé, qui est de ma compagnie, et que je tiendrais à emmener avec moi.

— Veux-tu gagner les galons de caporal? — dit le commandant au zouave.

— Ça m'irait, — répondit le Parisien, — qu'est-ce qu'il faut faire?

— Suivre ton capitaine; seulement il y a du danger.

— Ça m'est parallèle!

— Eh bien ! capitaine, allez vous préparer et revenez avec votre zouave. — Eliacim rentra. — Je vais vous confier deux hommes énergiques, — lui dit le commandant, — où sont vos deux Arabes?

— Ils attendent.

— Le lieutenant qui vous a introduit va vous faire ouvrir la porte de la redoute, afin que vous fassiez venir ces deux otages.

Un quart d'heure après les serviteurs d'Eliacim se dépouillaient de leurs vêtements et le capitaine les endossait, ainsi que le zouave. Pour tromper le marabout, quand ils se présentèrent à lui, le zouave, tutoyant son chef, lui dit :

— Eh bien ! ma vieille, nous v'là beaux, ficelés comme ça !

— Il est de fait que nous avons de drôles de binettes, — répliqua le capitaine sur le même ton.

Eliacim crut réellement avoir affaire à deux simples soldats.

— Dites-leur qu'il faudra m'obéir, commandant, — dit Eliacim; — surtout qu'ils ne parlent pas.

— Vous entendez, mes enfants, voilà votre officier pour le quart d'heure.

Et sur ce le commandant prit congé du marabout et de ses deux compagnons. En montant à cheval, ceux-ci visitèrent avec soin une paire de pistolets que leur avait donnés leur chef ; ils firent jouer leurs sabres dans leur gaîne ; puis le capitaine déguisé, qui avait donné des instructions au zouave, lui fit un signe. Cela voulait dire que, au premier geste suspect, il fallait s'emparer du marabout sans hésiter. Dans cette prévision, le zouave s'était muni d'une longue corde garnie d'un nœud coulant. Après une heure d'un galop rapide, le marabout Eliacim montra aux deux Français une petite lumière qui brillait au détour d'un sentier.

— C'est là ! — dit-il. — Je vais l'appeler hors de son gourbi et je l'amènerai en causant près d'ici. Alors vous pourrez vous en emparer.

— Je ne veux pas te quitter d'un pas, — dit le capitaine, — et je te préviens que si tu bronches tu es un homme mort.

— Mais, — observa Eliacim, — peut-être l'aspect de trois hommes inspirera-t-il un soupçon au tueur de panthères !

— Tu as sans doute un prétexte pour le faire sortir?

— Oui.

— Lequel?

— Il est un peu médecin, et je réclamerai son secours pour ma fille, que je prétendrai malade.

— Alors mon camarade va te garder, et, comme je parle l'Arabe aussi purement que Mahomet, je frapperai au gourbi, je m'annoncerai comme envoyé par toi pour le motif que tu viens d'inventer, et, quand le tueur de panthères sera à dix pas de sa cabane, je me charge de lui.

— Prends garde! Il est fort et adroit.

— Moi aussi, et il n'est pas sur ses gardes ; passe-moi le lasso, Dartiagues.

Le Parisien obéit. Le capitaine sauta à terre, attacha son cheval à une broussaille, et se dirigea vers le gourbi, contre la porte duquel il cogna avec force.

Le marabout avait une peur terrible que le Français n'aperçût monsieur et madame de Saint-Val, couchés sans doute sous le toit de Juarez. Heureusement pour lui le jeune homme n'était pas encore endormi ; il se leva et vint demander :

— Qui est là?

— Un serviteur du marabout Eliacim, qui te fait prévenir que sa fille Sarah est malade et réclame ton secours.

Juarez tenait à cacher Louise aux yeux des Arabes ; il répondit :

— Attends-moi, je prends mon fusil et je te rejoins.

Une minute après le coureur de bois sortait. Pour les Arabes, tout Européen est médecin ; souvent dans leurs maladies, ils avaient imploré l'aide du tueur de panthères ; ce dernier ne leur avait jamais fait défaut. Juarez pensa que réellement Sarah avait besoin de sa science médicale ; il partit donc, pensant que c'était là un excellent moyen de temporiser avec Eliacim. Tant que Sarah serait souffrante, on ne parlerait pas de mariage. — Tu es venu à pied? — demanda-t-il au messager.

— Non, j'ai là-bas deux chevaux, — répondit le faux Arabe. — Un pour toi, un pour moi.

— C'est bien!

Mais tout à coup Juarez sentit un nœud coulant étrangler la voix dans son gosier et une corde s'enrouler autour de ses bras. Il tomba. Il n'eut pas le temps de pousser un cri, de faire un geste. Le capitaine acheva de le garrotter, puis il le bâillonna vigoureusement et le plaça sur son épaule, après lui avoir rendu la liberté de la respiration.

— Eh bien! — s'écria le marabout en voyant le prisonnier, — avais-je de bonnes ou de mauvaises intentions?

— Je n'ai pas à juger, — répondit le capitaine jouant toujours le simple soldat ; — on ordonne, j'obéis.

— Cependant je devais conduire cette entreprise et tu n'as pas exécuté mes commandements à moi.

— Possible! j'avais des instructions secrètes. En route!

Et les cavaliers s'en retournèrent à la redoute. Juarez était couché en travers de la selle du Parisien.

Les trois cavaliers gardaient le silence.

— Demain, — se disait le marabout, — j'exterminerai cette nichée de Français qui restent au gourbi.

XIII

Où Ali est brûlé tout vif, puis délivré.

Le lendemain matin Ali, en se réveillant, fut fort étonné de voir que Juarez n'était pas revenu. Il avait entendu la veille un Arabe l'appeler pour soigner Sarah ; mais il aurait dû être de retour.

L'enfant sortit, et la première chose qui frappa sa vue fut la coiffure du tueur de panthères qui gisait sur le sol. Il se douta qu'il y avait quelque danger sérieux. En conséquence, il rentra au gourbi et éveilla Louise et monsieur de Saint-Val. Ceux-ci avaient longtemps attendu leur libérateur ; mais Ali leur avait assuré que les réjouissances se prolongeaient très avant dans la nuit, et ils s'étaient couchés. Juarez, en arrivant, ne les avait pas réveillés. Louise et son mari ignoraient donc que leur sauveur fût rentré.

— Où donc est le comte? — telle fut leur première question.

— Je l'ignore, — répondit Ali ; — à peine Juarez venait-il de s'étendre sur sa natte qu'une voix l'appela. Il est sorti et n'a pas reparu. Seulement voici son chapeau, tombé sans doute à la suite d'une lutte.

— O mon Dieu! — s'écria Louise, — que peut-il lui être arrivé?

— Madame, il est peut-être mort à cette heure, — répondit tristement le couloughi.

Louise pâlit et jeta un cri déchirant. Monsieur de Saint-Val ne s'y trompa pas : c'était la voix du cœur, sa femme aimait le comte. Il la regarda avec une angoisse profonde ; avec la tendresse de sa femme il perdait l'avenir. Louise, égarée, lui dit :

— Il faut le sauver, monsieur, entendez-vous? Quel que soit le nombre de ses ennemis, vous devez lui venir en aide. Pour vous il a bravé la mort!

— Ma bonne amie, — répondit monsieur de Saint-Val, — si tout mon sang pouvait vous le rendre, — il appuya tristement sur ce mot, — je le verserais sans regret.

Le son de voix avec lequel monsieur de Saint-Val prononça ces mots rappela Louise à elle-même. Elle se calma et regretta bientôt d'avoir cédé à l'entraînement de la passion.

— Ecoutez, — dit Ali, — peut-être rien n'est-il désespéré. Il y a au fond du gourbi un trou creusé dans la montagne à laquelle il est adossé. Cette grotte contient des vivres pour longtemps et de l'eau pour quinze jours. Transportez-y la poudre, les armes, les vêtements et tout ce dont vous pourrez avoir besoin. Vous trouverez une pierre qui cache hermétiquement l'entrée de ce terrier ; elle est assez facile à remuer. C'est un ancien repaire de panthères que Juarez a disposé ainsi ; nous en avons fait notre grenier à provisions, ne pensant guère qu'il nous servirait de cachette à nous-mêmes. Parfois nous sortions tous deux, et nous étions bien aises de mettre nos richesses à l'abri dans ce trou. L'or est tentant, et la réputation de Juarez n'aurait peut-être pas mis notre petit trésor à l'abri des voleurs. Vous serez là en sûreté quinze jours, un mois s'il le faut. Et maintenant, adieu.

— Mais, — dit monsieur de Saint-Val, — où vas-tu, mon enfant?

— Je ne suis pas un enfant, — répondit fièrement Ali, — mais un homme, et je cours à la recherche de mon ami.

— Je vais t'accompagner.

— Non, vous me gêneriez. Cachez-vous tous deux, et, sur votre tête! ne sortez pas du terrier, quoi qu'il arrive.

Cela dit, Ali s'arma de pied en cap, et s'éloigna d'un pas déterminé. Monsieur et madame de Saint-Val suivirent les conseils de l'enfant. Une heure après, deux hommes à sinistre figure entrèrent au gourbi.

C'étaient ces deux fanatiques qui, la veille au soir, avaient accompagné le marabout à la redoute. Celui-ci avait remis Juarez aux mains du commandant, le priant de ne pas le compromettre en lui annonçant que c'était lui qui l'avait dénoncé, puis il était retourné précipitamment à son douar. Là il avait résolu de faire massacrer Ali, Louise et son mari par ses deux séides, certain de leur dévouement.

Ceux-ci venaient accomplir cette mission cruelle. Leur surprise fut grande en ne trouvant personne. Ils sortirent, se cachèrent aux environs de la cabane, pensant que les Français reviendraient bientôt. Ils en furent pour leurs frais d'embuscade. Ils retournèrent annoncer à leur maître ce qu'ils avaient, ou plutôt ce qu'ils n'avaient pas vu.

Ali était en ce moment dans la tente du marabout. Il se plaignait à lui de la disparition de Juarez. L'enfant avait toujours entendu Eliacim prodiguer à son ami les plus grandes protestations de dévouement; il croyait pouvoir se fier à lui. Le marabout lui promettait de retrouver Juarez, et il attendait le retour de ses émissaires. Enfin ceux-ci pénétrèrent dans la tente d'Eliacim; il alla les entretenir tout bas pendant quelques instants, et il fronça le sourcil en entendant leur rapport.

— Où sont donc les Français? — demanda-t-il à Ali.
— Les Français! — fit celui-ci surpris, — il n'y en a qu'un, monsieur de Saint-Val.
— Et sa femme? — fit brusquement le marabout. — Je sais qu'elle est avec lui.
— Oh! — pensa tout à coup Ali, — il sait tout, soyons prudent. — Elle est donc retrouvée cette femme? — fit-il d'un air innocent et surpris.

Eliacim comprit qu'une partie de son secret venait de lui échapper; il pensa que l'enfant, maintenant en défiance, ne donnerait aucun renseignement utile de bonne volonté. Il fit à ses serviteurs un signe, qu'ils comprirent; ils passèrent derrière Ali, lui jetèrent un burnous sur la tête, et l'empaquetèrent si bien qu'il ne put ni crier ni bouger.

— Que faut-il en faire, maître? — demandèrent-ils.
— Emmenez-le loin du douar, pour lui arracher un aveu en le torturant; ici on l'entendrait crier. Moi, je vous suis.

Les deux Arabes obéirent. A une demi-lieue du douar, ils prirent à gauche du sentier, s'enfoncèrent sous le taillis et délièrent le prisonnier.

— Ecoute, — lui dit Eliacim, — si tu veux nous dire où sont les Français, nous ne te ferons aucun mal; mais, si tu te tais, tu vas cruellement souffrir.
— Marabout Eliacim, — répondit intrépidement Ali, — tu es un vieux scélérat! — et il lui cracha au visage.

Le marabout furieux le souffleta vigoureusement. L'enfant tomba. Aussitôt les deux Arabes le dépouillèrent de ses vêtements; ensuite ils ramassèrent des branches sèches qu'ils formèrent en bûcher, et ils y mirent le feu.
— Tu vas rôtir comme un mouton de diffa, — dit le marabout, — si tu me résistes plus longtemps. — Ali regarda la flamme avec un œil stoïque et croisa ses bras.
— Allez! — cria Eliacim à ses serviteurs. Ils prirent chacun un tison enflammé et l'appliquèrent sur la peau d'Ali. L'enfant tomba sur un genou, se tordant sous la morsure du feu et poussant des cris terribles. Eliacim le crut vaincu. — Décide-toi, tu es sauvé si tu parles! — fit-il.
— Non, vieille hyène! non, lâche! — répondit Ali.
— Allez! — fit encore le marabout. Cette fois l'enfant, saisi par les pieds et les épaules, eut le milieu du corps placé au-dessus du foyer. Il se remit encore à crier, mais il ne voulut pas avouer ce que les Français étaient devenus. Sa chair se calcinait, le sang jaillissait sous l'action du brasier qu'il arrosait en répandant dans l'air une fumée épaisse. Encore quelque minutes de ce supplice et Ali était mort. Eliacim fit un instant suspendre cette odieuse et atroce question. — Parle! — dit-il.
— Non, — répondit l'enfant.

Sur un signe du marabout, le corps d'Ali fut placé plus près de la braise. Mais tout à coup deux coups de feu retentirent. Les deux Arabes qui tenaient le petit coulougli tombèrent, l'un frappé à la tête, l'autre à la poitrine. Ali roula sur les charbons, mais il eut assez de force pour se dégager.

Eliacim, se sentant seul pour faire face à ce secours inespéré qui arrivait à sa victime, sauta au plus vite sur son cheval, qu'il avait attaché à un arbre, et s'enfuit au galop de sa monture. Tout en se sauvant, il tourna la tête et aperçut deux hommes qui s'élançaient vers le petit Ali.

L'un d'eux, en le prenant dans ses bras, poussa un cri de fureur, et, saisissant son fusil, coucha en joue le cavalier qui s'enfuyait. Mais cet homme avait oublié de recharger son arme; le coup ne partit pas.

Eliacim, en parcourant le chemin qui le séparait de son douar, se demanda quels étaient ces étrangers qui lui avaient arraché sa proie. Il pensa que peut-être il avait affaire à Juarez et à monsieur de Saint-Val. Quoi qu'il en fût, il fallait à tout prix les massacrer pour anéantir les preuves de ses trahisons. A mesure que se déroulaient les événements, Eliacim sentait l'impérieuse nécessité d'agir énergiquement. S'il restait un seul témoin de ses crimes pour appuyer les dénégations que Juarez ne manquerait pas d'opposer à ses accusations menteuses, il était perdu sans ressource.

— A cheval! à cheval! — cria-t-il d'une voix vibrante en arrivant au douar. Et il y avait tant d'effroi dans son appel, que tous les cavaliers qui ne se trouvaient pas au blocus d'Aïn-Temoutchen sellèrent à la hâte leurs chevaux. — Vite! — s'écria-t-il, — suivez-moi. — Et il entraîna derrière lui une centaine de guerriers, à la tête desquels il retourna vers l'endroit de la forêt où il avait voulu brûler Ali. — Ils ne peuvent m'échapper, — pensait-il; — quand je devrais fouiller les fourrés de fond en comble, interroger chaque trou, sonder chaque arbre, je les retrouverai.

Et il enfonçait ses éperons dans le ventre de son coursier, qui bondissait furieux de douleur.

Derrière lui, les Arabes se préparaient à combattre. Ne sachant à quel nombre d'ennemis ils auraient à livrer bataille, ils mettaient le yatagan à la main.

. . . .

Les sauveurs d'Ali étaient Jacques la Hache et Selim.

Les deux chasseurs, comme l'avaient annoncé Juarez à Louise, n'avaient pas fait une longue campagne. Ils s'étaient emparés, au Sahara, de nombreuses autruches vivantes et ils les avaient ramenées dans le Tell; seulement, au lieu de passer par Tlemcen, ils s'étaient dirigés sur Ousda et de là sur Nemours, où ils s'étaient embarqués pour Oran. On leur y avait annoncé la révolte des tribus; mais peu leur importait.

La gendarmerie commençait à traquer les chasseurs, comme ceux-ci traquaient le gibier dans les environs de la ville. Le tricorne leur était antipathique. Ils terminèrent leurs affaires au plus vite, et, confiants dans leur renommée parmi les douars, ils se dirigèrent vers l'endroit où tous les ans ils dressaient d'habitude leurs gourbis, pensant bien y trouver celui de leur ami.

En effet, ils aperçurent la cabane de Juarez, mais elle était vide.

— Sans doute, — pensèrent-ils, — Ali et Juarez sont au douar d'Eliacim le marabout, ou bien en chasse.

Et ils s'étaient mis en route vers la tente du nouveau chérif.

En chemin, les cris poussés par Ali ayant attiré leur attention, ils étaient accourus; voyant un enfant suspendu par deux coquins au-dessus d'un bûcher, ils jugèrent que deux balles ne pouvaient pas être mieux employées qu'à punir cette atrocité; en conséquence ils avaient couché en joue ces bourreaux, et, comme jamais ils ne manquaient leur coup, les deux scélérats passèrent de vie à trépas.

Les deux chasseurs ne savaient rien des événements que nous avons racontés; leur surprise fut grande en voyant le coulougli dans un pareil état. Quand Selim eut reconnu dans cet enfant si lâchement torturé son neveu Ali, il poussa un rugissement de tigre. Le petit coulougli passa son bras autour du cou du vieux chasseur et l'embrassa tendrement; la joie de le revoir calmait ses souffrances.

— Pourquoi ces deux misérables voulaient-ils te faire mourir? — demanda Selim tout en essuyant le sang qui couvrait les brûlures.

— Parce que leur chef, le marabout Eliacim, le leur a commandé.

Jacques la Hache, entendant cela, leva la tête; le Breton était en train de décapiter les cadavres pour s'assurer qu'ils étaient bien morts. On a vu des hommes se lever avec la poitrine trouée de part en part; mais, à l'exception de saint Denis, on n'a jamais ouï dire qu'un corps sans tête se soit mis à marcher.

— Sang et tonnerre! c'est ce vieux gueux de prêtre qui a ordonné ton supplice!—s'écria Jacques en essuyant sur l'herbe sa hache rouge et fumante, — il me semblait bien l'avoir reconnu tout à l'heure. Je jetterai son cœur en pâture aux vautours! Où donc est Juarez?

— Juarez, — répondit Ali, — est peut-être mort.

Toutes ces révélations singulières qui se succédèrent poussaient à son comble la stupéfaction des chasseurs. Jacques la Hache fut saisie d'une furieuse colère, Selim était en proie à une sourde rage.

— Mort! — s'écria le Breton devenant pourpre, tandis que Selim au contraire pâlissait. — Mort! — répéta-t-il.— Ah! mille millions de tonnerres! il n'y aura pas assez d'Arabes dans cette contrée pour satisfaire ma vengeance. Parle vite, Ali, qu'est-il arrivé?

Et le chasseur brandissait convulsivement sa carabine.

Ali raconta tout ce qu'il savait, s'interrompant parfois pour soupirer, car il endurait des douleurs cuisantes. Le vieux Selim pansait ses plaies avec une sollicitude paternelle. Selon sa coutume, il était silencieux, mais à chaque détail son œil brillait de colère. Jacques la Hache poussait des exclamations furibondes et ne ménageait pas aux Arabes les épithètes les moins flatteuses.

— Chut! — fit soudain Selim. Et il se pencha sur le sol. — Des ennemis! — fit-il en se relevant.

— Beaucoup? — demanda son compagnon.

— Une centaine de cavaliers.

— C'est bien! — répliqua le Breton.—Tu nous as dit, Ali, que monsieur et madame de Saint-Val étaient dans un abri inconnu aux Arabes?

— Oui! — répondit l'enfant.

— Eh bien! il faut nous séparer, car le temps presse. Selim, prends ton neveu sur ton dos et va te cacher avec lui dans le terrier. Mais est-on en sûreté là-dedans, mon pauvre Ali?

— Oui, — répondit l'enfant.

— Allons! hâte-toi, Selim; moi je vais arrêter quelque temps ces cavaliers; si je peux vous rejoindre, je le ferai, sinon je regagnerai Aïn-Temoutchen.

— La redoute est bloquée.

— Bah! on passe tout de même, — dit Jacques la Hache intrépidement. — Le gourbi est à l'est, je m'arrangerai à mener nos ennemis vers l'ouest. Pars, Selim.

Dans un danger aussi critique, il fallait prendre un parti décisif. Selim n'hésita pas, il plaça Ali sur son dos et s'éloigna précipitamment.

— Pense à Juarez! — cria Ali à Jacques la Hache.

— S'ils ne me le rendent pas vivant, — répondit Jacques la Hache, — je jure Dieu de mettre le feu à tous les douars du Rio-Salado!

Et, en signe de menace, le Breton fit un terrible moulinet avec sa redoutable hache. L'enfant sourit de loin et disparut avec son oncle.

XIV

D'un merveilleux fait d'armes où Jacques la Hache met cent hommes en déroute, en tue trente, fait des prisonniers à lui seul, et pénètre dans la redoute d'Aïn-Témoutchem.

Jacques la Hache, resté seul pour faire tête à cent cavaliers, combina son plan; il réfléchit pendant quelques instants; il prit sa décision. Ayant l'instinct de la guerre, il trouva le meilleur parti qu'il devait adopter.

Appuyé sur sa carabine, il écoutait les bruits encore lointains d'un galop rapide. Il chargea son arme, la visita avec soin, en caressa la crosse avec une orgueilleuse confiance.

— Maintenant tenez-vous bien, — gronda-t-il, — car mes balles vont vous abattre comme la boule abat les quilles. Ah! tas de Bédouins! vous osez attaquer les chasseurs d'autruches! Cré mille millions de tonnerres! en vais-je descendre de ces moricauds-là! La mort va vous faucher!

Le Breton envisageait cette lutte contre une centaine de guerriers absolument comme s'il eût été un géant et eux des pygmées. Il avait dans les yeux des éclairs fulgurants, sa main puissante serrait convulsivement sa carabine, ses joues s'injectaient de bile. Il se prépara au combat.

Le lieu était excessivement favorable pour lui. Il se trouvait dans un ravin tout parsemé d'arbres fort gênants pour les cavaliers; il se plaça à mi-chemin du revers de ce ravin, derrière un chêne-liège. Il attendit.

Les indigènes parurent. Comme l'avait dit Selim, ils étaient une centaine au moins. Sur l'ordre d'Eliacim, quelques-uns des cavaliers mirent pied à terre pour chercher les pistes.

— Vous êtes trop curieux, vous autres, — murmura le Breton. — Tenez!

Il en avait deux au bout de son canon, il tira; tous les deux tombèrent frappés par la même balle. Les cavaliers poussèrent le cri de guerre et lancèrent aussitôt leurs chevaux dans la direction où avait éclaté la détonation. Ils ne trouvèrent personne. Jacques la Hache avait quitté son arbre et s'était jeté sous bois.

Il revint vers le point que venaient de quitter les Arabes, et de là, visant au milieu d'eux, fit encore coup double. Déconcertés par cette décharge qui les prenait en queue, les indigènes se regardaient entre eux, ne sachant trop que penser. Après avoir échangé quelques mots, ils entendirent vibrer une troisième fois la poudre de Jacques la Hache. Un des leurs tomba, le crâne brisé.

— Par Allah! — s'écria le marabout, — il y a là deux ou trois misérables seulement que vous fusillent et vous semblez avoir peur! Allons, en avant!

Le cri de guerre ébranla de nouveau l'écho du ravin et les cavaliers se précipitèrent encore une fois. Mais ils avaient trop d'obstacles à franchir pour ne pas s'embarrasser mutuellement. Jacques tira au plus épais d'un groupe; deux indigènes glissèrent de leur selle, ce qui ne fit qu'augmenter la fureur des autres cavaliers.

Ils poussaient leurs chevaux en aveugles, et battirent en vain la forêt de ce côté. Gênés par les arbres et les buissons, ils ne pouvaient guider à leur fantaisie leurs montures. Et Jacques la Hache, courant avec la vélocité d'un homme habitué à battre la broussaille, les devançait toujours de quelques centaines de mètres. Maniant son arme avec une adresse consommée, il la chargeait en fuyant et, à des distances considérables, il abattait à chaque instant un ou deux cavaliers.

Les indigènes, au bout d'une demi-heure de cette poursuite contre un ennemi insaisissable, commencèrent à se demander à la chasse de quel étrange démon ils s'étaient mis. Après s'être engagés au milieu du bois, ils venaient de trouver un chemin et ils tenaient conseil. Les balles de Jacques la Hache avaient fait un ravage effrayant. Trente fois environ sa carabine avait vomi du plomb, et le sang d'une quarantaine de guerriers avait rougi la mousse de la forêt.

Eliacim voulait s'acharner contre le sauveur d'Ali. Mais l'esprit superstitieux des Arabes était fortement impressionné par le mystère qui couvrait l'être étrange qui semait la mort dans leurs rangs sans qu'ils l'eussent entrevu une seule fois. L'ombre épaisse et l'aspect sauvage de la forêt frappaient aussi leur imagination fiévreuse. Tel homme est brave en plaine qui tremble dans un fourré.

— Nous n'avons pas affaire à un homme,—se disaient

les Arabes; — ce qui arrive là n'est pas ordinaire. — Et ils se sentaient un peu plus à l'aise sur le chemin que parmi les taillis, sous lesquels ils refusaient de rentrer — C'est folie, — répondaient-ils aux exhortations d'Eliacim, — de vouloir s'engager à cheval parmi des arbres et des lianes, nous y périrons tous.

Tout à coup une balle vint encore toucher au front l'un des leurs; la cervelle jaillit sur son visage. C'était un hideux spectacle! Un frémissement agita tous les Arabes, la peur se mit parmi eux; le marabout lui-même commença à trembler.

— Retournons au douar, — dit-il.

Et il piqua des deux. Mais son cheval eut la jambe cassée par un projectile. Les cavaliers fuyaient, l'abandonnant; il leur adressa un appel désespéré. L'un de ses serviteurs vint à son aide et le prit sur le cou de sa monture. Une demi-minute après, celle-ci se déroba; elle était blessée juste au défaut de l'épaule.

Déjà les autres fuyards avaient de l'avance. Eliacim les implora en vain. La peur les talonnait; ils allaient comme le vent. Il resta donc à pied avec celui qui lui était venu en aide. Le malheureux sauta hors du sentier pour chercher un refuge dans les taillis; il eut les reins cassés avant d'avoir disparu. Alors Eliacim, seul et dans la consternation la plus grande, vit s'avancer vers lui Jacques la Hache...

L'attitude du Breton était imposante; la poudre, mêlée à la sueur, formait sur sa figure des lignes noires qui lui donnaient une sinistre expression; sa barbe, rousse et inculte, était hérissée comme les soies d'un sanglier prêt à fondre sur le chasseur; son immense chapeau, rejeté en arrière, découvrait son front contracté par la colère. Eliacim frissonna. Il avait à sa ceinture deux pistolets; l'idée de s'en servir contre le coureur de bois ne lui vint même pas.

Jacques la Hache se planta devant lui, prenant sa pose habituelle, c'est-à-dire qu'il plaça magistralement sa main au canon de sa carabine, dont il fit résonner le sol, dominant de toute la hauteur de son colosse l'homme qui tremblait à ses pieds.

— Eh bien ! tu as voulu jouer une partie contre nous, kebir, — dit-il. — Compte tes points, tu verras de quel côté la perte ! — Eliacim était une de ces natures incomplètes qui ont assez d'intelligence pour combiner les plans les plus hardis, et assez de fermeté d'âme pour les mener à bonne fin, tant qu'ils ne rencontrent que des difficultés de l'ordre intellectuel; mais si un obstacle matériel surgit, leur volonté est impuissante à le combattre; le cœur ne vaut pas la tête. Braves au moral, ces hommes sont lâches au physique. Pendant toute la durée de cette lutte gigantesque d'un seul homme contre cent, le marabout s'était tenu à l'arrière-garde, assez loin pour se dominant, le danger n'étant pas immédiat. Il ne se doutait pas que Jacques la Hache, à trois reprises différentes, l'avait tenu au bout de sa carabine, certain de le tuer. Mais l'espérance de connaître le sort de Juarez avait empêché le vieux chasseur de tirer. — Tu ne réponds rien, — continuait le Breton de sa voix sonore; — glapis donc, hyène? Pourquoi torturais-tu Ali? Pourquoi as-tu poussé l'audace jusqu'à faire enlever le tueur de panthères par surprise?

Le marabout, pensant que le chasseur savait tout, s'écria :

— Grâce! je n'ai pas voulu causer la mort d'Ali. Je tenais seulement à lui arracher un aveu sur les Français.

— Et qu'en aurais-tu fait des Français, misérable?

— Je les aurais tenus captifs, voilà tout. Je redoutais leurs révélations.

Dans son trouble Eliacim laissait échapper des secrets précieux.

— Oui, voilà pour Ali; mais Juarez? — continua Jacques.

— J'aurais pu le faire périr, et pourtant il n'est que

prisonnier; il parviendra facilement à se justifier près des Français.

Jacques la Hache était loin d'être un diplomate; mais il pensa que le marabout le supposait plus instruit qu'il ne l'était. Il ne jugea pas à propos de désabuser le marabout.

— Comment, — demanda-t-il avec assez d'adresse, — a-t-on enlevé mon ami? ne mens pas, je saurai plus tard si tu m'as trompé.

— Il finira toujours par découvrir la vérité, — pensa en lui-même Ibrahim; disons-la-lui à moitié en mettant tout sur le dos des Français. Et il répondit tout haut : — C'est le commandant de la redoute d'Aïn-Temoutchen qui a envoyé deux zouaves pour emmener le tueur de panthères captif.

— Allons, — se dit le chasseur, — mon ami est à Aïn-Temoutchen. Il faut que j'entre dans ce fort. — Et son cerveau travailla quelques instants pour trouver une idée. Il roulait des yeux énormes, ce qui ne contribuait pas à rassurer Eliacim. Enfin Jacques se sourit à lui-même pour se manifester sa satisfaction, car il tenait un moyen excellent. Il avait démonté trop de cavaliers pour que beaucoup de chevaux ne fussent pas errants dans les environs. — Lève-toi, — dit-il brusquement à Eliacim, — et suis-moi. — Le marabout obéit, n'osant questionner. Après quelques instants de recherches, le Breton aperçut un cheval. Le pauvre animal, penché sur le cadavre de son maître, promenait son souffle sur sa figure inanimée. Une union intime existe entre un Arabe et son coursier; celui-ci couche près de la tente du maître, il vit en quelque sorte, comme nos chiens, de la vie de famille, il a comme eux une fidélité tendre pour celui qui le nourrit et le soigne. Jacques la Hache était un rude compagnon, habitué aux scènes de carnage, haïssant vigoureusement, aimant de même. — Tiens, canaille! — dit-il au marabout, — voilà une bête qui vaut cent fois mieux que toi. — Il caressa le coursier, dont l'attachement l'émut; mais d'un coup de pied il retourna le corps de l'indigène. — Gredin! — murmura-t-il, — ça a l'infamie de vouloir assassiner ceux qui les ont délivrés de la dent des lions.

Puis il ordonna à son prisonnier de monter à cheval. Il se plaça en croupe derrière lui.

— Où allons-nous? — demanda enfin Eliacim.

— A la redoute. Tu dois avoir assez d'influence sur les tiens pour qu'ils nous laissent passer. Si tu ne leur commandes pas de nous ouvrir un libre passage, je te fais sauter le crâne.

— Maintenant ou plus tard, c'est la même chose, — observa Eliacim. — tu finiras toujours par me tuer.

— Pour cela, tu peux y compter.

— Alors que gagnerais-je à t'obéir?

— Voici : quand nous serons dans la redoute, je te promets de te laisser regagner en paix ton douar. Tu tâcheras de te mettre à l'abri de mes griffes, si tu peux. C'est une chance à courir; mais je te déclare d'avance que tu périras de ma main, ou de celle de Selim, ou de celle de Juarez; car une seule de ces haines, un homme est mort; avec les trois, il est mort trois fois. — Dans la situation du marabout, un pareil marché s'accepte toujours. — Jure que tu exécuteras fidèlement ces conventions, — dit-il.

— Je n'ai pas besoin de jurer, ma parole suffit.

— Et, — ajouta le Breton, — hâtons-nous, car si tu m'ennuies, je te tue, et je passe sur le ventre de tous les assiégeants.

Eliacim frémit. Il mit la monture au galop, celle-ci les emporta tous deux vers la redoute. Un poste les arrêta.

— Laissez-nous passer ! — ordonna Eliacim d'une voix tremblante.

Et les indigènes s'écartèrent respectueusement. Un quart d'heure après, Eliacim et Jacques la Hache arrivaient à la porte d'Aïn-Temoutchen.

Le Breton était trop loyal pour ne pas tenir religieusement ses serments. Une fois les postes arabes dépassés, il fit mettre pied à terre à Eliacim, et lui enjoignit de se retirer. Il sentait bien que mieux aurait valu le garder, mais il avait promis, et il dégageait sa parole.

Arrêté par la sentinelle en faction, il répondit à son Qui vive? par un Ami! sonore; et il arriva à l'embuscade. Il fallut laisser le cheval en dehors; il ne le regretta pas beaucoup.

— Attachez votre monture, — lui dit l'officier qui commandait le poste.

— Qu'elle aille au diable! si elle veut, — répondit Jacques.

En vrai fantassin, il ne tenait pas aux chevaux.

— Vous ne voulez donc plus de ce coursier?—demanda un des zouaves en jetant un coup d'œil à ses camarades.

— Non, — répliqua le chasseur; — je désire parler au commandant.

— Suivez-moi, — dit l'officier.

Quand ils eurent quitté tous deux l'embuscade, le zouave s'écria :

— Puisqu'il n'en veut plus de ce cheval, c'est à nous.

— Parbleu! — firent les autres.

— Quel crâne potage ça fera! — continua le zouave; — il faut l'abattre, v'là longtemps que la viande fraîche manque dans la marmite.

En un clin d'œil, le cheval fut égorgé, dépouillé et envoyé aux cuisines de la redoute par quartiers.

XV

Comment le marabout découvrit ce qu'Ali avait voulu lui cacher et où Juarez obtient sa liberté.

Éliacim se trouvant libre retourna le plus vite possible à sa tente, et là il se mit à réfléchir.

— Je suis perdu, — pensa-t-il, — tout seras découvert; le mieux pour moi est de fuir si loin que ces maudits chasseurs d'autruches ne pourront me découvrir. Je vais me réfugier parmi les Kabyles des Traras, auprès du marabout Ben-Achmet. Il est heureux que j'aie eu l'excellente idée de convertir ma fortune en espèces; si elle consistait en troupeaux, je serais complètement ruiné. — Et en disant cela, il appela sa fille. Sarah vint pâle et triste. Mais son père était trop préoccupé pour prendre garde à un chagrin d'amour. — Mon enfant, — dit-il, — tu vas faire préparer tout ce que nous avons de plus précieux, de façon à ce qu'on n'ait plus qu'à placer les couffins sur les bêtes de somme.

— Nous allons donc partir, père?

— Oui, mon enfant.

— Et Juarez?

— Qu'il soit maudit! — Sarah fondit en larmes. — Allons, il ne s'agit pas de pleurer, ma fille. D'un jour à l'autre les bataillons français peuvent arriver, il faut qu'à toute heure du jour et de la nuit nous soyons en mesure de fuir. La tête de ton père n'est pas solide sur ses épaules; va! Sarah, va! — La jeune fille se retira. — Maintenant, — se dit Eliacim, — il m'est poussé une idée qui peut peut-être, en me vengeant, me débarrassera des chasseurs d'autruches. — Il creusa un instant cette pensée en germe dans son cerveau, appela un nègre qui lui était dévoué, et lui ordonna d'aller chercher trois livres de poudre. Le nègre rentra au bout de quelques minutes. — Selle mon cheval, — ordonna-t-il encore au nègre. Et, pendant que son serviteur exécutait sa volonté, il se disait : — Juarez et cet infernal Jacques la Hache sont à Aïn-Temouchen. Selim est caché sans doute, ce vieux petit entêté d'Ali, leur gourbi est inoccupé, je n'ai rien à craindre. Dans ce gourbi il y a une espèce de cheminée où l'on dépose le soir des braises enflammées, parce que les nuits sont fraîches; en plaçant sous l'âtre trois livres de poudre, je suis à peu près certain que non-seulement toute la cabane sautera, mais encore les cabanes voisines qu'ils bâtiront auprès de celle-là pour se loger quand la révolte sera apaisée, ce qui ne tardera pas sans doute. La poudre ne s'enflammera guère qu'une demi-heure après qu'on aura placé le feu sur le foyer; à ce moment, réunis tous ensemble probablement dans le gourbi de Juarez, ils seront tous rôtis, brisés, anéantis... — Le marabout se frotta les mains avec joie. — Si l'explosion tarde un peu, — reprit il à part lui, — elle les surprendra dans leur sommeil, toutes leurs maisonnettes de chaume seront enflammées instantanément, et ils seront grillés, carbonisés, réduits en cendre. — Le marabout se refrotta les mains un peu plus frénétiquement qu'avant. — Ah! ah! — monologuait-il, — un vieux chacal comme moi a toujours quelque ressource au fond du capuchon de son burnous. Je ne suis pas encore mort!

— Maître, — vint dire le nègre, — ton cheval est prêt.

Eliacim sauta aussitôt en selle; il avait encore une heure de jour devant lui, il galopa à fond de train vers le gourbi.

. . . .

On se souvient que, derrière le gourbi, Louise et son mari, Ali et son oncle étaient cachés dans une grotte.

Quoique rassuré parce qu'il savait Juarez et Jacques la Hache à la redoute, et parce qu'il croyait Selim bien loin, Eliacim n'en mit pas moins son cheval au pas pour approcher de la cabane. Soudain une forme humaine se dessina aux environs du gourbi.

— Tiens, — se dit le marabout, — on dirait Selim! — En effet, il aperçut le vieillard courbé sur le sol et en train de cueillir des herbes. Le chasseur, en effet, cherchait des plantes propres à panser Ali; il apportait à ce choix toute l'attention possible, et il se hâtait dans la crainte d'être surpris. Eliacim arrêta court sa jument, et, caché par les broussailles, il put observer sans être vu. Selim, après avoir jeté un furtif regard autour de lui, disparut dans le gourbi. — Par Allah!—pensa-t-il, — voilà un imprudent! S'il est là, le Français et sa femme y sont aussi. Je m'en vais d'abord les massacrer. Après je verrai à trouver moyen de me débarrasser de Juarez et du seul compagnon qui lui restera. Deux hommes, après tout, ce sera peu de chose. Par le poison, le fer et l'intrigue, j'en viendrai bien à bout. — Sur ce, le marabout tourna bride. — Pourvu, — se dit-il, — que les guerriers veulent me suivre; ma foi! le plus sûr est de ne pas m'adresser à ceux de mon douar qui ont déjà été échaudés. Allons trouver ceux du cheik Ibrahim. — Et il guida sa jument de ce côté. Ibrahim était au siège ou plutôt au blocus de la redoute, mais il fut facile à Eliacim de rassembler ce qui restait de cavaliers au douar du vieux chef et de les entraîner avec lui. — Il est presque impossible, — songeait-il en chemin, — de défendre un gourbi; et, si mes cavaliers sont braves, ce sera fini en un clin d'œil. — Il examina sa troupe, elle était suffisamment nombreuse; à un quart de lieue du gourbi il arrêta son monde; il résolut d'enflammer le zèle de ses hommes par le fanatisme. Les musulmans croient fermement que la manne du prophète est divisée en une grande quantité de fractions, absolument comme les parts d'un gâteau; ils croient aussi que tout fidèle qui coupe la tête d'un roumi a droit à une de ces parts. En conséquence, quand un guerrier a tué un chrétien, il lui coupe la tête, porte cette preuve du meurtre à un marabout, lequel marque un cran sur le dos du yatagan qui a servi à décoller le malheureux roumi. Celui qui n'a assassiné qu'un ennemi du Coran n'a qu'une portion des jouissances promises par Mahomet au delà du tombeau; mais celui qui a pu couper une centaine de têtes est sûr, après sa mort, d'être au ciel un propriétaire des plus riches. Rien n'exalte le courage des Arabes comme cette croyance. Eliacim la leur rappela et leur annonça que le gourbi où il les menait était rempli de Français; il les engagea à mettre pied à terre, à s'élancer vers la porte et à lui apporter leurs têtes. — Tous ceux, — dit-il, — qui m'en apporteront une n'auront qu'à présenter au prophète leur yatagan, sur lequel j'aurai tracé un signe, et ils sont certains d'aller en paradis.—Les cavaliers montraient une animation de bon augure. Eliacim fut obligé de leur recommander le silence. A deux cents pas de la cabane, ils sautèrent en bas de leurs coursiers, que nul ne voulut garder, ils les attachèrent sans bruit aux broussailles, et se précipitèrent à l'envi vers le gourbi. Ils furent grandement surpris en le trouvant tout à fait vide. Eliacim fut aussi étonné qu'eux et plus furieux encore. Il se décida à y pénétrer. Après l'avoir examiné en tous sens, il se disposait à sortir quand, par malheur, un chien, qui suivait la troupe, se mit à flairer une pierre qui bouchait l'entrée du terrier. Ce fut pour le marabout un trait de lumière.—Ils sont là!—s'écria-t-il en indiquant la pierre du doigt. Aussitôt vingt bras essayèrent de déranger cette lourde masse, mais aussitôt trois ou quatre coups de feu retentirent, des cris de douleur les suivirent et les Arabes évacuèrent le gourbi.—Le vieux Selim se pensa—pensa le marabout;—il sera plus difficile d'en venir à bout que je ne le supposais.

Et il exhorta les guerriers à donner bravement l'assaut au terrier. Ils firent un vigoureux effort; mais, avant que deux ou trois eussent franchi la porte, il y eut cinq ou six coups de feu tirés du fond du souterrain. Ceux qui étaient entrés ressortirent, les autres ne furent pas tentés de les remplacer.

Eliacim tenait à mener cette affaire rapidement; il pensa qu'en incendiant la cabane il découvrirait l'accès de la grotte; il y fit jeter des branches d'arbre enflammées. Le gourbi fut réduit bien vite en cendres. Mais loin de faciliter l'attaque, cela la rendit impossible. Les défenseurs de la grotte, distinguant les Arabes de loin, se mirent à les décimer si bien qu'ils reculèrent. Eliacim était exaspéré.

A l'intérieur du souterrain, Selim annonça à madame de Saint-Val que les ennemis battaient en retraite. La jeune femme était dans un état de terrible inquiétude. Le terrier était très-peu vaste, il fallait s'y tenir accroupi. Depuis la veille, elle et son mari n'avaient presque pas remué. Selim en amenant Ali avait encore augmenté la gêne. La vue de cet enfant couvert de cicatrices profondes avait fortement impressionné Louise. Ce qui la désespérait surtout, c'est que l'on ignorait le sort de Juarez; ni Ali ni son oncle n'avaient pu la renseigner.

Pendant le combat qui venait d'avoir lieu, monsieur de Saint-Val avait chargé les armes de Selim. Ali, au fond du repaire, était couché sur un burnous; il reposait sa jolie tête sur les genoux de la jeune femme, il essayait de la rassurer. Elle entendait ses paroles, mais l'obscurité ne lui permettait pas de voir son visage. L'enfant, lui, sentait des larmes brûlantes qui des joues de Louise tombaient sur les siennes. Il oublia un instant que monsieur de Saint-Val était là, jeta ses deux bras autour du cou de la jeune femme, l'embrassa et lui dit :

— Les Arabes se retireront; rassurez-vous, vous reverrez Juarez que vous aimez tant.

— Hélas! il est mort maintenant! — s'écria Louise en sanglotant plus fort.

Ces deux phrases allèrent frapper au cœur monsieur de Saint-Val. Il tourna la tête et poussa un soupir douloureux. Louise et Ali ne songèrent même pas à lui.

Quelques jours auparavant, monsieur de Saint-Val, à Oran, était encore un homme; depuis qu'il voyait les jours de Louise menacés, depuis surtout qu'il savait à n'en pas douter qu'elle aimait passionnément Juarez, et cela par sa faute, le mari encore vert était devenu un vieillard, cassé, voûté, presque décrépit. Il se reprochait amèrement sa jalousie, qui avait causé tous ces malheurs ; il comprenait que, s'il survivait aux dangers dont il était entouré, sa vie ne serait plus qu'une longue torture, aussi bien pour lui que pour elle. Il se rappelait les sept années de bonheur que lui avait données Louise, et il s'avouait qu'il l'avait bien mal récompensée de sa fidélité et de sa tendresse.

— Allons,—se dit-il,—que ce repaire me serve de tombeau et il y en sorte vivant, tout n'en est pas moins fini pour moi. Avons-nous des chances de salut ? — demanda-t-il à Selim.

— Oui, — répondit celui-ci ;—dans huit jours au plus tard les Français auront dompté la révolte. Nous avons de la poudre et des vivres.

Monsieur de Saint-Val respira plus librement.

— Au moins,—pensa-t-il,—elle ne périra pas.

— Entendez-vous, madame,— dit Ali,—mon oncle sait que les Français seront ici bientôt.

— Silence !—dit tout à coup Selim.

On écouta ; un bruit sourd retentissait au-dessus de la tête des assiégés.

— Ils creusent le sol, nous sommes perdus !—exclama monsieur de Saint-Val.

Selim était consterné.

. . . .

Quand Juarez arriva prisonnier à la redoute, on le plaça, par ordre du commandant, dans une salle garnie de solides barreaux, à la porte de laquelle une sentinelle fut posée.

Juarez n'avait pu voir pendant le trajet à qui il avait affaire; à la porte de la redoute, Eliacim avait quitté les deux Français, en sorte que le jeune homme ignorait quelle part avait prise le marabout dans son arrestation. Dès qu'on lui eut ôté son bâillon et ses liens, il demanda à parler au gouverneur du port. La sentinelle répondit que sa consigne était de le garder. En vain Juarez pria, supplia le soldat à travers la porte, il ne put absolument rien en obtenir. Le zouave continua à se promener de long en large en gardant un silence fort indifférent.

Alors Juarez se résigna. Il pensa que bientôt le commandant l'enverrait chercher; il songea à ce qui venait d'arriver. Après quelques minutes de réflexion, il devina la trame d'Eliacim. Alors il trembla pour Louise.

Pendant plusieurs heures il eut un accès terrible de désespoir ; il voyait Louise livrée sans défense à son ennemi, et il pensait avec rage qu'il était désormais impuissant à la sauver.

Il courut aux barreaux de sa fenêtre, qu'il secoua avec frénésie. La sentinelle l'engagea à se tenir tranquille ; il n'y prit pas garde. Alors le soldat ouvrit la porte, lui annonça qu'on allait lui mettre des liens aux pieds et aux mains s'il continuait à ébranler les barreaux. Juarez s'élança sur le soldat, le désarma, et bondit hors de la chambre. Mais le soldat avait crié Aux armes !

Sept ou huit zouaves lui barrèrent le passage, s'emparèrent de lui, et le reportèrent dans sa chambre. Juarez fit une résistance furieuse qui épuisa ses forces ; il eut une de ces attaques nerveuses qui suivent dans certains tempéraments les violentes colères. Le docteur de la redoute fut mandé ; il administra au jeune homme une potion calmante qui lui procura un sommeil de six heures. Quand Juarez s'éveilla, un officier était assis près de lui ; il lui présenta avec la plus grande politesse les excuses du commandant, qui ne pouvait le recevoir pour le moment, et il le supplia de prendre patience.

—Monsieur, — lui dit Juarez, — faites-moi la grâce de prévenir le commandant que ma captivité peut causer de grands, d'immenses malheurs. Il sera libre après m'avoir entendu de me réintégrer dans cette prison, mais, de grâce! qu'il ne me refuse pas une audience.

L'officier transmit la demande du jeune homme, et le commandant lui donna mission de le lui amener. A ce moment même Jacques la Hache se présentait devant la redoute.

Juarez parut devant le gouverneur. Le jeune homme était pâle, ses sourcils étaient froncés, sa main cherchait un manche de poignard absent. Sa pensée que Louise était menacée en son absence le tourmentait cruellement.

— Pourrai-je savoir, mon commandant, — demanda-t-il, — pourquoi je suis prisonnier ?

Le commandant hésita un peu, puis il répondit franchement ;

— On m'a conseillé de prendre garde à vous.

— Eh bien ! vous m'avez fait arrêter, — reprit Juarez, — contrairement à toutes les règles de la guerre ; je suis étranger à l'armée, je ne suis même pas Français ; entre les Arabes et vous j'ai eu soin de me tenir neutre. La popularité dont je jouis dans les tribus vous porte ombrage ; et, sans avoir la moindre preuve que je veux en user contre vous, vous m'arrêtez. Pendant douze heures vous refusez de me donner des explications ; quand enfin vous consentez à m'entendre, c'est pour m'annoncer que je vous ai signalé comme factieux. Mais il ne suffit pas qu'une accusation soit portée contre un homme honorable, il faut qu'elle soit fondée. Elle ne l'est pas.

— Comte, — répondit le commandant avec calme, — vous me rendrez d'abord cette justice que je vous ai traité avec tous les égards qui vous sont dus.

— Cela est vrai, commandant.

— En outre, je vous répète ce que plusieurs fois j'ai eu le plaisir de vous dire : je vous tiens en haute estime à cause de votre courage et de vos nobles qualités. Mais plus on estime un ennemi plus on doit se mettre en garde contre lui. Or, vous n'êtes pas Français, tout à l'heure vous me le rappeliez ; rien ne vous engage à aimer notre drapeau. Je suppose qu'une ambitieuse idée vous vienne, l'ambition vient surtout aux grands courages et aux grands esprits, vous pourriez rêver l'émancipation de l'Algérie. Les tribus sont en révolte, la circonstance est propice, vous êtes habile, et avec une bonne direction imprimée aux forces de cette plaine, vous pourriez frapper un grand coup. A ma place, vous auriez agi comme moi. Mon Dieu ! le mal n'est pas grand. J'ai cherché à vous empêcher de succomber à une tentation. Vous aurez en moi un hôte courtois, soyez-en sûr, qui sera heureux de vous rendre à la liberté le jour où la révolte sera apaisée. Et, — ajouta le commandant, — ce jour ne peut tarder. Vous aurez eu une semaine de repos forcé, voilà tout.

— Ah ! commandant, — s'écria Juarez, — si vous saviez qu'à cette heure monsieur de Saint-Val, un de vos meilleurs administrateurs militaires, un homme qui a sauvé une colonie du froid et de la faim, reste dans mon gourbi exposé aux insultes et à la rancune des Arabes, si vous saviez aussi que sa jeune femme l'accompagne, vous regretteriez de plaisanter sur ma captivité.

Cette révélation fit tressaillir le commandant.

— Comment se fait-il, — s'écria-t-il, — que monsieur de Saint-Val soit dans votre gourbi ?

Juarez raconta ce qui était arrivé. Le commandant comprit tout le plan du marabout Eliacim ; Juarez lui raconta mot à mot son entretien avec lui.

— Je crois deviner, — lui dit en terminant Juarez, — que c'est sur une lettre de ce scélérat que vous m'avez fait arrêter. Si monsieur de Saint-Val est rendu à la liberté, il peut devenir pour Eliacim un témoin embarrassant ; je crains qu'il ne l'ait fait massacrer, lui et son épouse. Il est fâcheux, commandant, que vous n'ayez pas cru devoir me donner une audience plus tôt.

— Comte, je ferai tout ce qui dépendra de moi pour réparer ce malheur ; je voulais éviter une explication, parce qu'il m'était pénible d'annoncer quels étaient mes soupçons à un homme pour lequel j'ai une grande estime. En dehors du marabout Eliacim, nous avons quelques espions intelligents que j'avais mis en campagne. J'attends leur rapport ce soir même. Mais il sera inutile, j'ai foi en vous. S'il n'est pas trop tard, il s'agit maintenant de sauver monsieur de Saint-Val.

— Faites-moi rendre mes armes et ouvrir la porte de la redoute, — s'écria le coureur de bois, — je saurai le délivrer.

...On frappa à la porte du cabinet.

— Entrez ! — cria le commandant. Jacques la Hache, soulevant un planton qui voulait s'opposer à son passage, s'élança vers le gouverneur de la redoute ; à la vue de Juarez, il poussa un cri de joie et l'embrassa vigoureusement. Le temps était trop précieux pour permettre de longues explications ; les trois personnages qui se trouvaient réunis là le sentaient. Jacques rendit sommairement compte à Juarez de tout ce qu'il savait. Celui-ci éprouva une joie indicible quand il apprit que Louise se trouvait à peu près en sûreté dans le terrier. Mais le marabout, relâché par Jacques, était toujours à craindre ; cependant Juarez ne se doutait guère que la grotte était découverte. S'il l'eût appris, il se fût élancé au secours de Louise. Il crut au contraire avoir le temps de démasquer le marabout et d'agir avec prudence pour réussir plus sûrement. Et Juarez demanda au commandant qu'on le conduisît, lui et son ami, en dehors des remparts du fort. — Mais si les Arabes vous arrêtent ?

— Ils n'oseront pas ! Du reste, ils n'ont pas été complices d'Eliacim, — répondit Juarez ; — si celui-ci s'est adressé à vous pour me perdre, c'est qu'il pensait qu'aucun guerrier indigène n'oserait porter la main sur moi.

— L'influence du marabout est grande ; que comptez-vous faire ?

— Le tuer et nous venger, — dit Jacques.

— Prenez garde ! il suppose bien que grâce à l'arrivée de votre ami, connaissant sa fourberie, je vous relâcherai. Il a dû prendre ses mesures.

— Il nous connaît, — répliqua Juarez ; — je parierais qu'à cette heure il est en train de fuir. Je resterai au gourbi jusqu'au moment où la guerre sera terminée ; ma présence seule garantira la sécurité de monsieur de Saint-Val. Jacques et Selim poursuivront le marabout ; avant quinze jours nous aurons sa tête. A bientôt, commandant !

— Au revoir, comte ! et pardonnez-moi cette fatale méprise, qui n'aura pas, je l'espère, de suites trop fâcheuses.

Le commandant monta à cheval, et, suivi de plusieurs officiers, il accompagna Juarez hors de la redoute. Deux compagnies d'infanterie qui rentraient saluèrent le tueur de panthères par des acclamations joyeuses.

XVI

Où Juarez démasque le marabout et où monsieur de Saint-Val fait preuve d'un dévouement sublime.

Les deux chasseurs sortirent du cabinet du commandant et bientôt de la redoute ; ils allèrent droit vers un poste arabe dont on voyait les feux.

A l'aspect de Juarez, tous les Arabes accoururent ; le cheik Mustapha les commandait. Juarez fut accueilli avec enthousiasme comme toujours par les Arabes, qui, connaissant Jacques la Hache, lui firent fête aussi. Juarez engagea le cheik à monter à cheval et à leur fournir des coursiers ; il lui dit en même temps qu'il désirait lui parler. Mustapha s'empressa de satisfaire ce désir. Tous les trois ils chevauchèrent vers le douar du marabout Eliacim. Ils espéraient l'y trouver.

Chemin faisant, Juarez sondait les dispositions de Mustapha. Celui-ci était un de ces guerriers rudes, farouches, ignorants des choses qui ne concernent pas la guerre, mais intelligents malgré le peu de culture de leur cervelle, loyaux surtout. Un certain nombre de djouads arabes sont ainsi. On croirait retrouver en eux les barons du moyen âge.

— Sais-tu, Mustapha, — disait Juarez, — que le marabout Eliacim sera bientôt votre maître à tous, si vous le laissez faire? Il est chérif, il est révéré, adoré, et il a une autorité immense.

— Tu as raison, et j'ai déjà songé à cela,—répondit le cheik.

— Crois-tu à sa sainteté? — demanda encore le jeune homme?

— Hum! hum! — fit le cheik d'un air de doute. — En tous cas la sainteté ne se prouve pas seulement par les prières ; moi, je prouve ma foi au Coran en écrivant ses préceptes à coups de yatagan sur la poitrine des ennemis du prophète.

— Et, — continua Juarez encouragé par cette réponse, —si un homme d'honneur venait te dire : Eliacim est un fourbe et un menteur; Eliacim est un traître qui vous livrera tous aux Français, que penserais-tu?

— Par Allah! je crois que j'aurais foi en ses paroles.

— Eh bien! Mustapha, moi le tueur de lions, que tu connais et que tu aimes, je te déclare que tu n'as pas d'ennemi plus redoutable que ce prêtre hypocrite.

Juarez fit au chérif un long récit de ce qui était arrivé depuis trois jours. Jamais colère n'égala celle du cheik. Il lança son coursier au galop sur le douar, où il comptait rencontrer le chérif; s'il l'eût trouvé, c'en était fait de lui. Mais là on lui apprit ainsi qu'à Juarez qu'Eliacim s'était éloigné.

Il entra dans sa tente. Il trouva tout disposé pour un départ. La culpabilité du marabout était évidente. Mustapha pensa avec raison que son ennemi s'était dirigé vers le gourbi ; un détail surtout lui parut étrange, c'est que, au dire du nègre, Eliacim avait emporté trois livres de poudre.

Sur l'ordre du cheik Mustapha, tous les cavaliers montèrent à cheval. On prit au galop la direction du gourbi.

Juarez comprit dès lors qu'il risquait d'arriver trop tard, et il regretta d'avoir perdu du temps. A moitié route on rencontra une dizaine de cavaliers.

— Où allez-vous? — demanda le cheik.

— Nous avons reçu ordre,—dit l'un d'eux, — d'aller à la tente du marabout Eliacim, et de recommander à sa fille Sarah de se mettre en route pour la destination qu'elle connaît. Nous devons lui servir d'escorte.

— Et le marabout,—où est-il?

— Au gourbi du tueur de lions.

— Que fait-il?

— Une mine, pour faire sauter les chrétiens qui y sont enfermés au fond d'un terrier.

Juarez n'en entendit pas davantage, il partit au galop, enfonçant ses éperons dans le ventre de son coursier. Il arriva bride abattue en vue de l'emplacement où s'élevait son gourbi avant l'incendie. Il savait que son ennemi avait fait creuser une mine au-dessus de la grotte où se tenaient enfermés les êtres qui lui étaient chers; il jeta, tout en excitant son cheval, un coup d'œil plein d'angoisse sur les ruines fumantes de sa petite cabane. Il n'aperçut d'abord aucun Arabe ; puis dans le lointain il entrevit un groupe qui stationnait à une distance assez grande. Il vit aussi une flamme bleuâtre qui brûlait au-dessus du terrier. Il comprit l'imminence du danger. La mine était creusée, la mèche était allumée et flambait ; les indigènes s'étaient éloignés pour éviter l'explosion ; Juarez eut une sueur glacée.

Arriverait-il à temps pour arracher cette mèche?

Il enleva sa monture, qui, rasant le sol dans un galop furieux, le conduisit en quelques secondes au but. Dans ces quelques secondes Juarez éprouva le délire de la peur; il ne voyait plus rien que la lueur sinistre qui à chaque instant pouvait se changer en une clarté immense. Il lui semblait entendre la commmotion, voir la terre s'ouvrir et lancer au milieu d'un terrible éclair des cadavres dans un flot de débris. Enfin le cheval toucha au mamelon auquel s'adossait le gourbi.

Juarez voulut arrêter sa monture. Ce fut impossible ; l'animal s'était emporté, il escaladait la pente, et son maître, malgré son poignet de fer, ne parvint pas à le dompter.

La mèche flambait toujours. Juarez dépassa le but et redescendit le monticule. Tout était perdu!

Juarez recouvra vite sa présence d'esprit; il tira un pistolet de sa ceinture et brisa le crâne de son coursier. Celui-ci s'abattit, mais Juarez s'était habilement dégagé.

Il courut à la mine, saisit à pleines mains le lambeau de burnous garni de poudre humide qui devait y communiquer le feu et le jeta loin de lui ; puis il combla le trou creusé par les indigènes en y poussant la terre des déblais.

Mustapha et ses guerriers le rejoignirent en ce moment; Juarez avait éprouvé une émotion si vive, il avait ressenti un tel effroi qu'il s'évanouit, ni plus ni moins qu'une femmelette. Quelques minutes après, quand il ouvrit les yeux, une femme lui souriait avec un bonheur angélique, une joie radieuse. C'était Louise!...

La mèche fumait encore à quelques pas de là, et tous comprenaient à quelle imminente catastrophe le tueur de lions venait d'arracher quatre personnes. Quant à lui, il ne songeait plus qu'à elle. Elle ne songeait qu'à lui.

Un homme, insensible en apparence à sa délivrance, pâle comme un suaire; l'œil fixe et immobile comme celui d'un trépassé, contemplait le groupe qu'ils formaient tous deux. Cet homme c'était le mari ! le mari qui voyait de ses yeux sa femme prodiguer des caresses ardentes à son amant !

Les lèvres blêmes du vieillard murmurèrent quelques mots que nul ne comprit.

— Il faut en finir! — se disait à lui-même ce spectre vivant.

Juarez leva les yeux, son oreille avait été frappée par le son lugubre de cette voix, dont le timbre l'arrachait à son extase d'amour. Il poussa un cri de surprise; il avait peine à reconnaître monsieur de Saint-Val. Celui-ci sourit amèrement, un sourire navrant, désolé. Juarez en fut ému.

Selim, portant Ali dans ses bras, amena l'enfant à Juarez, aux joues duquel le coulougli déposa un baiser fraternel.

Mais dans le cœur si jeune d'Ali la soif de la vengeance tenait déjà une large place.

— As-tu tué le marabout, mon vieux Jacques?

Telle fut sa première parole. Cette question rappela tout le monde à la situation.

— Par le Prophète! cet enfant a raison—s'écria le cheik Mustapha ;— nous nous attendrissons comme des femmes et notre ennemi nous échappe. En avant, vous autres !—

Et pensant bien qu'Eliacim se rendrait à son douar, il y retourna de toute la vitesse de son cheval, devançant son escorte. Il entrevit, en abordant les tentes, deux cavaliers qui se détachèrent à une très-grande distance, vers la mer, au sommet d'une montagne. Il aurait en vain essayé de les atteindre ; c'était le marabout qui fuyait. La tente d'Eliacim était déserte.—Par ma part de paradis ! ce traître mourra, — s'écria Mustapha.

— Avant quinze jours, — répondit derrière lui une voix sonore.

Le cheik se retourna. Jacques la Hache, le canon de sa carabine à la main, était derrière lui.

— Fais-moi renouveler ma provision de poudre et de galettes,—continua le chasseur, — annonce à Juarez que je suis à la piste du fuyard et dors tranquille : ton serment sera tenu.

Un quart d'heure plus tard, le chasseur partait dans la direction où Eliacim avait fui.

Le cheik Mustapha reçut cette nuit, sous sa tente, tous ceux que l'incendie du gourbi laissait sans abri. Le lendemain il conseillait à Juarez de conduire monsieur et madame de Saint-Val à la redoute.

Le jeune homme le remercia vivement de cette faveur ; il supposait Mustapha moins enthousiaste de la sédition depuis la découverte des trahisons d'Eliacim ; il pensa

que peut-être il parviendrait à le rallier à la cause française.
— N'as-tu pas réfléchi, — lui demanda-t-il, — que bien souvent on s'égorgeait faute de s'entendre ?
Le cheik sourit.
— Juarez, mon fils, va droit au but !—dit-il.
— Eh bien ! — reprit celui-ci, — je crois que tu ferais bien de rendre une visite au commandant de la redoute et d'entrer en pourparlers avec lui.
— Soit ! qu'il m'accorde un sauf-conduit, et j'irai traiter de ma soumission.
— Veux-tu que je prépare le terrain ?
— Agis comme tu l'entendras ; mais je ne poserai les armes qu'à de bonnes conditions.
—Je tâcherai de les obtenir. Dieu te protége, Mustapha !
— Que le Prophète veille sur toi, mon fils !
Et ils se quittèrent tous deux après cette conversation. Mustapha rentra sous sa tente en se frottant les mains, le jeune homme courut rejoindre une petite caravane qui regagnait la redoute. Elle se composait de Louise, de son mari, d'Ali encore souffrant et de Selim. Ali n'était pas aussi doux que son gracieux visage aurait pu le faire croire ; l'enfant gardait une féroce rancune à Eliacim.
— Mon oncle, — disait-il, — nous le tuerons, n'est-ce pas?
— Jacques nous l'amènera, mon enfant,—répondait le vieil Arabe.
. . . .
Le bruit de ce qui s'était passé s'était répandu parmi la garnison de la redoute. Les soldats avaient ignoré jusque-là quel était le prisonnier qui avait passé douze heures dans la prison du fort. Dans l'armée, Juarez et ses compagnons étaient aussi célèbres que dans les tribus arabes. Le commandant d'Aïn-Temoutchen était fortement préoccupé de savoir si Juarez avait réussi dans sa mission de salut. Quand on lui annonça l'approche de quatre personnes venant du côté des postes arabes, il monta sur les remparts du fort et se sentit soulagé d'une grande responsabilité en reconnaissant le tueur de panthères.
Monsieur de Saint-Val fut reçu avec toute la distinction possible ; Louise fut installée dans la plus jolie chambre qu'on put lui offrir. Elle demanda qu'Ali, toujours souffrant, fût placé près d'elle.
Le docteur militaire du fort voulut soigner le jeune couhougli, mais Selim s'y opposa. Tous les jours le vieil Arabe allait cueillir des plantes avec lesquelles il pansait lui-même les plaies de son neveu.
Le docteur déplorait l'entêtement du chasseur d'autruches, et lui prédisait les plus tristes résultats de l'emploi de ces herbes, dont la science faisait fi. En très-peu de temps cependant l'enfant fut guéri, et, ce qui surprit fort le docteur, les brûlures ne laissèrent que des cicatrices fort légères.
Les officiers avaient offert un banquet à Juarez ; il reconnut parmi eux le capitaine qui l'avait enlevé. Au regard que lui lança malgré lui le jeune homme, le capitaine comprit qu'il lui tenait rancune. Il lui tendit la main avec une cordiale franchise, et sut trouver deux ou trois de ces mots qui apaisent les ressentiments et les haines.
Après le banquet, Juarez eut avec le commandant un long entretien ; les propositions de Mustapha furent discutées ; Juarez défendit chaudement la cause du cheik. Le commandant écrivit une lettre au gouverneur de la province, pour lui soumettre un plan de conduite à l'égard des révoltés ; Juarez demanda à être chargé de porter cette lettre. Louise vivait maintenant auprès de son mari, et c'était un odieux spectacle dont il avait hâte de s'éloigner. Il partit après avoir présenté à monsieur et à madame de Saint-Val des adieux un peu froids. Louise pleurait, cachant ses larmes sous son mouchoir ; quant à son mari, il ressemblait à ces fous constamment préoccupés par une idée fixe. C'est à peine s'il répondit à Juarez. Le jeune homme mit cette conduite sur le compte de la jalousie. Louise l'avait si bien embrassé au sortir de la grotte !

Quand il voulut quitter le fort, ce fut le Parisien, qui avait contribué à son enlèvement, qui lui présenta son cheval. Pareil soin est laissé d'ordinaire aux garçons d'ordonnance. C'était pour Juarez une grande marque de déférence ; il sourit au jeune caporal et lui serra la main. En passant devant le poste, la sentinelle se mit au port d'armes. Pour obtenir un pareil signe de respect sans porter les épaulettes, il fallait être l'idole des zouaves.
Cet honneur réservé aux officiers conduisit Juarez à cette réflexion :
— Si jamais Louise devenait libre,—se disait-il, — je serais fort embarrassé de lui donner une position. Chasseur d'autruches ! est-ce bien là le titre que doit porter celui qui épouserait madame de Saint-Val ? — Il jeta un dernier regard vers la redoute ; les zouaves le saluaient en agitant leurs calottes rouges. — J'aimerais commander à des hommes comme ceux-là,—pensa-t-il. — Et si le gouverneur pouvait m'obtenir un brevet de sous-lieutenant, d'ici à l'époque où Louise pourrait m'épouser je crois fort que le deviendrais commandant en quelques années. Elle ne peut être la femme d'un coureur d'aventures.
Et Juarez, pendant toute la durée de son voyage, réfléchit sur ce sujet.
Juarez obtint tout ce qu'il désirait du gouverneur ; il revint avec une amnistie générale. De plus, il apportait au commandant du fort un brevet de lieutenant-colonel.
Mustapha pacifia toute la plaine, et vint jurer à la redoute de se dévouer corps et âme à la cause française.
— Quand vos bataillons ont conquis la première fois cette province,—dit-il,—j'ai courbé la tête sous la loi du sabre, mais aujourd'hui je me soumets volontairement.
Il donna des preuves réelles de sa loyauté.
En peu de temps le calme fut si bien rétabli, que le commandant annonça à monsieur de Saint-Val qu'il pourrait bientôt regagner Oran. Cette bonne nouvelle parut laisser monsieur de Saint-Val insensible ; il semblait profondément triste depuis sa délivrance.
Le soir même du retour de Juarez, monsieur de Saint-Val traversa la redoute sur un cheval rétif appartenant au gouverneur ; il fouetta vigoureusement sa monture qui faisait des écarts violents.
Un zouave lui cria :
— Prenez garde, il y a un précipice à droite. — Mais monsieur de Saint-Val continua à cravacher le cheval. — Vous allez vous tuer !— criait le zouave.
Un domestique d'ordonnance du commandant le suivait en criant :
— Prenez donc garde, vous allez vous tuer !
Mais monsieur de Saint-Val ne l'écoutait pas ; il faisait cabrer sa monture avec une violence extrême, l'excitant au lieu de la calmer.
A droite, en sortant de la redoute, il y avait un talus de vingt mètres de hauteur au moins, au bas duquel étaient entassées les décombres qui avaient servi à bâtir les remparts récemment construits. Parmi cette accumulation de poussière et de fragments de pierre se trouvaient d'énormes blocs qu'on n'avait pas encore utilisés.
Monsieur de Saint-Val avait franchi la porte et faisait exécuter à son coursier des évolutions extrêmement dangereuses au bord de ce talus.
— Il est fou, — s'écria un zouave ; — il veut se tuer !
— C'est vrai, — observa Jacques la Hache, — regarde, Juarez.
En effet, le cheval semblait résister à son cavalier, qui l'éperonnait pour le lancer dans le précipice. Le danger était imminent.
— Donne-moi ta carabine, Jacques, — dit Juarez obéissant à une impulsion généreuse,—ou cet homme est perdu.
— Que veux-tu faire ?
— Abattre ce cheval. Vite, Jacques, vite !
Le Breton fit semblant de se hâter, mais il sut si bien

mêler la bretelle de son arme à celle de sa gibecière, que l'homme et le cheval avaient disparu quand il fut parvenu à la dégager.

— Trop tard, — fit-il avec flegme, — il doit être mort. On courut.

Monsieur de Saint-Val s'était ouvert le crâne sur un bloc de pierre.

— Nous aurions pu le sauver, — dit Juarez.
— De quel droit veux-tu empêcher un homme de se tuer ? — répliqua le Breton. — Ceci n'est pas un accident, c'est un suicide !

Le Breton ne se trompait pas.

On trouva sur monsieur de Saint-Val une lettre adressée à Juarez ; elle contenait ces quelques lignes :

« Il n'y avait qu'un seul moyen de ne pas me laisser vaincre en générosité, je l'emploie.

» Adieu, comte, épousez-la. »

— Oh ! — s'écria le jeune homme, — s'il avait survécu, je crois que maintenant j'aurais eu le courage d'attendre.

Monsieur de Saint-Val laissait aussi un testament par lequel il donnait à Louise toute sa fortune ; au bas de ce testament était exprimée la dernière volonté du vieillard...

« Epousez Juarez ! »

TROISIÈME PARTIE.

LES BENI-VAUTOURS.

I

Comment se brise la coupe d'or de l'espérance au moment où l'on y trempe ses lèvres.

La mort de monsieur de Saint-Val fut attribuée à un accident. A part Juarez et son ami, personne ne songea qu'il s'était suicidé, personne ne lui sut gré de son sacrifice héroïque.

Juarez, après avoir éprouvé un sombre désespoir, sentit un immense bonheur envahir son âme.

Les amoureux sont égoïstes ; il ne faut pas leur demander des larmes pour la mort d'un rival, si triste, si émouvante que soit cette mort. En France, en Europe, dans les pays où la civilisation impose l'hypocrisie, on sait trouver des sanglots factices et des soupirs mensongers pour jouer la comédie de la douleur au convoi funèbre de la personne dont on ne regrette pas le trépas. Dans les contrées primitives, les hommes sont francs dans leurs actes ; un coureur de bois rougirait d'affecter un sentiment qu'il n'éprouve pas.

Juarez ne se possédait point de joie depuis que la main de Louise était libre ; toutefois il comprit qu'il ne pouvait afficher cette joie sans compromettre la jeune veuve.

Il resta le moins possible dans l'intérieur de la redoute. Dès le matin, il partait son fusil sur l'épaule et ne revenait qu'à la nuit tombante ; on remarquait avec étonnement qu'il ne rapportait jamais de gibier ; plusieurs fois les officiers de la garnison le plaisantèrent à ce sujet, mais il n'en continua pas moins à rentrer *bredouille*.

Si l'on avait suivi le jeune homme, on l'aurait vu diriger sur la montagne des Lions, y chercher quelque buisson touffu, s'y asseoir à l'ombre, et ne pas s'en écarter jusqu'au moment où le soleil baissait à l'horizon. Juarez rêvait au prochain avenir de félicité qui l'attendait.

Cela dura quelques jours.

Louise s'était enfermée depuis la mort de son mari et ne paraissait plus. Chacun respectait son deuil.

Juarez, plus que tout autre, avait à cœur de ne pas troubler le recueillement de la jeune femme ; il comprenait qu'après toutes ces catastrophes elle désirait s'isoler. Puis comment la voir sans lui parler d'amour ? comment lui parler d'amour quand la tombe de son mari était à peine fermée ? Avec sa délicatesse innée, Juarez comprit toutes ces nuances du sentiment ; il sut s'abstenir et comprimer ses désirs.

Un soir, pourtant, il trouva que Louise tardait bien à se relâcher un peu de la rigueur avec laquelle elle se cloîtrait dans sa chambre ; il appela la cantinière de la la redoute et la pria de vouloir annoncer à madame de Saint-Val qu'il voulait lui parler. La cantinière s'acquitta de la commission et revint bientôt en annonçant au jeune homme que la baronne était prête à le recevoir.

Quand Juarez fut sur le point d'entrer chez Louise, le cœur lui battit fortement ; il faisait nuit déjà, et sa main cherchait dans l'ombre la clef de la porte qui donnait accès dans l'appartement.

Le hardi chasseur s'aperçut alors qu'il tremblait comme une feuille d'érable agitée par le vent. Il essaya de surmonter son trouble et ne put y arriver.

Tout à coup la porte s'ouvrit, un flot de rayons lumineux vint frapper le jeune homme au visage ; devant lui se tenait Louise, dont la vue l'éblouit. Elle était illuminée par la clarté des bougies et apparaissait soudain aux yeux de Juarez comme entourée d'une auréole étincelante.

Il était là, immobile, pâle, frissonnant... Elle en eut pitié, car elle comprit ce qui se passait en lui. Elle comprit ses jours et ses nuits passés sans sommeil ; ses longs rêves d'amour si amers et si doux à la fois ; ses combats pour étouffer les aspirations passionnées qui faisaient bondir sa poitrine.

Elle lui sut autant de gré d'avoir su se contenir pendant quelques jours après l'accident qui brisait sa chaîne, que de s'être résigné pendant tant de mois sans savoir si la mort briserait l'obstacle par lequel ils étaient séparés. Elle se pencha vers lui, saisit sa main, l'attira doucement, laissa retomber la porte, et, quand ils furent seuls, seuls en face l'un de l'autre, elle se jeta dans ses bras...

Le devoir n'étendait plus entre eux sa main glacée !

Juarez eut à peine assez de force pour la presser sur son sein.

Les grandes joies paralysent tout l'être qu'elles secouent aussi violemment que la douleur ; contre celle-ci l'on se raidit et l'on en atténue les effets ; le bonheur, au contraire, nous envahit sans que l'on réagisse contre ses commotions souvent terribles.

Après un moment d'abandon, pendant lequel ses lèvres effleurèrent celles du beau chasseur, Louise put facilement se dégager de son étreinte ; et pourtant, s'il eût osé,... elle était tout à lui en ce moment.

Oh ! c'est en amour surtout que l'occasion est fugitive et qu'il faut la saisir ! Tous ceux qui aiment ont l'instinct de cette vérité. Malheureusement pour lui, Juarez était en quelque sorte écrasé.

Elle le fit asseoir comme un enfant et se plaça à ses côtés. Puis, sans dire un seul mot, elle enlaça son col de ses deux bras, approcha sa bouche mignonne de son oreille, et de sa voix suave lui demanda :

—M'aimes-tu encore ? —Cette adorable question était un délicieux reproche, et Juarez eut comme un réveil. Il eut honte de son étrange abattement ; une réaction virile et soudaine se fit en lui ; son regard s'embrasa des phosphorescentes ardeurs du délire ; il poussa un cri sourd, profond, presque sauvage, et, enlaçant Louise avec une fougue presque furieuse, il lui donna un de ces baisers frénétiques qui brûlent et sous lesquels les femmes palpitent et se tordent comme la chair sous le fer rougi à blanc. Elle eut peur de cette explosion passionnée ; elle se débattit pour repousser cette ardente caresse, et, tout effarée, s'enfuit devant cette tempête d'amour soulevée par elle. Et comme il semblait égaré, presque fou, elle lui demanda grâce, suppliante et les mains jointes. Devant cette douce prière formulée avec un accent plein de tendresse, il s'arrêta ; puis, par un revirement subit, il se jeta à ses pieds, prit à deux mains le bas de sa robe et la pressa avec délire sur ses lèvres. Il resta longtemps ainsi, cachant sa tête dans les plis soyeux de cette jupe, éprouvant d'ineffables tressaillements au contact de l'étoffe tout imprégnée du fluide qui émanait de la femme adorée. Elle le laissa longtemps ainsi... Quand, un peu apaisé, il leva vers elle ses grands yeux amoureux, elle lui sourit, le releva, et, le dominant par la grâce enchanteresse de sa résistance, elle lui fit reprendre près d'elle la place qu'il avait quittée. — Entre nous, — lui dit-elle, — toute explication est inutile. Nous nous devinons. Vous voulez que j'oublie un triste souvenir. — Juarez fit un signe d'assentiment. — La loi, — reprit-elle, — m'impose neuf mois de deuil ; les convenances me forcent à ne pas vous recevoir pendant ce long espace de temps ; ma reconnaissance envers l'homme qui m'a faite riche, honorée, je dirai même... heureuse, ma gratitude pour mon bienfaiteur enfin, m'obligent à ne pas faiblir à mes propres yeux avant qu'un mariage soit possible entre nous. N'est-ce pas vrai? Juarez.

— Oh ! — murmura le jeune homme avec désespoir, — neuf mois encore !...

— Oui, — insista-t-elle avec un sourire qui avait quelque chose de cruel et d'inexplicable ; — presque une année... autant dire un siècle... il vaudrait mieux jamais... J'ai pensé à cela tout comme vous, Juarez, et j'ai pleuré amèrement.

Elle le regardait, souriant toujours. Mais lui ne remarquait rien. Un voile noir était descendu sur ses yeux.

— Jamais, jamais? — répéta-t-il, — vous avez bien dit : jamais, jamais ! Je deviendrai fou ou j'en mourrai.

— Mon ami, — reprit-elle, avec une singulière insistance, — je vous en conjure, interrogez votre conscience. Approuve-t-elle ? Blâme-t-elle ? J'attends son verdict.

Juarez fit un effort violent, prit à deux mains sa tête en fusion, et laissa échapper ces mots qui déchiraient ses lèvres en passant. On eût dit les vibrations mourantes d'une lyre qui se brise.

— Louise, adieu ! Vous faites appel à mon jugement, je juge contre moi-même. Puisse la sentence ne m'être pas fatale ! Dans neuf mois je reviendrai peut-être. Si vous ne me revoyez pas, c'est que mes os blanchiront dans quelque ravin solitaire. Le chagrin m'aura vaincu et terrassé dans une lutte suprême. Adieu !

Et il allait se lever et partir. Mais elle l'arrêta. Il vit alors une étrange expression de triomphe sur ses traits.

— Tu ne m'as pas laissé achever, — fit-elle rayonnante. — Tant qu'il a vécu, le devoir, un devoir sacré, m'a rendue forte contre toi. Le tromper alors eût été infâme. Je ne m'appartenais pas, je m'étais donnée à lui et je ne pouvais être à toi sans commettre un mal odieux. Mais aujourd'hui, je suis à moi, à moi seule, entends-tu ! Je n'ai à garder mon honneur, et je le le donne ; le monde, les lois, je brave tout cela. Si ma réputation seule avait été engagée, tu n'aurais pas attendu... Je t'ai parlé des obstacles qui nous séparaient encore pour te montrer combien je t'aime en les brisant avec autant d'insouciance que toi quand tu brises les brins d'herbes sèches en traversant la forêt. Oh ! Juarez, moi aussi je mourrais si je devais vivre encore loin de toi. — Et, avec une câlinerie irrésistible, elle s'assit sur ses genoux, arrêta sa réponse et reprit : — Attends, mais attends donc ? Je te demande une grâce, une seule : Ici nous sommes surveillés ou tout au moins remarqués. Je veux partir. Nous irons à Oran. Si tu

veux, nous y arriverons en un seul jour, au galop de chevaux rapides. Je connais un peu les usages de l'Espagne, j'en juge par ceux de l'Italie que j'ai visitée ; nous trouverons facilement un prêtre de Madrid pour nous unir devant Dieu. Plus tard nous nous unirons devant les hommes. Mais, pour ce soir, pour cette nuit, je te le demande à genoux, ne m'adresse aucune prière, je ne résisterais pas. Et tu ne voudrais pas que demain je parte confuse de ce fort hospitalier. Allons, fuis, et à demain !

Juarez, ravi, éperdu, prit un baiser, un baiser rapide, et se sauva... Mais, comme il ouvrait la porte, une ombre se montra, barrant la sortie.

II

Où le lecteur fait connaissance avec un coureur de bois nommé Sanglier, drôle de corps du reste, mais qui apporte des nouvelles de Jacques la Hache.

Juarez fit un pas en arrière quand il aperçut le nouveau venu.

Celui-ci, profitant du passage qu'on lui livrait, pénétra dans la chambre. C'était un chasseur d'autruches. Il portait le costume ordinaire des coureurs de bois, il tenait en main sa grande carabine et il était accompagné d'un chien qui suivait sans façon son maître. Ce dernier, tout couvert de poussière, fronçait le sourcil d'une façon menaçante. Il semblait mécontent comme un homme attendant quelque chose qui n'arrive pas. De reste, sa mine rébarbative, brutale, bestiale même, contribuait à accentuer jusqu'à la colère la moindre expression de mauvaise humeur. Sa main velue tourmentait le canon de sa carabine, et son œil était arrêté sur Juarez.

Ce dernier paraissait atterré. Il pressentait un malheur.

Le coureur de bois adressa le premier la parole à Juarez. Il se servit de la langue *sabir*.

Le sabir est une langue destinée à devenir universelle ; nous croyons intéresser le lecteur en lui donnant les détails suivants.

Le sabir est un dialecte d'une richesse extrême, qui remonte à l'invasion de l'Espagne par les musulmans, dont la langue se fusionna avec celle des vaincus pour former le jargon mixte qu'on appela mozarabe. Ce nom désignait aussi les habitants de Tolède, où cette fusion des deux peuples et des deux langues fut plus complète que partout ailleurs. Plus tard, quand les Maures de Grenade rentrèrent en Afrique, ils se servirent de cette langue bâtarde dans leurs rapports de commerce avec les Italiens, les Provençaux et les Levantins ; il en résulta une adjonction considérable de mots empruntés aux vocabulaires de ces différents peuples.

Lors de la conquête d'Alger, nos régiments furent tout étonnés de comprendre facilement les indigènes qui leur adressaient la parole ; en très peu de temps nos soldats et nos colons, ceux du Midi surtout, apprirent ce jargon un peu naïf, un peu grossier alors ; ils le parlèrent, ils le formèrent, ils l'enrichirent d'une foule d'expressions imagées, de métaphores saisissantes, de tournures de phrase poétiques.

Les corps indigènes, zouaves, turcos et chasseurs d'Afrique, se distinguèrent surtout dans l'élaboration nouvelle que subissait le sabir ; ils en devinrent les professeurs et les propagateurs, si bien que pour eux ce qu'était le sanscrit aux Indiens. Déjà connu sur tout le littoral de la Méditerranée, il pénétra avec eux jusqu'au fond de la mer Noire, servant de trait d'union entre les armées alliées, et rendant possibles les relations avec les Tartares.

Il pénétra dans Sébastopol avec nos aigles victorieuses, puis il fit le tour de l'Italie pendant la guerre de 1863, et il est allé débarquer au Mexique avec nos colonnes expéditionnaires, après avoir envahi la Chine jusqu'au cœur même de sa capitale.

La fusion des peuples étant l'idée à l'ordre du jour, et cette idée marchant à pas de géant vers sa solution, une langue universelle devient nécessaire; il faudra qu'elle soit assez souple pour admettre toutes les modifications possibles, assez riche pour exprimer les plus diverses sensations et les pensées les plus variées, assez centrale pour rayonner sur le monde. Le sabir seul remplit ces conditions.

En jetant un coup d'œil sur la carte, on reconnaît que le bassin de la Méditerranée, où il a pris naissance, est le point concentrique où viennent aboutir l'Asie, l'Afrique et l'Europe ; et quand l'on songe que le sabir rend toutes les nuances passionnées par lesquelles peut passer l'âme mobile d'un Arabe, toutes les créations bizarres et fantastiques que peut inventer l'imagination d'un zouave, toutes les finesses d'intention que souligne un Parisien s'adressant à une femme, on est forcé de convenir que c'est bien là le dialecte de l'avenir.

Il est déplorable que nos savants aient conçu l'utopie de ressusciter une langue morte que l'on a eu de bonnes raisons pour laisser mourir, plutôt que de grammairiser et régulariser le sabir.

— Tueur de panthères, n'es-tu plus des nôtres ? — avait demandé le coureur de bois.

— Pourquoi cette question, Sanglier ? — fit à son tour Juarez.

— Parce que quand un coureur de bois entre chez un de ses frères, il est d'usage de l'accueillir par une parole amicale. Nos gourbis sont hospitaliers. On y trouve toujours un siége pour l'ami fatigué, un morceau de venaison pour le compagnon qui a faim, une rasade d'eau-de-vie pour le camarade qui a soif. J'ai fait trente lieues aujourd'hui et mes jambes sont lasses ; mon estomac a faim, ma langue est desséchée. Tu ne m'offres rien, Juarez ; cependant tu passes pour être un bon et brave chasseur !

— Frère, tu es prompt. Parfois la poudre s'enflamme trop tôt; ainsi de l'homme irascible. Ne vois-tu pas qu'ici je ne suis point chez moi ?

— Alors conduis-moi là où tu seras le maître. Que fais-tu chez un fort, toi un homme du Sahara ? J'ai un message à te remettre d'un de tes associés de chasse.

Juarez pâlit. Louise inquiète avait un triste pressentiment. Elle tenait à connaître la nouvelle apportée par ce messager singulier.

— Monsieur Sanglier, permettez-moi, — dit-elle, — de vous faire servir ici des rafraîchissements, et veuillez accepter ce siége. Monsieur Juarez peut agir chez moi comme il l'entendra pour recevoir un de ses braves compagnons.

Le chasseur qui vient d'entrer en scène avait de certains rapports avec l'animal farouche et butor dont il portait le nom. Toutefois il se décida en entendant l'invitation de la jeune femme.

— C'est bien, cela, — dit-il, — d'avoir un bon sourire et une bonne parole pour un vieux sauvage comme moi. Si toutes les femmes étaient ainsi, le séjour des villes serait moins insupportable. — Il paraît que maître Sanglier avait à se plaindre des citadines. Louise avait appelé la cantinière; elle lui donna quelques ordres. Bientôt Sanglier fut attablé, et, selon l'usage des chasseurs, il but et mangea avant d'entamer le sujet de sa visite. Juarez bouillait d'impatience. Néanmoins il se contint. Il remarqua seulement que le coureur de bois se hâtait, signe d'une catastrophe qui nécessitait un pressant secours. Quand Sanglier eut fini son repas, il tira sa pipe en racine de bruyère, son briquet, son amadou, et se mit au devoir de fumer. Ce sans gêne exaspérait Juarez ; mais Louise, d'un coup d'œil, le supplia de ne faire aucune observation. Sanglier se carra commodément, prit un air insouciant, et commença ainsi : — Frère, le mal arrive plus souvent que le bien ; l'homme fort ne courbe pas la tête devant le malheur. Nous autres chasseurs, nous rions de la mort comme les enfants rient d'un vieux fou qui passe couvert de haillons ridicules. Tu es brave, toi ! Dans le Sahara on dit : Vaillant comme Juarez le tueur de panthères. Aussi n'ai-je mis aucun empressement à te raconter une aventure arrivée à Jacques la Hache, ton ami.

— Tu as bien fait, — fit Juarez.

— Il appartient aux vieilles femmes de mettre un douar sens dessus dessous parce que le chacal a enlevé une poule.

— Tu dis vrai.

— Et parce que dans le sentier de la vie un parent, un camarade a rencontré une balle, ce n'est pas une raison pour s'attendrir. On laisse pleurer les femmes et on court à la vengeance. — L'œil de Juarez lança un éclair qui éblouit jusqu'au Sanglier lui-même. Le chien de ce dernier, avec l'intelligence de son espèce, cherchait à deviner la conversation sur le visage des deux interlocuteurs. Il crut que Juarez allait bondir sur son maître, il se leva en grondant. — A bas ! — dit Sanglier, — à bas, Sultan ! Tu as vu un regard de sang, mais ce n'est pas pour nous, mon vieux. Il est à l'adresse de ceux qui ont arrêté Jacques la Hache. N'est-ce pas Juarez ?

— Ni trêve, ni repos, ni plaisir, jusqu'à ce que mon frère soit vengé ! — s'écria le jeune homme, répétant la formule sacrée des Arabes, adoptée par les chasseurs. — Ni femme, ni enfants, ni liens d'aucune sorte ne me retiendront tant que justice ne sera pas faite. La terre a bu du sang, la terre en boira encore, le mien ou le leur ! Et maintenant, parle, Sanglier, j'attends de tes lèvres les signes auxquels je reconnaîtrai les meurtriers.

— Peut-être Jacques vit-il encore, — répondit le coureur de bois. — Voici ce que je sais : Je revenais du désert, je traversais les Traras, quand j'ai entendu le bruit d'une troupe venant sur moi. J'avais des raisons pour me défier des Kabyles de ces montagnes, qui ont tenu des djemmâas de révolte ; je me suis embusqué, une trentaine d'hommes ont défilé devant moi, emmenant captif un Français ; je reconnus Jacques la Hache ; je suis venu te prévenir. Tu es un homme, agis en homme. Tu as besoin de mon bras, je te le prêterai, si tu peux t'en passer, j'irai dormir.

— Sanglier, — dit Juarez, — tu peux reposer ta tête. Je te charge seulement de continuer ma tâche si je succombais.

— C'est juré ! — fit le vieux chasseur. — Il ne faut pas qu'un outrage fait à un de nos frères soit impuni ; sinon on en arriverait à nous mépriser comme des roquets.

Et là-dessus Sanglier siffla son chien et partit sans saluer ni Juarez ni Louise. C'était impoli peut-être, mais à coup sûr ce n'était pas banal.

Resté seul en présence de Louise, Juarez sentit faiblir son courage.

Partir.... la quitter, quand il était sur le point de réaliser tant d'espérances longtemps déçues ! Avoir touché du doigt une vision splendide et la voir s'évanouir comme les ténèbres à l'aube du matin ! Vingt heures encore, et, la main dans la main, la tête courbée sous la bénédiction du prêtre, ils auraient été unis ! Puis après... quelle longue ivresse ! quelle extase sans fin ! ... Et voilà que la fatalité impérieuse les séparait encore par un flot de sang qui criait vengeance. Car rarement les prisonniers étaient épargnés.

Du reste, quand même Jacques eût été vivant, son fils adoptif devait se dévouer à son salut. Hésiter eût été la dernière des lâchetés, un opprobre dont on ne se lave pas.

— Louise, — dit le jeune homme, — Jacques m'a servi de père ! A votre tour, jugez !

— Va, Juarez, va ! — lui dit la jeune femme en lui tendant son front. — Si tu n'allais pas sauver notre ami, je te mépriserais.

Ils tombèrent dans les bras l'un de l'autre et restèrent longtemps enlacés. Puis Juarez lui donna un dernier baiser, essuya une larme et sortit.

Quand il eut disparu, elle tomba évanouie.

Le lendemain matin Sanglier se présenta devant Louise.

— Madame, — lui dit-il, — Juarez, avant de prendre le chemin des Traras, m'a chargé de vous conduire à Tlemcen. Il vous prie d'y attendre son retour.

— Je vous remercie, — répondit Louise en étouffant un sanglot, — et suis prête à vous suivre.

Sanglier la regarda, il fut ému de l'immense douleur qui bouleversait son doux visage.

— Allez, — dit-il, — il reviendra ! C'est le roi des coureurs de bois, le plus habile, le plus brave d'entre nous. Vous le reverrez, vous l'épouserez et vous serez heureuse. — Puis il ajouta : — Dans une heure je reviendrai vous prendre. Voyons ! ne vous désolez pas ainsi. Un coup de fusil est tôt tiré, un coup de poignard est bien vite donné ! Une vengeance ! mais c'est l'affaire d'arriver, d'ajuster son homme, de l'abattre et de revenir, si au lieu de tuer l'ennemi il ne vous tue pas. D'ordinaire j'y mets trois jours au plus. A tout à l'heure !

Le Sanglier sortit convaincu d'avoir consolé la jolie veuve.

Avant de décrire la catastrophe qui arriva entre Aïn-Temouchen et Tlemcen, nous sommes obligés de remonter plus haut pour enchaîner les faits.

III.

Où le lecteur renouvelle connaissance avec plusieurs personnages du brouillard sanglant.

Dans un précédent ouvrage publié dans le *Musée littéraire*(1), nous avons raconté un drame dont les principales scènes se déroulent au milieu des montagnes kabyles des Traras, au fond desquelles le marabout Ibrahim et sa fille avaient cherché un refuge.

A cette époque les Kabyles de ce chaînon de l'Atlas n'étaient soumis qu'à demi ; à chaque instant ils se révoltaient partiellement. Cependant il n'y avait pas encore eu de soulèvement général.

Les Kabyles forment une race toute autre que les Arabes. Ils vivent en république. Ils sont divisés en villages indépendants les uns des autres. Chaque village nomme un *amin* (maire) par le suffrage universel. Les élections se font en plein air, sur la place du marché. Les Kabyles ont en horreur tout ce qui peut ressembler à la dépendance ; la centralisation est chose inconnue pour eux.

— A quoi bon, — disent-ils, — pour administrer nos villages, un sultan qui vit à cent jours de marche de ses sujets ?

Et ils se passent de sultan.

Les amins font exécuter les règlements traditionnels ; ils imposent les amendes pour délits ; ils président les marchés, décrètent les travaux d'utilité publique, tels que lavoirs, fontaines, mosquées, etc. Ils recueillent l'impôt communal, le seul qu'admettent les Kabyles. Si un amin est prévaricateur, si la djemmâa s'aperçoit qu'il commet des abus de pouvoir, sa déchéance est aussitôt prononcée, et l'on juge publiquement le coupable.

Cet amin est surveillé par un conseil municipal.

En cas de guerre, tous les villages de chaque tribu s'unissent contre l'ennemi commun. Industrieux, sédentaires, agriculteurs et jaloux d'indépendance et de liberté, les Kabyles n'ont aucun lien de parenté avec les Arabes,

(1) Voir, dans la XXXVe série, *Le brouillard sanglant*.

nomades, pasteurs, paresseux, et soumis à une noblesse tyranique.

Le Kabyle combat à pied, l'Arabe combat à cheval.

Le Kabyle occupait le sol depuis les temps les plus reculés, l'Arabe n'est venu que fort tard s'implanter en Algérie.

Enfin le Kabyle est loyal, l'Arabe est fourbe.

L'un tient aux races asiatiques, l'autre a les traits qui caractérisent les peuples européens.

Le Kabyle est de taille moyenne, mais robuste, trapu, vigoureux ; il a la tête ronde, le cou très-court, les cheveux châtains, quelquefois roux ; ses yeux sont généralement gris avec des reflets bleuâtres qui leur donnent un singulier mélange de douceur et d'énergie. Il porte ordinairement une chemise de laine, un burnous, une calotte blanche ou rouge, et, quand il exerce un métier, un tablier de cuir.

Tels sont les principaux traits qui distinguent ces deux nations, dont l'une occupe les plaines, tandis que l'autre vit sur les montagnes.

Souvent ennemis, les Arabes et les Kabyles se sont unis parfois pour chasser les Français de la régence.

Il fallut de longues guerres pour soumettre les montagnards des Traras ; la plus meurtrière fut celle à laquelle donna naissance la rébellion du marabout Ibrahim, qui, vaincu et démasqué par les chasseurs d'autruches, vint chercher aide et protection auprès du marabout Ben-Achmet, chef religieux des Traras.

Sans autre titre que celui d'amin d'un village, Ben-Achmet exerçait une immense influence sur ses compatriotes. Il était marabout, et les marabouts exercent une grande autorité sur les Kabyles.

Moins bigot, moins démonstratif que l'Arabe, le Kabyle tient beaucoup à sa religion ; il vénère ses prêtres, parce qu'ils sont intelligents, éclairés et honnêtes. Dans la plaine, on naît marabout : dans la montagne, on le devient. En Kabylie, les prêtres forment une classe ; chez les Arabes, c'est une caste.

Mais il faut bien comprendre de quelle nature est la vénération que portent les montagnards à leurs prêtres. On a l'habitude de leur faire beaucoup de cadeaux aux marabouts. Un jour, deux Kabyles, l'un riche, l'autre pauvre, offrirent chacun un plat de couscoussou à un marabout qui revenait de voyage. La cuisine du riche plut fort au saint homme, qui la mangea, abandonnant celle du pauvre à ses chiens.

Le Kabyle pauvre arracha un morceau de viande à la dent des lévriers, et, le tendant au dédaigneux marabout : « Mange ! » lui dit-il furieux et la main sur son pistolet. Le marabout s'exécuta.

Il est facile de comprendre jusqu'à quel point une race aussi démocratiquement et aussi librement constituée a la sujétion en horreur ; toute son histoire le prouve.

Ben-Achmet était un vieillard vénérable et vénéré, qui d'un signe pouvait appeler trente mille guerriers occupant cette formidable succession de crêtes gigantesques, coupées de précipices inabordables, qui s'étend entre Tlemcen et la frontière du Maroc.

Lorsque Ben-Achmet vit Ibrahim venir à lui, il l'accueillit avec les marques de la plus grande déférence. Convaincu de la sainteté de son hôte, parce que lui-même était digne du nom de marabout, Ben-Achmet eut les égards les plus délicats pour lui et sa fille.

Ibrahim joua son rôle de façon à ne pas se rabaisser aux yeux de son allié ; il lui peignit à sa façon les désastres qu'il avait essuyés, et le pressa de venger l'échec qu'il avait subi.

En ce moment un bataillon de zouaves traversait les montagnes kabyles. Ibrahim engagea son hôte à le surprendre ce bataillon et à le massacrer. C'était débuter par un coup de maître, car en ce moment la province était dégarnie de troupes ; il y avait à Oran un régiment de ligne, mais il n'était composé que de recrues à peine débarquées.

Les zouaves et quelques détachements de la ligne formaient le seul contingent que l'on pût envoyer en expédition sans dégarnir les forts et les places de leurs garnisons affaiblies.

— Ce bataillon détruit, — disait Ibrahim, — nous nous emparons de toute la province. Personne ne pourra arrêter le croissant du Prophète qui planera bientôt sur la mosquée d'Oran-la-Guerrière.

Ben-Achmet s'était décidé à agir. Par son ordre, les guerriers avaient pris les armes ; en une nuit quinze mille hommes s'étaient assemblés. Avec eux il avait cerné les zouaves, et au point du jour il avait commencé une attaque inopinée. Mais les zouaves, toujours prêts à tout, avaient remarqué de leurs avant-postes des mouvements et des bruits insolites ; ils avaient élevé à la hâte une espèce de redoute au milieu de leur bivac, et ils avaient reçu les montagnards par une fusillade terrible, accompagnée de la volée de quatre obusiers qu'ils possédaient.

Après plusieurs assauts infructueux, Ben-Achmet comprit qu'il ne pourrait pas enlever la redoute, bien imparfaitement construite pourtant. Il établit un blocus autour du bataillon afin de le prendre par la famine. Cela fait, il ordonna de garder tous les défilés de montagnes, afin que les autorités françaises ne fussent instruites que le plus tard possible de la situation de la petite colonne. Plusieurs détachements et plusieurs soldats isolés furent pris par les postes kabyles.

Jacques la Hache eut le malheur de tomber dans une de ces embuscades, dont il ne se méfiait point parce que personne ne se doutait de la révolte. Le coureur de bois fut amené devant Ben-Achmet lui-même, qui avait voulu interroger ceux que l'on captureraît, afin d'en obtenir des renseignements militaires sur la situation militaire de la province.

— Qui es-tu ? — demanda Ben-Achmet au Breton.

— Un chasseur d'autruches, — répondit celui-ci. — Tes gens m'ont surpris lâchement comme une panthère surprend sa proie. Je croyais que les Kabyles étaient lions, je me trompais.

— Avec les fourbes on est fourbe, — répondit le vieux marabout. — Vous êtes venus comme des voleurs vous emparer de notre pays ; vous l'avez mis à feu et à sang ; tout moyen nous est bon pour vous en chasser.

Le chasseur réfléchit quelque temps.

— Il peut y avoir du vrai dans tes paroles, — dit-il ; — mais les querelles des musulmans et des chrétiens, des Kabyles et des Français, ne regardent pas les coureurs de bois, quelle que soit leur nationalité. Il n'y a que des pillards comme les Touaregs pour chercher à vous nuire. Des hommes qui tuent vos lions, vos panthères, vos bêtes fauves, des hommes qui ne vous ont jamais fait de mal et qui vous rendent des services nombreux, de braves chasseurs comme moi enfin, sont protégés par tous les honnêtes gens. Seriez-vous comme les voleurs qui dépouilleraient le Prophète s'ils le pouvaient ? N'avez-vous donc ni foi ni loi ?

A son tour Ben-Achmet réfléchit.

— Ton nom ? — demanda-t-il.

— Jacques la Hache, — répondit le Breton.

— Je te connais, — fit le marabout. — Je veux te rendre à la liberté, mais il faut te résigner à attendre quelques jours, car tu es un vaillant et loyal guerrier. Te maltraiter serait un crime. On aura soin de toi, on te donnera des vivres, du café, du tabac..... une femme si tu le désires, un fusil et une cible pour te récréer, si cela te fait plaisir. Quand nous aurons mené à bonne fin une entreprise qui demande le silence, tu iras où il te plaira. Ben-Achmet te donnera son *anaya* (signe de protection) qu'on respecte au loin. Va !

Le Breton connaissait les habitudes indigènes ; il savait qu'il n'y avait rien à répliquer. Il subit son sort avec calme.

En sortant de la maison du marabout pour aller à celle où il devait être détenu, il fut rencontré par Ibrahim. Ce dernier tressaillit en le voyant. Il comprit quel motif amenait le Breton et se promit de le faire massacrer.

Ibrahim résolut de sonder Ben-Achmet au sujet de Jacques. Il savait que les coureurs de bois étaient aimés et respectés ; il ne voulut pas laisser voir sa haine trop ouvertement.

Aux premières ouvertures qu'il fit à Ben-Achmet, il comprit qu'il n'en obtiendrait pas la mort du chasseur, il songea à employer un moyen détourné pour arriver à son but.

Il alla trouver sa fille. Il sentait qu'il aurait en elle un auxiliaire pour ses vengeances.

En effet, l'amour de Fatma pour Juarez s'était changé en haine ; une haine féroce, sanguinaire, implacable, mortelle ; une haine comme la jalousie peut en inspirer à des femmes qui aiment jusqu'à la folie. Souvent une jeune fille arabe, pour prouver sa tendresse à son fiancé, prend un couteau et se déchire le bras. En Algérie les soupirs de la volupté ressemblent à des cris rauques, presque douloureux ; les baisers se traduisent en morsures. Et quand une femme qui sait aimer ainsi se met à haïr, on peut juger de la fougue qu'elle déploie.

Le marabout trouva sa fille couchée sur un divan. Elle était en proie à un désespoir sombre qui égarait sa raison ; depuis plusieurs jours elle tourmentait sans cesse son poignard en murmurant des mots incohérents.

Ibrahim s'assit près d'elle. Elle n'y prit point garde. Un instant son père craignit que la folie ne l'eût réellement atteinte.

— Fatma, — dit-il, — ne me reconnais-tu donc pas ?

— Toi ! qui es-tu ?

— Ton père.

— Ah ! ah ! — fit-elle avec un rire strident, — mon père ! Tu es insensé, vieillard ! mon père n'est pas comme un pauvre *chemmda* (mendiant, homme qui regarde le soleil), il n'est pas l'hôte obligé d'un marabout kabyle. Mon père est riche, puissant, redouté. Je renie tout pauvre et infime fellah qui m'appellerait sa fille.

— Enfant ! — dit Ibrahim, — je te pardonne cette insulte. Sache que j'apporte un commencement de vengeance dans les plis de mon burnous.

A ces mots Fatma se redressa frémissante.

— Dis-tu vrai ? — fit-elle.

— Oui, — répondit-il. — L'un de ces maudits chasseurs est ici prisonnier des Kabyles.

— Dans une heure il aura vécu sans doute !...

— Dans une heure il vivra encore. Je ne l'emporte pas. Cet homme n'est pas Juarez, et c'est ce Juarez surtout que je veux broyer, torturer, brûler sans pitié. En venant près de j'ai un plan ; nous pouvons à la fois tenir en notre pouvoir tous ces misérables.

— Parle. Ta bouche me semble distiller le miel. Quel est ton plan ?

— Ce Jacques la Hache, car c'est lui que nous tenons, est le père adoptif du tueur de panthères, qui cherchera à le délivrer. En faisant bonne garde, en tendant des piéges, nous pourrons nous emparer du Portugais quand il rôdera autour de la prison de son ami. De plus, pendant que Juarez s'occupera de son compagnon, il ne pourra surveiller cette Française qu'il a préférée à toi. Ne pourrait-on pas la faire enlever. Il y a dans ces montagnes des hommes hardis, plus hardis que nos Arabes. Avec de l'argent.....

— Oh ! oui, — s'écria Fatma, — tenir ici sa maîtresse ! voilà la plus cruelle des vengeances.

— Sans compter que forcément il tombera entre nos mains ; car pour sauver cette femme ne fera-t-il pas !

— Père, dans quelques jours la joie inondera nos cœurs.

— Je vais me mettre à la recherche de quelques Traras capables d'exécuter le coup de main que nous méditons.

— Inutile, père !

— Pourquoi ?

— J'ai trouvé, moi.

— Avant d'avoir cherché ?

— Oui.
— Ceci est étrange.
— Pas tant qu'on le croirait. Vois cette fleur, père.
— Une rose ?
— Oui. Mais elle est en bouton.
— Après ?
— Cela veut dire en langage amoureux que celui qui me l'envoie a senti l'amour germer dans son cœur.
— Qu'importe ! Il s'agit de haine et non d'amour, de poignard et non de fleur.
— Sans doute. Mais pourquoi un fiancé ne servirait-il pas le ressentiment de celle dont il veut mériter la main ? Celui qui m'a envoyé cette rose, s'il désire m'obtenir, devra m'amener cette femme qui m'a volé le cœur de Juarez.
— Comment connaîtras-tu ton amoureux ?
— Ceci est l'affaire d'une jeune fille et non d'un marabout. Laisse-moi agir, père. Il y a des négresses bien habiles, et les femmes sont rusées. Ce soir, mon futur mari partira pour Tlemcen, où sans doute doit se trouver la chrétienne.
Le marabout sourit et sortit.
Fatma, restée seule, appela sa nourrice ; c'était une négresse vieille, laide, mais dévouée à sa maîtresse, qui en avait fait la confidente de ses amours.
On a beau changer de région, de climat, parcourir la terre d'un pôle à l'autre, de l'est à l'ouest, la femme est femme, reste femme et varie peu, quoi qu'en ait dit François Iᵉʳ. On retrouve, à quelques petites différences près, les mœurs de nos grandes dames reproduites, même dans leurs menus détails, chez les filles de grandes tentes algériennes.
Leur camériste noire devient la confidente, la messagère, la protectrice de leurs amours, comme à Paris la camériste est initiée aux caprices adultères de telle marquise, qui est forcée de se placer sous la sauvegarde de sa servante.
— Sarah ! — dit la fille du marabout à la négresse, — tu m'as remis un bouquet ?
— Oui, maîtresse, — répondit-elle.
— Qui t'a donné ce bouquet ?
— Un jeune homme.
— Le connais-tu ?
— Non, maîtresse. Il n'y a pas longtemps que nous sommes dans ce douar, et...
— C'est bien, c'est bien. Comment est-il ce jeune homme ?
— Beau, maîtresse.
— Peu m'importe.
— Cependant...
— Je voulais te demander : paraît-il appartenir à une bonne famille ?
— Maîtresse, il est djouad.
— En es-tu sûre ?
— J'ai vu un nègre qui portait des faucons devant lui ce matin. Il allait à la chasse. Tu sais, maîtresse, que les fils de grandes tentes seuls ont le droit d'élever des faucons.
— C'est vrai. Crois-tu que ce soit un guerrier vaillant ?
— Il a des yeux de feu.
— Ah !
— On dirait un lion quand il marche ; comme le seigneur à la grosse tête, il semble ne rien redouter.
— Merci, Sarah.
— Maîtresse ne veut plus rien ?
— Non. Seulement je désire me promener dans le ravin qui mène à la fontaine ; j'y serai dans une heure. Tu m'accompagneras.
— Oui, maîtresse.
Et la négresse s'éloigna.
Qui l'eût suivie l'aurait vue se diriger en toute hâte vers un beau jeune homme qui l'attendait à quelque distance du douar. Elle lui murmura tout bas quelques mots qui firent rayonner le front de celui auquel elle parlait.
Sans doute il était satisfait, car une magnifique pièce d'or française passa de sa main dans celle de la négresse, après avoir étincelé un instant au soleil.
Une heure après, Fatma se promenait dans le ravin de la Fontaine, et Sarah la suivait, interrogeant de l'œil chaque buisson comme si elle eût attendu quelqu'un.
Bientôt, en effet, un guerrier apparut au détour d'un sentier.
Fatma fut frappée à son aspect. C'était un type superbe. Il avait ce front haut mais fuyant, ce nez d'aigle aux contours si purs, ces yeux noirs et fulgurants, ce visage ovale et majestueux, qui font de l'Arabe la plus belle race de l'Orient. Il était drapé avec une grâce imposante dans son burnous de soie ; jamais Grec n'eut plus fière attitude sous les plis de son manteau. Sur ses traits on lisait l'audace, la franchise et l'orgueil.
La négresse l'avait dit, il avait quelque chose de léonin.
Il s'approcha avec une dignité superbe, et s'inclina devant Fatma avec une aisance de grand seigneur.
— Que le lis du Tell permette à l'aigle du Sahara d'admirer sa beauté, — dit-il dans le langage imagé de l'Orient.
— N'y a-t-il donc pas de jardins dans les oasis du désert ? — demanda Fatma.
— Celui qui a vu le lis dont je parle donnerait tous les parterres du soudan pour le posséder, — répondit le jeune homme.
— Et y a-t-il longtemps que ton regard s'est arrêté sur cette fleur ?
— Deux jours à peine.
— Ton cœur s'est embrasé trop vite ; peut-être hésiterais-tu à faire un sacrifice pour cueillir ce lis ? Si le lis avait les épines de la rose, ta main hésiterait à en briser la tige.
Cette phrase était un appel à une protestation ; aussi le guerrier s'écria-t-il avec une fougue ardente :
— Je suis prêt à prouver que des épines, fussent-elles des poignards, ne m'arrêteraient pas. Je sens mes regards ravis, mon âme enchantée. J'ai dans la poitrine des désirs qui la soulèvent comme le volcan soulève le sol, et mon sang brûle mes veines comme le simoun brûle l'air. Pour éteindre ce feu qui me dévore, il faudrait la douce haleine des brises d'amour ; qu'un souffle d'espérance s'échappe de tes lèvres et caresse mon front brûlant, je partirais aussitôt sur mon coursier chercher à l'orient ou au couchant, au nord ou au midi le talisman qui doit m'ouvrir les portes de ton cœur. Fille d'Eliacim, fille de marabout, ne crains pas de parler. Celui qui écoute est digne de toi. Son père est le chérif d'Ouargla.
— Tu es donc... ? — demanda Fatma avec étonnement.
— Le Serpent du désert, — répondit fièrement le jeune homme.
— Alors je dois te croire, car ta bouche ne sait pas mentir.
— Et, je te le répète, Fatma, je t'aime avec toutes les ardeurs de l'été ; pour te plaire, je te céderais ma part de paradis ; j'achèterais de tout l'or du soudan un de tes sourires ; je marcherais sur des fers de lance pour recevoir un de tes baisers.
— Tu es l'homme que je souhaitais, — dit Fatma avec une fière simplicité. — Si tu le veux, ma main pressera la tienne.
— Oh ! parle, parle vite. Que faut-il faire ?
— Gagner Aïn-Temoutchen, savoir ce qu'est devenue une chrétienne dont mon père Eliacim te donnera le nom, l'amener ici et me la livrer. J'en veux faire mon esclave.
— Fatma, ton désir s'accomplira ou le Serpent du désert aura vécu.

— Tu ne demandes pas pourquoi je veux tenir en mon pouvoir cette Française? — fit Fatma avec une arrière-pensée.

— Qu'importe le but? — répondit le jeune homme. — Tu ordonnes, j'obéis.

— L'homme qui veut m'épouser doit savoir mes secrets, — reprit Fatma. — Je veux tenir mon âme ouverte devant le fiancé que j'accepterai.

— Je t'écoute. Ta parole est un chant de fauvette, on ne se lasserait pas de l'entendre.

Fatma sourit.

— Es-tu jaloux? — demanda-t-elle brusquement.

L'œil du jeune homme étincela.

— Oui, — fit-il.

— Même du passé?

— Surtout du passé. Le présent on le tient, l'avenir on le tiendra, mais le passé nous échappe. Ce qui est fait est fait, le mal est irréparable ; on ne refourbit pas l'honneur comme l'acier d'un yatagan.

A ces mots Fatma se redressa vivement et s'écria fièrement :

— Tu as parlé d'honneur? Peux-tu supposer qu'une fille de mon rang tendrait une main ternie à un homme comme toi?

— Tu as le droit de m'écraser de ton mépris, Fatma. Une folle pensée a traversé mon cerveau comme un nuage sombre passant sur l'horizon; mais il faut pardonner. On ne touche pas les cordes d'une derbouka sans les faire résonner ; le cœur est une derbouka, et sa fibre la plus sensible est la jalousie. Ton doigt a touché cette corde, la corde a douloureusement vibré.

— Je te dois la vérité. Ecoute et réponds : Peux-tu voir une belle cavale bondir et fendre les airs sans la désirer? Peux-tu admirer un fusil garni d'argent et incrusté de pierreries sans le désirer? Enfin peux-tu comprimer ta soif à l'aspect d'une source limpide?

— Non, — dit le jeune homme d'une voix sombre.

— Cependant si tu vois une cavale plus rapide et de race plus pure, un fusil plus riche, une source plus pure, qu'arrivera-t-il?

— On n'hésite pas entre objets d'inégale valeur ; on choisit celui du plus grand prix.

— Si donc je connaissais un guerrier plus vaillant, plus habile que toi, tu ne t'étonnerais pas qu'il te fût préféré?

— Non.

— Eh bien! — reprit Fatma — il est un homme qui passe dans nos tribus pour l'emporter sur les autres, comme le palmier sur le buis d'alfa. J'ai juré de l'épouser que qui triompherait de lui. La femme dont je veux faire ma servante est aimée par lui. Voilà pourquoi je t'impose son enlèvement comme une épreuve. Du jour où tu auras réussi, entre guerrier et toi ce sera une lutte à mort. Je serai ta femme quand tu seras vainqueur, et tu sais comment la victoire se prouve dans nos tribus?

— Par une tête suspendue au bout d'un pieu, devant la porte d'une tente. La tête de cet homme tombera. Mais quel est son nom?

— Juarez, le tueur de panthères.

Fatma observa curieusement l'effet de cette révélation ; le jeune homme souriait.

— Je te remercie, — dit-il, — tu augures bien de ma valeur et me traites en homme. Quand on connaît un Touareg pour habile cavalier, on lui donne à dompter les plus rétifs coursiers. Juarez est digne de moi. C'est le roi des coureurs de bois. Deux lions vont se battre et la terre va trembler.

Le jeune homme parut rêver quelques instants, puis Fatma reprit :

— Je prierai le Prophète pour qu'il protège son enfant contre un infidèle. Tu l'emporteras sur Juarez.

— Fatma, je vais exposer ma vie sur le sol que foulent les infidèles, nos ennemis. Ne me donnes-tu pas un gage de tendresse?

Fatma ôta de son doigt un anneau d'or et le tendit au jeune homme en disant :

— Prends, et que l'ange du bonheur te couvre de ses ailes !

L'Arabe prit la bague et la baisa avec ardeur.

— Si je tombais aux mains des Français, — dit-il, — je mourrais heureux en pressant sur mes lèvres cet objet chéri. Bénie sois-tu, fille d'Ibrahim !

— Le Prophète te garde, fils du désert!

Et Fatma s'éloigna après avoir laissé tomber sur le jeune homme un regard où celui-ci crut lire de l'amour.

En chemin, la négresse, qui s'était tenue à l'écart, lui dit :

— Tu es contente, maîtresse.

— Pas encore.

— Tu seras bientôt mariée.

— Qui sait?

— Mais vous vous aimez, et ton père ne refusera pas de te donner à lui.

— C'est vrai. Mais moi je ne veux d'époux que celui par lequel je serai vengée de Juarez. Il me faut la tête de ce maudit!

— Le Serpent du désert t'apportera son crâne pour coupe dans le festin de noces.

— Peut-être... Le tueur de panthères est un redoutable guerrier ; il a vu la mort en face sans trembler. Sa tête est gardée par une vaillante carabine.

Et Fatma pensive rentra dans le douar. Pendant ce temps, le guerrier arabe se mettait à la recherche du marabout Eliacim.

Le jeune homme que Fatma venait de prendre pour fiancé était célèbre déjà dans toute l'Algérie à cause de son rang et de ses faits d'armes.

Fils d'un marabout, il descendait du Prophète en droite ligne ; son père, sous le titre de chérif, exerçait une immense influence dans tout le Sahara, et les hordes errantes des Touaregs l'avaient en grande vénération.

Le jeune Arabe se nommait Méhémet, mais on l'avait surnommé le Serpent du désert. Il s'était signalé dans de nombreux combats, et Abd-el-Kader lui-même l'avait en grande estime ; pour le moment, il était député par son père pour stimuler les Kabyles contre les Français.

Depuis bientôt un mois il habitait les Traras, quand Fatma vint avec son père se réfugier auprès de Ben-Achmet.

Méhémet avait entendu parler déjà de la merveilleuse beauté de cette jeune fille à laquelle les poètes arabes dédiaient leurs chansons et dont ils célébraient les charmes dans leurs vers. Par sa haute naissance, Fatma était la reine de la plaine, comme Méhémet était le roi du Sahara. Ce dernier, arrivé à l'âge où un guerrier prend une femme, songeait vaguement à la fille du marabout Eliacim que l'on disait si belle ; le hasard l'amena non loin de lui avec un prestige de plus.

Les malheurs de son père mettaient au front de Fatma cette auréole de la persécution subie pour la cause du Prophète ; elle semblait plus poétique dans les revers que dans la fortune. C'était une héroïne de la religion musulmane, et l'exil l'ennoblissait aux yeux de tous les croyants. Quand Méhémet connut son arrivée, il mit en œuvre toutes les ressources du machiavélisme de la galanterie arabe, afin de voir celle qu'il aimait déjà sans la connaître. Il réussit, et, à partir de ce jour, il fut follement épris.

Nature chevaleresque et aventureuse, il avait, comme tous les grands seigneurs arabes, sucé avec le lait les brillantes traditions léguées aux musulmans algériens par les Mores d'Espagne. Il avait lu pendant son adolescence les brillants récits des conteurs orientaux ; son imagination s'était enflammée, et il se sentait pris d'un immense désir d'imiter les exploits légendaires de Tarik le Conquérant ou de Mahmoud le Superbe.

Il avait apporté à Abd-el-Kader un contingent redoutable de guerriers sahariens, et à leur tête il avait briljamment combattu les Français; il avait suivi la fortune de l'émir jusqu'au moment où celui-ci avait fui au Maroc.

Alors Méhémet s'était retiré à Ouargla, près de son père. Mais depuis quelque temps l'émir fomentait une révolte, et il avait sollicité Méhémet par message de soulever les Kabyles Traras contre l'autorité des Français.

On a vu combien le Serpent du désert avait réussi dans sa mission.

Amoureux de Fatma jusqu'à l'exaltation, il était prêt à la mériter par des prodiges de valeur; quand la jeune fille lui imposa une épreuve, il l'accepta avec la joie orgueilleuse des chevaliers mores du moyen âge recevan un ordre de leur dame.

Il ne mit pas une minute de retard; il alla trouver le marabout Eliacim, obtint de lui tous les renseignements dont il avait besoin et partit.

A partir de ce moment, Louise courait un immense péril.

IV

Le Sanglier.

Pendant que Fatma tramait un complot contre Louise, celle-ci se préparait à quitter la redoute d'Aïn-Temoutchen sous la protection de Sanglier, le coureur de bois.

Sanglier était un de ces enfants perdus de la colonisation, abandonné sur le pavé d'Alger dès leur enfance; né on ne sait de qui, il n'avait ni parents, ni protecteurs, ni patrie, ni religion. Il s'éleva on ne sait comment. Il était pâtre à six ans, mousse caboteur à onze, prisonnier des pirates du Riff à quatorze, associé à la vie d'une bande de chasseurs à seize, chasseur libre à dix-huit.

Cet homme s'était élevé seul, isolé par l'indifférence même au milieu des hommes, solitaire par goût dès qu'il fut maître de sa destinée.

Inculte, farouche, grossier, il ne connaissait d'autres usages que ceux des coureurs de bois, d'autres lois que leur code primitif, dont les préceptes sont basés sur le talion. OEil pour œil, dent pour dent contre l'ennemi; services loyaux entre amis.

Son aspect fauve, hérissé, roussâtre, ses façons brutales, sa sauvagerie, avaient fait décerner à cet homme sans nom de famille le sobriquet de Sanglier. Il le portait fièrement.

Sanglier avait au fond de l'âme le profond sentiment de la justice; il était d'une honnêteté à toute épreuve. Mais il y avait en lui un instinct de férocité qui se faisait jour chaque fois qu'il avait à exercer une vengeance; il aimait à voir couler le sang d'un adversaire.

Quoique juste, il ne connaissait pas la pitié. Tel avait mérité la mort selon lui, il exécutait la sentence avec une rigueur terrible, implacable. Le dévouement était un mot vide de sens pour lui. La vie pour lui était un échange, un troc de bons procédés, où la sympathie n'avait rien à voir. Il passait indifférent au milieu de scènes de meurtre où il aurait pu souvent, par une balle, sauver des victimes intéressantes; peu lui importait le malheur d'autrui.

Jamais il ne prenait l'initiative d'un bienfait. Mais si quelqu'un lui venait en aide dans une circonstance critique, il n'avait ni trêve ni repos jusqu'à ce qu'il eût payé sa dette de reconnaissance; peu soucieux, du reste, d'avoir été obligé par un bandit ou par un honnête homme. Elaï-Lascri, le célèbre chef du *brouillard sanglant*, avait été sauvé par Sanglier parce qu'un jour le coureur de bois avait reçu l'hospitalité sous sa tente.

Tel était l'homme à la garde duquel Louise était confiée.

Juarez était un coureur de bois; tous ceux qui exercent cette profession se regardent comme des frères, et Sanglier, fidèle à ses habitudes, n'avait pas hésité à obliger le jeune homme en servant d'escorte à la comtesse.

Celle-ci, du reste, avait conquis ses sympathies par sa douceur et le charmant accueil qu'elle lui avait fait.

Pour la première fois peut-être, Sanglier éprouva de l'affection pour un être quelconque. Il avait engagé Louise à se préparer au départ; il vint la chercher bientôt. Elle l'attendait dans sa chambre.

— Vous voilà prête, — dit-il avec un sourire en apercevant la jeune femme.

— Oui, — dit celle-ci, — et je ne saurais trop vous remercier, monsieur Sanglier, de votre bonté.

— Quelle bonté? — fit le chasseur étonné.

— Vous consentez à me servir de guide quand vos affaires vous appellent ailleurs.

— Oh! ceci, c'est dû, c'est dû. Entre chasseurs on est obligé de se rendre ces services-là. Si vous n'étiez la maît..... je veux dire la fem..... non, l'amie de Juarez, je filerais sur Oran et bonsoir la caravane! Vous feriez à votre guise, moi à la mienne.

Louise étonnée regarda le chasseur.

— Vous êtes meilleur que vous le prétendez, — fit-elle.

— Hier, d'abord, vous m'avez consolée; aujourd'hui je suis sûre que je vous demanderais quelque chose en mon nom, vous me l'accorderiez.

— Heu! heu! — fit Sanglier embarrassé, — peut-être cela se pourrait. Dame! j'avoue que vous n'êtes pas une femme comme une autre. Vous m'avez pris mon amitié avec vos yeux de gazelle, comme un filou prend une bourse de sa main adroite; oh! mais là, sans que je me sois aperçu de rien. Je voudrais bien avoir une mère, une sœur ou une compagne comme vous. Mais où la la trouver? J'ai fait plus de quinze cents lieues à travers l'Algérie et n'ai point vu votre pareille. Partons!

Ce brusque *partons!* eût amusé Louise en toute autre circonstance. Sanglier avait une singulière manière de clore un compliment.

Au moment où Louise descendait de sa chambre, un homme quittait les fossés de la redoute. C'était une espèce de mendiant qui semblait avoir passé la nuit à l'abri des murailles. En s'éloignant il murmura ces mots:

— Elle est à nous.

Louise descendit dans la cour du fort et trouva une mule qui l'attendait; sur la mule, Sanglier avait fait placer une selle moelleuse, et la jeune femme s'aperçut qu'il s'était occupé de vingt petits détails insignifiants afin qu'elle fût à son aise. Elle en sut gré au farouche chasseur et le paya d'un sourire; les sourires sont pour les femmes la menue monnaie de la reconnaissance.

Au moment de monter en selle, Sanglier aida Louise à se placer sur la mule; dans un mouvement un peu brusque qu'il fit, il se fit une entaille assez profonde dans la main au fer du cacolet. Louise ne s'en aperçut pas d'abord.

On se mit en route.

Au moment de passer le ruisseau qui coule au bas de la redoute, la jeune femme s'aperçut que la main de Sanglier était rouge de sang; elle poussa un cri.

— Vous êtes blessé! — fit-elle.

— Oh! rien, — dit Sanglier. Elle descendit aussitôt.

— Que faites-vous? — demanda-t-il.

— Mais je veux vous panser.

— Pour cette petite égratignure, vous vous dérangez! cela n'en vaut pas la peine.

— Monsieur Sanglier, je vous en prie, laissez-moi arrêter votre sang. Vous souffrez à cause de moi, j'en suis désolée.

— Encore une fois...

— Laissez, laissez donc!

Et elle le conduisit près du ruisseau, trempa son mouchoir dans l'eau fraîche, fit une compresse et l'appliqua sur la plaie; elle la fixa ensuite avec deux épingles. Sanglier, peu accoutumé à ces soins, s'y prêta complaisamment.

On se remit en route.

— Tiens, — dit-il, — cela fait du bien une compresse d'eau; après tout, mieux vaut cela que du jus de tabac.

— Comment, du jus de tabac?

— Oui, au désert on applique un cigare mâché sur les égratignures.

— C'est un horrible remède.

— Dame! il en cuit un peu. Que voulez-vous! nous n'avons pas toujours de l'eau et une main mignonne à notre disposition.

— Monsieur Sanglier, mariez-vous.

— Il me faudrait une femme comme vous...

Louise sourit.

— Je chercherai, — dit-elle. — Tenez-vous au rang?

— Non.

— A la fortune?

— Non.

— Monsieur Sanglier, je trouverai.

— Vrai?

— Oh! bien vrai.

— Vous me croirez si vous voulez, je n'en suis pas fâché. Comme vous disiez, on est moins sauvage. Souvent, au fond des forêts, je m'ennuyais en entendant gazouiller les oiseaux dans la saison des amours. Mais je suis laid, on ne m'appelle pas Sanglier pour rien; vous êtes la première femme qui ait quelque amabilité pour moi. J'ai peine à croire que vous réussirez à me faire marier.

— Pourquoi donc?

— Je ne suis pas beau garçon comme Juarez, moi; car, vrai, c'est un garçon magnifique.

— Et vous croyez que, si j'épouse Juarez, c'est à cause de son visage?

— Je suppose...

— Vous avez grand tort. Ce que j'aime en lui, c'est son courage, sa loyauté, sa bonté. N'êtes-vous pas courageux?

— Pour cela, je peux répondre oui sans crainte d'être démenti.

— Et loyal?

— Oh! mon nom est sans tache: Sanglier est franc de cœur et de parole.

— Et bon?...

Le chasseur s'arrêta, puis il répondit:

— Je ne suis pas bon.

— Eh bien! devenez-le. C'est une des qualités que les femmes apprécient le mieux.

— S'il le faut absolument...

— Oh! absolument.

— Je tâcherai.

— A la bonne heure.

Tout à coup le chien du chasseur poussa un sourd grognement.

— Tonnerre! tonnerre! — s'écria Sanglier, — tu as parlé, malheur à toi, Sultan!

Et Jacques, tirant sa baguette de fusil! s'apprêtait à rosser son chien.

— Arrêtez! — cria Louise.

— Comment...

— Pourquoi frapper ce pauvre animal?

— Il a grogné.

— Mais il a flairé quelque chose, cela n'est pas étonnant.

— D'abord il n'aurait pas dû s'inquiéter pour ce qu'il avait senti. C'est un chien arabe qui est là-bas sous le vent, je le vois. Ensuite, je le dresse à ne pas donner de la voix; il y a un grand danger pour un chasseur d'avoir un chien qui crie, soit qu'il veuille se cacher d'un ennemi, soit qu'il désire surprendre une proie. Un aboiement peut me coûter la vie. Ici, Sultan!

Et Sanglier brandit sa baguette de fusil pour fustiger d'importance le pauvre Sultan, qui approchait tremblant et rampant.

Louise descendit de sa mule et s'interposa entre l'homme et le chien.

— Monsieur Sanglier, — dit-elle, — ce n'est pas en frappant votre serviteur fidèle que vous le dresserez le mieux.

— Ah! — fit Sanglier étonné, — il n'y a pas d'autre moyen cependant.

— Erreur! J'ai possédé une petite levrette dont je faisais tout ce que je voulais par la douceur. De votre Sultan j'obtiendrais le silence en le caressant; tenez, il ne demande qu'à obéir. — Le pauvre chien, en effet, était venu se placer sous la protection de la jeune femme, et son regard semblait lire dans sa pensée. — Sultan, — lui dit Louise, — tu seras sage, n'est-ce pas, tu n'aboieras plus?

Le chien, comme s'il eût compris, coucha les oreilles et remua la queue joyeusement.

En ce moment un galop rapide se fit entendre; un cavalier du bureau arabe traversa la route avec la rapidité de l'éclair; d'instinct, Sultan fit un bond avec des velléités d'aboiement; mais Louise d'un seul mot le calma. Le chien se rangea silencieux derrière Sanglier stupéfait.

— Eh bien! — fit le chasseur, — vous avez raison; vous l'avez ensorcelé comme moi. J'essayerai de votre manière. — Louise, une fois encore, remonta sur le cacolet et continua l'étape. — C'est chose étonnante, — dit Sanglier, — combien vous ressemblez à quelqu'un que j'ai connu.

— Qui?

— Je ne puis me le rappeler.

— On dit que je suis le portrait de mon père, — fit la jeune femme.

— Qui se nommait? — demanda le chasseur avec émotion.

— Le commandant Vernon.

— Mort au siège de Zaatcha! Mille millions de carabines! que je suis heureux de vous avoir rencontrée! — s'écria Sanglier, dont la figure prit une radieuse expression.

— Vous connaissiez mon père?

— Si je le connaissais! Il m'a sauvé la vie et dans une circonstance désespérée; déjà je sentais sur mon cou le froid d'un yatagan arabe. Ah! madame Louise, maintenant je vous suis attaché comme le ciment à la pierre; je vous dois *un sang* et vous le donnerai. Qu'on vous attaque, la carabine de Sanglier est là, prête à défendre la fille du commandant Vernon! — Jacques n'avait pas fini ces mots que Sultan, qui marchait en éclaireur, revint avec une apparence inquiète. — Du nouveau, paraît-il, — fit le chasseur. — Nous sommes pourtant sur une grande route, que parcourent à chaque instant des détachements de troupes. Ah! c'est un mendiant! Ce pauvre Sultan n'est pas encore malin comme mon vieux *Tur*, c'qu'une panthère m'a éventré; on le formera... par la douceur. — Le mendiant s'approchait toujours. Il portait un burnous déchiré, troué en cent endroits, il avait des cheveux blancs et la barbe grise. Il semblait cassé, voûté, perclus d'un bras, boiteux d'une jambe. C'était le type des chemmâas, dont le nom vient de *chems* (soleil) et qui signifie contemplateur du soleil, car leur vie se passe à flâner et à mendier en se chauffant sur les dalles des mosquées pendant le jour. Les chemmâas ne possèdent rien au monde; ils sont plus gueux mille fois que les Bohémiens et les lazzaroni. Sanglier observa le vieux mendiant, il fronça le sourcil et parut se défier de lui, car il lui fit signe de la main qu'il n'eût pas à s'approcher. — Sultan a eu raison, — murmura-t-il; — ce gredin me paraît suspect.

Mais Louise avait tiré sa bourse et elle tendit au chemmâa une pièce de monnaie; celui-ci courut à elle.

Tout à coup Sanglier aperçut quelques indices suspects

dans un buisson qui bordait ta route; il cria au mendiant de s'arrêter et le coucha en joue.

Mais aussitôt trois hommes fondirent des fossés du chemin et se précipitèrent sur le chasseur, qui tira sur eux. Il en tomba un.

Les deux autres, le yatagan levé, engagèrent avec Sanglier une lutte acharnée. Le coureur de bois avait tiré son couteau de chasse et il se défendait avec une merveilleuse agilité ; il poussait de rauques rugissements, et, replié sur lui-même, son arme en avant, il s'élançait à chaque instant sur ses deux adversaires, leur portant des coups terribles. On eût dit d'un sanglier aux prises avec une meute.

Par la rapidité de ses attaques, il força ses adversaires à se mettre sur la défensive, parvint à les séparer en se jetant entre eux, donna tête baissée contre l'un et le jeta bas d'un coup de couteau lancé avec la force d'un coup de boutoir; puis, par une volte habile, il reçut l'autre agresseur sur la pointe de son arme, où il s'enferra de lui-même.

Sanglier était vainqueur.

Mais en ce moment le faux mendiant, aux prises avec Sultan, qui lui avait sauté à la gorge, venait d'étrangler le chien en lui serrant le cou entre ses deux mains, deux mains de fer, plus puissantes que la mâchoire d'un molosse.

— Le Serpent du désert ! — s'écria le coureur de bois en reconnaissant le faux mendiant. — A toi, bandit ! — Et il déchargea sur lui un de ses pistolets qu'il n'avait pas eu le temps d'armer dans le premier combat. Le Serpent du désert prévint le coup avec adresse en se baissant, et, avec la souplesse d'un reptile, il rampa plutôt qu'il ne courut à la rencontre de Sanglier. Louise, épouvantée, presque folle, assistait à cette scène effrayante avec l'immobilité de la femme de Loth changée en statue de sel, par l'horreur du spectacle entrevu par elle. — Sauvez-vous ! cria Sanglier.

Elle entendit, mais il lui fut impossible de suivre ce conseil ; ses membres étaient glacés par une paralysie qu'elle ne parvint pas à vaincre. Elle resta.

Le Serpent, forcé de jouer le rôle de mendiant, n'avait pu porter de pistolets; il n'avait d'autre arme qu'un stylet long et acéré; il tint cette arme recourbée sous son poignet et ne la redressa qu'au moment où il atteignit son adversaire, de même que la vipère ne montre ses crochets venimeux qu'au moment de mordre ; de même aussi que, ramassée sur elle, la vipère s'arrête avant de se *lover*, Méhémet s'arrêta dardant son regard fascinateur sur Sanglier.

Celui-ci, malgré sa bravoure, eut froid dans les os (selon une métaphore arabe).

L'Arabe bondit, enlaça le chasseur dans une étreinte impétueuse, roula avec lui sur le sol, et tous deux cherchèrent à s'étouffer et à se déchirer.

Deux fois le stylet du Touareg entama les chairs du coureur de bois, deux fois l'arme glissa le long des côtes. Enfin Sanglier d'une formidable secousse se dégagea, envoyant son ennemi rouler à dix pas.

Mais le Touareg se releva aussitôt, et ils revinrent tous deux l'un sur l'autre en courant; malheureusement Sanglier, l'œil fixé sur Méhémet, n'aperçut pas une pierre sur laquelle son pied buta. Il tomba. Le Touareg fut sur lui aussitôt et deux fois il lui planta son stylet dans le dos.

Au même moment retentissait un bruit de clairon ; un détachement de troupes s'avançait. Le Serpent du désert abandonna le chasseur mourant, courut à la mule, la prit par la bride et l'entraîna en toute hâte. Louise poussa un cri perçant. Le Serpent du désert fit un geste de menace, elle se tut.

Ils disparurent bientôt dans les broussailles.

. . . .

Juarez, en quittant le fort d'Aïn-Temoutchen, avait emmené avec lui Selim, qui avait confié Ali aux soins des officiers français. L'enfant, du reste, était en pleine voie de guérison.

Dès le lendemain, les deux chasseurs arrivaient aux Traras. Juarez avait eu soin de s'informer de la situation où se trouvait la montagne. Il avait appris que tout était paisible.

En effet, les marchés étaient encore pleins de Kabyles, aucune nouvelle alarmante n'était arrivée à Tlemcen ; on était loin de soupçonner qu'un bataillon de zouaves était cerné.

Juarez conclut de là que Jacques la Hache avait été victime d'un guet-apens organisé par Ibrahim ; il demeura convaincu que les tribus, fort paisibles, n'avaient pas l'intention de se révolter comme l'avait supposé Sanglier.

— Nous sommes neutres, même en cas de guerre, — pensait-il ; — pourquoi les Traras auraient-ils contrevenu aux usages ordinaires ? Évidemment c'est un acte de vengeance particulière.

Juarez prit la résolution d'aller trouver Ben-Achmet et de lui demander aide et secours pour retrouver Jacques la Hache ou connaître ses assassins.

A quelques lieues de Tlemcen, Juarez et Selim avaient rencontré un détachement de zouaves qui allaient rejoindre leur bataillon, celui-même qui se trouvait bloqué.

La vue de ces soldats s'apprêtant à traverser les Traras en si petit nombre donna plus de confiance encore aux deux voyageurs, qui hâtèrent le pas. Ils s'engagèrent dans la montagne.

Ibrahim ne quittait plus les avant-postes depuis qu'il s'était entretenu avec sa fille. Il espérait que Juarez s'acheminerait tôt ou tard vers les Traras, et il engageait les Kabyles à faire bonne garde.

Au jour, le marabout vit deux hommes s'avancer vers l'embuscade où il se trouvait pour le moment. Dans ces deux hommes il reconnut Juarez et Selim. Aussitôt il prit ses dispositions, fit cacher les guerriers derrière des broussailles, à l'abri desquelles il se dissimula lui-même. Il comptait que les chasseurs se défendraient, et il préparait à leur adresse deux pistolets dont il vérifia les amorces.

Juarez et Selim avançaient rapidement.

A une assez grande distance derrière eux on apercevait le détachement de zouaves rencontré et dépassé par les coureurs de bois.

V

Le clairon Bridou.

Pendant que le héros de ce drame courait à une mort imminente, les zouaves qui suivaient ses traces avaient fait une pause et devisaient joyeusement.

Nous avons aussi à parler d'une de leurs plus célèbres escouades, les Beni-Vautours, qui furent quelques temps mêlés aux coureurs de bois.

Entre les coureurs de bois et les zouaves il y a peu de différence; l'un est un libre aventurier, l'autre est un aventurier enrégimenté. Le premier chasse la bête par métier et l'homme à l'occasion, le second chasse l'homme par métier et la bête à l'occasion. Souvent ils se rencontrent ; une estime réciproque les unit ; ils échangent des services.

Tel chasseur a sauvé une colonne, telle compagnie a sauvé une troupe de chasseurs.

Un des faits de ce genre, dont le souvenir est resté gravé dans la mémoire des colons, est celui que nous allons raconter. Moins connu que le fameux combat de Beni-Mered, il mérite d'être tiré de l'oubli ; du reste, il est intimement lié à notre drame.

C'est par ce trait d'une audace inouïe que l'escouade des Beni-Vautours, dont la renommée fut si merveilleuse depuis parmi les zouaves, commença la série des faits d'armes presque fabuleux qui lui mérita une place à part dans l'historique du régiment dont elle faisait partie.

Le caporal qui la commandait alors, et qui en fut le héros, est à l'heure qu'il est général ; nous regrettons de n'avoir pu obtenir l'autorisation de citer son nom.

Quant à Bridou et à Legoff, quoique étant restés simples zouaves, ils n'en sont pas moins célèbres en Algérie.

Bridou en particulier est aujourd'hui pour les régiments d'Afrique ce que fut La Ramée pour l'ancienne infanterie française, c'est-à-dire un type légendaire. C'est là, du reste, son seul point de ressemblance avec le naïf et résigné troupier d'avant la révolution.

Bridou personnifie le zouave modèle de la façon la plus vive.

A l'époque dont nous parlons, il préludait seulement dans la carrière qu'il devait illustrer plus tard.

Il commençait cependant à avoir une réputation bien établie d'habile chapardeur ; il avait des moyens à lui pour fumer, boire et ripailler sans se brouiller avec les gendarmes et sans bourse délier. Nous allons le voir à l'œuvre dans le cours de ce récit.

Il nous apprendra lui-même d'abord de quelle façon il se procurait des cigares.

Bridou procédait par raisonnement.

Ce qui surtout en fait un philosophe pratique, et une *pratique* philosophe hors ligne, c'est qu'il eut toujours pour base de ses opérations la faiblesse humaine. Il exploitait l'homme par ses cordes sensibles.

Le personnage le plus marquant de l'escouade, après Bridou et le caporal dont nous parlerons plus tard, était Legoff, un de ces vieux braves qui, comme les Gaulois dont ils descendent, ne s'étonnent de rien ; que nul péril ne peut ébranler ; qui narguent la mort et le destin ; qui soutiendraient le ciel avec leurs baïonnettes si le ciel venait à tomber.

Legoff était bas Breton, et il ne savait ni lire ni écrire (un phénomène chez les zouaves). Plein de morgue comme les grognards, il était vexé de se trouver ignorant dans un corps où les bacheliers foisonnent.

Briller à l'instar de ses camarades, tel était son ver rongeur. Il y pensait nuit et jour.

C'était un singulier original que ce Legoff. A force de chercher, il avait enfin trouvé le moyen de passer pour savant. Il avait remarqué que les zouaves qui avaient une teinture d'études classiques appuyaient souvent leurs opinions, dans les discussions du soir, autour des bivacs, en citant des auteurs.

Le vieux Legoff avait retenu les noms célèbres de l'histoire et quelques vers latins ou français.

Après avoir classé dans son cerveau et ruminé longtemps ces vers et ces sentences, il en avait un beau matin émaillé sa conversation, avec l'accent inimitable du vieux troupier qui sait si bien dire *pour lorse* et *néanmoinsse*.

Un jour Legoff, instruisant des recrues, crut s'apercevoir que ces jeunes gens riaient d'un cuir par lui fait en expliquant la théorie.

— Pour *lorse* qu'on se moque de moi,—dit-il furieux, — sans circonspection pour mes galons de premier soldat et itérativement pour mon âge; nonobstant que Moïse, un particulier que vous n'ayez pas l'honneur de connaître comme moi, a dit aux Juifs dont il était le général en chef : Vous respecterez vos père et mère à l'égal et pareillement que s'ils étaient Jésus-Christ ou la sainte Vierge. Subséquemment, que vous devriez, jeunes galopins, me vénérer, parce que si je ne suis pas monsieur votre père ou madame votre mère, j'aurais pu l'être à cause de mes cheveux gris. Voilà ce que c'est que d'être ignorants comme des bédouins, que les plus savants d'entre eux écrivent à reculons, semblablement aux écrevisses, aux homards et autres poissons de cette espèce.

Que c'est une honte pour des zouaves d'ignorer les préceptes du Décalogue, règlement inventé par le général Moïse pour les troupiers juifs.

Les conscrits, impressionnés par les regards fulminants du vieil instructeur, n'osèrent éclater de rire. Les voyant réduits au silence, Legoff en conclut qu'ils étaient ébaubis de son érudition. A partir de ce moment, il persévéra dans la manie des citations qu'il venait d'inaugurer d'une si brillante façon.

Par la suite des temps, ses succès croissant de plus en plus, il prit l'habitude d'accoler un nom de grand homme à chaque phrase. Il en résultait des formules bizarres, des accouplements étranges.

Par exemple, Legoff s'écriait :

— Tonnerre ! le ciel est noir ; nous allons avoir un temps de chien, comme disait Pierre le Grand à l'empereur Napoléon pendant la retraite de la Bérésina. — Ou bien encore : — Nom d'un chien ! le soleil vous tape joliment sur la boussole, ce matin, comme disait Jules César à son aide de camp *Sixpions* (Scipion) pendant ses campagnes d'Afrique.

Il continuait sur ce ton, mêlant les plus illustres personnages aux plus vulgaires détails de sa conversation.

Quant au caporal qui commandait l'escouade, c'était un beau jeune homme nommé Georges. Il avait dix-huit ans et venait récemment de gagner ses galons en se distinguant dans un assaut. Calme, fier, intrépide, il exerçait un prestige irrésistible sur ceux qui l'entouraient, et il avait sur sa compagnie un ascendant que jalousaient les officiers.

Les Beni-Vautours l'adoraient et lui obéissaient sur un signe. Avec l'instinct des enfants et des soldats, ils avaient deviné sa supériorité.

Pour le moment, ils avaient fait une pause, et, rangés autour de leur caporal, ils écoutaient en riant Legoff, qui venait d'entamer avec Bridou une conversation marquée au coin original du vieux soldat.

C'était plaisir que de voir cette douzaine d'hommes aux visages bronzés par le soleil, à l'œil brillant de résolution, rire comme des enfants aux saillies du grognard.

A quelque distance, on apercevait les coureurs de bois qui s'avançaient toujours.

Legoff était assis sur son sac en face de Bridou qui fumait un fin cigare de Mouzaïa.

— Tiens,—dit le vieux soldat,—tu te payes des cigares à quinze, toi ! Le Flactole il a donc coulé dans ta tente, comme disait le vieux Job, qui n'avait pas le sou, à un riche Bédouin qu'il venait de rencontrer.

— Le Flactole ! Qu'est-ce que c'est que cela ?—demanda Bridou qui aimait *blaguer* Legoff sans que celui-ci s'en aperçût.

— Le Flactole, c'est une rivière où il y a tant d'or que les poissons y sont argentés. A preuve que c'est de ce Flactole qu'on tire tous ceux qui sont dans les *bocals* des marchands.

Tous les zouaves éclatèrent de rire.

Bridou tordit sa moustache et reprit :

— Si les mouzaïas te plaisent, mon vieux, je suis à même de t'en offrir.

— Tu en as donc beaucoup ?

— Oui. C'est si facile de s'en procurer.

— Heu ! heu ! — fit Legoff d'un air de doute.

— Tu ne m'as vu fumer autre chose que des mouzaïas depuis un mois.

— C'est vrai, mais cela ne dure pas toujours ; tu as fait une razzia une fois par hasard, mais une fois n'est pas coutume, comme disait Henri IV à madame de Maintenon pour la décider à se laisser conter fleurette.

— Je ne suis pas sûr que Henri IV contait fleurette à la Maintenon,—reprit Bridou ;—mais je suis certain d'avoir toujours des provisions de cigares dans les garnisons où je serai.

— Bigre ! tu es un malin, toi, comme disait Turenne

après la victoire de Marengo à son ami Masséna, qui venait d'enfoncer trois carrés russes.
— Es-tu sûr que c'est à Marengo?
— Parbleur! A preuve que l'empereur Alexandre de Russie s'est soumis à Napoléon le lendemain de l'affaire, et que c'est de ce moment-là qu'on a connu en France les bottes à la Souvaroff!—Les Beni-Vautours riaient à se tordre. Legoff gardait un sérieux imperturbable; il reprit:
— Tu devrais bien nous apprendre par quel moyen tu te procures des cigares.
— Ma vieille, j'ai toujours remarqué que les coureurs de bois, pour tuer leur gibier, étudiaient ses passions et le prenaient par son faible. Le lion aime le sang chaud, ils l'attirent avec une chèvre vivante; la gazelle a une prédilection pour le sel, ils l'attendent au bord des étangs salés; l'alouette est curieuse, ils l'intriguent avec un miroir; la perdrix est flâneuse, ils la chassent à midi pendant sa sieste. Or, l'homme étant un animal, du moment où on veut en faire sa proie, il faut agir avec lui comme avec les autres animaux; c'est d'autant plus facile qu'il est presque toujours orné de plusieurs vices; on n'a qu'à choisir. J'ai divisé par catégories les passions que je devais exploiter; l'une me fournit ceci, l'autre cela. La vanité me procure le tabac; la fumée de la flatterie s'échange contre la fumée du cigare; toutes deux chatouillent agréablement le cerveau. Je ne vole pas, j'échange. Il y a dans Nemours sept ou huit capitaines de chasseurs d'Afrique et de spahis, tous brillants, fringants, pimpants, cherchant tous à s'éclipser les uns les autres, et surtout ne manquant pas de mozaïas qu'ils fument en cavalcadant avec des airs d'empereurs romains. Moi qui suis ça, je me poste tous les matins devant le quartier de cavalerie, et, quand je vois un officier sortir à cheval, je me mets à dire : « Oh ! nom d'un chien ! Ah ! sapristi ! V'là-t il une belle bête ! » L'officier écoute; je continue : « C'est le plus joli cheval que j'aie jamais vu ! » Alors l'officier s'arrête, me regarde, il est content, son œil petille. « Tu le trouves beau, mon garçon, » me dit-il. « — Beau ! c'est-à-dire superbe ! Abd-el-Kader n'a jamais eu son pareil. » Et puis je tire une allumette de ma poche, je la fais flamber et je fais semblant de rallumer ma pipe. Alors l'officier me dit : « — Attends, mon garçon. » Et il me donne quatre ou cinq cigares. Il part au galop et je continue à crier : —«Cré nom, quel cheval!» Voilà mon moyen.

VI

Comment les Kabyles furent accueillis par les Beni-Vautours, et comment Eliacim exploita un fait d'armes qu'il n'avait pas accompli.

Bidou avait à peine terminé ces mots qu'une détonation retentit, suivie d'une vive fusillade. D'un bond les zouaves furent debout.
— Sacrebleu ! — s'écria Legoff, — m'est avis que l'on s'amuse sans nous là-bas ! comme disait Condé au siège de Constantinople, où on se battait en son absence.
— On attaque les coureurs de bois, — s'écrièrent les zouaves.
— Allons à leur secours, — dit Bidou. — Il ne faut pas les laisser massacrer par ces brigands de Bédouins.
— En avant !
Et les zouaves, abandonnant leurs sacs, s'élançaient déjà quand leur caporal les arrêta d'un geste et dit :
— Halte-là !
Calme, froid, impassible, la main sur les yeux pour mieux voir, il jugeait la lutte avec ce coup d'œil intelligent, perspicace, infaillible qui en a fait un des meilleurs capitaines du deuxième empire.

— Mais, — gronda Legoff, — on égorge les chasseurs ! cela ne peut pas se passer ainsi ! Nous devons...
— Tais-toi, — dit Georges.
— Pourtant...
— Tais toi donc, vieux fou ! Ne vois-tu pas que les chasseurs ne sont pas en danger le moins du monde. Tiens, les voilà qui fuient vers nous, pensant bien que nous aurons assez de bon sens pour nous embusquer et tomber sur les Kabyles, qu'ils attirent de notre côté.
— C'est vrai, — répondit Legoff.
— Caporal, tu auras la graine d'épinards un jour, — fit Bridou.
— Quatre balles dans les fusils, — reprit Georges, — cinq hommes de chaque côté de la route dans les broussailles; feu quand les Kabyles passeront; à la baïonnette ensuite ! Il y a une trentaine de ces Bédouins-là, c'est l'affaire de trois minutes.
Les zouaves s'empressèrent de suivre ces instructions ; ils se dissimulèrent avec une rare adresse derrière les touffes de palmiers nains, et se tinrent prêts.
— Quel crâne officier ce Georges fera ! — murmuraient-ils ; — les Kabyles vont danser une drôle de danse.
Quant à Georges, il se coucha à plat ventre sur la route et observa.
Juarez et Selim, arrivés à quelque distance du poste ennemi, avaient flairé un piége, et, avec leur habileté ordinaire, ils avaient envoyé chacun un balle à travers les buissons où les Traras se dissimulaient.
En Algérie, tout homme qui se cache a des intentions hostiles, il est de règle qu'on peut tirer sur lui.
Les balles portèrent. Deux Traras furent blessés.
Aussitôt toute la bande se mit à tirailler, et les chasseurs, s'entendant d'un coup d'œil, se replièrent sur les zouaves, qui sans doute n'avaient pas été aperçus par le poste.
— Penses-tu qu'ils tiendront ferme? — demanda Selim à son ami. — Il y a au moins une trentaine de Traras.
— Je connais le caporal, — répondit Juarez ; — sois certain qu'il ne bougera pas d'où il est.
— Alors, tout va bien.
Et les coureurs de bois, courant et tirant à la fois, continuèrent à battre en retraite, suivis à quelques cents pas par leurs ennemis, qui poussaient le cri de guerre.
Le marabout Eliacim, à cheval au milieu des Kabyles à pied, les excitait.
Bientôt Juarez et Selim arrivèrent auprès de Georges, qui leur dit rapidement :
— Mes gens sont là ! allez toujours.
Et le jeune caporal se jeta à son tour dans les palmiers nains.
Les Kabyles gagnaient du terrain sur les coureurs de bois ; ils les avaient perdus de vue en gravissant la pente au sommet de laquelle les attendaient les zouaves ; craignant que les chasseurs ne parvinssent à leur dérober leurs traces, les guerriers Traras redoublèrent de vitesse.
Ils arrivèrent au haut de la colline, et lancèrent une joyeuse clameur, car Juarez et Selim semblaient déterminés à leur tenir tête.
Les guerriers Traras avaient rechargé leurs armes en courant ; ils couchèrent en joue les deux coureurs de bois, qui en avaient fait autant. Mais ces derniers, au lieu de lâcher leurs coups de feu, se jetèrent à plat ventre au moment où les Kabyles leur envoyaient une décharge générale.
Pas une balle ne porta.
Ce résultat négatif n'a rien de surprenant ; les fusils arabes ont des batteries de pierre, et ils font toujours long feu. En sorte qu'en se baissant au moment où l'amorce s'enflamme, on peut éviter le projectile.
Le but des chasseurs, en servant de cible vivante, était

de faciliter l'attaque des zouaves : en effet, les Kabyles n'avaient plus à leur opposer que des yatagans, le pistolet devenant impossible dans une mêlée corps à corps et les fusils étant déchargés.

Georges le caporal choisit merveilleusement son moment. Il cria feu pendant que les Traras s'empressaient de recharger leurs armes. Les douze fusils, garnis de quatre balles chacun, partirent à la fois, frappant en plein la masse des guerriers ; on entendit le bruit mat du plomb trouant les chairs, assez semblable au bruit de la grêle tombant sur un sol humide. Quand le projectile rencontrait un os, on eût dit le son sec et dur d'un grêlon heurtant un caillou.

Les Kabyles, surpris, décontenancés, décimés, virent soudain bondir les zouaves, qui se ruèrent sur eux avec une fougue indicible. Leur choc fut terrible. Ils tombèrent au plus épais des groupes, la baïonnette en avant, et ils renversèrent les premiers rangs comme un coup de bélier abat un mur.

Les Traras, abandonnant leurs fusils inutiles, saisirent leurs yatagans ; mais les zouaves, sans leur laisser le temps de se remettre du trouble inséparable d'une surprise, continuèrent à les hacher sans pitié.

Le marabout Ibrahim, à cheval au milieu de la mêlée, s'enfuit dès le début de la lutte, dont l'issue ne lui parut pas douteuse.

Cependant les Traras, un instant ranimés par la conscience de leur supériorité numérique, tentèrent un vigoureux effort, et, le yatagan au poing, poussant leurs cris de guerre effrayants, ils se précipitèrent sur les zouaves ; d'une main ils tâchaient de saisir les baïonnettes, de l'autre ils brandissaient leur redoutable sabre. Un instant les zouaves furent arrêtés ; mais, se dégageant avec l'entente qui les caractérise, ils se replièrent, puis revinrent à la charge en poussant des hourras, et cette fois les Kabyles furent écrasés. Ce bloc de douze hommes, ne formant qu'une masse hérissée de dards, roula sur eux avec une impétuosité irrésistible, les abattit, les broya, les meurtrit. On eût dit un char antique armé de faux, lancé sur un groupe et l'abattant sous son passage. Les Traras se dispersèrent.

En ce moment Selim et Juarez accoururent. Ils coupèrent la retraite aux fuyards en jouant du coutelas.

— Chargez les armes ! — criait Georges.

Les zouaves comprirent. Ils abandonnèrent la poursuite à l'arme blanche pour tirer.

La balle va plus vite que les jambes, dit un proverbe indigène.

Imitant cette manœuvre, les chasseurs d'autruches déchargèrent leurs pistolets sur les Kabyles les plus rapprochés ; puis ils arrêtèrent les plus éloignés dans leur course, en leur envoyant les balles de leurs carabines infaillibles.

Le dernier survivant tomba à sept cents pas, touché en plein dos au moment où il allait disparaître dans un ravin.

Le marabout Ibrahim, qui avait gagné les premières pentes des Traras, s'était arrêté ; il vit ce dénoûment. Il ne s'en émut guère.

— Voilà une bonne et une mauvaise affaire, — pensait-il. — Mauvaise affaire, puisque j'ai manqué ce maudit Juarez. Bonne, puisque je vais avoir occasion d'ameuter les Kabyles contre ce misérable Jacques la Hache. J'ai une haine toute particulière à l'égard de ce chien, qui m'a fait une telle peur dans la forêt du Salado et m'a forcé de jouer un rôle au moins ridicule. Malheur à lui !

— Et le marabout enleva son coursier en l'éperonnant vigoureusement. — Ce vieux sot de Ben-Achmet, avec ses scrupules de loyauté, ne saura pas protéger son prisonnier contre les colères que je vais soulever, — reprit-il à part lui. — Allons, *adraps ! adraps !* — cria-t-il en se penchant sur les oreilles de son coursier.

Et il accompagna cette excitation d'un sifflement rauque.

Le cheval partit avec la rapidité de l'éclair. Le marabout, arrivé au premier village, annonça la nouvelle de ce qui était arrivé ; justement les Kabyles massacrés appartenaient à ce douar.

Il y eut un long cri de fureur contre les chrétiens. Ibrahim eut soin de désigner Juarez et Selim, amis bien connus de Jacques la Hache, comme les auteurs de la boucherie qui venait d'avoir lieu. Il excita les colères de la foule contre les chasseurs en général et Jacques la Hache en particulier.

Presque tous les hommes étant sous les armes et au camp, il ne restait dans les villages que les femmes, les vieillards et les enfants. Mais cela suffisait pour former une bruyante émeute.

Les femmes indigènes sont plus acharnées que les hommes dans les vengeances qui s'exercent en temps de guerre ; elles inventent des tortures inouïes contre les captifs qu'elles se font livrer.

Ibrahim, quand il quitta le village, fut suivi par deux ou trois cents femmes furieuses, échevelées, qui voulaient demander à Ben-Achmet la tête de Jacques la Hache en holocauste.

On traversa plusieurs douars avant d'arriver à Aïn-Kebira, résidence ordinaire du chef révéré de la montagne ; la troupe se grossissait à mesure que l'on avançait ; elle arriva vers le soir, nombreuse, menaçante, exaspérée, devant la maison de Ben-Achmet, qui sortit pour savoir ce dont il s'agissait.

Le vieux guerrier s'apprêtait à monter à cheval pour aller visiter le camp lorsque les cris l'avertirent que quelque chose d'extraordinaire était arrivé.

Ibrahim avait disparu après avoir amoncelé cet orage sur la tête du pauvre Jacques la Hache.

Connaissant parfaitement la violence et la fureur passionnée des femmes dans les temps de guerre, Ben-Achmet comprit dès l'abord que sa voix ne serait pas écoutée facilement.

Il s'informa de ce que demandait la foule, et, quand il entendit prononcer le nom du coureur de bois, il appela un de ses serviteurs et lui ordonna de faire évader le prisonnier au plus vite.

Malheureusement il était trop tard ; une bande de forcenés avait pénétré auprès de Jacques la Hache et l'amenait devant le magistrat au milieu des huées.

VII

Comment Jacques la Hache épargna un embarras à Achmet

Le vieux Breton, conduit par deux guerriers, redressait fièrement la tête. Sa martiale figure était calme et noble ; pas un muscle ne tressaillait.

Il arriva devant le marabout, qui le fit placer à côté de lui.

Jacques se croisa les bras sur la poitrine et regarda la multitude, comme s'il ne se fût pas agi de lui. En pareil cas un coureur de bois tient à honneur de ne pas donner la moindre marque de faiblesse. Montagne était sublime d'indifférence. Ben-Achmet désespéra de le sauver. Toutefois il fit un signe et obtint le silence.

Ben-Achmet, que nous avons vu précédemment dans *Le brouillard sanglant* (1), avait obtenu par l'austérité de ses mœurs, la sagesse de ses actes, par sa bravoure et son intelligence de la guerre, une immense influence. Mais dans un pays comme la Kabylie, une république démocratique où chacun est indépendant du joug, l'autorité est acceptée et point subie ; du jour où elle devient

(1) Voir, *Musée littéraire*, xxxve série.

gênante, on s'en affranchit. Il est des circonstances où nul ne peut opposer une digue à la foule soulevée.

Ben-Achmet essaya de la persuasion, il ne fallait pas songer à la force.

— Femmes, — demanda-t-il, — que demandez-vous de moi ?

— Ben-Achmet, — dit une vieille Kabyle, — je n'avais qu'un fils pour cultiver le champ de la veuve, ce fils est mort !

— Ben-Achmet, — dit une autre, — j'ai épousé un de tes cousins il y a deux mois à peine ; ton cousin est mort !

— Ben-Achmet, — s'écria une troisième, — mon frère, mon fils et mon père sont morts tous les trois !

— Ben-Achmet, — hurla la foule, — trente guerriers Traras jonchent le sol à cette heure dans la plaine de Tlemcen !

— La guerre est la guerre, — répondit le vieux marabout. — Pensez-vous conserver votre indépendance sans perdre quelques-uns de vos proches? Femmes, l'arbre de la liberté veut être arrosé par le sang.

— Oui, mais quand on peut se venger on se venge, c'est la loi.

— Soit ! la vengeance est sacrée. Mais pourquoi maltraiter Jacques la Hache, le coureur de bois, qui n'est l'ennemi d'aucun Kabyle, et qui souvent a débarrassé vos montagnes des lions ou des panthères dont elles étaient infestées? Pourquoi, femmes, tant de rage contre un guerrier loyal ?

— Ben-Achmet, les hommes qui ont tué nos guerriers sont les amis du coureur de bois. Ils venaient pour le délivrer. N'est-il pas juste que l'auteur, la cause du meurtre soit livré aux représailles du peuple ?

Ben-Achmet était dans le plus grand embarras.

— L'œil se trompe parfois, — dit-il ; — est-on certain de ce qui s'est passé? Attendons encore ; peut-être y a-t-il une erreur.

— Le marabout Eliacim a vu, vu de ses yeux, — gronda la foule. — Lui-même a annoncé l'événement.

Ben-Achmet ne savait plus que dire. Les femmes, s'exaltant de plus en plus, montraient le poing au coureur de bois, qui était resté impassible jusque-là. Il rompit tout à coup le silence.

— Tas de vipères! — cria-t-il aux femmes, — vous faites bien du bruit pour peu de chose. Attaquez-moi à l'arbre du supplice et finissons-en ; aussi bien ma mort est presque payée... Trente de vos guerriers pour moi seul, c'est déjà suffisant, sans compter ceux qui tomberont encore sous les carabines de mes amis. Allons, hyènes, hurlez! le bûcher du prisonnier va s'allumer, et vous danserez autour. J'aime le bal, moi. Je veux vous montrer comment un chasseur d'autruches fait honneur à ses funérailles !

Une immense imprécation accueillit ces mots.

— Malheureux, — dit Ben-Achmet, — tu t'es perdu !

— Je le sais. Va, tu n'aurais pu me protéger, et il était inutile de compromettre ta dignité avec des femmes folles. Chacun son sort ! N'importe, Ben-Achmet, je te sais gré de tes bonnes intentions ; si je te vois là-haut, dans le paradis de Mahomet ou dans celui du Christ, j'échangerai avec toi une poignée de main cordiale. Adieu !

Ben-Achmet se voila la face du pan de son burnous.

Jacques la Hache fut entraîné au milieu de clameurs sinistres vers l'arbre où l'on attachait les condamnés à mort.

Pendant que Jacques allait périr, Juarez et Selim ignoraient encore s'il était mort ou vivant. Tous deux se joignaient aux zouaves pour saluer par un hourra la chute du dernier Traras atteint par leurs balles.

Le vieux Legoff, qui n'oubliait jamais de citer ses auteurs favoris, s'écria :

— Mes enfants, à la rescousse!... comme disait Cesos-tristes (Sesostris), premier roi d'Egypte, à Pharamond, son camarade, premier roi des Français. Ramassons le butin !

— Un fameux coup ! — dit Bridou, — trente morts. Chaque fusil vaut cinquante francs au moins, en comptant les yatagans et le reste ; c'est une affaire de trois mille francs.

Les zouaves étaient tous joyeux. En Algérie les combats sont toujours suivis du pillage. Les Arabes en usent ainsi vis-à-vis de nous et nous usons de représailles ; après le triomphe, les dépouilles opimes !...

Les zouaves s'empressèrent de parcourir le champ de bataille afin de ramasser les armes et tout ce qui avait quelque valeur. Ils en firent un tas au milieu de la route.

Selim, selon la coutume indigène, se mit gravement à couper les têtes ; le vieil Arabe s'acquittait de cette besogne avec une dextérité digne de l'admiration des connaisseurs.

Un Européen novice aurait été douloureusement impressionné par ce spectacle ; mais les zouaves savaient qu'il est presque impossible d'empêcher un Algérien de suivre l'usage traditionnel de sa race. Ils durent laisser faire. Selim, plutôt que de renoncer à constater ainsi la victoire, se serait fait tuer ; puis, il faut bien le dire, sans pratiquer cette méthode barbare, nos soldats d'Afrique ne la désapprouvent pas complètement.

Quand on a vu les têtes de ses camarades orner les selles de l'ennemi, on est tenté de se venger. La férocité engendre la cruauté ; le sang appelle le sang, le talion est, fut et sera la loi de la guerre tant que la guerre existera.

Georges et Juarez s'étaient rapprochés aussitôt après la lutte, et avaient échangé une poignée de main sympathique. Tous deux se connaissaient et s'estimaient ; ils étaient même un peu parents.

Georges, nous pouvons le dire, portait un nom illustre, et par sa mère il se rattachait à la famille des de Castro portugais dont Juarez était l'unique rejeton direct.

— Eh bien ! cousin, — dit Georges, — nous nous rencontrons toujours au milieu des balles.

— C'est écrit, — répondit en souriant Juarez, sur lequel avait déteint le fatalisme musulman.

— Tu es donc en guerre avec les Traras? — reprit Georges.

— Mais pas plus particulièrement que toi et tous les Européens ; les coureurs de bois ne sont même pas exceptés cette fois dans la révolte.

— La révolte! Mais, sacrebleu ! voilà la première nouvelle que les Traras se soient insurgés contre notre autorité. A Tlemcen on ne sait rien. J'ai cru que dans ce qui vient de ce passer il s'agissait d'une vengeance particulière, comme cela arrive si souvent.

— Sois certain que les Kabyles sont en armes et prêts à descendre dans la plaine pour assiéger les redoutes.

— Et moi qui allais tranquillement rejoindre mon bataillon avec mes Beni-Vautours.

— Où est ce bataillon ?

— Il parcourt les Traras pour faire rendre l'impôt ; on m'avait ordonné de gagner le fort de Nemours, qui lui sert de dépôt, dans le cas où je ne le trouverais pas du côté d'Aïn-Kebira.

— Cousin, ce bataillon, à l'heure qu'il est, doit être détruit ou cerné par des forces imposantes.

— Je commence à le croire.

Les deux jeunes gens se turent et se mirent à réfléchir. Juarez pensait à Jacques la Hache, Georges à son bataillon, tous deux à leur devoir.

Georges rompit le silence le premier.

— Le bataillon n'est pas détruit, c'est impossible, — dit-il.

— Pourquoi ?

— Parce que les Kabyles ne parviendraient jamais à anéantir huit cents zouaves ayant des canons et des

munitions. Les décimer, c'est possible ; mais alors on aurait vu arriver les débris de la colonne à Tlemcen.
— Georges, tu m'ouvres une idée.
— Voyons ton idée.
— Le bataillon est cerné.
— Juste. Je n'ai plus le moindre doute.
— Ni moi. Ils ferment les passages des montagnes pour que la nouvelle ne parviennent pas aux oreilles des Français. Bien, mieux, je sais où se trouve le bataillon à cette heure.
— D'un coureur de bois rien n'étonne ; mais si tu devines la position actuelle des zouaves, je te proclame le devin des devins.
— Il n'y a là aucun prodige. Comme tu le disais tout à l'heure, un bataillon aguerri, protégé par des canons, ne peut être anéanti que par suite d'une trahison. Les zouaves sont trop fins pour se laisser duper. D'un autre côté, il est évident que le bataillon est arrêté dans sa marche ; s'il occupait une montagne, il opérerait sa retraite de crête en crête, y eût-il vingt mille Kabyles autour de lui. Je conclus que les zouaves sont enfermés dans quelque vallon entouré de pentes escarpées, n'ayant d'issue que par des gorges où une troupe régulière ne peut s'engager. Le vallon du Diable, creusé en forme d'entonnoir, peut seul remplir ces conditions ; c'est là que sont les Français.
— Juarez, — s'écria Georges, — tu as tort de rester coureur de bois, tu ferais un grand général ! Merci de tes conseils ; merci de tes avis. Tu viens de sauver la colonne.
Et Georges pressa affectueusement la main de son cousin.
— Que comptes-tu donc faire ? — demanda le coureur de bois.
— Envoyer mon escouade à Tlemcen avertir nos généraux ; on lèvera un goum de trois mille cavaliers alliés, on mettra sur pied tout ce qui reste de soldats dans la place ; on sauvera le bataillon. Je me charge d'aller moi-même porter aux zouaves la promesse d'un prompt secours.
— Il faut passer à travers les lignes ennemies, — fit Juarez.
— Je passerai.
— Tu te feras prendre.
— Non. Depuis que tu m'as vu, j'ai étudié, selon tes conseils, les dialectes, les coutumes, les ruses des tribus ; je suis presque aussi fort sur tout cela qu'un coureur de bois. Je vais endosser le burnous d'un des Traras que nous avons tués, je jouerai le rôle de mâaboul (fou). Les tribus respectent les aliénés, tu ne l'ignores pas. Je pourrai donc accomplir la mission que je me donne.
— Cousin, ce que tu médites est bien, mais j'ai mieux à te proposer. Ecoute-moi : Cette nuit même, le bataillon sera sauvé. Voici comment. Je connais assez les sentiers des Traras pour te conduire avec tes Beni-Vautours à travers les Traras sans éveiller les soupçons de personne. Nous endosserions tous les burnous des montagnards et nous porterions leurs armes.
— Après ?
— Nous resterions toute la journée sur les cimes les plus désertes, les plus escarpées, ne risquant d'autre rencontre que celle d'un pâtre isolé. Dans son ignorance, il nous prendra pour le contingent d'un douar éloigné se rendant au camp.
— Très bien ! Continue.
— Sur le soir, nous nous dirigerons vers le vallon du Djenoûn, et nous arriverons par le côté qui regarde Tlemcen ; sur ce point, il y a un espace d'environ deux kilomètres où la surveillance des Kabyles ne doit pas être très grande.
— Pourquoi ?
— Parce que là les pentes qui descendent vers le vallon sont si escarpées qu'il semble impossible de les escalader. C'est un entassement prodigieux de rocs se surplombant les uns les autres ; au dire des Kabyles, une panthère n'en gagnerait pas le sommet.
— Mais alors...
— Attends donc ! Je parierais le Soudan contre un œuf d'autruche que les Kabyles n'ont placé sur ce point qu'un petit poste, dont la mission est de prévenir le gros de l'armée indigène dans le cas où les Français feraient une tentative désespérée. Les difficultés insurmontables de l'escalade donneraient toujours aux contingents le temps d'arriver assez tôt.
— Je commence à comprendre. Nous égorgerions le poste, nous descendrions dans le vallon, nous préviendrions les zouaves que le passage est libre, et,... Oui, mais si réellement les obstacles sont infranchissables ?
— Ne désespère pas si vite. A la base de la pente se trouve un fragment de silex gros comme une tête d'éléphant tout au plus ; sur ce caillou énorme s'appuie un roc qui peut se comparer par la masse à un bœuf ; une série de rochers vont s'étageant ainsi l'un sur l'autre en augmentant de volume jusqu'à la cime. Si l'on faisait sauter par une mine le point d'appui de ce gigantesque chapelet de pierres, ses fragments rouleraient dans le vallon en s'éparpillant comme les grains d'un vrai chapelet dont on a rompu la chaîne. En dix minutes les zouaves peuvent accomplir ce travail. Aussitôt, le bataillon s'élancerait dans le large chemin creusé par l'éboulement au flanc de l'escarpement, et il serait sauvé.
— Pas encore tout à fait.
— Si. Il s'emparerait du village d'Aïn-Kebira, il s'y retrancherait. Il aurait là des vivres, de l'eau, de la poudre et des balles même pour y tenir un mois au moins. Pendant ce temps, on pourrait rassembler une colonne à Tlemcen. Selim, mon compagnon, est vénéré par les tribus qui avoisinent Tlemcen ; en même temps, qu'il va porter la nouvelle du blocus, il pourra lever un goum de cavaliers.
— Juarez, encore une fois, tu es un grand homme ! — s'écria Georges.
— Maintenant, tu vas me faire une promesse, cousin, — reprit Juarez.
— Parle.
— Je me dévoue à la cause, il faut te dévouer à la mienne. Je vais te procurer l'occasion d'immortaliser ton nom, de gagner une épaulette, bien mieux, de rendre un service à la patrie que tu aimes. En échange, tu m'aideras sans une minute de retard à porter secours à Jacques la Hache, prisonnier des Kabyles ; s'il est vivant du moins, car peut-être est-il mort à cette heure.
— Juarez, je te jure que mes Beni-Vautours et moi serons à ta disposition et te seconderons de tout notre pouvoir.
— Merci ! Le pacte est juré.
Les Beni-Vautours avaient fini leur tournée sur le champ de bataille. Les armes et les vêtements des Traras étaient entassés sur le chemin.
— Caporal Georges, — vint demander Bridou, — nous attendons...
— Bien ! — dit Georges. Et il s'avança vers les zouaves.
— Les Kabyles sont révoltés, — leur dit-il.
— On s'en doutait ! — fit un zouave. — Ces gredins-là avaient des galettes dans leurs musettes, preuve qu'ils tiennent campagne ; car, quand il s'agit d'une simple razzia particulière, ils n'emportent pas de vivres.
— Nous avons ordre, — reprit Georges, — de rejoindre notre bataillon.
— C'est vrai.
— Il faut obéir.
— Hum ! Il y a des difficultés !
— Allons, soit, nous allons rentrer comme des poltrons à Tlemcen, et on dira : Les Beni-Vautours ont eu peur !
— Cependant...
— Voyons... ! Pourquoi sommes-nous soldats ? Pour nous faire tuer, n'est-ce pas ?

— Oui... mais...
— Mais quoi?... Allons-nous chicaner avec la mort pour quelques heures de répit. Mourir aujourd'hui, mourir demain, il n'y a pas grande différence.
— Il est vrai que, dans notre métier, il faut toujours être prêt à filer pour la grande caserne où l'on arrive endormi et où le clairon ne sonne jamais la diane; — fit observer Bridou.
— Donc, il ne faut pas *taffer* devant la *camarde*, — reprit Georges; — pour un peu de retard, quand on est zouave, on ne doit pas marchander sa vie comme un liardeur marchande un paquet de radis au marché.
— Décidément le caporal a raison.
— Mon avis est que nous pouvons nous illustrer à tout jamais aujourd'hui.
— Voyons voir.
— C'est très simple. Nous prions le chasseur Selim d'aller à Tlemcen prévenir les autorités de ce qui se passe.
— Bien !
— Le général demande à Selim comment il a appris la chose.
— Cela va sans dire.
— Selim raconte le combat. Le général pensera déjà que nous sommes de crânes lapins.
— Indubitablement.
— Puis il s'informera de ce que nous avons fait ensuite.
— C'est sûr.
— Selim lui répondra que les Beni-Vautours, ayant reçu l'ordre de marcher, ont marché sans hésiter...
— Tonnerre ! le général sera fameusement étonné.
— Je le vois d'ici, — continua Georges, — se tirant la moustache et murmurant : Quels gaillards que ces zouaves !
— Sans compter, — s'écria Bridou, — que dans toute l'armée d'Afrique on nous portera aux nues.
— Et qu'en France, — dit un zouave, — les journaux raconteront l'affaire !
— Cela fera du tapage comme le combat de Beni-Mered, — fit un autre.
— Voire même, — exclama Legoff, — que la bataille des Termes-aux-Piles sera *esclipsée*, vu que les Romains y étaient trois cents et que nous sommes douze en tout, leur roi *Léon Nidas* ne sera que de la petite bière auprès de Georges.
Les zouaves éclatèrent de rire ; Legoff en conclut qu'il avait du succès. Georges se tourna vers Juarez et lui dit à l'oreille :
— Tu vois qu'ils sont bien décidés !
— Mon cher, — répondit Juarez, devançant le maréchal Saint-Arnaud, — les zouaves ne sont pas encore bien connus en France ; mais un jour on les proclamera les premiers soldats du monde.
Georges revint à ses Beni-Vautours et leur expliqua le plan du coureur de bois, qui fut accueilli par un hourra enthousiaste.
Selim, qui avait terminé sa sanglante besogne, eut avec Juarez quelques minutes d'entretien, à la suite duquel il fit ses préparatifs de départ. Il coupa l'oreille droite à chacune des têtes qu'il avait séparées de leur tronc ; il enfila ses oreilles dans une baguette de laurier-rose, prit ses armes, salua les zouaves, serra la main de son ami et se dirigea sur Tlemcen.
— Quelle prime il va toucher ! — fit Bridou. — Soixante francs par oreille, cela fait neuf cents francs.
— Au retour, si nous en réchappons, — dit Legoff, — il y aura noces et festins, comme disait l'empereur et roi Balthazar quand il donnait un repas de corps à ses colonels le jour de sa fête.
— Vite ! habillons-nous, — cria Georges.
Les zouaves, avec leurs hachettes de campement, creusèrent une fosse assez profonde et y enterrèrent leurs uniformes et leurs armes.

Après quoi ils recouvrirent cette cachette de feuilles sèches et se déguisèrent en Kabyles des pieds à la tête.
Juarez leur passa l'inspection pour vérifier si rien ne pouvait les trahir, et il fut satisfait de leur adresse.
— Nous pouvons marcher comme cela, — dit Bridou, — si l'on nous rencontrait on nous prendrait pour des moricauds.
— En route ! — dit Georges.
Et les zouaves partirent, ayant Juarez pour guide.

VIII

Où nous retrouvons Ali en train de voler un cheval et de prendre un sang.

Les zouaves avaient à peine quitté le champ de bataille qu'un jeune indigène y apparut. C'était Ali, Ali si jeune encore que nous ne pouvons l'appeler un homme, si virilement brave que nous ne pouvons non plus l'appeler un enfant.
Ali, laissé à la redoute d'Aïn-Temoutchen pour faire sa guérison, avait appris le départ de Juarez et de son oncle sans trop d'inquiétude. Il avait manifesté le désir de les accompagner malgré son état.
Juarez avait obtenu qu'il se tînt tranquille jusqu'au moment où ses brûlures seraient complètement cicatrisées ; pour obtenir du blessé la promesse de ne pas quitter le fort, Juarez lui avait donné le change sur le but du voyage qu'il entreprenait de concert avec Selim.
Il avait prétendu qu'il s'agissait d'accompagner Louise à Tlemcen.
Comme la jeune femme devait en effet se mettre en route pour gagner cette ville le lendemain matin, comme aussi Juarez avait recommandé à Louise de ne pas le démentir, comme enfin, pour endormir tout soupçon, la jeune femme avait fait ses adieux à la veille au malade et même temps que Selim et Juarez, il en était résulté qu'Ali ne se doutait de rien.
Le jour où Louise quittait Aïn-Temoutchen, le coulougli se réveilla assez tard ; jusqu'alors on ne lui avait pas permis de se lever. L'envie de faire une petite promenade le tourmentait. Mais Selim, son oncle, avait fait les gros yeux, et le jeune chasseur s'était résigné à ne pas bouger.
Le docteur et les infirmiers se félicitaient de cette obéissance ; elle ne dura pas longtemps.
A peine éveillé, Ali secoua le joug du médecin. Il sauta à bas du lit, endossa ses vêtements, et quitta la salle qui servait d'infirmerie pour aller humer l'air sur les remparts.
Les herbes curatives dont Selim s'était servi pour panser son neveu avaient fait merveille ; Ali se sentait presque entièrement remis et ne souffrait plus. Il causa avec les soldats de la garnison, s'amusa avec les chiens du fort, lutina la cantinière et remplit la redoute des éclats de sa gaieté bruyante.
Tout à coup un cavalier entra bride abattue dans Aïn-Temoutchen. C'était un spahi.
L'officier de service lui demanda ce qui l'amenait. Le cavalier raconta qu'il venait de Tlemcen avec un détachement commandé par un sous-lieutenant, qu'à deux lieues de la redoute on avait trouvé un homme couvert de blessures, qu'aussitôt le sous-lieutenant avait fait battre les broussailles par ses spahis, et qu'il avait détaché un courrier à Aïn-Temoutchen pour demander une civière.
— Où est le blessé ? — demanda l'officier de service.
— Il est couché au fond d'un fossé près du chemin, non loin d'Aïn-Gremmâa.
— Tu peux retourner, — dit l'officier, — je vais envoyer

une civière et un mulet pour ramener cet homme au plus vite. A propos, est-ce un colon ?
— Non, kebir (chef).
— C'est donc un soldat ?
— Non plus.
— Un Arabe ou un Kabyle alors ?
— Pas davantage.
— Tonnerre de Dieu ! — fit l'officier impatienté, — explique-toi. C'est un nègre ou un turc ? — L'Arabe fit un signe de négation. — Dis donc de suite qui c'est un Espagnol, imbécile ! — s'écria l'officier furieux de passer en revue toutes les nationalités de l'Algérie.
— Kebir, si tu m'avais laissé parler, je t'aurais répondu de suite que l'homme en question est un coureur de bois, — dit le spahi d'un air grave.
Sur ce, il éperonna son coursier et le lança sur le chemin de Tlemcen pour rejoindre son détachement à la poursuite des auteurs de l'attentat commis sur le coureur de bois.
— Triple brute ! — pensa l'officier ; — il regarde les coureurs de bois comme une race à part. Me voilà aussi avancé qu'auparavant ; vite, dix hommes et un caporal pour aller chercher le blessé !
L'ordre fut exécuté aussitôt.
Pendant ce temps le spahi galopait en descendant la pente qui conduit au bas du mamelon sur lequel Aïn-Temoutchen est bâti. Soudain l'Arabe fut arrêté dans sa course par une voix qui l'appelait ; il se détourna et s'aperçut qu'un jeune homme avait coupé court par un sentier impraticable aux chevaux et l'avait presque rejoint au bas de la colline.
— Que veux-tu ? — demanda le spahi.
— Je suis le parent du coureur de bois qui a été assassiné, — s'écria le jeune homme les larmes aux yeux. — Prends-moi en croupe ; Allah te bénira. Tu ne peux me refuser cela.
— Monte !
Telle fut la réponse laconique du spahi, dont le cheval repartit bientôt emportant un double fardeau.
Ali, en entendant le courrier prononcer le nom de coureur de bois, n'avait pas douté qu'un malheur ne fût arrivé à Selim ou à Juarez ; il avait pris aussitôt la résolution d'aller s'assurer au plus tôt de la réalité de ce malheur. En chemin, il questionna le cavalier.
— Dis-moi, — demanda-t-il, — quel âge peut avoir le blessé ?
— Il peut avoir vu le printemps faire éclore cinquante fois les fleurs, répondit l'Arabe en éperonnant son cheval.
— Ce n'est pas Juarez, pensa le jeune homme ; alors ce serait mon pauvre oncle. — Il étouffa un soupir, puis il réfléchit. — Cinquante ans ! — murmura-t-il ; c'est une erreur, Selim est plus âgé. — Ne te trompes-tu pas ? — reprit-il, s'adressant à son guide.
— Pas de beaucoup, — répondit le spahi.
— Voyons, rappelle tes souvenirs. La barbe du chasseur est-elle blanche comme les neiges de l'Atlas ?
— Non. Elle est grise comme le pelage d'un lion déjà vieux.
— Tu es sûr ?
— Enfant, j'ai l'œil bon et la mémoire fidèle ; si les moustaches de ton oncle sont aussi blanches que la robe de ma jument, ce n'est pas lui qui gît là-bas dans son sang.
— Loué soit le Prophète ! — s'écria Ali tout joyeux.
— Puisque rien ne te presse plus, descends à terre, — reprit le spahi. — Ma jument est fatiguée à porter double poids.
— De grâce ! laisse-moi. J'ai hâte de savoir duquel de mes compagnons a été victime d'un guet-apens. Si je peux recueillir de sa bouche le nom de son ennemi, je le vengerai. Entre gens de même profession on se doit léguer ses haines.
— Tu parles comme si tu étais un coureur de bois.

— Je le suis aussi.
— En herbe peut-être.
Et le spahi ricana légèrement.
— Tu plaisantes à tort, fit avec calme le jeune homme. J'ai fait mes preuves.
— Vraiment. Aurais-tu par hasard tué un lion ?
— Tu l'as dit.
— Avait-il déjà ses dents de lait ?
— Il les avait. C'était le lion noir de Kamarata.
— Tu te nommes ?
— Ali.
Le spahi se retourna, prit d'une main nerveuse le jeune homme, et, le soulevant, le fit passer de la croupe sur le cou de sa monture.
— Enfant, — dit-il, — pardonne-moi. J'ai entendu parler de ton courage, mais j'ignorais à qui j'avais affaire.
— Oublions cela, — répondit le jeune homme heureux que son nom fût déjà avantageusement connu.
— Nous approchons, — fit le spahi.
Ali fixa ardemment ses regards devant lui ; il aperçut bientôt un homme couché dans un fossé, cet homme était Sanglier. Ali sauta légèrement à terre et courut à lui ; il le reconnut. Plus d'une fois il avait eu occasion de le voir.
— Sanglier, — demanda-t-il en s'approchant, — pouvez-vous parler ?
Le vieux chasseur ouvrit les yeux.
— Qui est là ? — fit-il.
— Moi, Ali, le neveu de Selim.
— Petit, sois le bienvenu ! Quand tu verras Juarez, raconte-lui que tu m'as trouvé criblé de coups de couteau ; tu en témoigneras, n'est-ce pas ?
— Oui. Mais qui vous a attaqué ?
— Le Serpent du désert. Quand Juarez aura terminé ce qu'il a entrepris, il pensera à moi. Je peux mourir... Tu comprends que le Serpent du désert doit être puni, quand même je n'y survivrais pas. C'est une dette d'honneur pour le tueur de panthères.
— Certes. Au besoin, je tuerais votre ennemi, moi.
— Vrai, petit ?
— Sur la barbe de mon père ! je le ferais à défaut d'un autre.
— Alors je suis plus tranquille. Tu es brave et tu seras fort ; si le tueur de panthères succombait, tu lui succéderais. Sanglier aurait une tombe arrosée de sang ; cela fait du bien à un trépassé.
Le vindicatif chasseur eut dans le regard un éclair de joie.
— Dites-moi, Sanglier, — reprit le jeune homme, — vous avez parlé tout à l'heure d'une sorte de mission que remplissait Juarez.
— C'est vrai. Ignores-tu qu'il est dans les Traras avec ton oncle Selim ?
— Je n'en savais rien. De grâce, Sanglier, pourquoi sont-ils allés dans ces montagnes ?
— Pour délivrer Jacques la Hache, s'il vit encore à cette heure.
— Par Allah ! — s'écria Ali bondissant soudain, — il est donc arrivé malheur à mon vieux Jacques ?
— Il est prisonnier, peut-être massacré.
Ali, sans attendre davantage, poussa un cri de dépit, de surprise, de fureur.
— Partis ? partis sans moi... ! —grondait-il avec exaltation en trépignant.— Partis pour prendre un sang ! Et ils m'ont laissé comme une petite fille incapable de se battre... ! C'était bien la peine de tuer un lion !
Et, sans attendre plus longtemps, Ali, avec une décision digne d'un homme, courut à la jument du spahi, que son maître avait attachée à un arbre pour faire la prière de midi ; il la détacha, sauta en selle, cria adieu à Sanglier, piqua des deux et disparut avec la rapidité de l'éclair.
Le spahi, au bruit du galop, s'aperçut du rapt.

Il se mit à courir après sa monture.

— Ali ! Ali ! — cria le coureur de bois de son côté. Mais sa voix se perdit.

— Damné *muchacho* (gamin) ! — gronda Sanglier ; — il part sans emporter les renseignements nécessaires pour retrouver madame Louise. Sait-il seulement que je l'accompagnais ! N'importe, ce petit lionceau déchirera un jour à belles dents le Serpent du désert. — Et sur ce, Sanglier se sourit à lui-même avec joie. Après quoi il se tâta. — Oh ! oh ! je m'en tirerai peut-être, fit-il avec sang-froid après l'examen de son état. J'ai une chance sur trois d'en sortir ; que la fièvre ne vienne pas et je suis sauvé.

Puis le vieux coureur de bois attendit tranquillement que les zouaves vinssent avec leur litière.

Ali, dans sa fuite, passa, chose étrange ! à cent pas au plus du Serpent qui emportait Louise ; ni l'un ni l'autre ne s'aperçurent : un rideau de palmiers séparait les deux sentiers qu'ils suivaient.

Ali gagna Tlemcen sans débrider. La jument qu'il montait était excellente, le terrain fuyait derrière elle.

Ali songeait au moyen d'aller retrouver Juarez ; il caressait un plan ; mais, pour l'exécuter, il manquait d'argent. Il imagina un moyen de s'en procurer qui eût fait honneur à la cervelle inventive et au génie *carotteur* (pardon du mot!) d'un zouave déluré.

Aussitôt que le jeune homme fut arrivé à la porte de la ville, il demanda où il pourrait rencontrer le chef de place.

On lui indiqua le mechouar. Il y courut et demanda à parler au commandant, après avoir attaché la jument à un anneau de fer scellé au mur de la forteresse et destiné à cet effet.

On lui répondit que le commandant ne se dérangeait pas pour un gamin.

— Par Allah ! — dit-il, — il aurait tort de me faire attendre.

— Pourquoi ? — demanda un planton.

— Parce que j'apporte une nouvelle qui vaut bien une audience.

— Explique-toi plus clairement.

— Voici. J'ai tué un saracq qui voulait enlever ce cheval à un spahi régulier.

— En effet, c'est un cheval d'escadron ; attends, petit.

Le planton partit et revint bientôt avec le commandant.

— Tu amènes un cheval, moutard ? — demanda l'officier.

— Oui, mon commandant.

— Conte-moi ton affaire et dépêche, — continua l'officier.

— Mon commandant, je me promenais dans les environs de Négrier, à une lieue d'ici ; tout d'un coup j'entendis un grand cri et une détonation, suivie d'une autre. Je courus de ce côté. Je vis un spahi étendu à terre ; près du spahi un saracq qui s'apprêtait à lui couper le cou ; je remarquai que le cheval du spahi était assez éloigné du brigand ; je m'en rapprochai en rampant, je l'atteignis et sautai en selle. Le saracq, entendant du bruit, courut sur moi, mais je lui lâchai un coup de pistolet qui lui cassa la tête. J'avais trouvé le pistolet tout chargé dans les fontes du spahi. Cela fait, je m'enfuis et me voilà avec le *daoud* (cheval).

— S... n... de D... ! — s'écria le commandant, — tu es un hardi compère. Ce spahi était sans doute un courrier. Que cinq hommes montent à cheval et qu'on coure du côté de Négrier. Peut-être trouvera-t-on d'autres coupeurs de route. Ces gredins sont d'une audace inouïe. Tiens, moutard, voilà pour toi. Reviens me voir de temps en temps, je te renouvellerai ta bourse.

Sur ce, le commandant rentra après avoir donné vingt francs au jeune homme. Les plantons de la place l'entouraient et le félicitaient, mais Ali avait des raisons sérieuses pour décamper au plus vite. Il ne tenait pas à attendre le retour des éclaireurs envoyés par le commandant. L'affaire aurait mal tourné.

Il sortit du mechouar, gagna le quartier juif et avisa dans une sale boutique un costume de colporteur kabyle. Pareille défroque ne vaut pas cher. Avec ce qui lui restait, Ali se munit d'une petite pacotille de colporteur kabyle, d'un pistolet de poche et d'un poignard ; il endossa son nouveau costume, pria le marchand de lui garder l'ancien, jeta sur son épaule le sac qui contenait ses marchandises et s'éloigna.

Dix minutes après, il était sur la route des Traras ; une demi-heure plus tard, il apercevait son oncle Selim qui venait à Tlemcen.

Le premier mouvement d'Ali fut de courir à lui ; mais il se retint. Le vieillard portait trente oreilles sanglantes enfilées dans une baguette, et Ali se fit cette réflexion.

— Mon oncle revient avec un trophée, donc on s'est battu par là-bas. Juarez n'est pas avec Selim, donc il est resté en arrière ; à en juger par le sang, ces oreilles sont fraîchement coupées ; je ne dois pas être loin du champ de bataille. Allons le voir ; ce sera un curieux spectacle ; puis j'aime mieux m'expliquer avec Juarez qu'avec mon oncle. — Et il rabattit sa calotte sur ses yeux, plaça son ballot de façon à masquer son visage, baissa la tête et passa à côté de Selim sans être reconnu.

Quand il fut hors de vue, il se mit à courir. Il s'attendait à trouver Juarez de minute en minute ; son espérance ne se réalisa pas. Il arriva haletant sur le terrain du combat quand les Beni-Vautours s'engageaient dans le défilé où le poste kabyle était précédemment embusqué. Ali, embarrassé, se demanda s'il fallait retourner à Tlemcen ; mais pour la première fois il se sentait libre de courir des aventures, il voulut en profiter. — Gagnons les Traras, — se dit-il ; — un colporteur ne risque rien. J'aurai toujours des nouvelles et verrai après.

Les Kabyles de l'Ouaronseris ont une spécialité : ils se font colporteurs ; avec une petite boîte et des ballots, ils parcourent les douars de la plaine. Ce dernier métier est très dur et offre bien des dangers ; mais la terrible vendetta des montagnes protége ces pauvres enfants de l'Atlas. Quand un Arabe est tenté d'assassiner un colporteur, il songe aux parents qu'il a laissés chez lui, et la crainte de leur vengeance l'emporte le plus souvent sur le désir de s'emparer d'un peu d'or. La vendetta, on le voit, est bonne à quelque chose. Un jeune Kabyle avait étalé ses marchandises à Tougourt, oasis située fort avant dans le Sahara. La femme d'un cheik fut tentée par une petite glace d'Europe ; elle pria son mari de la lui acheter.

— Combien ta glace ? — demanda le cheik au Kabyle.

— Un douro, — répondit celui-ci.

— C'est trop cher, tu me voles.

— Ma marchandise est à moi, je la vends ce que je veux.

— Voilà trois couris, donne ce miroir. — Le cheik jeta dédaigneusement les trois pièces de cuivre au colporteur, qui ne les ramassa pas. — Prends garde, — reprit le cheik, — je puis te prendre non-seulement cette glace, mais tout ce que tu possèdes.

— Essaye ! — répondit fièrement le Kabyle en tirant son couteau.

Le cheik, furieux, fit un bond en arrière, arma un pistolet et cassa la tête au jeune homme.

Cinq mois se passèrent. Le cheik maria une de ses filles, et il donna une diffa aux invités. Tout à coup un coup de fusil résonna dans le lointain, une balle vint frapper le cheik à la tête. Les convives étaient consternés. Quand le premier moment de stupeur fut passé, on sauta en selle pour chercher l'assassin, mais il avait eu le temps de fuir ; le coup avait été tiré à douze cents mètres au moins de la victime. Un Kabyle seul était capable d'une pareille adresse ; on se souvint du colporteur tué cinq mois auparavant, et l'on se promit de respecter à l'avenir ces pauvres diables. Il ne faut pas s'étonner qu'un Kabyle ait troué une tête à cette distance; les montagnards sont les meilleurs tireurs du monde, et cela n'a rien d'étonnant : dans leurs fêtes, ils brûlent beaucoup de poudre, et, au contraire des Arabes qui s'amusent comme des fous à tirer en l'air, ils ont toujours un but à leurs coups.

Malgré sa jeunesse, Ali avait trop l'habitude des courses à travers les solitudes pour être embarrassé.

Il comprit parfaitement que le principal pour lui était de s'introduire dans les montagnes sans être remarqué. Une fois engagé dans la chaîne des Traras, il lui importait peu d'être interrogé ou pas.

Venant de Tlemcen, il eût peut-être excité des soupçons ; impossible de nier qu'il sortait de cette ville s'il suivait le chemin qui de ses murs mène à Nemours. En conséquence, Ali se jeta en plein dans les broussailles.

En deux heures, il eut gravi les premiers contre-forts de l'Atlas. Là, il suivit le premier sentier qu'il trouva. L'eût-on questionné, il eût répondu qu'il arrivait de Laghouat. Personne n'aurait songé à le démentir ; chaque jour des colporteurs Kabyles traversent les Traras allant du Sahara au littoral.

Le jeune homme ne tarda pas à entendre de grands cris. Il hâta le pas. Il entrevit bientôt une foule immense qui suivait un homme à cheval.

Pour connaître la cause de ce tumulte, Ali se mêla au cortége, en ayant soin toutefois de l'aborder par la queue et non par la tête ; le cavalier avait paru suspect au jeune homme et il ne tenait pas à s'en rapprocher de prime abord.

Ali possédait déjà l'expérience d'un coureur de bois consommé. Il se trouva bien de sa prudence. En effet, ayant abordé une vieille femme, que son âge forçait à rester un peu en arrière, il lui demanda :

— Qu'y a-t-il donc ? Pourquoi tant de clameurs ?

La vieille jeta sur Ali un regard défiant que celui-ci soutint parfaitement.

La jeunesse du colporteur et son état inspirèrent de la confiance à la vieille femme ; il est rare qu'une famille de montagnards n'ait pas un colporteur parmi ses membres.

— Enfant, — demanda-t-elle, — tu n'es pas depuis longtemps dans les montagnes, sans doute ?

— Depuis deux heures à peine.

— A quelle tribu appartiens-tu ?

— Aux Beni-Raten de la province d'Alger ; quoiqu'ils soient loin d'ici, ce sont des Kabyles comme les Traras.

— Je sais, je sais ! Pauvre petit, déjà voyager.

— Ma pauvre mère est infirme et n'a que moi pour soutien, — reprit Ali avec une hypocrisie dont son interlocutrice n'eût dupe. — Il faut bien lui gagner son pain, — continua-t-il en faisant mine d'essuyer une larme et en poussant un soupir.

La vieille était attendrie. Sa défiance endormie, l'instinct du bavardage inné chez toutes les femmes se réveilla avec énergie et délia sa langue.

— Tu me demandais tout à l'heure pourquoi l'on s'assemblait ainsi ? — fit-elle.

— En effet, — répondit Ali.

— Sache, petit, que les Traras se sont révoltés et qu'ils vont chasser les Français de l'Algérie et les noyer dans la mer.

— Ils feront bien ! Mais cela ne m'explique pas...

— Attends donc. Les coureurs de bois avaient autrefois l'habitude de rester neutres dans les guerres qui avaient lieu. Cette fois, ils ont pris parti pour ces chiens de roumis.

— Ils ont eu grand tort. Cependant quel rapport y a-t-il entré ce rassemblement et... ?

— Par Allah ! petit, tu es pressé. Je suis tout essoufflée. Il paraît que le roi des coureurs de bois, un certain Juarez, et son ami Selim, secondés par des zouaves, ont massacré un de nos postes et coupé trente têtes.

— C'est malheureux. Encore une fois, la mère, arrivez au but. Que veut tout ce monde ?

— La tête d'un coureur de bois fait prisonnier et gardé à Aïn-Kebira.

— Cet homme s'appelle ?

— Jacques la Hache. — Ali s'attendait si peu à cette révélation qu'il faillit tomber. — Qu'as tu donc ? — demanda la vieille.

Le jeune homme se remit.

— Je suis fatigué et j'ai éprouvé une faiblesse, — répondit-il. — On ne vient pas du fond du Sahara sans avoir beaucoup marché ; je suis affaibli par les privations.

— Tiens, j'ai un bout de galette sur moi, le voilà, mon enfant. Mange un peu.

— Merci, la mère. Allah vous récompensera. — Et Ali se mit à mordre à belles dents à même la galette, puis il reprit : — Quel est donc ce cavalier autour duquel on se presse ?

— C'est le marabout Eliacim...

— Ah ! — fit Ali en pâlissant.

— Ta faiblesse te reprend encore.

— Ce n'est rien, cela passe. Je vais m'asseoir un peu et boire au ruisseau qui coule sous ces oliviers. Je vous rejoindrai, la mère.

— Bien, petit !

La vieille quitta le jeune homme, qui courut au ruisseau ; mais, au lieu de boire, Ali réfléchit, et, grâce aux renseignements qu'on lui avait donnés et à son intelligence, il comprit ce qui s'était passé et jugea la situation.

— Scélérat d'Eliacim ! — murmura-t-il ; — je tâcherai de sauver mon vieux Jacques ; mais, si c'est impossible, tu mourras de ma main ce soir même, je le jure !

Puis Ali se remit à suivre le cortége, mais à une distance respectable.

Le marabout Eliacim aperçut tout à coup le jeune homme, et poussa son cheval vers lui.

Ali heureusement se trouvait près d'un ravin, il profita d'un détour du chemin pour disparaître dans les broussailles. Ensuite il se remit en marche.

Ali vit bientôt poindre les toits de briques rouges du village d'Aïn-Kebira.

— C'est là que demeure Ben-Achmet, — pensa-t-il ; — c'est là que vont toutes ces hyènes. Que faire ? Je ne puis sauver le vieux Jacques à moi seul ; je ne pourrais que mourir avec lui. A quoi cela servirait-il ? Ah ! si je vengeais à la fois Juarez et le vieux Jacques, mon oncle et cette bonne Louise, volontiers je ferais le sacrifice. Et puis, moi aussi, je me sens une haine féroce pour ce scélérat d'Ibrahim ; mes brûlures me font encore mal. Mais il me faudrait un fusil. Bah ! j'ai un pistolet, cela suffit.

— Ali regarda du côté de son ennemi, il s'aperçut qu'Ibrahim avait disparu. — Par Allah ! — pensa-t-il, — ce brigand a de la chance. Je me sentais bien décidé à lui brûler la cervelle. — Ali continua sa marche. Soudain il aperçut à deux cents pas de lui un cavalier qui avait mis pied à terre et traînait son cheval par la bride. — Le voilà ! — murmura le jeune homme.

C'était Eliacim, en effet.

Le marabout avait jugé prudent de ne pas paraître devant Ben-Achmet, qui aurait pu lui reprocher d'avoir fomenté l'émeute ; en homme habile, Eliacim, après avoir soulevé une tempête, se mettait à l'abri de la foudre.

Ali se jeta sous un buisson, puis, courant parallèlement à la route, il dépassa de deux pas le marabout sur lequel il dardait son regard chargé de colère.

Le jeune homme n'avait éprouvé jusqu'alors qu'un besoin d'affection ; entouré d'amis, de protecteurs dévoués et pleins de sollicitude, il ignorait au juste ce qu'était la haine.

Mais, au fond de son âme, dans les replis les plus secrets, ce sentiment sommeillait, prêt à se révéler vivace, terrible, implacable, à la première occasion. La passion de la vengeance est aussi naturelle que celle de l'amour, dont elle est le pôle contraire ; l'une et l'autre sont intimement liées par la loi des extrêmes et des oppositions ; si la première est violente dans un cœur d'homme, l'autre l'est, l'a été ou le sera un jour dans ce même cœur, dont les fibres sont comme les cordes d'une lyre vibrant avec une égale puissance de sonorité pour exprimer les délires de la tendresse et les fureurs de la haine.

Il y a des Européens qui, se figurant aimer, interrogeront leur cœur et se diront : Cependant je n'ai pas de fiel contre mes ennemis. Amour factice et de convention, amour à la détrempe que le vôtre ! Vous ne savez pas haïr... alors vous ne savez pas aimer.

Ali était un enfant de cette terre d'Afrique où l'on n'aime pas à demi ; il devait pousser l'antipathie jusqu'à l'exécration ; il ne faillit pas à cette règle.

A mesure qu'Ibrahim approchait, le jeune homme sentait une violente émotion le secouer comme la mer secoue une barque pendant la tempête ; c'étaient les flots de la colère qui envahissaient son âme. Il ne s'appartenait plus. Une force irrésistible le poussait, et il lui aurait été impossible de résister à ce pouvoir mystérieux. Il s'y abandonna tout entier.

Ses dents serrées s'entre-choquaient, ses yeux s'injectaient de sang ; son charmant visage pâli avait pris le rictus féroce des races félines ; sa main seule était calme et ferme. De même quand la panthère va bondir, tout son corps frémit, à l'exception de la griffe qui s'étire, toujours soumise aux impulsions de la pensée.

Ali ne songeait plus à tuer Ibrahim ; c'était trop peu, il voulait le faire rôtir tout vif sur un brasier ardent.

Cette idée avait illuminé son cerveau comme certaines lueurs sinistres jaillissent souvent d'un seul jet, rapide et spontané, au milieu des ténèbres lugubres d'une nuit d'orage.

Ces éclairs sont les signes précurseurs des grandes explosions de la haine, orages du cœur, orages du ciel, ont pour causes les chocs des deux électricités dissemblables. Hommes et nuages sont soumis aux mêmes lois.

Brûler Ibrahim, voilà ce qu'Ali voulait. Le voir se tordre sous les étreintes du feu, jouir de ses efforts impuissants, savourer chacune de ses larmes, quelle amère et suprême volupté ! Ce bandit n'avait-il pas livré aux flammes les membres d'Ali ?

Le talion est la vraie, la seule justice, faite par l'offensé lui-même quand la société n'est pas constituée ; exercée par cette société quand elle existe.

Ce sont des sottises ridicules, des flagrantes injustices, que les clémences folles qui sont une prime aux assassins, un encouragement au crime.

Ali se sentait un courage de lion, une force de géant. Il attendait, replié sur lui-même, tenant sa ceinture à la main, une fine et solide ceinture de cachemire, lien trop doux pour un ennemi abhorré.

Il passa ce marabout odieux, qui sous un masque hypocrite cachait un cœur ignoble, il passa... Il souriait, satisfait d'avoir joué un grand homme aux vues larges et honnêtes, heureux d'avoir égaré une foule aux mœurs simples et patriarcales, mais ignorante et rude. Une joie infernale perçait dans tous ses mouvements, dans ses moindres gestes.

Soudain il sentit un nœud coulant l'étreindre à la gorge, étouffer sa respiration, paralyser sa résistance ; ses bras collés au corps, ses jambes entravées, furent garrottés solidement ; puis il perdit connaissance.

Ali avait bondi sur ce marabout et avait exécuté ce coup de main avec l'audace, l'adresse et l'énergie que les plus faibles trouvent dans les luttes suprêmes.

Le chemin était très-fréquenté ; à chaque minute le jeune homme pouvait être surpris. Il procéda cependant avec un magnifique sang-froid à l'empaquetement de son prisonnier. Il assujettit les nœuds de la ceinture, renforça avec son foulard et son mouchoir les tours qui enveloppaient les mains et s'apprêta à tirer le marabout hors du chemin.

Un pas de cheval retentit.

Ali comprit qu'il n'avait pas assez de temps pour fuir ; il fit un effort violent et, portant Eliacim sur le revers du fossé, il le plaça entre deux touffes de palmiers, dont l'une cachait les pieds et l'autre la tête de ce paquet vivant, puis il s'assit au milieu. De cette façon le corps d'Eliacim était dissimulé.

Ali tira d'une de ses poches une petite blague, il roula une cigarette, battit le briquet et se mit à fumer.

Un cavalier passa au moment où il lançait en l'air la seconde bouffée de fumée ; ce cavalier s'arrêta.

— Eh ! petit, — cria-t-il, — tu parais fatigué. Ton ballot est donc lourd ?

— Très-lourd, — répondit le jeune homme sans se troubler.—Mais j'attends un de mes camarades qui m'aidera à porter mon fardeau.

— Donne-moi du feu, — reprit le cavalier. J'ai un cigare français, pris à un officier des roumis la nuit dernière, je vais le fumer en cheminant.

Ali eut une légère hésitation. Il pensait à tuer d'abord Eliacim et à fuir ensuite. Il se ravisa.

Il avait un vieux burnous rapiécé dont les attaches n'étaient pas solides ; il les cassa et se leva. Le burnous tomba couvrant Eliacim.

Ali, sans se retourner pour s'assurer du fait, vint droit au cavalier, étudiant son visage et prêt à lui brûler la cervelle au premier signe de défiance.

Mais le Kabyle ne se douta de rien. Il alluma son cigare, remercia Ali, lui souhaita une bonne soirée, piqua des deux et s'éloigna.

Ali avait une grande inquiétude. Il craignait que le marabout ne fût étouffé, aussi se hâta-t-il de lui donner un peu d'air.

Eliacim voulut crier.

— Tais-toi, chien, — dit Ali ; — si tu parles, je te couds les lèvres en les perçant avec mon poignard et en y enfonçant des brins de palmier.

Eliacim se tut.

Ali, jugeant qu'il avait fait une provision d'air suffisante, le bâillonna de nouveau malgré les coups de tête désespérés du marabout, qui ne pouvait opposer d'autre résistance.

Quand il eut fini, le jeune homme le chargea sur son dos, prit à travers champs et courut à perdre haleine. Après quatre minutes de cette course il s'arrêta, arracha le bâillon, reprit sa victime sur son dos et recommença à fuir, se reposant de temps en temps. Il parvint ainsi dans un ravin solitaire, éloigné de toute habitation.

Eliacim avait essayé de crier ; mais Ali, le menaçant de son poignard, l'avait réduit au silence.

Le marabout, déposé au pied d'un arbre, vit avec étonnement son ennemi entasser des branches d'arbres et des herbes sèches. Il se demandait quel était son but. Il ne tarda pas à comprendre.

En peu de temps Ali avait improvisé un bûcher et l'avait fait flamber.

Il s'approcha du marabout.

— Grâce ! — cria celui-ci épouvanté. Ali ne répondit pas. — Je te donnerai une rançon, — reprit le malheureux à demi mort d'avance. Ali avançait toujours. Une expression de férocité sauvage étincelait dans ses yeux, dont les rayons semblaient déjà brûler Eliacim. — Pitié ! — reprit celui-ci, — pitié ! je te conjure ! si je t'épargnes tu seras mon fils ; je te donnerai Fatma pour épouse, je...

Mais Ali impassible ne se laissait pas toucher ; il saisit son prisonnier par les pieds et le traîna vers le bûcher.

Eliacim se raidit avec une telle violence qu'un lien se rompit ; il mordait la terre, il poussait des hurlements de frayeur. Ali, pour l'empêcher de résister, coupa les tendons de ses jambes et de ses bras avec son poignard. Eliacim fut paralysé. Ses cris redoublèrent. C'était chose affreuse que de l'entendre. Ce scélérat aux ambitions immenses, aux espoirs brillants, avait une peur dégoûtante de la mort. Ali prenait en pitié tant de lâcheté dans le cœur unie à tant d'audace dans l'esprit.

— Meurs, chien, comme tu me voulais faire mourir! — dit-il. Et il le poussa sur le bûcher la tête la première. Puis, le levant par les pieds, il lui fit faire sur lui-même un demi-tour qui le fit retomber juste au milieu du bûcher. Ali se croisa les bras et assista jusqu'à la fin à l'agonie de sa victime, dont les plaintes allèrent en augmentant d'abord et en diminuant ensuite pour s'éteindre tout à fait. Quand tout fut terminé, Ali murmura : — Et maintenant je suis un homme, j'ai pris un sang.—Puis il ajouta : — Jacques la Hache est vengé d'avance. Je puis maintenant tenter de le sauver.

Il courut chercher le fusil d'Eliacim là où il était caché et de là gagna Aïn-Kebira.

Jacques la Hache était attaché à un arbre et y subissait la torture.

IX

A quoi Jacques la Hache pensait pendant qu'on lui coupait les oreilles.

Jacques la Hache, après sa rude apostrophe aux femmes Kabyles, avait été conduit au supplice.

Un vieil olivier s'élevait à trois cents pas environ d'Aïn-Kebira; c'était un arbre touffu qui étendait au loin ses vastes rameaux. Depuis les temps les plus reculés, les Kabyles avaient coutume d'attacher à cet olivier les captifs livrés à la colère des femmes de la tribu.

Jacques la Hache était toujours gardé à droite et à gauche par deux guerriers. On lui avait passé une longue robe juive par dessus son costume. Les femmes avaient exigé qu'on lui imposât cette humiliation. Les guerriers avaient peu ou point de commisération pour lui depuis qu'ils avaient appris le massacre opéré par Juarez. Mais toutefois ils s'abstenaient d'insulter le coureur de bois.

C'était un brave, et il leur eût semblé indigne d'eux de lancer des injures à un ennemi vaillant tombé en leur pouvoir. C'était bon pour les femmes. Et encore les gardiens de Jacques tenaient-ils les mégères à distance; ils laissaient arriver les brocards, la plus forte escorte n'aurait pu empêcher le son de traverser les airs ; mais ils lui épargnaient les horions.

Le vieux Breton marchait la tête haute et d'un air résolu.

Au pied de l'arbre, il éprouva un peu d'émotion.

— Aurais-tu peur, coureur de bois? — demanda un des gardiens.

— Non, — répondit Jacques. Puis il ajouta : — Cependant je regrette d'être attaché à cet olivier.

— Pourquoi ? De braves guerriers ont arrosé son écorce de leur sang.

— C'est vrai. Mais il y a eu aussi d'ignobles saracqs marocains, dont le dos galeux a laissé son empreinte crasseuse sur ce tronc. Croyez-moi, guerriers Traras, à l'avenir, ayez deux oliviers différents pour les supplices, un pour les honnêtes gens, un autre pour les canailles.

— Il sera fait ainsi, — répondirent les Kabyles. — Ta parole est juste, ton conseil est d'or.

Jacques sourit.

— Allez, — dit-il, — finissons-en.

Il tendit ses bras et ses jambes tranquillement; il n'opposa pas l'ombre de résistance.

— Bon courage, coureur de bois! — dirent les guerriers quand ils eurent fini.

— Merci, — répondit Jacques.

Les guerriers s'écartèrent...

La foule des femmes qui se tenait à une certaine distance attendait un signal pour approcher ; les deux Kabyles le donnèrent.

Un cri surhumain s'échappa du sein de la multitude, qui se rua sur le vieux Jacques la Hache. Deux ou trois mille mégères entourèrent l'olivier et se battaient pour arriver auprès de leur victime. Qu'on se figure une bande de hyènes affamées qui rencontrent une proie à déchirer.

Ces furies tendaient vers le coureur de bois leurs griffes féroces, et lui arrachaient les cheveux, lui égratignaient le visage ; celles qui ne pouvaient l'atteindre lui jetaient des poignées de sable; toutes lui crachaient au visage.

Ce prélude du supplice dura près d'un quart d'heure. Nous disons prélude, car la torture d'un prisonnier est un véritable drame qui est combiné avec un génie sauvage et qui a son prologue, ses péripéties et son dénoûment.

Jacques connaissait de longue date tous les détails de ces sortes d'exécutions.

Il ne se donna même pas la peine de *bien tenir son âme* (expression arabe). A quoi bon tendre toutes les cordes de la volonté pour si peu ?

Il réfléchissait...

— Ma foi ! — pensait-il, — je vais mourir. C'est singulier, moi qui n'ai jamais songé à la religion depuis que je suis soldat, voilà que je suis embarrassé. Le bon Dieu est-il musulman, juif ou chrétien ? Sacrebleu ! c'est embêtant que les curés, les marabouts et les rabbins ne s'entendent pas là-dessus une bonne fois. On saurait à quoi s'en tenir. C'est bien la peine d'être savants pour avoir tant d'avis différents. Je suis coureur de bois ; je connais mon métier au moins. Si on me montre une trace, je dirai de suite de quelle bête elle est. Mais les prêtres ne sont pas d'accord du tout. Tonnerre ! si c'était mon état d'indiquer aux autres les sentiers du paradis, je ne montrerais jamais une fausse route. Je chercherais le vrai bon Dieu à la piste et je le trouverais. Que diable ! puisqu'il a passé sur la terre, dit-on, il doit avoir laissé des empreintes. Est-ce embêtant, est-ce embêtant ? — Le vieux chasseur, tout en monologuant, lorgnait une vieille femme plus acharnée que les autres, qui l'agaçait parce qu'elle lui enfonçait des pointes d'aloès dans la peau. Il saisit un moment propice, allongea le cou vers la main de la vieille, d'un coup de dent lui coupa un doigt et le lui cracha à la figure. — Attrape, guenon! — dit-il. Et, sans se préoccuper davantage de la vieille qui se roulait à terre dans des contorsions, il continua ses réflexions au milieu de la recrudescence de fureur causée par son action. La vieille fut emportée. C'était précisément celle qui, le matin même, avait renseigné Ali. — Coquine de femme, elle m'a troublé les idées! — reprit à part lui le Breton. — Où en étais-je ? Ah ! c'est cela. Je disais donc que j'étais embêté pour le choix d'un bon Dieu. Il paraît que, dans les trois religions, ce bon Dieu donne un paradis à ceux qui se sont bien conduits sur la terre. C'est assez bien de sa part. Examinons voir ce que l'on trouve dans ces différents paradis. Celui des juifs d'abord ! — Ici Jacques fit un effort de mémoire. — Ma foi ! je ne sais pas ce qu'on y trouve dans le ciel des *iaoudis* (juifs). Bah ! cela ne doit pas être cossu; leur bon Dieu m'a tout l'air d'être ladre et de faire mesquinement les choses. A un autre. Les catholiques ? On y joue de la trompette, je crois ; tiens, c'est assez agréable. Mon curé m'a parlé d'un tas d'archanges qui sonnaient des fanfares ; le chef de musique est, je crois, un certain Michel ou Gabriel. Mais c'est un détail. Va pour la musique! si elle ressemble à celle du 4ᵉ léger, elle est un peu crânement jolie. Pourtant on doit avoir d'autres plaisirs que d'entendre le trombone et la clarinette ; ça finirait par ennuyer. Que me disait mon curé ? On voit le bon Dieu face à face. Tiens, c'est curieux cela. Oui ; mais quand on s'est dévisagé pendant trois quarts d'heure, on doit en avoir assez. Qu'est-ce qu'il reste en fait d'amusement ? Voyons... voyons... — Jacques se creusa la cervelle et ne trouva rien. — Bigre ! — fit-il, — je crois que c'est tout. Ma foi ! c'est peut-être beau pour commencer ; mais ça ne va encore pas. Se regarder dans le blanc des yeux avec le bon Dieu, toujours... toujours... c'est décidément trop long. Reste le paradis du Prophète. — En ce moment le vieux chasseur était ensanglanté ; il n'avait aucune blessure grave, il est vrai, mais son corps n'était qu'une plaie. Les femmes, le voyant encore dans toute sa force, se gardèrent bien de lui donner un coup qui eût tari trop tôt les sources de la vie. Jacques était trop habitué aux souffrances physiques, il avait trop émoussé sa sensibilité corporelle aux épines dont la carrière est semée pour ne pas se posséder tout entier. Sans aucune tension de volonté, il s'isolait de la douleur. — Voyons le paradis musulman, — pensa le chasseur. Jacques sourit, et après réflexion il reprit : — Ce paradis-là, je sais par cœur comment on y passe ses jours. D'abord, on emporte son fusil, voilà un grand point ; on y chasse. Mille millions de diables ! c'est tentant, plus tentant que la musique. Le vieux Selim prétend qu'il y a des autruches, des lions, des panthères, tout le tremblement ! voire même des lièvres et des perdrix rouges, grasses, dodues, parfumées... Assez causé ! ce paradis-là me va comme une jolie fille à un beau garçon. Au fait, en parlant de fille, j'oubliais qu'on emmène les femmes dans l'autre monde des musulmans. Juarez viendra me rejoindre pour sûr, et il sera accompagné de cette bonne madame Louise, qui a trop bon cœur pour le quitter. Ils auront des petits enfants. Nom d'un tonnerre ! quel bonheur de vivre en famille, tous ensemble... Selim, Juarez, son épouse, les mioches, moi et le petit Ali. Il y sera ce gamin-là, il me tirera encore les moustaches pendant que je dormirai. C'est égal, j'aurais bien voulu l'embrasser avant de partir pour le grand voyage ; mais je l'attendrai là-haut en chassant. Eh bien ! vrai, je suis content de passer l'arme à gauche, et c'est vers le paradis de Mahomet que je me dirigerai. — Là-dessus le vieux coureur de bois voulut se frotter les mains. Il se rappela qu'il était attaché. Il éprouva en même temps une cuisson assez vive, ouvrit ses yeux qu'il tenait fermés, et reconnut qu'on lui coupait les oreilles. — Canailles, va ! — murmura-t-il. — Si j'avais avec moi dix ou douze coureurs de bois, avec la liberté d'agir, on en verrait de drôles. Mais Juarez ne sait rien !

Un grand bruit se fit dans la foule ; des centaines de voix impatientes criaient :

— Le gueux ! le gueux ! Arrachez-lui les yeux à ce vieux mulet.

— Mulet ! — répéta Jacques ; — elles m'appellent mulet ! Tas de belettes, va ! — Et il cria à ses persécutrices : — Vous faites bien de m'aveugler, car votre vue me dégoûte ! Il me semble voir grouiller des vipères immondes autour de moi. A coup sûr ce n'est pas dans les Traras que les sultans remontent leurs sérails, vous êtes toutes trop laides !...

Et Jacques ricana.

Le vieux Breton avait touché juste. D'un pôle à l'autre, la plus grande insulte qu'on puisse faire aux dames c'est d'attaquer leurs charmes ; on s'attire des rancunes mortelles.

— Le feu ! le feu ! — grondèrent avec furie toutes ces furies.

Une d'entre elles, belle fille de quinze à seize ans, s'approcha avec un tison enflammé pour l'enfoncer dans les paupières du vieux coureur de bois.

Elle se planta en face de lui, et lui dit fièrement :

— Regarde-moi. Il n'y a pas deux femmes comme moi dans le harem du bey de Tunis.

— Ma fille, — répondit le Breton, — si tu as un corps de gazelle, tu possèdes un cœur de hyène. Ce n'est pas à quinze ans, quand on a encore un vieux père, que l'on enfonce des charbons dans la prunelle d'un guerrier avancé en âge. Laisse cela à celles dont les ans ont tari les mamelles, sources de pitié !

La jeune fille jeta le tison, et s'enfuit confuse de la leçon. Bien lui en prit. Une affreuse vieille ramassa la branche d'olivier enflammé et courut sur le chasseur. Elle étendait les bras vers lui. Tout à coup un coup de feu vibra, une balle traversa le cou de cette hideuse sorcière ; elle fut tuée net et tomba au pied de Jacques.

La stupéfaction de la foule fut grande en entendant le coup de feu.

— Tiens ! — fit Jacques, — voilà l'affaire qui se complique. Je n'y comprends rien. Ce n'est pas une carabine de ma connaissance qui a envoyé cette balle. Au son, j'ai reconnu un moukala arabe ; d'où vient ce secours ? — Le chasseur terminait à peine son monologue qu'un jeune homme accourut, profita de l'ébahissement des femmes, coupa les liens de Jacques avec un poignard, et lui mit entre les mains des pistolets et un yatagan. — Par le Prophète ! — s'écria le Breton, — c'est ce petit Ali !

— Vite, vite, sauvons-nous, mon vieux Jacques, — fit Ali après avoir sauté au cou du coureur de bois.

— Se sauver ! Mais, sacrebleu ! voilà plus de trois mille femmes, comment faire ?

— Courons et tuons, parbleu !

— Des femmes ! Un guerrier ne doit pas s'attaquer à de pareils adversaires.

— Mais tu es donc fou ? Voyons, Jacques, tu veux absolument mourir et me faire torturer avec toi ?

— Non, mille cartouches ! non.

— Chargeons alors.

Ali s'élança, Jacques le suivit.

Mais les femmes, revenues de leur surprise, n'étaient pas disposées à laisser les coureurs de bois s'échapper. Elles se mirent à hurler (qu'on nous passe le mot), selon leur coutume, et enveloppèrent Jacques et Ali d'une masse compacte.

Ali à coups de crosse de fusil tomba sur un groupe ; Jacques frappait de son côté à tour de bras du plat de son sabre. Au lieu de reculer, les femmes exaspérées se jetèrent sur les chasseurs. Le Breton joua du yatagan ; mais, par un scrupule impossible à vaincre, il s'efforça de ne pas faire de blessures graves, et, comme les soldats de César à Minturnes, il frappait au visage. Se glissant comme des reptiles, plusieurs femmes l'enlacèrent, les unes aux jambes, les autres à mi-corps. Il se décida à sabrer vigoureusement.

Il était trop tard. Il fendit quelques crânes, troua quelques poitrines et finit par rouler à terre ; vingt bras nerveux l'enveloppaient comme les serpents roulés autour de Laocoon.

Ali n'avait pas hésité. Dès l'abord, il avait joué du poignard. Petit, agile et fluet, il s'était fait un passage en glissant comme une anguille entre les mains de ses ennemies ; rampant plutôt qu'il ne marchait, il se coulait entre les jupes de leurs tuniques, et, leur taillant les mollets du tranchant de son arme, il se faisait faire place. On eût dit d'un rat fuyant sous les pieds d'une bande d'écoliers.

Il parvint ainsi à sortir du cercle qui l'entourait. Malheureusement il vint donner juste au milieu d'une troupe de dix ou douze Kabyles, qui accouraient aux cris poussés par les femmes.

Ali, saisi par une main de fer, se débattit d'abord, puis tout à coup il se résigna et cessa de se démener.

Les femmes lancèrent un hourra triomphant.

L'un des guerriers demanda :

— Eh bien ! qu'y a-t-il donc ? — Tout le monde lui répondit à la fois, si bien qu'il ne put comprendre. — La paix ! la paix ! — cria-t-il. — Voyons, ma mère, parle, toi ! — reprit-il s'adressant en particulier à sa plus proche voisine.

— Ah ! mon enfant, — répondit celle-ci encore tout

en émoi, — tu arrives bien à propos. Ces coureurs de bois sont des diables; ils allaient nous échapper. Figure-toi, mon fils, que nous étions en train de torturer Jacques la Hache, l'ami de Juarez qui a assassiné nos frères. Tout d'un coup ce petit drôle que voilà tue une des nôtres d'un coup de fusil, coupe les liens du prisonnier, et voilà ces diables qui se mettent à fuir. Le petit est une vraie couleuvre. Il passait entre nos jambes et nous abîmait la peau. J'ai les mollets en sang.

— Drôle! — fit le Kabyle, — tu vas apprendre à tes dépens ce qu'il en coûte de se glisser sous les jupes de nos femmes. — Ali étouffa un sourire. — Place, — reprit le Kabyle, — place! Nous nous chargeons de l'exécution, et cette fois les prisonniers n'échapperont pas. — Les nouveaux venus emmenèrent Ali vers l'olivier où Jacques était transporté déjà. Le Breton avait repris sa résignation. Le Kabyle qui semblait le chef de la bande dit aux femmes : — Eloignez-vous un peu! vous ne nous laissez pas la liberté de nos mouvements.

— Surtout que ces scélérats soient solidement attachés, — firent les femmes en s'écartant à une certaine distance.

— Lève-toi, chien! — cria le Kabyle au vieux Jacques couché sur le sol.

— Fils de guenon! — répondit le Breton, — comment veux-tu que je me lève? Je suis lié. Tu es plus stupide que...

Tout à coup le Breton se tut.

Les Kabyles se mirent en devoir d'enchaîner Ali et Jacques à l'olivier; mais ceux-ci se remuèrent tant et si bien qu'il se passa un certain temps avant qu'on fût maître d'eux.

Les femmes se disaient entre elles :

— Quels enragés que ces coureurs de bois! Nos guerriers ont toutes les peines du monde à les maintenir.

Quelques femmes même trouvaient que les Kabyles s'acquittaient mal de leur besogne et leur criaient :

— Est-ce du sang ou de l'eau qui coule dans les veines des enfants de votre tribu? Vous avez donc des nerfs pareils aux cordes usées?

Mais, sur ce, une troupe de trois ou quatre cents montagnards arriva sur le plateau où avait lieu l'exécution; à leur tête marchait un guerrier; montrant les hommes qui garrottaient les prisonniers, il cria :

— Ce sont de faux Kabyles!

X.

Comment on descend dans les précipices en Algérie et comment le vieux Legoff fit découvrir le déguisement des Beni-Vautours et quelles en furent les conséquences.

C'étaient en effet de faux Kabyles qui entouraient les coureurs de bois. L'habit ne fait pas le moine, le burnous ne fait pas le Bédouin.

Juarez, Georges et les Beni-Vautours, déguisés en Kabyles, avaient exécuté leur projet. Ils étaient arrivés vers le soir près de la crête signalée par Juarez; ils avaient vu au bas de cette crête le camp français où l'on commençait à allumer des feux.

Cinq Kabyles veillaient sur les pentes à pic de la montagne.

Georges voulait de suite s'élancer sur ce poste; Juarez s'y opposa.

— Attends, — dit-il, — dans un instant ces gens-là vont faire leur prière, nous profiterons de cette circonstance.

En effet, les sentinelles s'étaient réunies au moment où, selon le Koran, on ne distingue plus *un fil noir d'un fil blanc*, et, la face tournée vers la Mecque, ils avaient récité leurs oraisons.

Les Beni-Vautours, rampant vers eux, les avaient envoyés en un tour de main vers le paradis du Prophète.

Puis un zouave, Bridou, celui-là même qui plus tard vendit des rats à trompe, se plaçant la tête entre les genoux, enlaçant ses jambes dans ses bras, se pelotonnant enfin, s'était placé au bord de la pente.

Ses camarades l'avaient poussé, et il avait roulé comme une boule jusqu'auprès du camp français sans se faire grand mal.

Grâce au moyen que nous venons de décrire, on peut descendre les passages les plus impraticables et en être quitte pour des contusions et des écorchures.

Certains que le bataillons des zouaves tenterait bientôt un assaut, les Beni-Vautours avaient couru vers Aïn-Kebira qu'ils trouvèrent désert. Juarez questionna un enfant sur le sort de Jacques; il apprit qu'on était en train de l'exécuter. C'est ainsi qu'il était arrivé assez tôt pour sauver Ali et le vieux Breton mourir avec lui.

Le plan de Juarez était de traîner en longueur les apprêts du supplice de Jacques et d'Ali, afin de donner au bataillon français le temps de commencer l'attaque.

Malheureusement, une imprudence de Legoff avait éventé la ruse des Beni-Vautours. Le vieux troupier ne perdait pas son tic au milieu des plus graves circonstances, il faisait toujours et quand même des observations saugrenues appuyées par des citations plus saugrenues encore. En gagnant Aïn-Kebira, après le massacre du poste, il s'était attardé un peu pour regarder le camp des zouaves qu'on apercevait dans la plaine. Toutes les fois que Legoff trouvait l'occasion de lancer une phrase poétique sur les beautés d'un paysage, il se serait bien gardé de la laisser échapper. Or, le bivac, dont les feux flambaient au fond du vallon, offrait un aspect étrange et fantastique.

— Parbleu! — murmura Legoff, — voilà un site pythagore! (Il voulait dire pittoresque.)

A peine avait-il prononcé ces mots qu'il s'en repentit. Il n'était plus temps. Les murs ont des oreilles en France, il en est de même des buissons en Afrique.

Un Kabyle marchait derrière Legoff sans que ce dernier s'en doutât; ce Kabyle allait lui aussi à Aïn-Kebira. Il recueillit la phrase de Legoff, ne comprit pas le mot pythagore; mais, comme il n'appartenait pas au vocabulaire indigène, il en conclut que c'était du français.

Sa défiance éveillée, il se mit à observer les Beni-Vautours, et, à des indices imperceptibles, mais presque infaillibles, il jugea que c'étaient des chrétiens.

Il changea de direction aussitôt et se hâta de prévenir un fort détachement à la tête duquel il revint pour vérifier ses soupçons.

Juarez, quand il vit ce détachement, cria aux Beni-Vautours :

— En retraite sur la mosquée!

Jacques et Ali, qu'on avait détachés en ayant l'air de les garrotter, étaient en mesure de suivre; entre gens habitués à la guerre, on s'entend vite; la petite troupe, bien serrée, n'attendit pas que les guerriers l'eussent atteinte. Elle se retira à toutes jambes vers Aïn-Kebira, enfonçant le cercle des femmes comme un boulet troue un mur.

Les Traras ne purent tirer dans la crainte de blesser les leurs; ils bondirent comme une meute sur les traces des Beni-Vautours, et les saluèrent d'une grêle de balles au moment où ils pénétraient dans le village. Aucun ne fut atteint.

Une fois dans les rues du village ils étaient sauvés. Ils parvinrent devant la mosquée, y pénétrèrent, en refermèrent la porte et s'y barricadèrent solidement.

Les Kabyles, furieux, vinrent battre le seuil de ce refuge, mais la porte de chêne résista à leurs efforts. Ils s'armèrent de haches et parvinrent à ébranler les battants, qui s'écroulèrent, leur livrant passage. Mais Juarez et [ses amis s'étaient déjà réfugiés dans le minaret, et, quand les assaillants voulurent les y poursuivre, ils les reçurent du haut de l'escalier par une fusillade si vive qu'ils les forcèrent à reculer.

Les Kabyles n'hésitèrent pas à mettre le feu à cet escalier. Ils entassèrent des branches d'arbre au pied de la rampe et y mirent le feu. La fumée obligea les Beni-Vautours de chercher de l'air et de se montrer sur la plate-forme du minaret, du haut de laquelle le muezzin annonce l'heure de la prière aux croyants. L'incendie formait un rideau de flammes entre les assiégés et les assiégeants ; jusqu'à un certain point il protégeait ces derniers, menaçant pourtant de les atteindre et de les dévorer bientôt. Juarez et Georges étaient hommes de ressources ; mais que faire en pareille circonstance ?

La plate-forme du minaret était entourée d'une sorte de balustrade percée à jour ; les Beni-Vautours et les coureurs de bois étaient pressés, serrés les uns contre les autres dans un espace étroit.

Les Kabyles, voyant que leurs ennemis se trouvaient dans l'impossibilité de descendre, étaient sortis de la mosquée ; ils se mirent à tirer sur eux avec acharnement. Les balles sifflaient dru comme grêle aux oreilles des Français.

— A plat ventre ! — cria Juarez.

Le conseil était bon.

Venant de bas en haut, les projectiles ne pouvaient atteindre des hommes couchés sur le sommet d'un édifice. Malheureusement l'incendie faisait des progrès rapides, on l'entendait rugir dans l'intérieur du minaret et se rapprocher peu à peu.

Jacques, toujours calme, calculait que dans dix minutes les dalles de la plate-forme déjà tièdes seraient brûlantes. Ali avait saisi la main de Juarez et la portait à ses lèvres. Juarez, lui, écoutait anxieusement les bruits lointains ; l'explosion de la mine creusée par les Français était un signal de délivrance. Georges oubliait sa situation particulière pour ne songer qu'au bataillon. Il avait cet instinct des grands capitaines dont l'esprit est toujours tendu exclusivement vers le sort des masses qu'ils dirigent. Les Beni-Vautours, eux, trouvèrent le petit mot pour rire...

Singuliers soldats que ces zouaves... se jetant au milieu du danger sans calculer ; téméraires jusqu'à la folie, et insoucieux de la vie jusqu'à blaguer la mort... la mort la plus terrible, celle du feu...!

— Sacré tonnerre ! — disait Bridou, — ça commence à chauffer !

— Bonne affaire ! — répondit un zouave. — Quand on a le ventre chaud, on n'a pas de coliques.

— Dis donc, Georges, — reprit Bridou, — nous sommes flambés, mon vieux. Tu as beau regarder du côté du camp. Quand même les camarades viendraient il serait trop tard. Six minutes encore et nous sommes fumés, oh ! littéralement comme des harengs saurs.

— Dans douze minutes,—dit un autre zouave, — nous serons grillés, toujours comme des harengs.

— Et si le bataillon s'installe ici et soutient un siége, nous serons conservés pour être mangés en cas de famine.

— Au moins nous aurons la consolation d'avoir servi à nos camarades.

— C'est la première fois qu'on aura vu des hommes transformés en harengs saurs.

— Que vous êtes un tas d'ignorants ! — s'écria Legoff tout à coup.—Du temps de Charlemagne, les dieux de la mite-au-logis (qui étaient des sorciers un peu malins, je vous prie de croire) changeaient les hommes en toutes sortes de quadrupèdes, y compris les arbres et les poissons. La preuve qu'il y avait des six-reines moitié carpes et moitié femmes, que c'étaient des actrices d'alors, dont Apollon du Bel-Air était comme qui dirait le directeur. Pour lors que les susdites nageaient vers les navires, qui chantaient des airs et les attiraient sur la côte où des brigands siciliens, commandés par un capitaine Caraïbe et son lieutenant Scie-la, dépouillaient les marins. J'ai lu la chose en latin dans les mémoires de monsieur Saint-Simon, un individu qui savait l'histoire sur le bout du doigt. Bon, voilà que je brûle, et si ça continue j'aurai bientôt des cloques. Faites comme moi, tournez-vous sur le dos, et figurez-vous être sur des lits de roses, comme disait Fernand Cortez à saint Laurent sur son gril.

Les zouaves riaient de l'intarissable faconde du vieux Legoff. Juarez murmura entre ses dents :

— J'ai vu des gens mourir avec un calme stoïque ; mais ces Français dépassent les plus intrépides compagnons que j'aie connus.

Ce défi jeté à la souffrance par les Beni-Vautours étonnait le roi des coureurs de bois.

Tout à coup une détonation retentit... Georges poussa un cri de joie.

— Le bataillon est sauvé, — s'écria-t-il.

— Et nous sommes perdus, — répondit Juarez.

En effet, il devint impossible de rester couché sur les dalles du minaret. Une fumée épaisse, mêlée de jets de feu et d'étincelles, sortait par l'ouverture donnant accès sur la terrasse. Les zouaves se levèrent.

Heureusement les Kabyles, surpris par la détonation, ne pensaient plus à tirer.

Un homme accourut, criant à la foule :

— Les Français ! les Français !

La foule aussitôt se précipita du côté qu'il désignait. Une vive fusillade éclata ; puis un hourra immense, puis des cris furieux, puis la fusillade cessa.

— Ils chargent, ils chargent ! cria Georges.

En effet, les zouaves se précipitaient à la baïonnette sur les Kabyles. Ils culbutèrent rapidement ceux qui s'opposaient à leur passage.

Pendant ce temps, des gerbes de feu enveloppaient le minaret, au milieu desquelles les Beni-Vautours et les coureurs de bois apparaissaient campés sur leurs carabines... Les flammes leur faisaient une splendide auréole.

Les zouaves entraient dans Aïn-Kebira en ce moment ; ils furent salués d'un hourra d'adieu par le groupe héroïque qui allait mourir après les avoir sauvés.

Tout à coup le minaret, miné par l'incendie, chancela... Un craquement effrayant retentit... La tour s'écroula, entraînant dans ses débris ceux qu'elle portait.

. . . .

Le bataillon fut bientôt maître d'Aïn-Kebira ; cinq compagnies occupèrent et défendirent les avenues ; les autres formèrent une réserve.

Le commandant du bataillon savait qu'il devait sa délivrance à Juarez, il envoya une section à la mosquée pour déblayer les débris et retrouver les cadavres calcinés des Beni-Vautours.

Quand la section entra dans la mosquée, elle se trouva en face des Beni-Vautours qu'on croyait morts.

Le sommet du minaret en s'écroulant avait étouffé l'incendie ; la plate-forme, au lieu de se rompre, avait conservé son homogénéité. Il en était résulté que les zouaves et les coureurs de bois n'avaient point péri.

Le bataillon fit une ovation à ses sauveurs.

Les Kabyles, au nombre de dix mille, essayèrent d'enlever le village ; mais pendant une heure ils livrèrent en vain dix assauts furieux.

Tout à coup une lumière brilla au loin dans l'Atlas, puis une autre, puis une troisième. En vingt minutes toutes les cimes des Traras étincelèrent.

Les douars des Kabyles brûlaient de tous côtés pendant qu'ils étaient occupés au siége d'Aïn-Kebira.

Le vieux Selim avait soulevé les tribus des environs de Tlemcen, où il était en grande révérence comme descendant des anciens rois ; il avait amené cinq mille cavaliers par la route de Zebdou, et, les partageant en différents goums, il leur avait donné ordre d'incendier les villages des Traras, calculant la marche des différentes

troupes de façon à ce que le feu prît à peu près partout en même temps.
Les Kabyles coururent en désordre chacun vers leur tribu. Le passage fut libre.

QUATRIEME PARTIE.

LES TOUAREGS.

Un mot d'introduction.

Notre but, en publiant cette œuvre, est de révéler à la France les mœurs, les usages, les coutumes si étranges, si pittoresques des peuplades qui habitent notre colonie.
Nous avons voulu décrire aussi les sites tantôt grandioses et sauvages, tantôt charmants et poétiques du Tell et du Sahara.
Nous avons promené le lecteur sur les bords enchantés de la Méditerranée, où la vague vient expirer en soupirant aux pieds des blanches cités, que les poëtes arabes comparent à de molles baigneuses se livrant aux caresses tièdes et parfumées des ondes.
Nous nous sommes enfoncés dans l'intérieur, au milieu des solitudes verdoyantes des lacs salés, image de la désolation, des forêts giboyeuses, des steppes incultes qui de la mer s'étendent au Sahara.
Après avoir donné le spectacle d'une ville indigène transformée par nos colons européens, nous avons dépeint les douars arabes du Salado.
Nous avons enfin escaladé les pentes de l'Atlas, étudié l'organisation des montagnards traras, établi un parallèle entre les Kabyles et les Arabes.
Le lecteur a vu notre armée, et particulièrement nos zouaves, faisant cette guerre étrange, semée d'embûches et de périls, qui ne ressemble à aucune autre, mille fois plus émouvante et plus passionnée que les guerres continentales.
Pour mieux dire, nous avons assisté à ces combats définis par un grand capitaine, *une chasse à l'homme*.
Il nous reste à étudier le désert...
Nous allons donc nous enfoncer dans ses immenses profondeurs, pousser jusqu'au Soudan, aborder Tombouctou, la cité prestigieuse.
Quand notre lecteur aura lu ce livre, il connaîtra l'Algérie, moins connue en France que les régions les plus lointaines.
Car, chose étrange, l'Afrique est conquise depuis trente ans, elle possède des villes de cent vingt mille âmes, comme Alger, un climat plus sain, plus tiède, plus enchanteur que celui de Nice, des curiosités, des merveilles de tout genre; elle est à trente heures de Marseille, et personne en France ne la connaît.
Voici l'idée qu'on se fait généralement de l'Algérie : un désert avec des montagnes de sables mouvants, quelques Bédouins invariablement voleurs, féroces, armés d'un grand fusil et montés sur des dromadaires; puis des soldats pour tuer les Bédouins, et çà et là un Français misérable en train de mourir affamé par la fièvre. Et, au lieu d'aller visiter cette nouvelle France pour réformer des préjugés, on va à Naples, on va à Constantinople, on ose même passer l'Océan pour étudier les Etats-Unis et le Mexique... Mais s'embarquer pour Alger, c'est autre chose. On n'y songe pas !
Les commerçants pourraient y trafiquer, les cultivateurs y défricher, les malades y retrouver la santé, les rentiers y vivre à bon compte, les littérateurs y découvrir des types; tout le monde gagnerait à ce déplacement... Personne ne se déplace. Sauf ceux qui, par état, ont résidé dans la colonie, nul ne l'a vue. C'est malheureux pour elle et pour la mère patrie.
En France, sous la dénomination insignifiante de Bédouin, on confond généralement toutes les populations si diverses des Etats barbaresques. On applique indifféremment ce nom aux Kabyles sédentaires de l'Atlas, aux Arabes demi-nomades du Tell, aux Arabes voyageurs des Angades, aux Turcs, aux coulouglis, aux nègres mêmes.
Il n'est donc pas étonnant que l'on ignore ce que sont les Touaregs.
Les Touaregs, formant de nombreuses tribus, fortes d'environ trente mille guerriers, sont disséminés dans le Sahara, où ils pillent et rançonnent les caravanes qui ne consentent pas à leur payer un impôt, une sorte de droit de passage sur le territoire qu'ils occupent.
Mais les Touaregs ne vivent pas seulement du produit de cette dîme levée sur le commerce.
Le désert, en hiver, se couvre d'une végétation luxuriante qui permet à ses habitants de nourrir des troupeaux immenses dont ils tirent du lait et de la laine.
Cette laine est échangée contre du froment sur les marchés du Tell (le Tell est le pays situé entre l'Atlas et la Méditerranée); quelquefois même les Touaregs poussent jusqu'à Alger, où ils se défont avantageusement des plumes d'autruche qu'ils ont recueillies dans leurs chasses.
En outre, le désert est émaillé, à des distances de trente ou cinquante lieues, par des oasis, où s'élèvent des villages et des villes, où croissent des palmiers, où coulent des fontaines.
Ces oasis appartiennent en grande partie ou en totalité aux Touaregs, qui les afferment à une race plus paisible qu'eux et qui prend différents noms, mais que l'on peut rapporter à un type, les Mozabites.
Ceux-ci, gens tranquilles, bons bourgeois de ces villages sahariens, appelés kours, passent les marchés avec les guerriers touaregs; ils cultivent leurs terres, et, pendant l'été, quand le soleil a desséché la verdure, ils nourrissent les troupeaux; en revanche, ils partagent les bénéfices par moitié.
Selon la coutume des gens de guerre, les Touaregs méprisent les Mozabites, aux mœurs calmes et douces, ils leur donnent une foule de noms insultants, répondant à celui de pékin chez nous. Mais, là-bas comme ailleurs, ceux qui manient le sabre ayant besoin de ceux qui manient les instruments aratoires, il en résulte que, à part un dédain réciproque, les deux races font assez bon ménage.
Les Touaregs sont vêtus comme les Arabes; seulement le haïque, au lieu de ne couvrir que les oreilles et le derrière de la tête, enveloppe le visage jusqu'aux yeux. Ce voile ne sert pas uniquement à arrêter le sable soulevé par le simoun, qui ne souffle que de temps en temps. Il a une autre destination. C'est un cache-nez préservatif contre la chaleur, comme notre cache-nez est un préservatif contre le froid. Il empêche l'air extrêmement chaud du Sahara d'arriver brusquement aux poumons, et il le tamise en quelque sorte.
Pour armes, les Touaregs portent un long fusil et des pistolets comme presque tous les indigènes; ils préfèrent les batteries à pierre aux capsules. Il y a une raison à cela. Les guerriers arabes peuvent toujours se procurer un caillou à feu, tandis que souvent les capsules leur manqueraient. Quand par hasard une carabine française leur tombe entre les mains, ils suppriment la cheminée, qu'ils remplacent par un bassinet. Cette méthode a de graves inconvénients : les jours de pluie, l'eau humecte

l'amorce, qui ne s'enflamme pas. Il est arrivé souvent que des positions fussent enlevées sans coup férir par nos soldats, précisément parce que les armes de leurs adversaires étaient hors d'usage.

Les Touaregs se servent aussi d'une longue lance et d'un bouclier lorsque fusils et pistolets sont déchargés. C'est chose curieuse que de voir deux partis de Sahariens s'élancer la lance au poing et le bouclier au bras.

Ce qui augmente la singularité de ces luttes, c'est que ces guerriers sont montés sur des dromadaires d'une espèce toute particulière.

Ces montures bizarres sont capables de faire cinquante à soixante lieues par jour ; on les appelle *maharis*, pour les distinguer des chameaux ordinaires qui font tout au plus quinze lieues dans une journée, ce qui, du reste, est déjà fort beau.

Le mahari sert pour le combat ; il est rare et vaut un prix fabuleux. Les autres dromadaires sont des bêtes de somme.

La nourriture de ces animaux est des plus simples, leur sobriété dépasse celle de l'âne ; cette vertu, jointe à celle de se passer d'eau pendant huit jours, les rend infiniment précieux aux Sahariens.

La femelle leur donne son lait ; du poil ils tissent leurs tentes et leurs burnous ; de la peau ils se fabriquent des sandales.

Sans les dattiers et le chameau, le désert est inhabitable.

Les Touaregs sont-ils Arabes? Existaient-ils avant les grandes invasions datant de Mahomet? Sont-ils les indigènes, le peuple primitif du Sahara? Là il faut borner ses conjectures.

Nous croyons que, longtemps avant Mahomet et les irruptions faites en Afrique par les Arabes de l'Asie, il y avait eu des émigrations de ce peuple vers l'Orient.

Mais un fait certain c'est que tous les conquérants musulmans et les hordes berbères qu'ils traînaient à leur suite sont arrivés dans les États barbaresques par le désert.

Selon nous, les Mozabites seraient antérieurs aux Touaregs.

Maintenant que nous connaissons un peu mieux les hôtes que nous envoie le désert, disons ce qu'ils sont venus faire en France.

Placés entre nos possessions d'Afrique et du Soudan, les Touaregs veulent devenir les convoyeurs, les courtiers du commerce immense que nous pouvons établir avec l'Afrique intérieure, baignée par des méditerranées très-vastes, peuplée par soixante millions de nègres qui produisent beaucoup comme culture et comme industrie, qui produiront plus encore.

Jusqu'alors, quand une caravane s'aventurait du Soudan vers Alger ou Tunis, elle payait un impôt aux Touaregs.

Ceux-ci comprennent qu'un pareil état de choses ne peut durer longtemps avec des voisins comme les Français, qui ont déjà poussé plusieurs pointes dans le Sahara et puni sévèrement les pillards. Les hommes intelligents de leurs tribus ont pris une initiative qu'on ne saurait trop louer : au lieu de mettre des entraves au commerce du Soudan, ils cherchent désormais à l'augmenter, à le protéger, et, intermédiaires obligés entre nous et le centre d'un riche continent, ils réaliseront des bénéfices considérables ; aux caravanes ils fourniront leurs dromadaires pour transporter les marchandises ; leurs *ksours* (villages) deviendront des hôtelleries, ou, pour conserver la couleur locale, les caravansérails de chaque étape à travers le Sahara. De la sorte, au lieu d'être les pirates du désert, ils en deviendront les marins, comme leurs montures en sont les navires, selon une comparaison faite depuis longtemps.

Bientôt, à Alger, on pourra lire dans la rue Bal-el-Oued :

BUREAU CENTRAL DES MESSAGERIES SAHARIENNES.
Ligne de Tombouctou (correspondance pour le Sénégal.) Trois départs par semaine : lundi, mercredi, dimanche.
Ligne du lac Tchad (correspondance pour le Darfour).
(Ligne d'Aadar (correspondance pour la Guinée). Deux départs par semaine : mardi et mercredi.

I

Séparation. — Le rocher Noir.

Le bataillon de zouaves était délivré. Il n'avait plus qu'à opérer sa retraite sur Tlemcen ; les Kabyles dispersés lui laissaient le champ libre. Les compagnies évacuèrent Aïn-Kebira ; la colonne se forma sur un plateau rapproché ; l'arrière-garde mit le feu aux quatre coins du village, et le défilé commença. Les Beni-Vautours étaient à l'arrière-garde avec les coureurs des bois. Juarez, qui ne savait rien du malheur advenu à Louise, causait tranquillement avec Georges. Ali, soucieux, méditait. Il avait à faire une révélation terrible ; il reculait épouvanté du coup qu'il était forcé de porter à celui qu'il aimait plus qu'un frère.

— Juarez ! — dit-il en touchant le tueur de panthères à l'épaule.

— Que veux-tu ? — demanda ce dernier en se retournant.

— Te parler, — répondit Ali. — Viens à l'écart.

— Il y a mystère ? — fit Juarez en souriant.

— Ne ris pas, — dit Ali d'un air sombre.

— Petit, tu sembles bien lugubre ?

— Encore une fois, ne plaisante pas ; tiens bien ton âme, raidis-toi contre la douleur ; tu vas rugir ou pleurer.

— Parle, — dit Juarez d'une voix ferme. — Nous voilà assez loin de toute oreille indiscrète, je t'écoute.

— Es-tu prêt ? Prends garde, jamais ton cœur n'aura saigné d'une pareille blessure.

— S'agirait-il de Louise ?

— Oui.

Toute l'énergie de Juarez lui fit défaut : une sueur froide perla son front. Les flammes de l'incendie éclairaient au loin la montagne. Ali vit le tueur de panthères blémir. Il s'arrêta. Juarez passa sa main sur son front, fit un appel suprême à tout son courage, et domina son angoisse.

— Continue, — fit-il d'une voix assurée.

— Louise est au pouvoir de nos ennemis, — dit Ali ; — le Serpent du désert l'a enlevée après avoir livré un combat au Sanglier, qui peut-être est mort à cette heure. Je ne t'ai pas parlé de cela plus tôt parce que, dans la situation où nous nous trouvions, il était inutile d'ajouter sans nécessité une souffrance de plus à celles que nous endurions.

— A-t-on des indices du chemin qu'a pris le Serpent ?

— Non. Pourtant, je puis te donner des renseignements précieux.

— Hâte-toi.

— Le Serpent, d'après ce que j'ai appris, est un disciple du marabout Achmet. Il est dans les Traras depuis deux ans pour y étudier le Coran sous le chef vénéré de ces montagnes.

— Après ? après ?

— Eliacim et sa fille ont sans doute été en relations avec le Serpent.

— Tu as raison. Le fait est probable.

— N'est-il pas vraisemblable aussi que le Serpent est devenu amoureux de Fatma, et que, pour lui plaire, il aura enlevé sa rivale, Louise. — Juarez approuva d'un signe de tête. — On part, — fit Ali, — les Beni-Vautours t'appellent.

Juarez se dirigea vers l'arrière-garde, qui commençait son mouvement.

Il fit signe à Jacques la Hache, qui écoutait Legoff, de se ranger à ses côtés. Jacques eut quelque peine à se décider ; le vieux zouave lui racontait avec un aplomb superbe des bourdes insensées, le coureur de bois ajoutait une foi aveugle à ses discours et le prenait pour un savant. Il ressentait pour lui une estime mêlée d'admiration.

— Que diable veux-tu ? — demanda le chasseur à Juarez ; — je désire faire route avec Legoff, qui parle mieux qu'un livre et qui m'apprend des choses étonnantes.

— Nous ne quittons pas les Traras, — dit Juarez ; — suis-moi, Jacques.

— Il y a du nouveau ?

— Oui.

— C'est différent.

Jacques donna une poignée de main au vieux Legoff, qui le vit partir avec le plus grand regret.

— Ah çà ! coureurs de bois, — firent les Beni-Vautours, — vous ne venez donc pas à Tlemcen avec le bataillon ?

— Nous sommes forcés de vous quitter, — repartit Juarez.

— Mais, — s'écria Georges, — les Kabyles vous massacreront tous les trois !

— Rassure-toi. Un coureur de bois est aussi en sûreté en plein pays ennemi que s'il se trouvait dans un douar ami. Allons, zouaves, au revoir ! Vous avez été braves et vous emportez notre estime. Je me souviendrai toujours du service que vous nous avez rendu en nous aidant, Selim et moi, à massacrer le poste kabyle. Si vous voyez Selim, dites-lui que nous l'attendrons au rocher du Vautour pendant deux jours, et que, en cas de départ, il y trouverait des indications pour nous rejoindre.

— Et l'armée d'Afrique n'oubliera pas non plus qu'elle vous doit la conservation d'une colonne. Bonne chance dans les entreprises, cousin ! à toi aussi, Jacques la Hache ! Ali, mon petit, tu es un homme maintenant, voilà ma main.

Ali, tout fier, serra la main qu'on lui tendait ; il se sentait haut de six pieds depuis ses exploits.

Le clairon sonnait pour appeler les Beni-Vautours en retard sur la colonne, ses notes rapides brusquèrent les adieux ; les zouaves prirent le pas de course. Ils étaient tout émus en s'éloignant des coureurs de bois. Rien n'unit plus vite les hommes que le sang répandu en commun.

A peine les zouaves avaient-ils fait cent pas que les chasseurs avaient disparu dans les broussailles. Il était temps.

Les gens d'Aïn-Kebira étaient rentrés dans leur douar aussitôt que les Français l'avaient quitté ; toutes les maisons flambaient.

Les Kabyles comprirent que tout était perdu et qu'il serait impossible de rien sauver du feu.

Ils furent pris d'une rage terrible de vengeance et, laissant leurs demeures embrasées, ils se lancèrent sur les traces du bataillon ; hommes, femmes et enfants assaillirent l'arrière-garde. Mais les zouaves se défendirent vigoureusement. Les gens d'Aïn-Kebira n'étaient pas soutenus par leurs compatriotes, qui avaient couru vers leurs tribus attaquées par les cavaliers de Selim. Le bataillon put rentrer à Tlemcen sans avoir essuyé de grandes pertes.

Au moment où les Kabyles s'étaient rués à la poursuite des Français, Juarez, Jacques et Ali s'étaient mis à courir à travers champs ; ils avaient failli être surpris. Après vingt minutes de course, Juarez, qui devançait Jacques, se retourna. Il vit bien son vieux compagnon, mais Ali avait disparu.

Il le chercha à travers l'obscurité, qui n'a pas de secrets pour les yeux perçants des chasseurs, Ali n'apparaissait pas.

Juarez et Jacques se disposaient à retourner sur leurs pas quand une voix se fit entendre soudain.

Les deux chasseurs étaient au fond d'un ravin, la voix venait du sommet d'un rocher qui dominait ce ravin.

— Juarez, — disait cette voix, — m'entends-tu ?

— Oui. Descends donc, Ali, et ne fais pas de bruit ; tu es imprudent.

— Je te quitte pour quelque temps, Juarez, — dit la voix ; — j'irai au rocher Noir te donner des nouvelles certaines de Louise dans une heure ou deux.

Et le silence se fit.

— Eh bien ! mais que se passe-t-il donc ? — murmura Jacques la Hache. — Je ne suis au fait de rien, moi !

Juarez expliqua à son compagnon ce qui était arrivé. Jacques la Hache, qui aimait Louise, fut atterré.

L'aube blanchissait l'horizon, éclairant d'une lumière blafarde le rocher Noir, qui se dressait isolé et menaçant sur une des plus hautes crêtes des Traras. Au sommet du rocher, dans une anfractuosité du roc, deux hommes se tenaient tapis. C'étaient Juarez et Jacques la Hache. Ils attendaient.

Un cri de chacal retentit dans les broussailles ; ils répondirent à ce cri. Bientôt Ali parut à la base du rocher ; il sortait des bouquets de chênes-liéges au milieu desquels il avait rampé pour s'approcher du roc. Il l'escalada avec agilité et vint s'accroupir près de ses amis.

— Eh bien ! — demanda Juarez, — quel est le résultat de ta folie ? Tu es un mauvais compagnon, Ali ; on ne quitte pas ainsi ses camarades pour agir à sa tête. Une bande de coureurs de bois doit penser et exécuter en commun.

— Ne gronde pas, mon petit Juarez, — répondit le coulougli. — J'ai eu peur que tu ne m'empêchasses d'exécuter mon projet.

— A l'avenir, rappelle-toi que tu es considéré parmi les chasseurs comme un homme, tu entends ! comme un homme. Donne un conseil, on t'écoutera et, s'il est bon, on le suivra. Blâme une décision, on t'écoutera encore, et, si tu as raison, on se rangera à ton avis. Tu es adroit sois sûr que tu auras à accomplir les missions qui te conviennent ; ainsi donc, plus d'escapade comme celle de cette nuit.

— Vrai, je suis un coureur de bois maintenant pour de bon ?

— Oui.

— Jacques n'a pas l'air de prendre cela au sérieux.

— Si fait, — répondit le vieux Breton.

— Et mon oncle ?

— Il fera comme nous.

— Juarez, il faut que je t'embrasse ; du reste, j'apporte de bonnes nouvelles.

— Nous t'écoutons.

Ali sauta au cou de Juarez ; puis il prit la parole :

— J'ai pensé, — dit-il, — que le point important pour nous était de savoir au juste à quoi s'en tenir sur les relations qui peuvent exister entre Fatma et le Serpent. Voici le moyen que j'ai employé pour acquérir cette certitude. J'avais remarqué un peu en dehors d'Aïn-Kebira une maison isolée ; elle me parut plus grande que les demeures ordinaires des Kabyles. Je conjecturai que dans cette maison Ben-Achmet recevait les hôtes illustres qu souvent le visitaient. Pendant qu'on nous attachait à l'arbre du supplice, je songeai que Fatma était à la base du rocher sous le toit que j'apercevais à travers les voiles de la nuit. Plus tard l'idée me vint que peut-être, en rôdant de ces côtés, si Fatma habitait là, je surprendrais quelque renseignements. Puis je formai un plan. Quand je vou ai quittés mon plan était mûri à point. Je gagna Aïn-Kebira presque désert ; j'eus soin de ne pas m montrer dans les rues et tournai le village. Je fus bientô assez près de la maison dont je vous ai parlé. Une négresse s'y rendait, venant du village ; je l'abordai et lu demandai qui logeait dans cette habitation. Elle me ré pondit que c'était Fatma, sa maîtresse. Les choses tournaient à mon gré. J'arrêtai la négresse. « Ecoute, » lui dis-je, « je suis chargé d'un message pour la fille d'Elicim ; veux-tu la prévenir que je désire lui parler ? — Ma maîtresse est assoupie sans doute, » répondit la négresse ; « elle n'a pas dormi de toute la nuit et a été obligée de fuir quand les roumis sont venus. Elle vient de rentrer depuis peu ; et, avant d'entreprendre un long voyage, elle a désiré reposer quelques heures. Si donc ton message n'est pas pressé, je te conseille d'attendre son réveil. — J'apporte une lettre du Serpent du désert, » dis-je. «—Alors viens, » s'écria la négresse. « Sans doute, il s'agit de quelque chose d'important ; c'est peut-être un contre-ordre et nous ne partirons pas demain. Pour ma part, j'en serais bien aise. Es-tu attaché au Serpent, petit ? — Oui. — Tu connais le désert ? — Oui. — Est-ce bien loin ? —Très loin. » Ici la négresse poussa un soupir. » — Déjà, fit-elle, « nous avons quitté les bords fleuris du Salado pour venir demeurer dans ces montagnes. Maintenant il faut abandonner le Tell (bords de la mer) et s'en aller dans le Sahara, où il n'y a que du sable. » La négresse paraissait désolée ; je demeurai convaincu que le Serpent avait engagé Fatma à venir le rejoindre dans son pays natal, où il est si puissant. Mais, grâce au bavardage de la négresse, j'eus des nouvelles de Louise. « Il paraît, » dit l'esclave, » que tout ce qui arrive est la faute de ce maudit Juarez, qui a été notre ami dans le temps. Mais on finira par le prendre. Déjà le Serpent s'est emparé d'une femme qu'aimait le tueur de panthères ; quand celui-ci le saura, il voudra la délivrer et tombera dans un piége. Ce sera bien fait. Il est l'auteur de tout le mal qui nous est arrivé. » En ce moment, nous nous trouvions sur le seuil de la maison. La négresse me laissa dehors en me priant d'attendre qu'elle eût parlé à Fatma. Quand elle fut entrée, je me retirai et je courus au rocher.

Juarez, pendant ce récit assez long, était passé tour à tour par la crainte et l'espérance. Son cœur avait bondi quand il avait acquis la certitude que Louise vivait. Toutefois, habitué à commander à ses émotions, à refouler les manifestations de ses sentiments, il écouta Ali sans dire un seul mot, jugeant et pesant ses paroles. Jacques la Hache, de son côté, faisait de même.

Cette possession de soi est la première condition du sang-froid ; si nécessaire à tous ceux qui suivent une carrière aventureuse ; aussi les chasseurs algériens se font-ils une sorte de point d'honneur de garder une impassibilité parfaite dans les plus terribles circonstances.

Juarez réfléchit. Jacques et Ali, confiants dans leur compagnon, le laissèrent juger la situation. Quelques minutes s'écoulèrent. Juarez releva la tête et dit :

—Nous allons nous embusquer chacun sur un des chemins qui conduisent hors des Traras. Nous surveillerons les voyageurs, et celui de nous qui verra passer Fatma préviendra ses compagnons ; il est fâcheux que Selim ne soit point là, car il y a quatre routes à garder et nous ne sommes que trois.

— Voilà mon oncle, — dit Ali tout à coup.

En effet, un cri de chacal avertit les coureurs de bois que Selim arrivait.

Il aborda ses amis avec la même placidité que si rien d'extraordinaire ne fût arrivé. Il ne fit aucune question, ne donna aucun détail sur la part qu'il avait prise aux événements, ne prononça pas un mot, mais foudroya Ali d'un regard.

— Laisse, — dit Juarez, — il a prouvé qu'il méritait d'agir à sa guise. Le lionceau ne peut toujours rester dans le repaire paternel.

Selim n'opposa aucune objection, mais il ne desserra pas les dents.

Au fait de ses habitudes, Juarez donna au vieil Arabe les instructions nécessaires pour tenir son poste ; puis les quatre coureurs de bois quittèrent le rocher et s'en allèrent chacun à leur embuscade.

. . . .

Cinq heures plus tard, ils étaient encore rassemblés au rocher Noir.

Fatma était partie. Juarez lui-même l'avait vue passer. Les chasseurs suivirent ses traces.

Ici nous allons raconter au lecteur un de ces faits que l'on taxerait d'invraisemblance si des autorités compétentes, entre autres le général Daumas, n'en attestaient la possibilité.

Nous avons dit ce que sont les maharis, ces chameaux coureurs qui font trente lieues par jour sans fatigue.

Fatma et sa suite étaient montées sur des maharis, et les chasseurs suivirent à pied cette caravane et ne lui laissèrent jamais que quelques lieues d'avance.

Les coureurs de bois, rompus à la marche, font des étapes de géant ; avec eux les bottes de sept lieues deviennent une réalité.

Du reste, les Arabes eux-mêmes fournissent souvent dans le désert des traites de trente à trente-cinq lieues dans une seule journée et à pied.

Voici comment ils s'y prennent. Ils imprègnent d'huile leurs articulations et se munissent de quelques vivres, d'un bout de corde et d'un briquet. Cela fait, ils partent. Leurs pas rapides leur font parcourir deux lieues à l'heure. Ils se reposent après huit heures de marche, mangent un morceau de galette, écrasent quelques grains de café sous leurs dents, avalent une ou deux gorgées d'eau , et se remettent en chemin pour s'arrêter huit heures après.

Cela fait seize heures de temps et trente-deux lieues d'espace...

Arrivés à la station où ils doivent passer la nuit, ces marcheurs intrépides allument du feu et préparent leur souper. Le repas pris, ils fument une pipe et la savourent lentement. Quand le tabac s'est envolé en fumée, ils coupent un bout de corde dont ils mesurent la longueur, ils allument cette corde au feu du bivac, et attachent cette espèce de mèche à leur pied nu. Après quoi ils s'endorment.

Au bout de six heures, la corde est rongée par le feu, qui échauffe la chair du pied ; la douleur éveille l'homme profondément endormi. Il se lève, reprend son bâton, ses armes, et repart encore.

C'est ainsi que des piétons traversent l'immensité du désert.

Au Sahara, il n'y a point de bêtes fauves, par cette raison que les oasis sont trop petites pour que des animaux féroces y vivent près de l'homme, et le désert est trop aride pour qu'ils y trouvent du gibier.

Les autruches, les gazelles et les antilopes fourniraient seules une pâture aux lions et aux panthères ; mais comme leurs bandes errent sans cesse d'un point à un autre, il en résulterait que leurs ennemis devraient les suivre chaque jour dans leurs pérégrinations, ce qui ne convient pas au tempérament paresseux des races félines.

N'ayant rien à redouter des bêtes fauves, les voyageurs isolés du Sahara ne risquent plus que d'être rencontrés pendant leur sommeil par une troupe de Touaregs.

Mais le désert est immense, et c'est jouer de malheur que de se trouver juste sur le passage d'une bande de ces pirates des sables.

Nous avons dû donner ces détails, d'abord parce qu'ils sont authentiques et pittoresques, ensuite parce qu'ils expliquent la célérité incroyable avec laquelle nos héros suivirent la caravane qui emportait Fatma.

II

L'alerte.

Deux jours à peine s'étaient écoulés que, grâce à l'agilité extrême des maharis, Fatma et son escorte étaient entrées en plein Sahara.

La petite caravane était campée. La nuit approchait. Déjà le soleil avait disparu à l'horizon, et ses derniers reflets empourpraient le couchant.

Le désert s'étendait immense, fauve, silencieux, du nord au midi, de l'est à l'ouest, et l'œil s'égarait dans ses profondeurs insondées, sans apercevoir autre chose que quelques touffes rares et desséchées de l'herbe qu'avaient fait pousser les dernières pluies. Pas un homme, pas une créature vivante ne surgissait dans un espace infini ; un froid mortel saisissait l'âme ; le cœur éprouvait une angoisse profonde, effet du vide.

La nuit avait déjà jeté son manteau sombre, pailleté d'étoiles, sur la moitié du désert ; on voyait les ténèbres envahir pas à pas le reste de cette mer aux ondes sablonneuses.

Cette marche de l'ombre avait quelque chose d'effrayant.

La lumière, c'est encore la vie ; mais, avec le soir, on perd la seule sensation qui permette à l'homme d'avoir la conscience intime de son existence. L'ouïe ne reçoit aucun son, l'odorat n'est éveillé par aucune senteur, le toucher est engourdi par les fatigues de la marche, le goût est annihilé par l'empâtement que cause le sable amassé aux parois du palais. Restait la vue, et voilà que les ténèbres s'épaississent !

Alors il semble au voyageur isolé que la mort l'enveloppe et le presse de toutes parts, glaçant ses veines ; il se sent pris d'une peur irrésistible et fatale ; il éprouve des vertiges indéfinissables. Il se croit au milieu d'une tombe, mais une tombe sans fin, où il se débat sans espoir contre le néant qui l'étreint.

On est frappé de l'aspect étrange des hommes qui vivent au milieu du Sahara ; ils ont quelque chose de sépulcral, de mystérieux, qui saisit les plus indifférents ; on dirait un air d'outre-tombe.

Du reste, un campement de Touaregs en voyage ressemble assez à une nécropole. Les tentes noires sous lesquelles s'abritaient les guerriers protecteurs de Fatma ressemblaient à des mausolées ; les maharis, accroupis sur le sable, avaient des poses qui faisaient songer aux sphinx, funèbres gardiens des villes trépassées ; la sentinelle qui veillait gardait l'immobilité d'une statue.

Cependant un bruit de voix s'échappait d'une des tentes, mais si léger que c'était à peine un murmure. Sous cette tente, Fatma et le chef des Touaregs s'entretenaient.

Ce chef était l'oncle du Serpent du désert ; il avait accompagné ce dernier dans son voyage aux Traras, et il avait reçu de son neveu l'ordre d'amener Fatma dans un ksour.

Qu'on ne s'étonne pas de voir un oncle obéir à un neveu. En Afrique, les branches aînées dominent les cadettes, surtout dans les familles de marabouts. Puis le Serpent du désert avait une telle réputation que les plus vieux guerriers subissaient le prestige de son nom fameux.

Le vieux Touareg était assis sur une natte devant Fatma, couchée sur des coussins.

— Moussa, — disait la jeune fille, — nous avons quitté les Traras depuis deux jours ; n'a-t-on aucune nouvelle des coureurs de bois, nos ennemis ?

— Aucune, — répondit le vieillard.

— Es-tu bien certain, — reprit Fatma, — qu'ils ne suivent pas nos traces ?

— Ils les cherchent, c'est possible ; mais ils ne les trouveront pas.

— Ils sont rusés comme des chacals et rapides comme des gazelles.

— Je le sais. Mais le renard est aussi fin que le chacal, et le mahari court plus vite que la gazelle la plus agile. On m'appelle Moussa le Renard. Nos maharis sont les plus légers de tout le grand désert.

— N'importe ! Je suis inquiète.

— La femme est craintive, — fit le vieux guerrier en souriant.

— C'est que le tueur de panthères n'est pas un homme ordinaire.

— Peuh ! — fit le Touareg.

Fatma regarda le chef en face ; l'œil noir de la jeune fille étincela.

— Sache, — dit-elle, — que mon regard s'est arrêté sur le tueur de panthères et que mon cœur a tressailli. Je ne l'ai pas caché à ton neveu ; il sait le passé. Après cet aveu, juge ce que doit valoir le coureur de bois !

— En effet, il faut qu'il soit bien grand pour mériter un rayon des étoiles qui resplendissent sous les cils de tes paupières, fille d'Eliacim ! Je conviens du reste que dans les ksours on m'a souvent parlé avec éloge de Juarez. Mais ne crains rien. D'abord, j'ai suivi des voies inconnues à tous les voyageurs, en dehors des sentiers qui mènent les caravanes au Sahara. Bien habile qui devinerait la route que nous suivons.

— Et la piste ?

— A peine un pas est-il marqué sur le sable que le vent disperse les grains qui forment l'empreinte.

— Et les traces ?

— N'as-tu pas remarqué que les maharis portent un sac qui reçoit les indices qu'en route ils pourraient laisser ?

— Et le campement ?

— Au réveil, nos nègres aplanissent le sol et enlèvent tout débris pouvant trahir notre passage en ces lieux.

— Bien. Tu es prudent, Moussa.

— Et brave, — ajouta fièrement le guerrier qui se redressa. — Je consens à cause de toi à fuir la rencontre de ce Juarez ; mais, s'il venait, malheur à lui et aux siens ! Nous sommes quinze guerriers touaregs, l'élite de nos tribus. Sois sûre qu'une bande nombreuse de coureurs de bois ne saurait nous vaincre. Ces gens-là vont à pied du reste ; ils sont mauvais cavaliers. Fi des fantassins ! Nos lances sont longues, nos fusils portent loin, nos yatagans coupent le fer, nos bras sont d'acier !

— Tu calmes un peu mes appréhensions, — dit Fatma en souriant.

— Un peu seulement, ma fille ?

— Que veux-tu ? On viendrait me dire : Les coureurs de bois attaqueront le campement cette nuit et te feront captive ; cela ne m'étonnerait pas.

— Tu m'humilies.

Tout à coup un des pans de la tente se souleva, la négresse de Fatma entra vivement et dit :

— Maîtresse, le guerrier qui veille demande à parler au kebir. Il a entendu un bruit suspect.

Fatma pâlit, le vieux Moussa fronça le sourcil et se leva pour sortir.

— Reste, — dit Fatma.

— Il faut pourtant que je parle à la sentinelle qui m'appelle.

— Sans doute. Mais je veux savoir ce qui se passe ; que cet homme entre ici !

Fatma baissa son voile, fit un signe à sa négresse, et bientôt le Touareg entra sous la tente.

— Qu'y a-t-il ? — demanda Moussa.

— Sidi, j'ai cru distinguer un bruit lointain.

— Oh ! oh ! fit Moussa d'un air incrédule, — aurais-tu peur des chasseurs ! Tu as cru ?... Mais voilà la première fois qu'un guerrier de ma tribu me dérange pour un soupçon futile et peu justifié.

— Sidi, ne blâme pas. J'ai dit : j'ai cru, par déférence pour toi qui as pris tes mesures afin de dépister l'ennemi ; maintenant je dis : je suis sûr d'avoir entendu un bruit insolite.

— Si tu affirmes, c'est différent. Quel genre de bruit était-ce ?

— Celui d'un briquet contre une pierre à fusil.

— Que trois hommes montent sur leurs maharis et courent dans la direction d'où venaient les sons que tu as recueillis.—L'ordre fut exécuté. Trois guerriers s'élancèrent de toute la vitesse de leurs montures vers le point désigné par la sentinelle. Ils firent trois lieues en droite ligne, puis ils revinrent sur leurs pas et battirent le pays dans toutes les directions. Ils passèrent ainsi sur un léger monticule de sable où croissaient quelques touffes d'alfa ; ils sondèrent les ténèbres de leurs yeux perçants, ne virent rien de suspect et retournèrent au camp.—Eh bien ? leur demanda Moussa.

— Rien, sidi, — répondirent-ils.

Moussa s'empressa d'aller auprès de Fatma et de lui dire :

— Dors tranquille, ma fille ! La sentinelle a cru entendre quelque chose, mais elle s'était trompée.

Les Touaregs entravèrent les maharis, rentrèrent sous leurs abris ; le silence redevint complet et tout le monde se livra au sommeil, sauf la sentinelle.

III

Juarez s'empare de Fatma.

A peine les Touaregs avaient-ils quitté le petit monticule où se trouvaient les touffes d'alfa dont nous avons parlé, qu'une de ces touffes s'agita légèrement, puis s'éleva au-dessus du sol d'environ un pied en moins de deux minutes.

Ce phénomène de végétation eût certes causé une stupéfaction profonde à un savant explorateur, d'autant plus que la plante s'élevait par secousses.

Bientôt une autre touffe se mit à croître aussi rapidement que sa voisine ; puis une autre, puis encore une autre. Il faut aller au grand désert pour voir de pareils prodiges.

Cependant ce n'était rien encore comparé au miracle stupéfiant qui suivit bientôt cette merveilleuse croissance.

Les touffes d'alfa se mirent à causer entre elles !...

Il est vrai que cette conversation avait lieu à voix basse ; mais enfin on pouvait saisir très-bien les paroles.

Ici nous prions le lecteur de nous croire, de ne pas jeter notre œuvre à terre en nous accusant de raconter des choses impossibles, folles, ridicules.

Ce qui précède et ce qui va suivre est vrai de tous points.

Oui, les touffes d'alfa se parlèrent, et se parlèrent assez longtemps même.

— Ouf ! — fit l'une, — j'étouffais !

— Moi aussi, — répondit l'autre.

— Pas si haut, — gronda sourdement une troisième ; — les Touaregs ne sont pas encore bien loin.

— Vraiment, — reprit la première voix, — notre situation n'est pas agréable.

— Une minute encore. Que diable ! on n'est pas à l'aise, c'est vrai ; mais enfin on a été plus mal.

Il se fit un peu de silence. Bientôt une voix dit :

— Levons-nous !

Et alors les touffes d'alfa sortirent de terre tout à fait, et quatre corps d'homme apparurent en guise de racines ; les bras de ces hommes se portèrent aux touffes, qu'ils soulevèrent, et les têtes apparurent !... C'étaient celles des coureurs de bois. Par une ruse comme ils savent en inventer, ils s'étaient cachés au milieu du Sahara, là où il semblerait impossible qu'un lièvre pût se dérober à la vue d'un chasseur, tant l'œil y parcourt facilement de vastes étendues dépourvues de tout buisson.

Voici comment les chasseurs s'y étaient pris :

Ils avaient creusé des trous dans le sable ; puis ils avaient placé sur leurs têtes une coiffure formée de brins d'alfa admirablement travaillée pour imiter une touffe naturelle. Cela fait, ils avaient d'abord enterré leurs armes, puis ils s'étaient accroupis dans les fosses de sable, et, avec leurs bras, ils avaient fait retomber sur eux une partie du sable qui environnait les fosses. Enfin ils avaient étendu leurs bras sur le sol mouvant et avaient fait une pression ; le terrain, mobile, avait rapidement cédé ; le vent du soir avait soufflé, recouvrant le tout, et les chasseurs s'étaient trouvés ensevelis jusqu'au cou.

Pendant le jour, leurs ennemis auraient éventé le piège ; mais, la nuit, le plus défiant et le plus perspicace eût passé près d'eux, et même sur eux, sans se douter le moins du monde de leur présence.

— Par Allah ! — disait Ali, — j'ai une crampe ; est-ce que nous jouerons à cache-cache comme cela toutes les nuits ?

— Chut ! — fit Jacques la Hache.

— Laisse-le parler, — observa Juarez ; — le vent a tourné, et il emporte nos paroles dans la direction opposée au bivac des Touaregs.

— Alors, — reprit Jacques, — explique-nous un peu le motif de tes actes ? Je n'y comprends rien.

— Tu vas comprendre. — Les coureurs de bois se rapprochèrent de Juarez ; Selim lui-même, malgré son insouciance habituelle, prêta l'oreille. — J'ai tenu à attirer l'attention des Touaregs en faisant du bruit tout à l'heure, afin qu'ils fissent une battue.

— Drôle d'idée ! — murmura Jacques.

— Bonne idée ! — reprit Juarez.

— Les cavaliers n'ayant rien trouvé auront été de fort mauvaise humeur contre la sentinelle, qui se défiera de ses oreilles pendant le reste de cette nuit.

— Je commence à comprendre, — fit Ali tout joyeux ; — nous surprenons le bivac.

— Pas encore. Je veux seulement le contourner, prendre les devants et gagner les palmiers qui ombragent, à trente lieues d'ici, le puits d'El-Bakra, où la caravane campera demain. Saisissez-vous ?

— Pas tout à fait, — dit Jacques.

— Moi je devine, — fit Ali.

— En route ! — ordonna Juarez. — Prenons à droite ; le vent porte de ce côté et étouffera le bruit de nos pas.

Les coureurs de bois partirent après avoir repris leurs armes et les avoir mises en état. Ils firent un détour, dépassèrent le campement ennemi et gagnèrent bientôt une grande avenue ; puis ils disparurent dans la nuit et le lointain.

Plusieurs fois la sentinelle crut saisir des sons qui attirèrent son attention et lui causèrent une inquiétude assez vive. Deux fois le guerrier se coucha à plat ventre et chercha à s'assurer s'il ne se trompait point. Mais, comme l'avait prévu Juarez, malgré les indices les plus graves cet homme, s'étant trompé une fois, n'osa réveiller son chef, dans la crainte de se tromper encore et de s'attirer les reproches de ses camarades, peu soucieux de battre la plaine inutilement. Juarez, on le voit, connaissait le cœur humain.

Le soir de ce jour la caravane arrivait au puits d'El-Bakra.

Ce puits, creusé dans le sable, est ombragé par un bouquet de palmiers fort élevés qui s'aperçoivent de très-loin. Le palmier, on le sait, n'a de branches qu'à son sommet, qui forme une espèce de nœud dans le genre de celui qui couronne les saules ; de ce nœud partent en éventail une foule de branches, réunies d'abord à la base, séparées ensuite à quelque distance du tronc.

Cette disposition particulière du palmier fait que l'on pourrait croire qu'il est surmonté par un nid d'oiseaux gigantesques.

La caravane prit son campement au milieu du bouquet de palmiers.

Rien d'extraordinaire ne signala l'établissement des tentes. Moussa, pensant avoir définitivement dépisté les chasseurs, permit d'allumer des feux ; c'était une fête, car on put faire du couscoussou et du café. Les Touaregs, à la nuit serrée, se rangèrent autour des charbons qui jetaient des reflets rougeâtres ; ils allumèrent leurs chibouques et se mirent à rêver selon leur coutume en attendant le sommeil et le moment de rentrer sous les tentes.

Moussa tenait compagnie à Fatma.

— Eh bien ! — lui disait-il, — nous sommes à moitié chemin d'un ksour qui reconnaît l'autorité du Serpent du désert. As-tu encore quelque crainte ?

— Non, — répondit la jeune femme. — Je crois que nous arriverons sans encombre. J'ai hâte toutefois de me trouver en face de la Française que tient captive ton cousin.

— Pourquoi cet empressement ?

— N'est-ce pas ma vengeance ?

— C'est vrai.

— Grâce à cette femme, nous ferons Juarez prisonnier, et il sera attaché devant moi au poteau de la torture. Alors le Serpent du désert me verra heureuse et fière d'entrer sa couche. J'aurai épousé le plus grand guerrier qui soit sous le soleil. Il m'aime, m'a-t-il dit ; je l'aimerai.

— Qu'Allah vous bénisse tous deux ! — fit le vieillard. — Je souhaite votre union. Ton père était un grand marabout et tu es une noble fille. Mon neveu m'a ouvert son cœur et j'y ai vu un volcan d'amour. Je n'ai pas d'enfants, j'aime le Serpent comme mon fils ; je te regarderai comme ma fille. Le bonheur étendra bientôt sur vous ses ailes azurées. Je me retire, Fatma. Que tes songes soient dorés, mon enfant !

— Allah te garde, mon père !

Il fit une ronde autour du campement, et, ne trouvant rien de suspect, s'approcha de ses guerriers et les engagea à se retirer. Un seul resta debout, gardant comme d'habitude la caravane.

La lune s'était levée brillante dans un ciel sans nuages. Le Touareg enveloppa dans un long regard circulaire tous les alentours du bivac et ne vit que la plaine nue. C'était un membre des confréries religieuses qui couvrent l'Algérie, une espèce de moine, avec cette différence que chez nous les moines forment une communauté et vivent dans un monastère, tandis qu'en Afrique ces sortes de *religieux* (qu'on nous passe le mot) vivent le plus souvent au sein de leur tribu, quoique l'on trouve cependant des espèces de couvents dans les pays musulmans. Rassuré par le calme qui régnait de toutes parts, il se mit donc à égrener un chapelet et à réciter avec chaque grain les versets du Coran consacrés à cette pieuse mais monotone et fastidieuse pratique.

Il y avait à peu près une demi-heure qu'il se livrait à cette occupation, lorsqu'une tête parut hors des branches d'un palmier. Après la tête un corps se montra. Un homme se laissa glisser avec des précautions infinies le long du tronc, gagna la terre, s'approcha, le poignard aux dents, de la sentinelle qui marmottait avec ferveur la prière arabe. Le pauvre dévot était comme en extase, ce qui arrive assez à ses pareils. Il n'entendit rien. Du reste l'homme ne fit pas craquer un grain de sable. Il parvint à deux pas de la sentinelle, se dressa, étendit la main, étreignit le malheureux Touareg à la gorge, brandit son poignard, le lui planta dans le cou à l'épaule droite et lui perça le cœur par suite de la déviation vers la gauche qu'impriment à une lame les os qu'elle rencontre. C'est la manière la plus sûre de tuer un homme instantanément. Le Touareg ne poussa qu'un gémissement très-faible et s'affaissa.

Au même instant trois hommes descendaient à leur tour des palmiers et rejoignaient le premier ; ils entrèrent tous les quatre sous la tente des Touaregs et y disparurent.

Pendant quelques minutes des bruits confus, des gémissements étouffés, des convulsions d'agonie troublèrent le silence de la nuit ; puis ce fut tout.

Les quatre hommes ressortirent. Ils tenaient à la main des couteaux de chasse ensanglantés. Ils se couchèrent en travers de la seconde tente, celle où dormait Fatma, et ils attendirent le jour en dormant.

Quand le soleil parut, Fatma se leva et souleva la portière de sa tente. Les quatre hommes se levèrent ensemble d'un seul bond !...

La jeune fille poussa un cri d'effroi en reconnaissant les chasseurs d'autruches ; elle cria à l'aide.

— Silence ! — lui dit Juarez.

Et il fit un signe à ses compagnons.

Ceux-ci coupèrent aussitôt les cordes qui tenaient la tente des Touaregs, ils la renversèrent. Un spectacle affreux se découvrit devant Fatma épouvantée. Les guerriers étaient étendus sans vie sur une boue sanglante.

Juarez impassible, mais un peu pâle, semblait interroger Fatma du regard.

— Oh ! — dit celle-ci en joignant les mains, — je te savais terrible !

Juarez sourit. Mais ce sourire avait une expression sauvage qui fit frissonner la jeune fille.

Les coureurs de bois attachèrent les maharis quatre par quatre ; ils se chargèrent de ce que le butin présentait de plus précieux, et ils furent prêts à partir en peu d'instants.

Juarez ordonna à Fatma de monter dans son palanquin avec sa négresse ; il se hissa lui-même sur un mahari, et ses compagnons en firent autant.

Toute la caravane prit le chemin de Tlemcen, où elle arriva en deux jours sans avoir rencontré d'ennemis.

La population, ignorant les mobiles qui avaient poussé les coureurs de bois dans leur audacieuse entreprise, ne vit là qu'une brillante razzia opérée par ces hardis compagnons ; elle leur fit une brillante ovation.

Les trois hommes qui avaient enlevé à eux seuls une caravane protégée par quinze guerriers touaregs excitèrent un enthousiasme universel. La renommée de Juarez grandit encore.

IV

Où Juarez échappe avec adresse aux transports de Fatma.

Juarez connaissait à Tlemcen un ancien zouave qui tenait une auberge ; ce zouave devait la vie à Selim à la suite d'une de ces circonstances qui se trouvent fréquemment dans les carrières aventureuses.

Un jour Selim avait trouvé un soldat français entouré de trois Arabes qui, l'ayant surpris dans les environs de Tlemcen, s'apprêtaient à lui couper le cou. Selim tua deux des assassins et le troisième s'enfuit. Le zouave fut délivré. Inutile de dire qu'il voua à Selim la plus vive reconnaissance et était tout disposé à rendre service à Juarez, le compagnon de son libérateur.

Il consentit donc sans peine à recevoir chez lui Fatma et sa négresse, que deux des chasseurs devaient garder avec la plus active surveillance pour éviter une évasion.

La fille d'Eliacim fut installée dans une chambre à la

porte de laquelle veillait sans cesse un des amis de Juarez.

Cette chambre était située au troisième étage, et il eût été impossible de fuir par la fenêtre sans se rompre le cou.

Juarez, après avoir pris toutes ses mesures, éloigna ses amis et resta seul avec Fatma. Le jeune homme la regarda longtemps. Elle tenait ses yeux baissés.

— Fatma, — demanda Juarez, — tu devines sans doute le motif qui m'amène?

— Non, — dit-elle.

— Ton fiancé n'a-t-il pas enlevé la femme que j'aime?

— Oui, — fit-elle d'une voix étouffée.

— A mon tour, je l'ai faite prisonnière. Je veux aller trouver le Serpent du désert, je veux lui dire : « Voleur de grand chemin, je tiens en mon pouvoir la fille d'Eliacim; rends-moi la femme dont tu t'es lâchement emparé, à mon tour je te rendrai celle que je me suis vu forcé de ravir. » Mais il me faut une preuve de ce que j'avance,—continua Juarez; — je pense que, pour obtenir ta liberté, tu consentiras à me confier une des bagues qui brillent à tes doigts et à écrire au Serpent du désert?

— Fatma ne répondit pas, elle poussa un soupir à demi étouffé. — Je comprends, — dit Juarez, — que ma présence te soit odieuse; mais ce n'est pas ma faute si j'ai dû m'attaquer à toi. Les coureurs de bois ont toujours respecté les femmes, tu le sais! Malheureusement ton fiancé a osé commettre sur une Française un guet-apens odieux, indigne d'un guerrier. A mon tour, j'ai usé de représailles. Le Coran ordonne pourtant d'épargner les épouses, les filles et les sœurs des ennemis!

— Je ne te blâme pas d'avoir agi comme tu l'as fait, — répondit Fatma. — Tu es juste, tant mieux. Permets alors, puisque le hasard nous met en présence, que je tâche d'éteindre dans ton cœur la haine que tu me portes.

— Qu'un homme m'exècre, peu m'importe, mais une colère de femme me semble lourde à porter! Je t'ai fait bien du mal, j'en conviens; mais réfléchis pourtant, tu ne pourras m'en vouloir. Ton père m'a déclaré une guerre à mort, il a usé de la trahison contre moi, il a été sur le point de me faire fusiller par les Français d'Aïn-Temouchen. J'ai vaincu, je me suis vengé, n'était-ce pas mon droit? Ai-je été l'agresseur? Non. Ai-je été perfide? Non. Mon nom est sans tache, ma conscience est nette, je ne ressens aucun remords. Je te prie, Fatma, lorsque tu seras libre, d'oublier ta haine. Elle est injuste.

Fatma avait écouté frémissante. Repliée sur elle-même, dans un angle de la salle, elle porta soudain sur Juarez ses yeux noirs d'où s'échappaient, comme une incroyable puissance de radiation, des gerbes de rayons magnétiques. Ce regard de la jeune fille fit tressaillir le chasseur.

Fatma se leva lentement, l'œil fixé sur Juarez, et se rapprocha de lui avec les allures félines d'une panthère. Le jeune homme, surpris, presque inquiet, la regardait sans comprendre. Il était sous le coup d'une émotion indéfinissable et sentait sa volonté paralysée. Il fit un effort pour échapper à la fascination qu'exerçait sur lui la fille d'Eliacim; il baissa instinctivement ses paupières, comme font ceux qu'atteint le vertige; mais soudain il sentit deux mains qui étreignaient les siennes, et il entendit une voix suppliante qui soupirait son nom avec l'accent de la passion.

Jusqu'alors Fatma n'avait eu aucune occasion de révéler elle-même son amour à Juarez; elle n'avait fait aucune avance directe. Sans doute le tueur de panthères avait repoussé l'offre de sa main, mais cette offre avait été faite par Eliacim.

Juarez ignorait l'amour de Fatma, il avait à peine entrevu la jeune fille; la refuser pour femme ce n'était pas faire injure à ses charmes, mais décliner l'alliance de son père. Il n'y avait eu qu'un affront indirect.

Dans ses longues rêveries, Fatma, quoique maudissant out haut le nom de Juarez, avait pensé tout bas qu'elle l'aimait encore. Elle avait comprimé longtemps les révoltes de l'amour contre l'orgueil; mais, l'orgueil brisé par le dernier et éclatant succès du tueur de panthères, l'amour restait seul, et il faisait une explosion irrésistible.

Fatma était aux pieds de Juarez... Fatma sanglotait et les pleurs inondaient ses joues.

Juarez chercha à dégager ses mains, mais elle les retint et y colla ses lèvres.

Il la contempla malgré lui. Elle était belle sous ses larmes, comme une rose sauvage sous les perles de la rosée; ses traits hautains s'étaient adoucis, ses lèvres pâlies trahissaient ses souffrances longtemps étouffées; des sanglots s'échappaient de sa poitrine; ses longs cheveux épars flottaient sur ses magnifiques épaules; son haïque s'était écarté et sa gorge palpitait sans voile, trahissant l'ardent désir qui gonflait les voluptueux contours de son sein, dont les teintes splendides avaient cette chaleur de ton qui éveille les sens engourdis.

— Juarez, — dit-elle après avoir pressé les mains du jeune homme contre son cœur tiède et frémissant, — Juarez, pourquoi m'as-tu repoussée?

Le tueur de panthères fut attendri. Il releva doucement Fatma, la porta presque sur un petit divan, et s'assit à côté d'elle.

Elle conçut mille joyeuses espérances... Son front s'illumina d'éclairs radieux, tous les rêves de l'amour prirent leur vol; elle sentait son âme débordée par le bonheur.

L'âme humaine est immense comme le monde sur lequel elle plane avec les ailes de la pensée; la souffrance vient pour cette âme des sensations qui la forcent à se replier sur elle-même, qui en contiennent l'expansion, qui en compriment les élans; au contraire, le bonheur vient des sentiments qui la dilatent, qui lui donnent une extension incalculable, qui lui impriment un essor rapide. Et, chose étrange; sur laquelle on ne saurait trop méditer, la douleur morale produit un froid souvent mortel; dans tout l'être, le plaisir (dans le sens large du mot) produit une chaleur dont on a conscience, et qui souvent aussi use prématurément les forces vitales.

Ainsi l'âme, ce fluide impondérable, subit comme la matière l'influence du froid et du chaud; la passion qui trouve un aliment, ardent foyer, la dilate; la passion éteinte, incendie étouffé, laisse les glaces cristalliser le cœur. Et, si l'on veut pénétrer plus avant dans cette comparaison de la matière et de ce *que l'on appelle un pur esprit*, on reconnaîtra que les lois d'attraction et de répulsion sur lesquelles repose tout le système de l'univers, qui font le mouvement de la vie, ces lois, bases éternelles, causes premières de tout, sont appliquées à l'âme comme si c'était un simple fluide. En effet, la sympathie et l'antipathie ne sont pas autre chose que la répulsion et l'attraction.

Il nous resterait à tirer une conséquence, qui est la solution d'un grand problème : l'âme est-elle matière ou esprit?

Contentons-nous, dans un drame et à propos d'une musulmane aux yeux noirs, ignorante de toute philosophie, d'avoir osé poser les prémisses d'une théorie que nous discuterons ailleurs.

Que les vingt mille lecteurs à qui cette courte digression déplaira nous pardonnent en faveur des longs récits que nous avons été recueillir pour vous des bords de la Méditerranée jusque dans les profondeurs du Soudan.

Un voyageur a bien le droit d'oublier une épine de la science parmi les roses de la poésie.

La passion de Fatma n'était pas éteinte, mais seulement comprimée; l'espoir fondit les glaces de l'emprisonnaient; elle grandit soudain, comme ces fleurs printanières écloses à la fonte des neiges, sous les premiers baisers du soleil.

La situation de Juarez était extrêmement délicate ; il le sentait.

— Fatma, — dit-il, — n'as-tu pas vu quelquefois des mosquées splendides, des palais de marbre, des caravansérails de porphyre ?

— J'ai vu cela, — répondit-elle, — dans le pèlerinage que je fis à la Mecque.

— A ces édifices superbes n'as-tu pas préféré la tente qui s'élève humble et petite dans la plaine ?

— Oui, — répondit-elle encore.

— Pourquoi ?

— Je ne sais.

— Méprisais-tu les palais ?

— Non.

— Ne les admirais-tu pas au contraire ?

— Oui.

— Et pourtant, fille du Rio-Salado, tu sentais que le toit de toile abriterait mieux ton bonheur que les toits dorés. Et les vrais enfants d'Ismaël sont tous ainsi ; ils fuient le séjour des villes pour errer librement dans les campagnes.

— Tu parles comme le Coran, Juarez. Ta bouche ne ment pas. Mais à quoi bon ces questions ?

— Attends encore. D'autres, les Français et les Maures, par exemple, ne sont à leur aise que dans les cités. Est-ce vrai ?

— Oui, certes.

— Sais-tu pourquoi ?

— Encore une fois je l'ignore. Mais explique-moi le but de toutes les demandes que tu m'adresses.

— La patience est aussi bien la vertu des femmes que celle des guerriers. Un citadin, dis-moi, peut-il reprocher comme un crime à un Arabe d'errer dans les solitudes ; un Arabe peut-il reprocher au citadin de s'enfermer dans des murailles ?

— Chacun son goût. Dieu est grand, il a créé les peuples avec des idées différentes.

— A ton tour, Fatma, tu parles comme jadis parlait le Prophète. Écoute-moi maintenant. Tu es belle comme une lionne qui parcourt fièrement les forêts. Les guerriers t'admirent et s'inclinent en passant devant toi. Ton front est digne de ceindre le turban d'une sultane. Ton allure est celle d'une reine, noble, impérieuse et superbe. Je n'ai jamais contredit les jeunes gens de ta tribu quand ils allaient par les sentiers de la plaine répétant aux échos amoureux : *Fatma est la plus brillante étoile qui du ciel soit descendue sur terre !* Fatma est une houri qui ferait déserter le paradis du Prophète, si le Prophète permettait à ses élus de l'entrevoir. Fatma est la perle du Magreb ! Jamais je n'ai accusé tes admirateurs d'exagération. En voici la preuve : Un jour, dans un douar de la province de Constantine, l'on me fit entrevoir une jeune fille, et l'on me demanda si je connaissais sa pareille dans le monde entier. Je citai ton nom et j'ajoutai que la beauté surpassait celle de la jeune fille. De là naquit une querelle, et, dans cette querelle, je reçus un coup de couteau dont voici la trace.

Juarez montra une cicatrice au-dessous du coude de son bras droit. Fatma saisit ce bras et le couvrit de baisers avec une folle tendresse.

Le tueur de panthères se sentit plus embarrassé que jamais.

— Parle, parle encore ! — lui dit-elle ; — ta voix est douce comme les sons de la brise qui chante dans les oliviers.

— Mon Dieu ! — fit Juarez, — comment lui dire cela ? Et, tout découragé, il laissa tomber sa tête dans ses deux mains.

— Eh bien ! — fit-elle.

— N'as-tu pas compris ? J'admire la lionne au port majestueux, mais...

— Mais... — répéta Fatma haletante et devenue tout à coup pâle comme un lis.

— J'aime la gazelle, — reprit Juarez.

Fatma, en recevant ce coup de poignard, bondit avec la rage d'une lionne blessée ; elle eut un accès de colère qui touchait au délire ; elle se tordait avec un désespoir insensé, et sa main crispée ravageait furieusement sa chevelure d'ébène.

Juarez, profondément triste, la regardait avec une amère compassion.

Pour la consoler il ne pouvait rien, et il en était navré. Il ne pouvait rien en effet qui fût digne de lui, de Louise, de Fatma même.

Elle lut la pitié sur le beau visage du jeune homme ; elle se calma soudain, revint s'asseoir sur le sofa et fondit en larmes.

Puis elle attacha fiévreusement ses deux bras autour du cou de Juarez, se suspendit un instant à ses lèvres et murmura :

— La lionne se fera gazelle ! — Le jeune homme détourna les yeux. — Voyons, — dit-elle, — regarde-moi Je comprends ton silence. Tu refuses encore... Écoute... de grâce ! écoute... Tu l'aimes, mais ne peux-tu m'aimer aussi ? Dans nos tribus, les guerriers ont plusieurs femmes ; un ramier n'a-t-il pas un sérail de colombes ? Pourquoi, toi si beau, si brave, si envié, donnerais-tu ton amour à une seule quand toutes voudraient le partager ? Je serai douce, soumise, empressée, et de tes regards je ne prendrai que ce que tu voudras donner ; je serai la servante de ta favorite, son esclave ! Juarez, ne me repousse pas ! Je suis la fille d'un puissant marabout qui t'implore à genoux, ne sois pas cruel... ! On ne chasse pas le chien qui vient manger les miettes d'un repas. Chasseras-tu une fille de grande tente qui mendie les miettes de ton amour ?

Juarez sentait son courage l'abandonner. Cette voix vibrante remuait toutes les fibres de son cœur ; le souvenir de Louise se voilait de tous les nuages dont l'ivresse des sens trouble le cerveau.

L'effet magnétique d'un tête à tête avec une jolie femme est toujours puissant ; quand cette femme possède ce genre de beauté qui excite puissamment le désir, quand de tout son être s'échappent des effluves de voluptés comme les parfums s'échappent d'une fleur, quand elle prie à genoux, quand elle se traîne éplorée aux pieds de l'amant adoré, il faut être digne de monter la garde au sérail ou plus héroïque que Scipion pour résister à ses appels touchants.

Juarez prit Fatma dans ses bras avec une ardeur sauvage, déposa sur son front un baiser brûlant ; puis, faisant un effort surhumain, il se dégagea de son étreinte et s'enfuit...

▼

Où le Serpent du désert apprend la mort de ses compagnons et Ali fait encore des siennes.

Dans un ksour du Sahara voisin d'Ouargla, deux guerriers Touaregs, montés sur des maharis, venaient de s'arrêter sur une espèce de place située au centre du bourg.

La chaleur était extrême. Le soleil du désert chauffait à blanc les toits des maisons et lézardait les murailles, dont on entendait les pierres crier en se fendillant. Pas une âme ne se hasardait sur la place transformée en fournaise ; des rues étroites bordées de maisons à murs surplombant et voûtés venaient déboucher sur cette place.

Le long de ces murs, du côté de l'ombre, on apercevait des rangées d'habitants étendus sur le sol et alignés symétriquement comme les soldats morts dans une ambulance, où l'on conserve encore la régularité et le rang de taille.

A voir ces longues files d'indigènes immobiles et muets, à écouter le silence profond (car le silence s'écoute) qui régnait dans la ville, on se serait figuré facilement que la peste avait atteint la population et l'avait couchée en plein air, où elle restait faute de survivants pour l'ensevelir.

Et pourtant tout ce monde dormait simplement et tranquillement.

La vie des citadins, dans le Sahara, se passe en été dans une somnolence continuelle; la sieste dure tout le jour et presque toute la nuit.

On sort des maisons où l'on étouffe, et l'on s'étale au pied de son mur en ayant soin de disposer près de soi une tasse de café et un long chalumeau de maïs à l'aide duquel on pompe sans se déranger l'odorante liqueur.

Les seuls mouvements qu'on ait l'énergie de faire consistent dans un léger changement de position pour fuir le soleil à mesure qu'il avance dans la rue; le dérangement le plus pénible a lieu quand il faut passer de l'autre côté de la rue que l'ombre a envahi après avoir quitté celui où l'on se trouve.

On se traîne à quatre... pattes, comme des bêtes paresseuses, en plaçant ses chaussures sous ses mains, lesquelles grilleraient si on touchait le pavé à nu; on a les genoux garantis par les pans de son burnous et on tient ses pieds levés en l'air.

C'est ainsi qu'on entreprend un grand et pénible voyage de quelques mètres en poussant devant soi ses provisions, consistant en une tasse de café, un chibouque et du linge.

Que de peines pour accomplir cette traversée. Mais quels soupirs de volupté en arrivant au bout. Comme on s'allonge avec un ineffable bonheur! Comme on songe avec une inénarrable ivresse qu'on n'aura plus à bouger!

Telle est la vie du désert.

Nous l'avons menée pendant plusieurs mois et nous ne l'avons pas trouvée sans charme; il y a une étrange volupté à se sentir sommeiller.

L'âme se dégage, le corps n'existe plus avec ses misères qu'à l'état de guenille inerte, on fait des rêves délicieux.

Quand on a parfumé son tabac de quelques grains d'opium, on éprouve des extases sans fin, et il est bien difficile de ne pas se sentir l'être le plus heureux de la terre... en songe!

Mais le songe prolongé, obtenu à volonté, devient une réalité saisissante. Que le bonheur arrive à l'âme par l'intermédiaire des sens ou directement par l'ivresse, qu'importe, s'il vient! Tout n'est-il pas illusion? La chimère est souvent plus réelle que les réalités prétendues d'une félicité de faux aloi, incomplète et discutable.

Le désert, nous l'avons dit, est occupé par deux races distinctes: les Mozabites (citadins) (1), les Touaregs (tribus errantes).

Or, les Mozabites, marchands aussi paisibles que paresseux, incapables de se remuer pendant la sieste, ne comprennent pas comment les Touaregs peuvent braver impunément les ardeurs de l'été en voyageant en plein jour et en plein Sahara. Rien que pour cela déjà ils reconnaissent en eux une grande supériorité; mais les Touaregs, guerriers farouches et même féroces, leur inspirent une terreur fort justifiée du reste par les actes de cruauté qu'exercent ces rois du Sahara sur les caravanes qui refusent de payer l'impôt du passage.

Or, parmi les bandes de ces pirates, il était un homme plus redoutable que tous les autres; un homme qui peut se comparer à nos plus fameux corsaires.

(1) Ceux-ci se disent issus des Moabites, leur nom semblerait le prouver.

C'était le Serpent du désert!

Son nom seul faisait tressaillir les plus braves guerriers; il faisait frissonner les timides habitants des ksours.

Or, l'un des deux guerriers qui venaient d'arriver sur la grande place de la bourgade poussa son mahari à l'entrée de la rue la plus large, passa sur le ventre à deux ou trois dormeurs qui poussèrent des gémissements et des imprécations, dont l'auteur du reste s'inquiéta fort peu; il arrêta son coursier, dont le large pied était posé sur la poitrine d'un Mozabite, et il cria d'une voix retentissante:

— Racaille maudite! Fils de chien! Enfants de hyène! — Les Mozabites dressèrent l'oreille de tous côtés à ces interpellations peu flatteuses mais énergiques (le Touareg pratiquait le système des compensations); toutefois ils ne se levèrent pas encore. — Debout! debout, engeance du diable! — continua le Touareg. — Debout, marchands voleurs, plus lâches que les Juifs! Debout, canailles qui portez le ventre là où les braves ont le cœur. Sur vos jambes, vermines! ou, par le Prophète! je vais vous trouer les côtes avec ma lance, ce que j'aurais déjà fait si je n'avais pas craint de souiller de votre sang immonde. Mon maître, le Serpent du désert, va vous imposer mille douros d'amende pour vous apprendre à le recevoir ainsi.

Le nom de Serpent du désert fit un merveilleux effet. En un clin d'œil tous les Mozabites furent sur pied.

La nouvelle de l'arrivée du grand chef circula dans le ksour avec une rapidité électrique; les femmes et les enfants quittèrent les cours des maisons et se répandirent dans les rues, oubliant la réserve imposée à leur sexe.

Il se fit dans le bourg le bruit qui signale dans une ruche un grave accident, bruit sourd composé de mille rumeurs confuses.

Il était là. Chacun le voulait voir. On l'entourait, on le pressait respectueusement, car les plus rapprochés baisaient le bout de ses bottes et les pans de son burnous de soie.

Quand le guerrier jugea que les gens du ksour avaient suffisamment prouvé leur enthousiasme à son maître, il les écarta à grands coups de lance.

Cet homme était le *kodja* (à la fois secrétaire et écuyer) du Serpent du désert. Il était par conséquent *taleb* (c'est-à-dire lettré).

Il tira de sa ceinture un rouleau de parchemin, le déplia et commença à haute voix la lecture d'une proclamation qui fut religieusement écoutée.

Cette proclamation promettait mille douros à celui ou à ceux qui livreraient vivants l'un des compagnons de Juarez et deux mille douros à qui livrerait Juarez lui-même. Il était enjoint aux habitants des ksours de refuser tout secours et toute espèce d'hospitalité aux coureurs de bois; le Serpent du désert menaçait de détruire de fond en comble le ksour qui aurait caché dans ses murs ou aidé en quoi que ce fût l'un des proscrits.

Quand le kodja eut terminé sa lecture, il ajouta que pareille proclamation avait été lue partout dans les *souks* (marchés) et que la population qui pactiserait avec les ennemis des Touaregs serait noyée dans le sang.

Les Mozabites crurent devoir manifester la plus grande haine envers les malheureux assez coupables pour avoir attiré sur eux la colère du grand chef du Sahara; les principaux habitants, ayant leur cheik à leur tête, assurèrent à sidi Mohammed qu'ils éprouvaient pour lui le dévouement le plus vif et le plus ardent.

Le Serpent accueillait ces flatteries avec une impassibilité toute royale.

Tout à coup il se fit dans la foule un mouvement de va-et-vient qui attira le coup d'œil aigle du jeune chef; les rangs des Mozabites s'entr'ouvrirent pour faire place à un jeune colporteur kabyle, lequel criait:

— *Balek! balek* (prenez garde)! Je veux parler au tout-puissant et vénéré sidi Mohammed.

Il arriva devant le Serpent du désert, qui manifesta une certaine surprise.

— Que veux-tu, jeune homme? — demanda le chef étonné.

— Te donner des nouvelles d'une fleur par toi cueillie sur les montagnes Traras et confiée à la garde de tes meilleurs guerriers commandés par ton oncle.

— Parle, — reprit le chef. — Parle vite, — ajouta-t-il.

— N'attendais-tu pas pour hier déjà l'arrivée de la caravane.

— Oui. Mais elle va venir aujourd'hui ou demain ! c'est un léger retard.

— Ni aujourd'hui... ni demain... ni jamais... — fit Ali, scandant chaque mot avec force.

— Qu'as-tu dit? — s'écria le Serpent pâlissant sous le bronze de son teint.

— La vérité.

— Pourquoi mes guerriers ne me rejoindraient-ils pas? — fit le chef.

— Les morts marchent-ils ?...

Il se fit un silence profond ; la foule émue, pressentant quelque terrible événement, écoutait respirant à peine.

Le Serpent se sentait comme désarçonné par ce coup terrible.

— Mes guerriers étaient au nombre de quinze, — reprit-il ; ils n'avaient pas d'égaux sous le ciel... Leur chef était la prudence même. Tu mens, ou tu te trompes, jeune homme.

— Encore une fois, je dis vrai.

— On t'a raconté quelque fable ridicule, sans doute?

— J'ai vu.

— De tes propres yeux?

— De mes propres yeux. J'ai touché même...

— Alors, raconte.

Le Serpent fit appel à toute sa fermeté pour ne laisser échapper aucun signe de faiblesse devant les gens du ksour. Puis il fit signe au colporteur de commencer.

— J'ai vu, — dit ce dernier, — une mare de sang inonder le sol. J'ai touché seize cadavres étendus à la face du ciel : c'était du sang des Touaregs qui avait coulé ainsi. C'étaient les cadavres des tiens qui pourrissaient au soleil. Je sais qui a frappé. Les couteaux de chasse des coureurs de bois font des blessures faciles à reconnaître ; elles sont larges, profondes, mortelles. Tu as pris au tueur de panthères un lis de France. Le tueur de panthères t'a repris à son tour une rose du Rio-Salado. Il échangera les fleurs quand tu voudras ; m'as-tu compris ?

— Oui. Mais tu as donc parlé au tueur de panthères?

— Certes, oui. Et maintenant que je puis braver ta colère, car Fatma répond de moi, sache que je suis un compagnon de Juarez, un de ces coureurs de bois dont tu viens de mettre la tête à prix. Apprends que pour ma part j'ai poignardé quatre bandits, des voleurs, des coupe-jarrets, des scélérats qui, sous tes ordres, assassinent les marchands paisibles, massacrent les pauvres voyageurs pour les dépouiller. Et j'ai eu un plaisir ineffable à tremper mes mains dans le sang de ces lâches hyènes qu'on nomme des Touaregs. Voici, pour que nul n'en doute, les oreilles de ces bêtes immondes. Voici la tête de ce vieux chacal qui fut ton oncle. — Ali tira de son ballot les oreilles et la tête annoncées, et les jeta aux pieds du mahari du Serpent (1). Le Serpent, cloué sur sa selle, semblait de marbre ; ses yeux seuls semblaient vivants ; ils étaient fulgurants. Quant Ali eut fini de parler le chef saisit son yatagan. Le coulougli se croisa les bras.

— Essaye de frapper, — dit-il, — et tu meurs à l'instant. Juarez te tient sous son œil !

Le bras du Serpent retomba désarmé ; il savait qu'à mille pas la carabine d'un coureur de bois abat son homme.

Il y avait dans la foule un murmure sourd qui ressemblait fort à de l'admiration ; rien ne plaît aux poltrons comme la bravoure chevaleresque des natures énergiques et loyales. Ali obtenait un beau succès.

Les femmes se le montraient en chuchotant tout bas des remarques flatteuses ; les hommes souriaient en marmottant des phrases qui ressemblaient à des railleries adressées au grand chef du désert.

Toutefois ces sentiments étaient encore contenus quand un cri vibra :

— Les chasseurs d'autruches! Les chasseurs d'autruches! C'est le tueur de panthères! C'est Juarez! C'est Jacques la Hache! Voilà le vieux Selim! Voilà le Sanglier!

Alors un vide se fit...

Les quatre aventuriers s'avancèrent majestueusement, le fusil sur l'épaule, précédés de leurs chiens ; ils avaient l'air de triomphateurs.

La foule qui les aimait les saluait de joyeuses acclamations.

Les enfants frappèrent leurs mains l'une dans l'autre avec bonheur, les jeunes filles agitèrent leur ceinture de laine, les hommes saluèrent de la main avec confiance.

Le Serpent sentait son cœur bondir de fureur ; mais que faire? Fatma était captive.

— Eh bien! — dit Ali en montrant ses amis, — qu'en penses-tu, noble chef? Voilà les gens dont la tête est à prix, personne ne songe à gagner tes douros.

Le chef ne répondit pas à cette mordante ironie, il s'avança vers les chasseurs d'autruches.

Juarez fit signe à ses compagnons de s'arrêter ; en voyant le Serpent venir à lui, il marcha seul à sa rencontre.

Le chef touareg mit pied à terre. Les deux ennemis se mesurèrent du regard sans insolence, mais fièrement. La population attentive les regardait.

— Tu me cherchais, tueur de panthères, — dit le Serpent, — j'écoute ce que tu as à me proposer.

— Un échange, — répondit le chasseur.

— Il me déplairait d'en débattre les conditions devant cette tourbe. Les lions ne rugissent pas pour amuser les troupeaux de moutons. Te convient-il de m'accompagner hors de cette enceinte pour causer ?

— Oui, — dit Juarez.

— Alors, viens.

Le chef voulut remonter sur son coursier ; le chasseur l'arrêta.

— A pied comme moi, — fit-il.

— C'est juste, — dit le Serpent. Il ajouta : — Nous sommes des égaux. Tu es noble parmi les chrétiens comme je suis noble parmi les musulmans.

Juarez s'inclina avec courtoisie.

Les deux chefs partirent à pas lents. La foule fit mine de les suivre, mais le kodja du Touareg cria :

— Gens des ksours, que les passereaux ne suivent pas les aigles !

De leur côté, les chasseurs d'autruches firent signe aux Mozabites d'obéir à cette injonction du kodja.

Juarez et le Serpent, une fois hors des murs du ksour, se dirigèrent vers un bouquet de palmiers et s'assirent à l'ombre.

Le coureur de bois fit une cigarette, et l'offrit à son ennemi, qui accepta, en fit une, la présenta et la vit accepter aussi. Ce simple échange de politesse se fit avec cette gravité majestueuse qui donne aux Orientaux un air de grand seigneur.

Les cigarettes allumées, les deux chefs fumèrent avec un calme superbe.

A les voir nonchalamment adossés aux troncs des palmiers, suivant d'un œil en apparence distrait la fumée de leur tabac, on n'aurait jamais cru qu'ils se haïssaient mortellement.

Quand les cigarettes furent éteintes, Juarez prit la parole.

(1) On conserve ces sortes de trophées en les enduisant de miel.

— Je me demande, — dit-il, — si le guerrier célèbre dont le nom remplit l'Algérie apporte ici un cœur loyal, un esprit droit.

— Je me garde, — dit Mohammed, — de questionner sur sa franchise le roi des libres et brillants chasseurs du désert. On dit : Fidèle à son serment comme Juarez.

— On répète, — fit le chasseur : — Tiens ta promesse comme le Serpent tient les siennes. Nous nous comprenons. Dans quelle condition consens-tu à me rendre la Française dont je veux faire ma femme?

— D'abord, tu laisserais la liberté à la fille des Melado, que je veux épouser.

— Est-ce tout?

— Oui, certes! Le Serpent, en exigeant plus, insulterait à sa fiancée. Il semblerait ne pas la priser ce qu'elle vaut; loin de lui pareille pensée !

— Le Serpent entend-il par là rabaisser sa prisonnière? — fit Juarez en fronçant le sourcil.

— Le tueur de panthères questionnera celle qu'il aime; il verra de combien d'égards la noble Française a été entourée.

— Je remercie le Serpent. Cependant je ne dois pas céler mes pensées; je dois dire que le guerrier touareg ayant enlevé une femme peut être accusé d'avoir nourri de mauvais desseins.

— On n'est à son adversaire en le frappant dans ses affections. Tuer la Française, voilà ce que j'aurais fait peut-être. La maltraiter, l'outrager, voilà ce que je n'aurais jamais permis.

— Ceci est bien.

— Où l'échange aura-t-il lieu?

— La fleur du Rio-Salado est sur le territoire français.

— L'ennemi des chrétiens ne peut aller l'y chercher ; tu le sais.

— Je dois prendre aussi mes précautions; tu es maître dans le désert.

— Choisissons un point où nous ne serons à la merci ni de l'un ni de l'autre.

— Que penses-tu de Laghouat? C'est une ville neutre qui n'admet que des marchands dans ses murs. Sur ses marchés deux caravanes de tribus hostiles se rencontrent sans pouvoir en venir aux mains ; les guerriers qui feraient usage de leurs armes subiraient la justice de l'aga. Acceptes-tu?

— Oui. Mais qu'il soit bien entendu que nos haines ne sont pas éteintes.

— Je le sais. Trop de sang a coulé entre nous pour que jamais nos mains s'étreignent amicalement.

— L'un de nous doit mourir.

— L'un de nous mourra. — Les deux ennemis échangèrent un regard chargé de menaces. Ce ne fut qu'un éclair.

— Le quinzième jour de ce mois, — dit Juarez, — je serai rendu à Laghouat.

— Ce jour-là j'y serai aussi.

— Maintenant que nous n'avons plus rien à nous dire, rentrons.

— Non! Je reste ici. La vue de ces Mozabites m'est odieuse ; je te prie de me renvoyer ici mon kodja.

— Il sera fait selon ton désir.

Juarez se leva et rentra dans le ksour.

Cinq minutes après, le Serpent du désert et son kodja s'enfonçaient tous deux dans le Sahara.

Juarez, impatient de revoir Louise, ne voulut pas prendre une minute de repos.

Les gens du ksour avaient préparé une *diffa* (festin de réception), il la refusa, les priant seulement de lui procurer des maharis.

On en amena quatre, qu'il loua, il fit avec ses compagnons une légère ablution, remarquant toutefois l'absence d'Ali.

Au moment du départ, Juarez commençait à s'impatienter. Le coulougli ne venait pas.

Enfin, il parut.

— Juarez, — demanda-t-il, — pour un motif sérieux, renseigne-moi vite sur ce qui s'est passé entre le Serpent et toi.

— Je suis convenu avec lui de me trouver le quinze de ce mois à Laghouat. Réjouis-toi, Ali ; tu aimes Louise tu la reverras bientôt.

— Pauvre petite sœur, — dit Ali. — Mais, dis-moi, Juarez, n'y a-t-il aucun danger à amener Fatma dans Laghouat? Peut-être le Serpent médite-t-il une trahison contre toi. Pendant la route il cherchera à t'enlever ta prisonnière et à garder la sienne.

— Détrompe-toi! Pour deux motifs il ne le fera point. D'abord nous avons fait un pacte, et il est trop fier pour manquer à la foi jurée.

— C'est possible. Toutefois, je ne m'y fierais pas. Voyons un peu l'autre raison.

— Il se doute bien que, plutôt de laisser enlever Fatma je la tuerais.

— Voilà de quoi l'arrêter. Maintenant je n'ai plus de scrupule pour te demander une permission.

— Laquelle? Tu es libre comme l'air, Ali. Nous ne sommes pas constitués en bande de chasse, je ne suis pas ton chef. Tu es un coureur de bois comme moi ; tu me prêtes main-forte dans mon intérêt particulier parce que cela te fait plaisir. Mais, en somme, tu es maître de tes actes jusqu'au jour où, entreprenant une campagne, tu m'auras accepté comme kebir pour une saison.

— Mon petit Juarez, tu seras toujours mon ami, mon conseiller, mon frère aîné; c'est à ce titre que je te demande l'autorisation de courir une aventure. Je te rejoindrai au jour fixé à Laghouat.

— Il s'agit?

— D'une femme !

— Ali, la jeunesse est faite pour les amours, mais les amours sont dangereuses.

— Pas toujours. Le mari est absent.

— Alors, remplace, — fit Juarez en riant.

— Mais mon oncle?

— Il n'a plus rien à démêler avec ta conduite, et il n'est pas fâché d'être débarrassé du soin de surveiller un mauvais garnement comme toi. Tu es émancipé. Nous tous te devons des conseils; personne ne peut plus t'arrêter, même sur le bord d'un abîme. Il est bon, du reste, qu'un jeune homme s'abreuve à la coupe du plaisir ; il y a des nuits qui peuvent se payer de quelques gouttes de sang. Est-elle belle, au moins?

— Je ne sais.

— Garde à toi! On croit souvent trouver une houri et l'on se trouve en face d'une femelle du diable. Au revoir !

Ali sauta au cou de Juarez qui riait, et il l'embrassa avec effusion.

Il prit congé de ses compagnons et de son oncle, puis il disparut dans une rue qui débouchait sur la place.

Son oncle le suivit des yeux, ne dit pas un mot et monta sur son mahari.

Les chasseurs se mirent en route.

VI

Où Ali retrouve une ancienne connaissance.

La nuit enveloppait le ksour de ses voiles diaphanes; la voix sinistre des bêtes fauves clamait dans les sables; les portes des maisons étaient closes; les rues silencieuses et désertes commençaient à être envahies par les hyènes (1).

(1) Dans beaucoup de cités sahariennes, on laisse une porte ouverte pendant la nuit, afin que les hyènes puissent entrer et dévorer les immondices.

Ces animaux nettoient les rues de tous les débris dont elles sont jonchées.

Un jeune homme se glissait dans l'ombre le long des murs d'une impasse ; à chaque pas il dérangeait d'un coup de pied une hyène en train de chercher pâture sur un tas d'immondices ; de temps à autre il s'arrêtait jetant en arrière un regard scrutateur ; puis il reprenait sa marche.

Il gagna ainsi le fond de l'impasse, examina avec soin la façade d'une maison qui se dressait devant lui et parut surpris de n'y pas trouver ce qu'il cherchait. Alors il se blottit dans l'angle d'une porte, se dissimula en se repliant sur lui-même et attendit.

Au bout de dix minutes une espèce de jalousie s'ouvrit, une tête se montra, un objet tomba sur le sol, et une voix de femme se fit entendre donnant un ordre à une esclave.

Presque aussitôt une négresse sortit dans la rue et passa devant le jeune homme qui se tenait en embuscade ; il sortit de sa cachette et pénétra hardiment dans la maison.

La négresse ramassa l'objet qu'on l'envoyait chercher, se releva lentement en sondant toutes les maisons voisines, et, n'y voyant rien de suspect, se retira.

Elle trouva le jeune homme dans la cour intérieure ; il se tenait adossé à un pilier, elle le prit par la main, il se laissa conduire sans résistance.

Ils arrivèrent tous deux au fond d'un corridor en face d'un escalier.

— Monte, — dit la négresse. Le jeune homme, avant de s'engager dans l'escalier, tira son poignard. — Oh ! fit la négresse en voyant étinceler la lame, — remets cela dans ta ceinture ; il ne faut pas effrayer ma maîtresse.

— Un poignard n'épouvante qu'un ennemi, — répondit le jeune homme d'un air défiant ; — celle qui m'attend sait bien que mon bras ne voudrait pas la frapper.

— Yaouley (adolescent), — fit en souriant la négresse, — tu n'en es pas à ta première nuit d'amour, tu sais que les roses de l'adultère ont des épines empoisonnées. Cependant bannis tout soupçon ; le mari est en voyage. Déjà je te l'ai dit ce matin.

— Ali ! — s'écria en ce moment une voix que crut reconnaître le jeune homme.

Alors il n'hésita plus. D'un bond il franchit l'escalier et arriva sur une terrasse au seuil de laquelle l'attendait une femme enveloppée d'un long haïque.

— Eh bien ! — dit cette femme en français, — ne me reconnaissez-vous pas ?

Et elle laissa tomber son voile.

— Vous ! vous ici ! — s'écria Ali stupéfait.

— Cela vous étonne ?

— Il y a de quoi. Une Parisienne mariée (car vous êtes mariée) à huit cents lieues de la Maison-d'Or, au fond d'un ksour saharien ! En vérité, je crois rêver.

— Dans vos rêves, oubliez-vous d'embrasser les jeunes femmes qui vous donnent des rendez-vous ?

— Non, ma foi ! — dit Ali.

Et il sauta au cou de la Française, échangeant avec elle un baiser. Elle riait aux éclats. Lui, tout songeur, gardait le silence.

— Ah çà ! — dit-elle, — tu n'es plus gentil, mon petit Ali. Ne te souviens-tu pas de souper fameux où tu m'embrassais si souvent, et où tu me disais à chaque instant de ta voix câline : « Ma petite Souris blanche, je voudrais être un chat pour te croquer. » Faut-il, Ali, qu'une femme ait plus de mémoire que toi ? — Et la Souris (car c'était elle) se laissa tomber sur un divan, et, toujours folle, attira le jeune homme sur ses genoux. — Sais-tu, — dit-elle en l'embrassant au front et en caressant sa belle chevelure, — sais-tu que le désert rend sauvage ? Tu étais si gentil à Paris.

— Et vous étiez bien belle ! Mais vous avez pris plaisir à me griser et je me suis endormi dans vos bras ; tenez, comme cela ! — Et Ali laissa tomber sa tête sur le sein de la jeune femme, et ses deux lèvres effleurèrent amoureusement son cou charmant. — A mon réveil, vous aviez fui. Le duel de Juarez et sa blessure m'ont empêché pendant quelques jours de vous revoir ; quand plus tard je me suis présenté chez vous, on m'a répondu que vous n'y étiez pas. Je vous entendais chanter dans la pièce voisine.

— Ne fallait-il pas te punir ? C'était la première fois que j'attendais.

— Si j'avais su ! J'ai supposé que vous me dédaigniez.

— Et pourquoi ?

— Que sais-je ? Mille pensées amères ont torturé mon cœur ; je n'ai plus voulu m'exposer à un affront. Un étranger ! un enfant ! un musulman ! Les femmes françaises d'Alger ont un préjugé très enraciné au sujet des indigènes. J'ai cru que le préjugé avait passé la mer et que vous n'aviez fait que l'oublier pour une soirée.

— Les Françaises d'Alger sont des sottes : tous les beaux garçons sont égaux devant la femme ; du moins c'est une des lois de notre code à nous autres Parisiennes, et l'on nous a proclamées les reines du monde.

— Alors vous m'aimez toujours ?

— Quel enfant !

— Eh bien ! ma petite Souris, je suis chat et je te dévore.

Quoique leurs aventures les eussent distraits des souvenirs qu'ils gardaient l'un et l'autre, ils n'en étaient pas moins vivement épris : cet amour, qui se réveillait vif et fort après avoir dormi longtemps, ressemblait à ces fleurs dont la tige grandit sous l'herbe, et dont la corolle est fermée jusqu'au moment où, dominant les plantes qui l'étouffent, elle vient chercher les chaudes caresses du soleil.

Souvent la mise en scène donne à un tableau un charme poétique qui en double la valeur.

Au même moment, des soupirs étouffés se perdaient dans la grande voix de la tourmente. Emma n'écoutait plus les rauques sifflements de la tempête ; affolée d'amour, elle oubliait tout dans une ivresse passionnée. Et cette femme, à cette heure si violemment éprise, était jadis une fille de marbre.

Mais le simoun avait soufflé, excitant les orages du cœur ; elle en était arrivée au paroxysme de la passion. Telle est l'Afrique.

Les passions en Afrique doivent une partie de leur relief au milieu dans lequel elles se déroulent ; la vengeance emprunte une âpreté sanguinaire aux sites sauvages de l'Atlas ; dans le Sahara, où la longue torpeur de la nature est souvent secouée par le souffle impétueux du simoun, l'amour a des langueur ineffables semées de crises délirantes.

La nuit était calme, mais brûlante ; les étoiles se détachaient comme des lames de feu sur le bord empourpré du ciel, où l'œil cherchait un coin d'azur. On étouffait.

De temps à autre passait lentement sur le ksour une bouffée d'air brûlant comme celui qui s'échappe de la gueule d'une fournaise ; peu à peu les hyènes s'étaient tues et quelques gémissements lointains annonçaient qu'elles fuyaient dans leurs repaires.

Le simoun allait s'abattre sur le ksour ; déjà dans les palmiers on entendait de vagues frémissements ; l'oasis frissonnait aux approches de la tempête dont elle était menacée.

Peu à peu l'air s'emplit de nuées rasant le sol et illuminées par des lueurs indécises, sinistres, rougeâtres ; pareilles aux tourbillons de fumée qui enveloppent les incendies, elles roulaient avec un bruit sourd et formi-

---

Un habitant attardé se promène sans danger au milieu de ces troupeaux de *balayeurs* singuliers : outre que la hyène n'attaque pas l'homme, elle a comme un instinct de la tolérance dont celui-ci use envers elle.

Un enfant courrait des dangers hors des murs d'un ksour, la hyène le respectera dans les rues si abandonné, si petit qu'il soit.

dable vers le ksour, sur lequel elles s'abattirent bientôt avec fracas.

La cité saharienne se tordit haletante sous cette trombe de sable et de feu.

Une demi-heure après, Emma (on se souvient sans doute du petit nom de la Souris) était couchée sur un tapis aux pieds d'Ali assis sur un coussin.

— Sais-tu, — disait-elle en se faisant d'instinct toute mignonne et toute petite fille, — sais-tu que tu es bien changé ! Je vais devenir folle de toi. Si l'on savait cela à Paris, on rirait.

— Pourquoi ?

— Dame ! J'ai toujours été si coquette que l'on s'étonnerait fort de ma transformation ; car, je le sens, je t'aime, oh ! mais je t'aime furieusement. Et cependant tu es un enfant !

— Un enfant ! — dit Ali en se dressant soudain ; — un enfant, moi ! Tu ne sais donc pas que j'ai envoyé la première balle au lion noir de Kamarata, que Juarez a achevé ? Tu ignores donc que j'ai déjà pris un sang en tuant le marabout Eliacim ? Je suis un coureur de bois, Emma ; les guerriers les plus fiers détourneront leurs chevaux pour me laisser passer, et les plus vieux compagnons des bois me considèrent comme un égal. Un enfant ! Mais pour te prouver que je suis un homme, apprends que dans la dernière expédition faite avec Juarez j'ai coupé plusieurs têtes, et que mon oncle Selim m'a dit : Ali, tu étais mon neveu, aujourd'hui tu es mon fils ! Un enfant ! Veux-tu que j'aille te chercher les bracelets qui ornent les bras de la femme d'un chef touareg ? le veux-tu ? Tu verras si je suis un homme !

Et Ali, les bras croisés, le front superbe, attendait un ordre.

— Calmez-vous, monsieur, — dit Emma, souriant de son exaltation. — Je vous proclame, de par l'amour, émancipé des langes de l'enfance. Es-tu content ? Oui.

— Et leurs lèvres se rencontrèrent encore.

— Maintenant, — reprit Ali, — raconte-moi tes aventures. Je ne sais rien, absolument rien, et je suis intrigué.

— Ecoute. Mais d'abord ne bouge plus, je n'aime pas être dérangée quand je fais un récit. — Ali enlaça la taille de la Souris ; elle passa son bras autour de son cou, elle recueillit ses souvenirs et elle allait débuter quand tout à coup la négresse entra d'un air effaré et dit quelques mots à Emma. — Voilà mon mari, — dit celle-ci.

— Eh bien ! qu'il vienne ! — fit Ali tranquillement.

— Tu es fou.

— Non. Je vais tuer ce chien, ensuite, je t'emmènerai avec moi.

— Ali, par grâce, pas de folie ! Le simoun souffle à cette heure, je ne ferais pas trois lieues dans le désert sans mourir de soif et de fatigue.

— C'est vrai, — dit Ali.

— Pars. Je te reverrai.

— Demain je te débarrasserai de ton mari, et, quand le simoun, qui souffle ordinairement trois jours de suite, sera apaisé, nous quitterons le ksour. Si tu peux m'écrire, envoie-moi par ta négresse quelques détails sur tes aventures.

— Tu sauras tout. Mais sauve-toi donc !

— Un baiser !

— Prends et fuis.

Ali embrassa longuement Emma et remonta sur la terrasse.

Emma l'y suivit.

— Que fais-tu ? — demanda-t-elle.

— N'entends-tu pas ton mari frapper à la porte pendant que ta négresse fait la sourde oreille. Je ne peux cependant aller ouvrir. La retraite n'est pas possible de ce côté.

— Nous sommes perdus.

— Un coureur de bois n'est jamais perdu. Je vais sauter dans la cour de la maison voisine et escalader le mur qui donne sur la rue.

— On te prendra pour un voleur.

— Soit.

— On tirera sur toi.

— Tant pis.

— Non. Reste plutôt.

— Au revoir !

Ali s'apprêtait à sauter dans la cour quand un homme y parut en maugréant ; il se mit à genoux et entama des versets du Coran.

— Le diable soit de l'imbécile ! — fit Ali. — C'est un marchand qui craint pour une caravane mise en danger par le simoun. Ma foi ! je le plains.

— Si tu le manquais, — dit Emma, — je serais perdue, ma foi ! mon Dieu !

— Aïcha ! Aïcha ! — criait une voix du dehors ; — ouvre donc ! Négresse d'enfer ! je te couperai les oreilles pour t'apprendre à dormir ; bête maudite, as-tu encore fumé de l'opium ?

A cet appel, la négresse, à bout de ressources, crut devoir ouvrir la porte.

Elle supposa qu'Ali s'était sauvé.

— Ma femme ? — gronda le mari en entrant ; — que fait-elle ?

— Elle veille, monseigneur, priant son Dieu pour vous à cause du simoun, — dit la négresse avec une rouerie qui eût fait honneur à une soubrette de la rue Bréda.

— Elle ne m'attendait guère, — fit en souriant le mari ; — n'y a-t-il pas quelque galant là-haut, ma vieille Aïcha ?

— Oh ! monseigneur, comment peux-tu supposer une pareille chose. Ma maîtresse s'ennuie fort après toi.

— Tiens, — dit le mari, — voilà trois douros ; continue à faire toujours bonne garde. Si tu aperçevais quelque chose de suspect, n'oublie pas de m'avertir.

— Monseigneur est bien bon. Mais quand l'amour est le gardien d'un cœur, il est encore plus sûr qu'une négresse ; toutefois, je veillerai. Ah ! un mot pourtant.

— Qu'est-ce, — fit le mari en fronçant le sourcil et en prêtant l'oreille...

— Il est venu...

— Un galant !

— Oh ! non. Deux simples messages.

— Oh ! oh ! Comment ont-ils été reçus ?

— La Française les a lus, a paru fort agitée, fort triste pendant plusieurs jours. Enfin cela a passé à la réception d'une seconde lettre. Ce sont des Touaregs qui ont apporté ces deux cartas.

— Voilà encore trois douros, — fit le mari tout joyeux ; tu es une bonne fille, Aïcha.

— Merci, maître.

— Les deux lettres étaient de moi. L'une annonçait un danger, l'autre était une bonne nouvelle.

— Je comprends alors le chagrin et la joie de la maîtresse. — Le mari monta l'escalier. — Va ! — fit la négresse, — la Française est une sotte et le coureur de bois un niais si tu t'aperçois de quelque chose ; pauvre imbécile !

Pour une négresse, l'amant, dans un ménage, est toujours un être qu'elle protége, le mari un... jobard qu'elle méprise, ou un tyran contre lequel elle conspire sans cesse. Ainsi de toutes les servantes, noires ou blanches, libres ou esclaves ! Et pourquoi cela ? Parce qu'elles sont femmes, que la femme, courbée sous le joug de l'homme, cherche sans cesse à le tromper. De là un besoin inné d'intrigues, de roueries, où, par esprit de sexe, instinct d'opprimée, franc-maçonnerie féminine, toute femme, quelle qu'elle soit, aide sa semblable à déjouer toutes les surveillances gênantes.

Du reste, Mahmout-ben-Ouffit était ce qu'on peut appeler une bonne pâte de mari ; il y en a partout. Non qu'il fût tolérant, il s'en fallait du tout au tout. Il tenait à ne pas être trompé ; il se fût vengé des mieux si, par hasard, il avait trouvé madame son épouse en conversation criminelle; bref il était, comme tous les indigènes, à cheval sur son honneur de mari. Mais Mahmout avait une dose d'amour-propre qui mettait sur ses yeux un épais bandeau; on s'en apercevra plus tard.

Mahmout était un riche marchand juif qui portait avec une certaine majesté bourgeoise son énorme ventre et le poids de sa fortune. Il avait une figure pleine, réjouie, où cependant certains coins anguleux perçaient encore sous la graisse, accusant les traits caractéristiques de sa race, qui tient du juif et de l'Arabe par les côtés les plus laids. On devinait dans le clignement des yeux, dans les plis de la bouche, dans la saillie des pommettes, dans le menton projeté en avant, la ruse, la dissimulation, l'avidité et une fermeté extrême dans les projets.

Mais tout cela était si bien adouci, corrigé, presque enfoui sous l'embonpoint de la face, que tout le monde se trompait sur le compte de Mahmout. Pour s'en faire une idée juste d'après nos types parisiens, il faudrait prendre un banquier juif en pleine prospérité, lui plaquer sur les os de la face le masque d'un bon négociant retiré des affaires et bien bouffi de son importance, et le portrait serait parfait.

Le juif algérien a deux aspects bien différents, selon qu'on l'envisage dans ses rapports avec ses coreligionnaires ou dans ses relations avec le reste de l'humanité.

Dans le premier cas, il est affable, complaisant, honnête et serviable; dans le second, il est avare, sournois et désobligeant.

Il faut du reste lui rendre cette justice qu'il est ce que les Arabes l'ont fait. Ceux-ci le méprisaient, sous prétexte qu'il manquait de bravoure, et le haïssaient par jalousie, car, grâce à son adresse, et malgré les vexations dont on l'accablait, le juif trouvait moyen d'amasser des trésors. Il avait même monopolisé entre ses mains le commerce de la régence.

Le fanatisme des musulmans leur inspira contre les Israélites des précautions aussi cruelles et aussi révoltantes que celles dont les chrétiens les accablaient au moyen âge. Aujourd'hui, ces parias des villes algériennes sont devenus les égaux de leurs oppresseurs, et ils ne conservent contre eux ni haine ni rancune. Leur sort s'est singulièrement amélioré depuis notre conquête, leur caractère aussi. Quelques-uns cherchent encore à nous tromper à l'occasion; mais, en général, ils nous ont voué une vive reconnaissance. Ils nous sont très-attachés, et, au besoin, soutiennent notre autorité de toutes leurs forces. Pendant le siége d'Oran par Abd-el-Kader, ils ont fait preuve de dévouement à notre égard.

Ne craignant plus d'être dépouillés par les agas et leurs beys, ils étalent un grand luxe; lorsqu'on aperçoit une veste éblouissante de broderies d'or sur le dos d'un promeneur, on peut affirmer que ce promeneur est un négociant israélite. Nous avons assisté à une fête splendide donnée par un juif. On ne fait pas mieux les choses à Paris.

Les Arabes sont furieux d'être écrasés par la magnificence des israélites; ils nous reprochent de les fréquenter. On n'a pu encore obtenir même des plus intelligents qu'ils regardassent les juifs comme leurs égaux, et cependant ils avouent qu'ils descendent du même père Abraham, pour lequel ils ont une vénération profonde.

Mais le fanatisme ne raisonne pas, et les préjugés ne sont pas basés sur la logique.

Quant aux reproches de lâcheté adressés aux juifs par les Arabes, nos soldats, qui sont bons juges, savent combien il est mal fondé.

Le juif n'a pas précisément de bravoure militaire; mais, dans certaines circonstances, il affronte le danger avec audace et sang-froid; quand son intérêt est en danger, par exemple, il devient intrépide.

Une compagnie de zouaves escortait un convoi de vivres, un marchand juif avait obtenu la permission de profiter de l'escorte pour amener des provisions à la colonne française. Le convoi fut vigoureusement attaqué par les Arabes et coupé même sur certains points. Le juif se trouva seul un instant au milieu de plusieurs cavaliers ennemis qui cherchaient à s'emparer de ses mulets; il saisit le fusil d'un zouave blessé, éventra cinq chevaux et tua trois Arabes.

Ces actes d'énergie ne sont pas rares dans l'histoire de la conquête : la défense du mechouar de Tlemcen est un fait d'armes des plus glorieux pour les juifs de cette ville.

Nous ne croyons pas qu'il y ait au monde de commerçants plus hardis que les juifs algériens; on les trouve partout. Sans eux nos soldats auraient eu à souffrir bien des privations; souvent une colonne cernée a été ravitaillée par un juif qui, au péril de sa vie, avait traversé les lignes ennemies.

En revanche, le marchand juif abuse quelquefois de la situation quand il n'a pas eu un grand danger à affronter. Mais les zouaves mettent bon ordre à ces prétentions exagérées.

Un certain juif fit entrer un jour dans une redoute où il tenait garnison sept ou huit cents pains dont il exigea trois francs la livre. C'était à prendre ou à laisser.

Ils achetèrent au juif jusqu'à la dernière bouchée de pain et le soldèrent intégralement.

Le juif comptait entrer le soir même à Tlemcen. Mais tout à coup on entendit une vive fusillade en dehors de la redoute, les avant-postes se replièrent, annonçant que les cavaliers d'Abd-el-Kader couraient la plaine. Il ne fallait point songer à sortir du fort.

Vers le soir, le juif eut faim; il voulut racheter un de ces pains. Le zouave auquel il s'adressa lui demanda seize cent-quarante-deux francs. Le juif trouva l'exigence un peu trop forte et s'adressa à d'autres zouaves qui demandèrent exactement le même prix. Le juif haussa les épaules; mais, vers minuit, il commença à s'inquiéter; il mourait littéralement de faim et ses mulets aussi.

A chaque instant les coups de fusil retentissant dans la plaine attestaient que les Arabes étaient là coupant toute communication. A l'aube il fallut bien céder et payer.

— Va, — lui dit un zouave, — ça met encore ton pain à un franc la livre, nous sommes raisonnables. Tu peux partir maintenant.

— Mais les Arabes? — demanda le juif.

— Lesquels!

— Ceux qui tiraient cette nuit des coups de feu.

— C'étaient des Beni-Mouffelards qui faisaient la fantasia pour t'effrayer un peu et te forcer à rendre gorge. Le juif comprit alors le tour qu'on lui avait joué.

Les juifs algériens ont le don des langues; ils parlent tous les dialectes des Etats barbaresques. Au début de la conquête, ils ont rendu de grands services comme interprètes.

Les femmes juives sont admirablement belles, et, sous le rapport de l'intelligence, elles sont supérieures aux hommes. Dans les gynécées, elles ont échappé au joug abrutissant des Arabes; elles portent le costume national comme du temps de Salomon, elles ont des robes de soie sur le devant desquelles étincellent des perles et des diamants, ce qui convient parfaitement à leur beauté majestueuse.

Ce sont peut-être les seules femmes de l'Algérie qui, les Françaises exceptées, aient de la délicatesse dans le cœur et de la finesse dans l'esprit.

En résumé, la race juive nous a été et nous sera encore d'un puissant secours pour coloniser et civiliser l'Algérie. Un grand pas sera fait le jour où les négociants juifs seront convaincus que le commerce sérieux doit avoir pour base la plus scrupuleuse honnêteté.

Les rabbins, qui au contraire des marabouts musulmans sont presque tous des hommes supérieurs, devraient prêcher cette doctrine dans les synagogues; leur voix serait écoutée. Malheureusement les rabbins se laissent parfois entraîner par un zèle religieux mal entendu à des prédications ardentes qui ont pour résultat d'éveiller outre mesure la susceptibilité de leurs coreligionnaires. Vers Pâques, dans une ville que nous ne voulons pas nommer, il y eut une sorte d'émeute, et sans la présence d'esprit d'un zouave le sang aurait peut-être coulé.

Les israélites s'étaient mis en tête de délivrer un des leurs enfermé dans un poste, et étaient venus au nombre de deux ou trois cents forcer la consigne.

La sentinelle, au lieu de les repousser à coups de baïonnette, eut l'heureuse idée de prendre les calottes dorées (c'était jour de fête) de ceux qui étaient les plus proches, et de lancer ces riches coiffures au loin dans la foule ; chaque juif courut à la recherche de sa toque, et l'affaire n'eut pas d'autres suites.

Mahmout était au désert ce que les armateurs sont à la mer ; comme ces derniers couvrent l'Océan de vaisseaux, il couvrait le Sahara de caravanes, lesquelles portaient dans toutes les directions les marchandises dont le ksour était l'entrepôt. Il se fait entre Tunis, Alger, Oran et tout le littoral, un grand commerce d'échange. Les gens du désert n'ayant ni blé, ni quincaillerie, ni étoffes de soie, ni armes, ni poudre, sont forcés d'acheter tout cela sur les différents marchés du Sahara où les caravanes ont déposé leurs approvisionnements. En revanche, les villes du littoral se procurent sur les mêmes marchés les plumes d'autruche, la poudre d'or, les dattes, les laines, les bestiaux qui abondent dans les tribus sahariennes. Tout cela se transporte à dos de chameaux, lesquels appartiennent aux marchands eux-mêmes ou à des entrepreneurs qui, moyennant une somme convenue, se chargent des cargaisons sans en répondre.

Mahmout, lui, était un homme intelligent en affaires ; il inventa un ingénieux moyen de concurrence pour supplanter les entrepreneurs de convois. Il assura les marchandises contre le simoun, les Touaregs et tous les dangers qui peuvent assaillir une caravane. Il déposa une somme d'argent considérable entre les mains d'un marabout, et déclara que ce dernier se chargeait d'indemniser les marchands qui auraient confié leurs frets à Mahmout et auraient essuyé une perte. Mahmout avait eu cette ingénieuse idée en voyant fonctionner à Alger les compagnies d'assurances.

Comme quelques-unes de ces compagnies, le rusé marchand comprit qu'il avait besoin d'assurer son crédit, et il usa du stratagème suivant :

Il organisa, de concert avec un juif, son affidé, une caravane ; ledit juif étant censé avoir remis à Mahmout une cargaison évaluée à cinquante mille douros. Bientôt le bruit se répandit que la caravane avait été pillée. La nouvelle se confirma. Le juif envoya réclamer le montant de ses marchandises chez le marabout, qui paya en bel argent courant.

Or la caravane n'avait pas été pillée le moins du monde, mais très-avantageusement vendue, chameaux compris, à Tlemcen.

Néanmoins Mahmout dut à cette manœuvre une fortune rapide et immense ; tout le monde choisit ses caravanes de préférence aux autres.

VII

Un vrai croyant.

De temps en temps, Mahmout renouvelait sa petite comédie et se volait lui-même pour se payer à grand bruit une indemnité sous un nom supposé.

Ce juif était digne d'être gérant de la compagnie des brouillards de la Seine ou de la société des volcans de la lune. Il avait imaginé en outre de n'être pas volé par les Touaregs.

Ceci eût paru difficile à un homme moins fort ; ce fut un jeu pour Mahmout.

Il alla trouver les principaux chefs des Touaregs et leur offrit une somme assez considérable pour lui accorder le passage jusqu'à Tombouctou. Jusqu'alors il n'y avait rien de bien difficile ; les chefs acceptèrent, et toutes les tribus furent conviées à respecter les caravanes de Mahmout ; ce qui eut lieu.

Au bout de six mois, Mahmout proposa à ses protecteurs de lui confier quelques milliers de douros afin d'exploiter cette somme dans ses affaires ; il garantissait un intérêt de dix du cent. Les Touaregs acceptèrent. Au bout d'une année, Mahmout fit ses comptes et compta trente du cent à ses associés. Il en avait gagné quatre-vingt.

Les chefs enchantés placèrent des sommes très-considérables dans les spéculations de Mahmout, et ce dernier leur fit comprendre qu'il ne devait plus leur payer péage puisqu'il partageait avec eux ses bénéfices. Les Touaregs admirent son raisonnement.

En cinq ans, grâce à la fortune des chefs, le commerce de Mahmout prit une immense extension. Les bailleurs de fonds ne redoutaient pas une banqueroute, car au moindre soupçon ils enlevaient les caravanes de Mahmout et se payaient largement ; du reste, comment supposer qu'un juif mozabite oserait duper des chefs du grand désert !

Or, c'est ce que méditait Mahmout.

Non content de prendre en moyenne vingt du cent en trop sur les bénéfices qui auraient dû revenir à ses associés, le Mozabite se promettait de s'approprier un jour le capital. Du reste, il ne se croyait pas pour cela un grand criminel, et, dans tous les ksours, les Mozabites ses compatriotes auraient bien ri de la farce.

Les Touaregs avaient assez dépouillé les marchands pour être dépouillés à leur tour.

Quand un voleur est volé, disent les Arabes, *le Prophète rit dans sa barbe*.

Telle est jusqu'ici la biographie de Mahmout-ben-Ouffi, que nous allons achever de peindre au physique et au moral.

Cet homme, si roué, si habile intrigant, était pourtant dupe d'une femme.

Tout gonflé de son succès et de sa colossale fortune, se sentant *malin* comme pas un, capable de *rouler* les juifs les plus défiants, Mahmout n'admettait pas qu'on pût être plus fin que lui, et c'était là le défaut de sa cuirasse.

Il payait excessivement cher une négresse pour garder sa femme, un négrillon pour surveiller cette négresse, et un vieux Mozabite pour ne pas perdre le négrillon de vue.

Or tout le monde avait fait le raisonnement suivant, qui est d'une justesse rigoureuse :

— Pourquoi nous paye le maître ? Pour le prévenir si sa femme lui fait des infidélités. Si nous le prévenons, qu'adviendra-t-il ? Il tuera sa femme. La femme tuée, nous n'aurons plus rien à garder ; partant, nous ne serons plus payés. Donc, silence et mystère.

En outre, le vieux Mozabite ayant trouvé la négresse affriolante encore, il était devenu son amant et se serait gardé de faire autre chose que la volonté de sa maîtresse.

Emma comblait cette dernière de présents et se l'était attachée par une grande bonté ; Aïcha se serait fait hacher pour elle.

Enfin restait le négrillon. Orphelin et sevré de caresses, toujours brusqué, souvent battu, le pauvre enfant avait trouvé dans Emma une douce et bonne maîtresse, presque une mère ; lui aussi adorait la Parisienne.

Il nous a paru curieux de donner tous ces détails sur un bourgeois du désert et sur son intérieur.

Une compagnie d'assurances mutuelles, un principal actionnaire se proposant de flouer ses coassociés, un ménage comme on en voit rue Bréda, tout cela en plein

Sahara, justifie, nous le pensons, nos descriptions minutieuses. Mahmout, du reste, est un personnage historique, un homme qui, à cette heure, vient d'établir une banque à New-York, et, après avoir *roulé* les Touaregs, est en train de *rouler* les Américains.

Un homme aussi considérable (il vaut à cette heure quarante millions) méritait bien une biographie ; le dénouement de notre drame est intimement lié à une des péripéties de sa vie.

Mahmout monta dans la chambre de sa femme ; on se souvient qu'Ali n'avait pu fuir...

Mahmout trouva Emma couchée sur un sofa, les yeux à demi fermés ; une jeune négresse agitait lentement un éventail au-dessus de son visage.

Quand la porte s'ouvrit, Emma, feignant d'ignorer la présence de son mari, demanda :

— Est-ce toi, Aïcha ?

— Non, ma gazelle, — répondit Mahmout en français.

— Et il ajouta : — C'est ton tigre qui revient.

Il lança cette outrecuidance avec une fatuité comique.

Ton tigre !... un juif mozabite, un marchand capon !... Un Touareg eût crevé de rire en entendant cette bourde. Chacal, à la bonne heure.

Le gros Mahmout vint se mettre aux genoux de sa femme et lui baisa galamment la main à la française. Déjà Emma lui avait appris les mignardises de boudoir. Il tombait dans le madrigal et s'enfonçait jusqu'au cou, le digne Mozabite, sans se douter que les mille petits anneaux de la sentimentalité jobarde noués par les coquettes forment à la longue des chaînes d'acier à l'aide desquelles elles domptent les hommes ; il est vrai que les chaînes sont dissimulées sous des roses ; on les prend pour des guirlandes fleuries.

Le Mozabite, qui avait des arrière-pensées de fuite en Europe, ne demandait pas mieux que de se former à nos mœurs et à nos manières. Aussi, pour lui, Emma était-elle une inappréciable trésor ?

Il lui débita devant la jeune négresse mille bêtises amoureuses auxquelles Emma répondit de façon à le griser d'amour-propre. La négresse avait peine à retenir un éclat de rire.

— Emma, ma belle cavale, — disait Mahmout, — je...

— Mon bon ami, — fit la jeune femme, — ne m'appelez donc pas cavale. C'est une comparaison blessante.

— Cependant...

— Encore une fois, je vous défends de faire cette comparaison.

— Ne te fâche pas. Nos meilleurs poëtes ont dit en parlant des sultanes qu'elles étaient des juments.

— Vos poëtes sont des imbéciles.

— Oh ! — fit le Mozabite blessé dans la personne des littérateurs de son pays.

— Voyons ! — fit Emma caressant la vanité de son mari, — toi qui as tant d'esprit, tu trouverais, si tu voulais, des mots bien plus gracieux. Ne m'as-tu pas nommée ta gazelle tout à l'heure ? c'est gentil cela, mon lion chéri. Embrasse-moi. Et quand tu voudras me dire quelque chose d'agréable, laisse tes poëtes de côté et fais-moi un compliment à ta manière. Eh bien ! mon gros chien, tu ne m'embrasses pas ?... Allez, monsieur, vous ne m'aimez plus.

Le pauvre homme, au contraire, était dans le ravissement ; il roulait des yeux en boule de loto, et il roucoula avec des larmes d'attendrissement dans la voix :

— Mon Emma, ma blanche colombe... oh ! si, je t'aime...! je suis fou... je...

Emma, singeant l'émotion, enlaça la tête du gros marchand et la serra sur sa poitrine ; le bonhomme, ainsi attiré, tomba lourdement et ridiculement, ses deux mains appuyées sur le sofa, la face perdue dans les flots de mousseline du haïque.

Emma, appuyant son pouce sur le crâne du père Mahmout, lui fit de la sorte un pied de nez, accompagné de la grimace la plus drôle qui pût ajouter encore à la raillerie de son visage ; quant à la jeune négresse, elle eut un geste superbe qui compléta le tableau. Elle se renversa en arrière, se frappa la nuque d'une main et lança l'autre en avant à diverses reprises, à la façon des gamins de Paris ou d'Alger qui narguent un passant.

Puis Emma et la petite servante firent le signe de bénir le Mozabite, qui soufflait comme un bœuf et faisait de vains efforts pour se relever...

Il y parvint enfin.

— Mon petit bébé, — dit Emma, — tu vas te retirer, tu dois être bien fatigué ? Le siroco souffle du reste, et je me sens toute malade. — Le gros père ne jugea pas à propos d'insister pour passer à des scènes moins... platoniques. Il était harassé, et ce n'est pas à quarante-cinq ans, avec la bedaine d'un chanoine, que l'on fait des prouesses après un long et pénible voyage. Emma aida son tigre à se mettre sur ses pieds. Quand il fut debout, il remarqua la petite négresse et poussa une exclamation d'étonnement. — Ah ! — fit Emma, — tu regardes *Lili* ?

— Oui, — dit le Mozabite.

— C'est une petite esclave qui m'a paru gentille et que j'ai achetée pendant ton absence ; j'ai pensé que tu n'en serais pas fâché. — Le gros Mahmout dévisageait la nouvelle esclave. — Aïcha, — reprit Emma, — est trop vieille pour me servir de femme de chambre ; puis elle est sotte et malhabile. Cette enfant babille avec esprit. Ce sera ma distraction en ton absence, méchant ; depuis quelque temps, tu me quittes souvent et pour longtemps.

— Au fait, — dit le Mozabite, — c'est une mignonne créature ; tu as bien fait, ma tourterelle, tu gazouilleras avec elle. Bonsoir, mon enfant ! — Ici Mahmout se pencha à l'oreille d'Emma et lui dit tout bas : — Ma chère petite, le temps approche où nous allons quitter le ksour.

— Ah ! — fit Emma joyeuse.

— Oui, — reprit Mahmout, — je vais enfin réaliser un grand projet ; tu sais...

— La banqueroute ?

— Oui. Je suis allé donner des ordres aux différentes caravanes pour se diriger toutes sur Alger au lieu d'aller à Tunis. A Alger, je réaliserai ma fortune ; je vendrai quinze cents chameaux et leur chargement ; puis, au lieu de revenir partager avec mes associés, je m'embarquerai pour Paris avec toi. Es-tu contente ?

— Peux-tu le demander ?

— Chut ! — fit Mahmout ; — il ne faut rien laisser soupçonner à nos serviteurs.

— Je serai muette.

— Allons, mignonne, un baiser pour ma récompense.

Emma tendit sa joue à son tigre, qui l'embrassa en roucoulant un dernier soupir d'amour et de regret, soupir d'amoureux impuissant ; puis le gros marchand s'alla coucher... seul.

VIII

Histoire d'Emma racontée par elle-même.

Quand la porte fut retombée, Aïcha, aux aguets, monta dans la chambre de sa maîtresse, y jeta un rapide coup d'œil, vit la jeune négresse, comprit tout, et alla prévenir tout le personnel de la maison qu'Emma était censée avoir acheté une esclave.

Inutile d'expliquer que la prétendue négresse n'était autre qu'Ali.

Emma avait conçu en un clin d'œil le projet de cette

transformation et l'avait habilement exécutée. En un tour de main, elle avait passé du koheul sur le visage du jeune homme ; elle avait caché ses cheveux sous une calotte dorée et l'avait affublé d'un haïque. Le mari y avait été pris.

— Ouf ! — fit Ali en riant, — quel cuistre !
— Il est amusant, — dit Emma. — Je n'ai jamais eu pareil pigeon à plumer dans Paris.
— Ah çà ! maintenant, tu vas enfin me dire comment je te trouve ici.
— Reprends ta place et je commence.
— Mais s'il remontait ?
— Allons donc ! Il ronfle déjà comme un phoque enrhumé du cerveau.

Les deux jeunes gens échangèrent quelques gracieuses caresses en reprenant leur place sur le sofa, puis Emma débuta :

— Mon petit, — dit-elle, — tu as sans doute arrangé dans ta tête tout un drame ?
— C'est vrai.
— Tu as supposé un tas d'événements romanesques, n'est-ce pas ?
— Oui.
— Un enlèvement ?
— Oui.
— Un naufrage aussi ?
— Oui.
— Ou encore un massacre ?
— Oui, oui, oui.
— Eh bien ! dans mon histoire, il n'y a rien de tout cela.
— Ah bah !
— Asolument rien. Je suis ici par ma propre volonté, et maître Mahmout est l'homme de mon choix. Ne te récrie pas, c'est simple comme bonjour. Je te dois apprendre d'abord que, après ton départ, j'ai eu six mois de misère atroce, une misère à me donner la chair de poule rien que d'y penser une minute. C'était l'hiver. Brou ! J'en ai encore froid dans les épaules ; un galetas sans feu, une méchante couverture mince comme du papier, pas un sou, toutes mes robes chez ma tante ; bref, une panne complète.
— Comment cela était-il arrivé ?
— Comme toujours. Après maintes glorieuses victoires où j'avais enlevé à l'ennemi ses riches dépouilles (style de tragédie), il m'est arrivé un Waterloo, compliqué d'une retraite de Russie et d'un passage de la Bérésina ; la *débine* et tout son tremblement. C'est un gueusard d'Anglais qui m'a mise dans ce déplorable état. Ce chien de milord m'a dupée, oh ! mais là, d'une façon superbe. Quand je dis milord, je me trompe. La canaille n'était qu'un pic-pocket de haute volée. Il est arrivé à Paris faisant un *esbrouffe* à tout casser ; il a monté une maison de banque, a jeté de la poudre aux yeux ; bref, il a terminé par une banqueroute qui a ruiné vingt familles opulentes. Le brigand avait pensé qu'il était bon de se donner le genre d'une maîtresse ; il m'a fait des propositions. J'ai accepté. Il m'a meublé un hôtel somptueusement, m'a promis de m'acheter cet hôtel au bout de trois mois, après ses premiers bénéfices ; enfin il s'est arrangé de façon à m'endormir, et quand la déconfiture est arrivée je ne m'attendais à rien. Ce monstre-là m'en voulait, parce que j'avais eu une faiblesse pour un de ses commis ; il s'en est vengé en me compromettant. Il avait fait de fausses lettres de change. On m'a accusée de complicité. Me voilà en prison ! J'ai prouvé mon innocence en pleurant ; cela a attendri le jury. On m'a acquittée. Mais il y a un procureur qui m'a abîmée dans son discours, et contre lequel je conserve une dent ; il passera un jour par mes mains. Il m'a flétrie, il m'a appelée courtisane éhontée, fille de marbre, un tas de bêtises enfin ! Alors je me suis levée et j'ai dit :

« — S'il n'y avait pas de lorettes bonnes filles pour faire manger aux riches imbéciles leur fortune, souvent volée, jamais les gens d'esprit sans le sou n'arriveraient à rien. J'ai jeté trois millions au commerce de Paris en dix ans. »

« Je me suis rassise. On a crié bravo. Les jurés, tous des boutiquiers, ont trouvé mon raisonnement excellent. Ils ont rendu un verdict négatif, cela s'appelle ainsi. Mais je n'avais ni sou ni maille. Le président m'avait exhortée à vivre honnêtement une fois libre. C'est facile à dire : je n'avais pas de rentes, moi, et pas de ressources.

« Tout Paris, comme dit Hurault le journaliste, était aux eaux. Je n'ai pu me raccrocher à aucune branche, et j'ai dégringolé dans la boue.

« Ici je m'arrête pour ne pas t'embêter : quand j'ai pu sortir du bourbier, je n'ai eu heureusement qu'à passer l'éponge sur six mois de ma vie et à changer de linge. Par un grand bonheur, je n'ai pas perdu ma beauté ni surtout ma santé. Je suis toujours la jolie petite Souris.

« Tu dois penser que le jour où une bonne occasion s'est présentée, je l'ai saisie aux cheveux et m'y suis cramponnée. L'occasion, qu'on représente comme une femme, a eu pour moi la forme d'un marchand d'objets turcs sur le boulevard. C'était Mahmout.

« Depuis la conquête de l'Algérie, les parures orientales sont devenues à la mode ; des bazars ont été établis par des juifs ou des Mozabites, qui font de beaux bénéfices.

« Le plus beau magasin de Paris appartenait à Mahmout, qui trouva moyen de l'achalander ; c'est un homme pétri d'excellentes idées pour l'exploitation du jobard et du gobe-mouche.

« Il remarqua que, dans les cafés, une jolie dame de comptoir attirait une foule de clients ; il en conclut qu'une femme arabe, une houri orientale, intronisée dans son bazar, serait un appeau pour la pratique. Il ne se trompait point.

« Mais une houri coûte cher, il tâcha de s'en procurer une au rabais, chercha une jolie Parisienne dans l'embarras, me trouva, m'affubla d'oripeaux algériens, m'enveloppa d'un long voile et me planta au milieu de ses bibelots.

« J'avais ordre de ne montrer que mes yeux et, à quelques privilégiés, un coin de mon visage ; ces petits manéges excitaient vivement la curiosité, et l'on revenait souvent dans l'espérance de voir mon voile s'entr'ouvrir tout à fait.

« Ce que j'ai vendu de porte-cigares en ambre jaune, de blagues à tabac, de chibouques aux gandins est incroyable.

« Je reçus souvent en reconnaissant des amis, des amants même. Je jouais mon rôle à ravir, Mahmout était enchanté de moi. Il me donnait cinq cents francs par mois et la table ; pour la Souris c'était peu ; pour une demoiselle de comptoir, une houri d'occasion, c'était beaucoup.

« Tu penses qu'à table je ne gardais pas mon voile. Mon gros négociant tomba amoureux...

« Je l'attendais là.

« Il me fit déclaration sur déclaration, des propositions superbes, mais je résistai et sa passion grandit. Enfin un jour il se décida à me faire ses confidences.

» — Mon enfant, — me dit-il, — je vends mon fonds et je retourne en Algérie. Veux-tu y venir avec moi ?
» — Pour cela, non, — répondis-je.
» — Ne te hâte pas de refuser, — reprit-il. — Sache d'abord que j'ai une fortune de cinq cent mille francs, ce qui est quelque chose ; mais, en comparaison de ce que je veux gagner, ce n'est rien.

« Et alors il se mit à me raconter comment il avait commencé ses affaires.

» Il était, en France, l'espion d'Abd-el-Kader, qui lui avait avancé les sommes nécessaires pour son établissement. Depuis le dernier désastre de l'émir, Mahmout avait résolu de retourner au Sahara et d'y organiser son magnifique service de transports. Il a intéressé les Touaregs dans son affaire et se propose de les flouer. Du reste, il a en propre plusieurs millions.

» Je compris son plan et je le jugeai capable de réussir ; sans être brave comme un soldat, Mahmout a l'audace des juifs qui exposent leur vie pour gagner cent sous.

» J'avais assez de la misère, j'entrevis un avenir brillant. J'acceptai ses propositions. Voici en quoi elles consistaient : Mahmout laissait en mon nom, chez un notaire, une première somme de cent mille francs, que je pouvais toucher au bout de trois ans. Ceci n'était qu'une garantie. Il s'engageait à me placer tous les ans une somme de dix mille francs à la banque d'Alger, et il jurait de se montrer de plus en plus généreux à mesure que ses bénéfices seraient plus considérables.

» Je le savais homme à tenir ces promesses-là ; du reste, entre mes mains, un pigeon qui s'est laissé arracher une première plume n'en garde pas une, si je le veux.

» De mon côté, je m'engageais à faire le bonheur du bonhomme, à lui être fidèle ; bref, à me conduire comme une femme honnête et légitime à son égard ; en cas d'infidélité, la loi du pays lui accorde le droit de vie ou de mort sur moi ; c'est absolument comme quand, à Paris, le maire et le curé y ont passé.

» Du reste, Mahmout se regarde positivement comme mon époux. Il se propose de se marier civilement et selon la loi française le jour où il aura tiré sa grande carotte aux chefs des Touaregs.

— Et tu l'épouseras ? — demanda Ali.

— Avant ton arrivée, je pensais que l'affaire ne serai pas mauvaise. Il est trois fois, cinq fois peut-être millionnaire ; être la femme d'un riche banquier cela me souriait. Nous nous serions établis à Paris, et, dame ! nous aurions mené la vie à grandes guides ; il est bon enfant, après tout, pas gênant. Il aime plus de la tête que du cœur ; c'est un homme usé. Le mariage a de rares inconvénients avec lui. Mais te voilà, et pour toi je renonce à tout cet avenir. Je peux réaliser cinq cent mille francs, et puis, avec mon Ali, nous vivrions heureux et tranquilles à Alger. Mais tu es triste. Cela ne te convient-il pas ?

Ali songeait.

Après avoir longtemps réfléchi, il répondit à Emma, qui attendait un peu froissée :

— Tu ne peux agir ainsi.

— Et pourquoi ?

— Je ne dois pas accepter le sacrifice de ton avenir ; tu es bonne fille, j'ai entendu raconter de toi des traits de générosité qui m'ont fait admirer ton désintéressement. Entre autres choses, on m'a cité cette femme que son mari avait ruinée pour toi, et à laquelle tu as rendu la dot qu'elle avait apportée, et cela avec une délicatesse exquise. Tu mérites d'être heureuse, riche, fêtée et choyée. Epouse Mahmout. Je me reprocherais toujours d'avoir brisé ta position par un coup de tête.

— Où diable as-tu pris ces idées-là ?

— Mais, — fit Ali, — où on prend les bonnes choses, ici, ma petite Emma.

Et Ali plaça la main sur son cœur. Cela fut dit et fait avec une naïveté charmante, qui valut à Ali une explosion de caresses.

Pauvre Mahmout... !

IX

Deux coquins.

Pendant que la Souris trompait Mahmout d'une façon aussi audacieuse, le gros marchand dormait d'un profond sommeil. Ce n'était pourtant point le sommeil du juste. Il rêvait. Le rêve était d'or !

Il se voyait à Paris, banquier, riche, honoré, fêté et aimé. Emma lui prodiguait les plus douces attentions en reconnaissance de la haute position qu'il lui avait faite au milieu de l'aristocratie financière, où l'on jette facilement un voile sur le passé des femmes et des hommes. Mahmout se voyait père. Mahmout riait dans sa barbe des Touaregs par lui dupés.

Mahmout...

Mais voilà qu'au moment le plus agréable de ce songe renversant, une main se posa sur le front du dormeur. Il se réveilla et poussa un soupir de buffle en colère. Une lumière frappait désagréablement ses yeux bouffis de sommeil, une voix criarde résonnait comme une crécelle à son oreille. Il se leva sur son séant.

— Quoi ? Que veut-on ? — s'écria-t-il.

En apercevant la vieille négresse en face de lui, il reprit furieux :

— Comment, sorcière de malheur, tu me déranges quand j'ai tant besoin de repos ! je te ferai fouetter, drôlesse.

— Maître ! — fit la négresse.

— Va-t'en ! — gronda le Mozabite, — va-t'en guenon du diable ! Si tu te permets de remettre les pieds ici avant que je t'appelle, tu sentiras mon matraque sur ta vieille carcasse.

— Eh ! maître Mahmout, — fit une voix mâle, — tu te permets donc de faire attendre le Serpent du désert, mon maître ? — Mahmout se leva tout à fait. Le pauvre homme n'était pas tranquille, car c'était le chaouch du Serpent qui lui parlait, et le chaouch est un être toujours redouté. Il tient de l'agent de police, du gendarme et du bourreau. Or Mahmout n'avait pas la conscience pure à l'endroit des Touaregs, et la présence du chaouch du plus puissant de leurs chefs n'était pas faite pour lui causer un vif plaisir. Qu'on se figure un voleur rêvant qu'il enlève cent mille francs dans une caisse après escalade et effraction, puis se réveillant soudain en face d'un gendarme. Telle était à peu près l'état du futur banqueroutier Mozabite. — Je t'ai adressé la parole ! — fit le chaouch d'un ton impérieux.

Et il attendit les bras croisés, le sourcil froncé, l'œil menaçant.

— Oui, oui, — bégaya Mahmout ; — tu as parlé, mais je n'ai pas bien compris.

— Par la lame de mon yatagan ! je crois que tu railles, fils de chien ! Tu as entendu, tu as compris et tu te moques de moi, drôle !

Mahmout, de plus en plus embarrassé, ne savait quelle contenance tenir ; il tremblait de tous ses membres et mille pensées terribles roulaient dans son cerveau.

Le Serpent du désert était là ! Mahmout eût voulu disparaître à cent pieds sous terre.

Il se figurait que l'on soupçonnait sa trahison, que l'on en avait peut-être acquis la certitude, que le Serpent venait lui demander compte de son vol, et, en ce cas, Mahmout se sentait perdu sans ressource.

Un bruit de pas se fit entendre, un troisième personnage parut, c'était le Serpent du désert lui-même.

— Que se passe-t-il donc ? — demanda-t-il. Et il regarda autour de lui d'un air hautain, ce qui donna la chair de poule au malheureux Mahmout, dont les genoux fléchirent. — Comment ! — reprit le Serpent, — tu es debout... ton esclave t'a annoncé mon arrivée, mon serviteur est venu te confirmer cette nouvelle par mon ordre, car je suis pressé et impatient de t'entretenir ; tu es un marchand enrichi par moi, je suis le grand chef du Sahara, et tu me laisses dans ta cour comme si j'étais un mendiant !...

Le chaouch, à ces mots du maître, tira son yatagan, ne doutant pas que la dernière heure du Mozabite ne fût venue.

Ce n'était pas trop, selon le farouche Touareg, de la tête d'un homme pour payer tant d'insolence.

— Faut-il ? — demanda le chaouch avec un geste significatif.

Mahmout tomba à genoux, les mains jointes, et il supplia.

— Grâce, monseigneur ! Par votre mère, par le Prophète, par Allah, ne me tuez pas !

Le Serpent sourit. La frayeur du marchand lui parut amusante ; il fit signe au chaouch de remettre son yatagan au fourreau et de se retirer. Le fidèle serviteur obéit, mais il murmura, regrettant l'occasion de faire voler une tête de dessus les épaules d'un Mozabite.

Il sortit laissant son maître avec Mahmout toujours à genoux. Quant à la négresse, elle avait fui depuis longtemps.

— Lève-toi, imbécile, — dit le Serpent au Mozabite ; — tiens tes oreilles ouvertes, chasse la peur et écoute-moi.

Mahmout se leva, le Serpent s'assit. Le gros marchand n'osa l'imiter par respect ; mais le Serpent lui montra du doigt une natte, et Mahmout s'y accroupit. Les dents du gros marchand s'entre-choquèrent encore par un mouvement convulsif. — Voyons, — dit le Serpent, — tâche de te calmer. Je ne te veux aucun mal ; j'ai toujours été content de ta fidélité ; je viens te demander un service, et il n'y a là rien d'effrayant.

Cette assurance fit le plus grand effet au Mozabite, il comprit que le Touareg ne se doutait de rien, et il reprit aussitôt son sang-froid.

— Monseigneur, — dit-il, — ne t'étonne pas de ma terreur ; le lièvre tremble toujours en présence du lion. Le proverbe le dit. — C'était une adroite flatterie. Le Touareg savoura le parfum de cet encens toujours agréable aux grands. — Excuse-moi donc, monseigneur, — reprit Mahmout, — si j'ai tardé à t'accueillir ; l'honneur imprévu de ta visite m'a causé un trouble inexprimable qui a paralysé mes facultés. Maintenant, daigne parler, ton esclave écoute.

— Bien, — fit le Serpent. — Voici ce que j'attends de toi. Tu iras à Laghouat.

— Oui, monseigneur.

— Tu organiseras une caravane.

— Oui, monseigneur.

— Tu enrôleras pour chameliers cinq Touaregs de ma tribu, que j'enverrai là-bas.

— Oui, monseigneur.

— Tu trouveras à Laghouat des chasseurs d'autruches, entre autres le tueur de panthères. — Ici Mahmout frissonna légèrement et ne répondit plus rien. Le Serpent n'y prit pas garde et continua. — Mon chaouch est chargé d'échanger avec le tueur de panthères une prisonnière chrétienne contre une fille de grande tente que les chasseurs d'autruches m'ont capturée. Me suis-tu ?

— Sans doute, monseigneur, sans doute.

— Juarez emmènera nécessairement la chrétienne qu'il aime sur le territoire des Français.

— C'est probable.

— Or, il faut que ni Juarez, ni la chrétienne, ni les coureurs de bois ne remettent jamais le pied dans Tlemcen. Comprends-tu ?

— Pas tout à fait.

— J'ai juré leur mort.

— Ah ! — dit Mahmout.

Et il frémit.

— Tu m'aideras à les faire tomber sous les poignards de mes guerriers.

— Comment faudra-t-il m'y prendre ?

— A Laghouat, nous ne pourrions rien. Tu sais que toute querelle, toute rixe, tout meurtre est impossible dans cette ville. Le caïd, qui tient à assurer la sécurité de son marché, punit sévèrement les assassins et fait surveiller les étrangers. Mais entre Laghouat et Tlemcen se trouve le désert des Angades, et dans le désert il n'y a qu'un droit, celui du plus fort et du plus habile.

— C'est vrai.

— Tu t'arrangeras pour que les chasseurs d'autruches voyagent dans la caravane que tu auras préparée.

— Mais, monseigneur, ce sera peut-être difficile.

— Difficile pour un sot, mais facile pour un homme adroit et inventif. Penses-tu être personnellement connu des chasseurs d'autruches ?

— Je suis sûr que non.

— Saurais-tu porter un déguisement ?

— Cela dépendrait.

— Par exemple, jouerais-tu bien le rôle d'un vieux marabout ?

— Oui, certes. Tenez, monseigneur, voilà le marabout que vous demandez.

Mahmout se voûta, donna un air vieillot à sa physionomie, se fit une voix cassée, tremblota de tout son corps, et fit en nasillant un sermon à la façon des vieux religieux musulmans, semant son discours de versets du Coran.

Le Serpent riait à gorge déployée.

— Par Allah ! — s'écria-t-il, — je crois voir et entendre mon cousin Nadir-el-Kasa ; tu seras méconnaissable quand tu auras une barbe blanche et des chapelets au cou. Te voilà donc déguisé en marabout à Laghouat ; tu seras censé venir du Sénégal et être le chérif d'une tribu d'Arabes Trazzas ; tu annonceras que tu te rends à la Mecque en passant par le territoire français.

— Ensuite, monseigneur ?

— Tu feras crier sur le marché que tu as un palanquin et un mahari à vendre. Saisis-tu ?

— Oui, monseigneur. Juarez viendra acheter le palanquin pour la chrétienne, je lui proposerai de faire route avec ma caravane, vos Touaregs pendant le voyage expédieront les coureurs de bois et ils iront vous porter leurs têtes.

— A la bonne heure. Je vois que tu es intelligent.

— Quand faut-il partir, monseigneur ?

— Demain.

— Il sera fait selon votre volonté. A propos, monseigneur, pour inspirer plus de confiance, j'ai une idée.

— Voyons l'idée.

— Si j'emmenais ma femme avec moi et je faisais passer pour ma fille ? Souvent les filles de marabout font le pèlerinage de villes saintes.

— Tu as raison. Emmène ta femme, Mahmout, emmène ; les coureurs de bois n'en seront que moins soupçonneux. Surtout joue bien cette comédie, et je te prouverai que je sais reconnaître les bons services de mes amis. Au revoir, Mahmout.

— Quoi, monseigneur, vous partez sans prendre un peu de repos ?

— Oui.

— Sans accepter une collation ?

— Merci. Je suis pressé. Allons, Mahmout, je compte sur toi.

— Comme si la chose était faite, monseigneur, soyez-en certain. Dieu vous protége !

— Allah te garde !

Et le Touareg se retira.

Quand Mahmout fut seul, il se frotta les mains joyeusement.

— Bonne affaire, — dit-il, — bonne affaire ! Je cherchais une occasion de gagner Alger avec Emma sans exciter de soupçons ; le Serpent lui-même me la fournit. Pauvre

Serpent ! Quelle rage quand il verra que je l'ai roulé de la belle façon. Bah ! il se consolera avec les têtes des coureurs de bois. Il faut que je joue serré, car ce Juarez est un homme terrible. Si les Touaregs manquaient leur coup, je risquerais fort d'être massacré par le tueur de panthères. Mais, bah ! il ne se méfiera pas.

Et Mahmout se recoucha.

X

Jacques la Hache consolateur. Ali déguisé en femme prouve qu'il est toujours un homme.

Un mois s'était écoulé. Juarez attendait à Laghouat que le Serpent du désert lui amenât Louise.

Depuis huit jours, le tueur de panthères et ses compagnons étaient arrivés ; depuis huit jours, soir et matin, ils montaient sur le minaret de la mosquée, sondant les profondeurs du Sahara, interrogeant tous les points de l'horizon et ne voyant aucun navire poindre à l'horizon de la mer aux vagues fauves. Juarez impatient s'inquiétait.

Lui si calme d'ordinaire, si maître de lui, ressemblait, selon l'expression de Jacques la Hache, à un lion pris dans un piège et se rongeant les griffes de colère et d'ennui.

Fatma était surveillée par le vieux Jacques ; la surveillance, du reste, était facile.

Juarez n'avait pas voulu se retrouver en présence de la belle musulmane. Il évitait de s'approcher de son palanquin dans les marches, de sa tente dans les haltes.

La jeune fille, depuis le départ de Tlemcen, semblait sombre, mais indifférente à tout. Elle ne prononçait pas un mot.

Jacques s'intéressait à son chagrin. A Laghouat, il essaya de la consoler.

Le vieux chasseur supposait que la jeune fille était désespérée de sa captivité, et il voulut lui apprendre sa prochaine délivrance.

— Mon enfant, — lui dit-il un jour, — vous soupirez souvent ; le soupir d'une femme va droit au cœur de l'homme. Je vous plains. — Fatma regarda le vieux chasseur et sourit d'un air profondément attristé. — J'ai une bonne nouvelle à vous apprendre, — reprit Jacques la Hache. — J'aurais voulu vous en entretenir plus tôt, mais je n'ai pas osé vous adresser la parole. Je sais que vous avez des raisons pour me haïr ; je fus l'ennemi de votre père et le vôtre ; pourtant je ne vous veux aucun mal.

— Je te crois, — dit Fatma.

— Tâche d'oublier que ma main, défendant mon corps, a fait couler du sang, — reprit Jacques.

— Je tâcherai, — répondit la jeune fille. — Mais tu voulais, as-tu dit, m'annoncer quelque chose d'heureux pour moi.

— Oui. Tu seras libre bientôt.

— Ah ! — fit Fatma avec indifférence.

— Tu sembles douter de mes paroles.

— Pas du tout. Tu ne m'apprends rien que je n'aie deviné. Supposes-tu donc que je n'aie pas compris pourquoi Juarez s'est emparé de moi ? Il aime la Française, il veut m'échanger contre elle. Sans doute il attend ici l'arrivée du Serpent du désert et de cette femme.

— Tu dis cela avec amertume. N'es-tu pas contente de revoir ton fiancé ?

— Quel fiancé ?

— Mais le Serpent. Il me semble que tu dois l'épouser ?

— Je devais...

— Et tu renonces à devenir sa femme ?

— Je refuse de m'unir à un guerrier qui ne sait pas me venger.

— Diable ! — fit Jacques fort embarrassé.

Il songeait que si Fatma ne tenait plus à la main du Serpent, ce dernier ne consentirait pas à échanger Louise contre la fille d'Eliacim. Il tordait sa moustache en jurant entre ses dents.

— Eh bien ! — dit Fatma, — te voilà inquiet.

— Je l'avoue.

— Tu as peur que ton ami n'ait fait en vain ce voyage.

— Ma foi ! à dire vrai, je ne m'attendais pas à un obstacle venant de ton côté.

— Rassure-toi.

— Tu dis...?

— Rassure-toi. Je pourrais rendre Juarez fou de désespoir, je pourrais lui faire mordre la terre, je pourrais me venger cruellement. Je n'aurais qu'à dire au Serpent que je le méprise parce qu'il a été impuissant contre son rival ; il retournerait au fond du Sahara en emmenant la Française, dont il ferait sa concubine et son esclave. N'ayant pu tuer Juarez, il se vengerait en le faisant souffrir et en l'humiliant. Pourtant je n'agirai pas ainsi.

— Oh ! tant mieux ! — s'écria Jacques. — Tu seras aussi bonne que belle.

— Seulement, j'exige de toi une promesse.

— Laquelle ?

— Quand l'échange sera fait, tu remettras à ton ami cette petite bague. Tu l'engageras à la porter en souvenir de moi.

— Je le jure, — dit Jacques.

— Et... — reprit Fatma hésitante.

— Et ?

— Tu ajouteras que je l'aime toujours !

Fatma fit cet aveu avec des sanglots.

Jacques se sentit tout ému.

— Voyons, mon enfant, console-toi, — dit-il en prenant la main de la jeune fille. — Le temps est le médecin du cœur.

— Je sais quelqu'un qui guérit plus vite encore la douleur.

— Qui est-ce ?

— L'ange de la mort.

— Bannis cette triste pensée, Fatma. Tu es belle, tu seras aimée, tu oublieras. La mort a un aspect sinistre.

— Pour qui la regarde sous un certain côté ; mais elle a deux faces. Elle présente une figure menaçante à ceux qui courent dans les sentiers fleuris du bonheur ; elle montre un visage riant à ceux qui se traînent dans le chemin de la souffrance. Va, Jacques la Hache, et songe à ta promesse !

Le vieux chasseur se retira navré ; mais il n'osa pas dire un seul mot de sa conversation à Juarez, qui était inabordable à cause du retard du chef touareg.

Enfin, le huitième jour au soir, le chaouch du Serpent du désert arriva.

Il annonça qu'il devançait de trente heures la caravane qui amenait Louise ; mais il prévint en même temps Juarez que le Serpent, étant atteint d'une fièvre intense, ne pouvait venir lui-même à Laghouat, et envoyait un de ses parents à sa place pour exécuter les conventions conclues.

Juarez passa de l'inquiétude à une joie folle ; il ne put dormir.

Le lendemain matin il sortit et se dirigea vers le marché.

Il sentait le besoin impérieux de se distraire de son bonheur, comme on éprouve le désir de se distraire d'un chagrin. Les grandes félicités donnent des angoisses qui oppressent le cœur douloureusement.

Il allait et venait au milieu des marchands déjà nombreux, et ne prenait pas garde aux murmures flatteurs qu'excitait sa présence. Il était trop heureux pour savourer les jouissances de l'orgueil.

Pourtant son nom volait de bouche en bouche, et chacun accourait pour le voir, à distance respectueuse toutefois. Juarez était le héros du Sahara.

Un crieur public vint faire diversion au succès qu'obtenait le tueur de panthères; il annonçait que sidi Ben-Assan, chérif des Trarzas, se rendant en pèlerinage à la Mecque, désirait vendre un palanquin superbe.

Le crieur détailla toutes les magnificences du palanquin, signala les avantages nombreux qu'il offrait pour une femme de haut rang, et fit si bien que Juarez, songeant à Louise, se dit qu'il irait voir ce palanquin. Ce qui l'avait séduit, c'est que le crieur vantait surtout la douceur des coussins, faits de duvet d'autruches.

Juarez s'enquit auprès du crieur de l'adresse du chérif sidi Ben-Assan, et il alla trouver sur l'heure le vénérable marabout, lequel était arrivé la veille au soir seulement.

Or, sidi Ben-Assan n'était autre que Mahmout habilement grimé. Il reçut très-affectueusement le tueur de panthères.

— Mon fils, — lui dit-il, — je suis heureux de te voir; il y a fort longtemps que j'entends parler de ton courage et de tes exploits; ton nom est illustre jusque dans les profondeurs du Soudan. Sois le bienvenu, et que la bénédiction d'un vieillard te porte bonheur!

Mahmout, sur cette phrase flatteuse, leva les mains sur la tête de Juarez, qui s'inclina de bonne foi, et il lui donna sa bénédiction d'une façon solennelle et onctueuse. Un prélat romain eût été jaloux de cette grâce majestueuse et affable.

— Mon père, — dit Juarez après une foule de salamalecs, — je suis venu pour t'acheter le palanquin dont le crieur public a annoncé la mise en vente sur le grand marché.

— Hélas! mon fils, ce palanquin me rappelle de cruels souvenirs, aussi je m'en défais, car sa vue m'est odieuse. J'avais deux filles en quittant le Sénégal; il ne m'en reste qu'une: L'autre est morte en route. — Le faux marabout versa une larme hypocrite, et Juarez crut devoir prendre par déférence une contenance triste. — Depuis, mon cœur est glacé, — reprit le marabout, — car c'était ma bien-aimée. Allah est grand, mais il frappe quelquefois sévèrement ses serviteurs; son saint nom soit béni! — Juarez s'inclina. — Tu comprends, mon fils, — ajouta le prétendu Ben-Assan, — que je désire éloigner de mes yeux les objets qui renouvellent sans cesse ma douleur. Le sage a dit : Le chagrin ronge le cœur comme le torrent ronge son lit; l'homme fort ne doit pas se laisser abattre; qu'il bannisse la douleur loin de lui et montre à Dieu un visage serein. Ce précepte est excellent. Je veux le suivre. Viens, tu verras le palanquin de ma pauvre enfant; il est digne d'une sultane.

Juarez accompagna le vieillard dans une cour et y visita le palanquin, qu'il trouva splendide. Ben-Assan, pour conclure plus sûrement le marché, n'en demanda qu'un prix raisonnable. Juarez, enchanté, termina l'affaire sur-le-champ.

Le marabout proposa à Juarez de prendre avec lui le repas du matin. Le jeune homme ne refusa pas. Au café, Ben-Assan offrit à son nouvel ami de faire route avec lui, ce qui fut accepté.

Juarez était enchanté. Mais voilà qu'au moment où il allait sortir de la maison où logeait le vénérable Ben-Assan, une jeune négresse s'approcha du chasseur, mit un doigt sur ses lèvres, et glissa un petit billet dans les mains du tueur de panthères, qui reconnut Ali sous le haïque de l'esclave noir.

Le billet portait ces mots :

« Reviens dans une heure, le maître sera à la mos-
» quée. »

Juarez était fort préoccupé du billet qu'il avait reçu.

Toutefois, il se rendit à l'invitation, et, l'heure passée, il se promena de long en large dans la rue où se trouvait la demeure de Ben-Assan.

A peine avait-il passé et repassé devant la porte, qu'Ali, sous son costume féminin, vint à sa rencontre et lui fit signe de le suivre.

Juarez régla son pas sur celui de son ami, qui se dirigea vers une ruelle déserte ou l'on pouvait causer presqu'à l'aise. Une fois là, Ali serra la main de son camarade avec autant d'effusion que la circonstance le permettait. Il l'eût embrassé volontiers, mais il craignait de scandaliser quelque passant. Les femmes, en Afrique, sont fort réservées... dans les rues, et Ali portait un costume féminin.

— Et les amours? — fit Juarez.
— Ils vont bien, — répondit Ali. — Du reste, tu connais ma maîtresse.
— Quoi! vraiment!
— Tu as soupé avec elle à Paris.
— A Paris! Tu es fou.
— Que non. Tu verras bien plus tard que j'ai mon bon sens.
— On pourrait en douter. Tu es affublé d'une singulière façon.
— Raille si tu veux, méchant camarade; tu devrais plutôt me complimenter. On dit que je fais fort jolie figure sous ces vêtements.
— Voyez-vous ça. Mais trêve de plaisanteries. Louise arrive ce soir, tu quitteras ta maîtresse, tu reprendras ton fusil et tes pantalons, et tu nous accompagneras, maître séducteur.
— Je ne reprendrai pas mon fusil ni mes pantalons, et je vous accompagnerai tout de même. Je suis au service de sidi Ben-Assan, avec lequel toi et nos amis allez gagner Tlemcen.
— Ta maîtresse serait donc sa seconde fille? Je n'y comprends rien.
— Parce que Ben-Assan est un faux nom sous lequel se cache le Mozabite Mahmout.
— Tonnerre ! — fit Juarez. — Le drôle m'a joué.

Ali se mit à rire.

— Dans quel but ce Mahmout se déguise-t-il ? — demanda le tueur de panthères.
— Pour faire banqueroute, — répondit Ali.

Et le jeune homme expliqua à Juarez que le Mozabite cherchait à gagner Alger, à réaliser sa fortune et à passer en France.

Juarez écoutait, le sourire sur les lèvres, l'explication de ce plan machiavélique.

— Ton Mahmout est un coquin, — fit-il, — mais cela ne me regarde pas. Sans doute tu es aimé de madame Mahmout.
— Oui. Mais tu ne devinerais jamais le nom de cette femme charmante. Pourtant tu la connais.
— Au diable les énigmes. Voyons ce nom, vite, tu m'intrigues.
— C'est la Souris.

Et Ali donna encore à son ami toutes les explications nécessaires pour qu'il comprît la situation.

Malheureusement, Mahmout n'avait pas confié à Emma la trahison qu'il méditait contre Juarez. Le Mozabite craignait d'effrayer la jeune femme. Il en résulta qu'Ali et elle attribuèrent son déguisement et ses menées au désir d'échapper aux soupçons des Touaregs qu'on pourrait rencontrer en route. Les coureurs de bois allaient tomber aveuglément dans le piége.

Ali et Juarez convinrent qu'ils feraient semblant de ne se point connaître; qu'à Tlemcen seulement, Ali quitterait Emma et Mahmout pour reprendre sa liberté; que, pour ne pas compromettre sa maîtresse Ali serait censé avoir pris la fuite et se tiendrait caché jusqu'au départ du Mozabite pour Alger.

En se séparant de son ami, le jeune homme lui dit :
— J'espère que tu seras assez gentil, mon petit Juarez,

pour emmener souvent dans la tente le gros Mahmout et me ménager des tête-à-tête avec Emma ?

— C'est bon, mauvais sujet, — dit Juarez en riant ; — on avisera.

Ils ne se doutaient guère ni l'un ni l'autre du drame sanglant dont le Serpent du désert avait préparé le dénouement fatal.

XI

Réunion. Un trait de générosité.

Le soir même la caravane annoncée par le chaouch du Serpent du désert entrait dans Laghouat. Une heure après, Louise et Juarez étaient réunis.

Quand Juarez vit Louise, soulevant son voile, s'avancer vers lui, il pâlit, chancela et tomba dans les bras de Jacques la Hache, qui l'emporta pendant que Sanglier, offrant son bras à Louise, la conduisait dans la maison que les chasseurs habitaient depuis leur arrivée. Selim écartait la foule.

Louise avait baissé son voile; Sanglier la sentait défaillir.

— Appuyez-vous à mon bras, — disait-il, — nous arriverons bientôt. N'ayez pas peur, Juarez se réveillera sous vos baisers. Il faut qu'il vous aime bien pour s'être évanoui ainsi.

Les chasseurs placèrent Juarez sur un divan, et ils laissèrent Louise seule avec lui.

La jeune femme se mit à genoux auprès de son amant et l'entoura de ses deux bras. Il ouvrit les yeux, puis les referma aussitôt. Il y a des réalités que l'on craint de voir s'évanouir comme la fumée des songes.

Mais le souffle de la jeune femme caressait ses joues, ses lèvres descendirent vers les siennes; ils échangèrent un long baiser.

La nuit commençait à peine...

Quand le jour parut, ils se tenaient encore enlacés!

Quand le premier rayon de soleil se glissa furtivement dans la chambre, Louise confuse cacha sa tête dans ses deux mains. Juarez la contemplait en souriant.

Soudain de grands cris retentirent; ils étaient poussés dans la cour d'une maison voisine sur laquelle on avait vue de la salle où les deux amants se trouvaient.

Louise, toute craintive, se jeta dans les bras du comte, mais celui-ci la calma, la fit asseoir sur un sofa et se pencha vers la fenêtre pour voir ce qui se passait.

C'était une scène d'intérieur.

Un vieux *taleb* (savant attaché à une mosquée) frappait à grands coups de bâton un pauvre nègre dix fois plus fort que lui. Quoique d'une chiquenaude le noir eût pu faire rouler son maître à dix pas, il se contentait de hurler sans se défendre.

Une jeune mulâtresse sortit de la maison et vint suppliante se jeter aux genoux du taleb, auquel elle demanda grâce pour le patient. Le taleb, loin d'être sensible à la prière de la jeune femme, la frappa à son tour et plus furieusement encore que le nègre.

Bientôt le sang teignit en rouge le haïque de la mulâtresse. Elle se tordait sur le sol en gémissant.

Juarez ne put retenir un cri de colère. La fenêtre était grillée ; il saisit un des barreaux, s'arc-bouta au mur, fit un effort furieux, descella deux pierres et arracha une barre de fer. Louise effrayée courut à lui. Déjà il avait passé par l'ouverture qu'il venait de faire et il avait sauté dans la cour, couru au taleb, empoigné le bâton de ce dernier, et repoussé violemment une tentative qu'il avait faite pour reprendre son arme.

Un instant le taleb toisa le nouveau venu ; puis le voyant déterminé, il s'était mis à crier :

— A l'aide ! Au secours ! A l'assassin !

En Algérie, dans les villes arabes, un esclave qui gémit sous une correction sanglante n'excite aucune pitié ; mais un propriétaire qui appelle ses voisins a des chances de les voir accourir pour lui prêter main-forte.

Les talebs sont des personnages considérables et considérés ; ils ont dans les cités indigènes l'importance des académiciens des petites villes allemandes ; ou plutôt ils sont chez les musulmans à peu près ce qu'étaient les pharisiens chez les Hébreux.

La cour fut bientôt pleine de gens effarés qui menaient grand bruit et tenaient des propos menaçants.

En pareil cas, les bourgeois algériens ne manquent jamais d'apporter leurs armes.

Trente canons de fusil furent braqués contre Juarez quand le taleb le désigna à la vindicte publique. Mais Juarez, impassible, promena ses regards sur tous ces bourgeois et prononça ces mots, qui firent aussitôt relever tous les fusils.

— Voudriez-vous, par hasard, toucher à un chasseur d'autruches ? Je suis le tueur de panthères ! — Ce nom redouté produisit, comme toujours, un merveilleux effet. Le taleb lui-même changea d'allures. — Tu me prenais donc pour un voleur ? — demanda en souriant Juarez.

— J'avoue que j'ai eu cette pensée, — répondit le taleb.

— Tu avoueras que tu t'es introduit chez moi par un singulier chemin.

— J'avais hâte d'arriver. Tu frappais si fort !

— Mais que t'importe le supplice mérité que j'infligeais à ces deux misérables ?

— Beaucoup, peut-être. Qu'ont-ils donc fait ?

— Cette drôlesse—le taleb désignait la jeune femme— a des complaisances pour ce chien de nègre ! N'ai-je pas le droit de les punir ?

— Le taleb a raison, — dit la foule.

Juarez ne voulait pas se mettre en opposition avec les lois du pays et les droits d'un possesseur d'esclaves ; il ne voulait pas non plus abandonner ses protégés.

Le regard de Louise, qui comprenait les péripéties de cette scène, lui dicta une résolution.

— Écoute, sidi, — dit-il au taleb, — cette mulâtresse plaît à une femme que j'aime. Ce nègre peut me rendre des services. Veux-tu me vendre tes deux esclaves ?

— Non, — fit le taleb, — je veux les faire mourir sous le bâton.

— Tu en refuses cent douros (huit cents francs) ?

— Oui.

— Deux cents ?

— Oui.

— Trois cents ?

— Oui.

Les deux coupables, qui suivaient cette enchère avec anxiété, se jetèrent aux pieds de Juarez.

Celui-ci, sachant quelle fascination l'or exerce sur les Arabes, sortit de sa ceinture quinze cents francs en or.

— Tu n'acceptes pas cela ? — demanda-t-il au taleb en faisant tinter les louis. Le taleb hésita. — Pèse ? — fit Juarez.

Et il mit des poignées de pièces dans la main du propriétaire.

Ce dernier ne put y tenir. La cupidité l'emporta sur la haine.

— Marché fait, — dit-il ; — mais je veux donner encore vingt coups de matraque sur le dos de chacun de ces coquins.

— Du tout, — répondit Juarez. — Je ne veux pas que tu abîmes davantage ces esclaves que je paye déjà trop cher. Décide-toi ; c'est à prendre ou à laisser.

— C'est fait.

L'échange conclu, la somme livrée, Juarez fit un signe, et le nègre et la mulâtresse le suivirent en gambadant joyeusement.

La jeune femme était espiègle, jolie et mutine ; au moment de quitter la cour, elle se retourna vers son ancien maître, lui fit la plus drôle de mine du monde et lui tira la langue. La foule se mit à rire. Le taleb gronda des menaces, les rires redoublèrent. Le pauvre homme s'emporta en menaces contre ses voisins et voulut les mettre à la porte; mais un méchant gamin (il y en a partout), pour faire pièce au taleb, frappa sur ses deux mains encore pleines d'or ; les pièces se répandirent.

Aussitôt le gamin de fuir et chacun de ramasser les louis pour les rendre à leur propriétaire.

Hélas ! il compta, le pauvre homme ! En pareil cas, il y a toujours beaucoup de *manquants à l'appel*, comme dirait un zouave.

Juarez n'avait pas jugé à propos de rentrer chez lui par la fenêtre; il y revint par la porte, accompagné du couple qu'il avait délivré.

Louise, quand il entra, lui saisit la main et la pressa silencieusement.

La mulâtresse vint se mettre à genoux devant Louise et lui jura de la servir fidèlement.

— Que dit-elle? —demanda madame de Saint-Val, qui ne comprenait pas l'arabe.

— Elle promet de vous être toute dévouée.

— Elle paraît charmante de caractère,—reprit Louise ; — mais j'ai cru comprendre que ces jeunes gens s'aimaient; ne les mariera-t-on pas, Juarez ?

— Pour ma part, j'y consens, — répondit le jeune homme en riant. Et il ajouta, s'adressant au nègre :
— Ton nom?

— Yousouf, maître.

— Et celui de cette jeune femme ?

— Aïssa.

— La veux-tu pour épouse ?

— Oh ! maître...

— Eh bien !... tu ne réponds pas ?

— Tu veux m'éprouver, monseigneur ; mais, ne crains rien, je viens d'échapper à un trop grand danger pour m'exposer encore une fois à mourir sous le bâton. J'aimerai Aïssa comme une sœur.

— Puisque je te propose d'être son mari ?

— Maître,—fit tristement le nègre,—Aïssa est jolie, tu as bien fait de l'acheter. Quant à moi, sois sûr que je ne suis pas assez fou pour croire qu'on donne trois cents douros d'une belle fille afin d'en faire cadeau ensuite à un pauvre diable comme moi.

Le noir soupira en disant cela. Il ignorait que Louise ne connût pas l'arabe ; il ne se gênait pas néanmoins pour exprimer ses pensées devant elle.

En Afrique, un mari possède quatre femmes et autant de concubines qu'il en veut, il y a des délicatesses européennes qui sont incompréhensibles pour les indigènes.

Juarez prit la main d'Yousouf, celle d'Aïssa, les mit toutes deux l'une dans l'autre, et :

— Mes enfants, soyez unis ! Nous prendrons soin de vous, si vous êtes de bons serviteurs. Allons ! embrassez-vous donc !

Aïssa, plus hardie qu'Yousouf, tendit son front ; le nègre y déposa un baiser en hésitant ; du coin de l'œil, il regardait toujours Juarez. Voyant que celui-ci l'encourageait d'un sourire, il s'enhardit et embrassa cordialement la mulâtresse. Puis il se retourna, et s'écria les larmes aux yeux :

— Maintenant, tueur de panthères, ce n'est pas un esclave que tu as, c'est un chien. Ma vie est à toi. Tu peux à toute heure demander le sang d'Yousouf, et il le donnera.

— Tu parais reconnaissant,—fit Juarez, — tant mieux pour moi et pour toi. Quant à être mon esclave, détrompe-toi : tu seras mon serviteur, tu pourras devenir mon ami. Tous les hommes sont égaux par les droits ; ils peuvent devenir frères par l'estime. Allah est notre père à tous, et il ouvre son paradis aux nègres comme aux blancs. Viens.

XII

Où Mahmout commence à s'apercevoir qu'il n'est pas facile de tromper les coureurs de bois.

Juarez quitta Louise pour aller trouver Mahmout, qui continuait à jouer son rôle de marabout avec audace.

Le coureur de bois entra chez le Mozabite avec un sans-façon qui donna beaucoup à penser au gros marchand. Juarez s'assit sans même dire bonjour, roula une cigarette, l'alluma sans gêne, fuma pendant quelques minutes, puis il dit à Mahmout qui se sentait découvert :

— Or çà ! maître, nous jouons donc les rôles de vieillard maintenant ? Peste, ton passage à Paris t'a servi. — Mahmout fit une grimace affreuse ; il voulut protester. Juarez se leva, lui arracha sa fausse barbe et sa perruque, puis il se rassit. —Tu comprends, — que le masque est tombé et qu'il faut jouer franc jeu. Du reste j'ai lu dans tes cartes. Tu fais banqueroute, il paraît.—Mahmout était littéralement écrasé. Pour ne pas compromettre Emma, Juarez reprit : — J'ai vu ce matin un chasseur d'autruches qui m'a mis au courant de tes petites combinaisons, maître fourbe. Il paraît que toutes tes caravanes se rendent à Alger.

— Je suis perdu ! — fit Mahmout.

— Pas encore. Hier, je t'avais reconnu, mais j'ai jugé à propos de dissimuler pour pénétrer tes secrets. Le chasseur dont je t'ai parlé est venu à point pour m'éclairer. Il s'est croisé avec tes convois. Ce fait a été un trait de lumière pour moi ; mais mon confrère n'y attache aucune importance. Rassure-toi donc, poltron. — Mahmout respira.—Tu voles les Touaregs, — continua Juarez ; — c'est une affaire entre ta conscience et toi. Je n'ai rien à voir là-dedans. Tu as des raisons pour craindre ces misérables pillards, car je suppose que tu t'es déguisé en marabout pour leur donner le change.

— Précisément, — fit Mahmout. Et à part lui il se dit : — Sauvé ! Il ne se doute pas que je veux le livrer aux poignards de ses ennemis.

Juarez reprit :

— Comme toi, je redoute les Touaregs. Je leur enlève un trésor qu'ils tâcheront de reprendre.

— Ah ! — fit Mahmout jouant l'étonnement.

— Oui, — répondit Juarez.

— Le produit d'une razzia ?

— Non. Il s'agit d'une femme. Mais peu l'importe ; revenons au but de ma visite près de toi. Malgré ou plutôt à cause de ta banqueroute, je ferai volontiers alliance défensive avec toi pour gagner Tlemcen. Les Touaregs peuvent nous attaquer en route ; le même sort nous serait réservé en cas de défaite ; unissons donc nos forces. De combien d'hommes disposes-tu ?

— Une vingtaine.

— C'est quelque chose ; avec mes quatre compagnons nous serons invincibles si tes hommes valent quelque chose. A quelle tribu appartiennent-ils ?

Préparé à mentir, Mahmout répondit sans hésiter :

— Ce sont des Kabyles et des nègres.

— De braves guerriers, alors. Nous pouvons nous mettre en route. Il serait impossible à de fortes bandes de Touaregs de pénétrer au delà de Laghouat ; leur présence serait signalée ; les tribus se lèveraient en masse pour les repousser, et les Français donneraient la main aux goums alliés. Avec tes vingt hommes et mes amis nous n'avons rien à craindre d'une petite troupe de fuyards ; allons, à demain le départ !

— A demain, tueur de panthères. Tu as des yeux de lynx ; je ne puis comprendre comment tu m'as reconnu. Tu m'avais donc déjà vu ?

— Trois fois,—dit Juarez.

C'était un mensonge ; mais il était nécessaire de ne pas mettre Emma dans l'embarras ; le Mozabite aurait pu le soupçonner.

Quand Juarez fut parti, Mahmout poussa le ouf! des gens débarrassés d'un grand ennemi ; ce ouf! qui se retrouve dans toutes les langues, et qui a tant d'éloquence.

— Je me croyais perdu, comme quand le Serpent m'a réveillé,—fit le gros marchand.—Que d'émotions! Enfin, je crois que je m'en tirerai.

. . . .

La caravane sortit de Laghouat à la pointe du jour.

Mahmout, Juarez et Selim marchaient à l'avant-garde ; ils étaient montés sur des maharis. Après eux venait le palanquin de Louise, puis celui d'Emma. Les chameaux de bât venaient ensuite.

Cette petite colonne était flanquée d'un côté par des Kabyles dont Mahmout avait loué les services, de l'autre par des nègres qu'il avait achetés comme esclaves. Tout ce monde était bien armé. Jacques la Hache et Sanglier fermaient la marche ; eux aussi montaient des maharis.

Aïssa était assise en face de Louise dans son palanquin ; et, dans celui d'Emma, Ali, toujours déguisé, était aux genoux de sa maîtresse...

Des voiles épais les cachaient à tous les regards et gazaient leurs amours... Nous gazerons aussi...

Juarez était joyeux, Mahmout inquiet. Jacques et Sanglier, indifférents, causaient d'aventures et de chasse.

On fit assez rapidement quinze lieues, et l'on arriva au campement.

Les tentes furent dressées, les feux allumés, les sentinelles placées. Les nègres s'occupèrent de préparer le repas ; les chameliers disposèrent les ballots en cercle pour en former une espèce de redoute ; Juarez se retira sous sa tente avec Louise ; Mahmout alla parler à un des Touaregs qu'il faisait passer pour Kabyles.

— Est-ce pour cette nuit ?—demanda-t-il.

— Oui, — répondit le Touareg.

— Sois prudent.

— Ne crains rien. Le tueur de panthères sera auprès de sa fiancée ; les coureurs de bois dormiront côte à côte. Mes amis tueront d'abord ces derniers. Quant à moi, je me charge de Juarez. A minuit le sang aura coulé. Tu n'auras qu'à enterrer les morts, à lever le camp et à fuir. Nous aurons disparu de notre côté.

— Allons ! — fit Mahmout, — c'était écrit. Le Prophète guide vos bras vaillants !

Et le gros marchand courut vers sa tente pour y retrouver Emma. Il faillit surprendre Ali recevant un long baiser...

Mahmout venait avec des intentions qui se lisaient dans ses yeux. Emma regardait comme une pénible corvée certains devoirs de sa position ; elle n'en fit pas moins un accueil charmant à son *tigre*. (On se souvient que c'était ainsi qu'elle avait surnommé Mahmout.)

— Ah ! vous voilà donc, — fit-elle en boudant. — Vous avez bien tardé.

— Nous arrivons à peine,—répondit Mahmout.

— A peine? Vous êtes fou. Il me semble qu'il y a une heure que je vous attends avec impatience.

— Chère enfant!

— Oui, oui, vous dites chère enfant, mais vous ne m'aimez plus.

— Oh ! par exemple.

— Je ne suis plus votre gazelle.

— Quelle plaisanterie!

— Vous me négligez. Vous préférez donner des soins à vos ballots que vous reposer près de votre petite femme. C'est affreux. Je vous ai vu tout à l'heure causer avec le chef des chameliers.

— Crois bien qu'il y avait de graves motifs pour cela.

— Certainement. Quelque observation sur les soins à prendre pour préserver les marchandises ?

— Eh bien, non ! Tu te trompes, j'ai de l'ordre ; mais je négligerais mes affaires pour toi. S'il ne s'agissait pas d'une chose de la plus haute importance...

— Expliquez-vous.

— Impossible. Mais cette nuit tu verras si j'avais raison.

— Vous refusez de me révéler ce secret?

— Demande-moi un doigt de ma main, je te le donnerai, mais n'exige pas ce secret.

Emma et Ali étonnés échangèrent un regard.

— J'ai soif,—dit Mahmout. — As-tu du café, petite ? — demanda-t-il à Ali.

Ce dernier apporta une petite tasse pleine de café fumant. Mahmout l'avala. Il congédia Ali. Mais à peine le jeune homme se fut-il retiré que le juif se sentit la tête lourde.

— C'est étrange! — murmura-t-il, —ce café, au lieu de m'éveiller, me donne envie de dormir.

— Preuve que vous ne m'aimez pas,—fit Emma jouant le dépit.

Mahmout essaya de vaincre le sommeil ; il ne put y parvenir.

— Ma foi ! — dit-il, —la route, le soleil, la fatigue... je... pardonne-moi, je... tu es toujours... toujours ma gazelle... mais... enfin...

Et il ferma les yeux sous le poids d'une invincible torpeur. Ali, qui guettait ce moment, rentra sous la tente et aida Emma à rouler son *tigre* dans un coin, sur des coussins. Ils riaient aux éclats tous deux.

— L'opium est une belle chose,—dit Ali en embrassant sa maîtresse.

— Tu n'as peut-être pas assez ménagé la dose ; s'il allait ne plus se réveiller...

— Il se réveillera, mais tard... Eh bien ! tu boudes ?

Emma prouva qu'elle ne boudait pas. Mahmout dormait pendant ce temps-là.

Les feux du bivac commençaient à pâlir. Des étoiles scintillaient au ciel, éclairant l'immensité du désert. Les voix lamentables arrivaient affaiblies sur l'aile de la brise ; c'étaient les glapissements sinistres des hyènes, les rauques aboiements des chacals, les plaintes lamentables des chats tigres. Le camp était silencieux. De la tente des chameliers sortit un homme qui se mit à regarder avec soin autour de lui, s'approcha de la sentinelle sans faire le moindre bruit, et échangea quelques mots avec elle à voix basse. La sentinelle se mit à ramper vers la tente de Juarez et écouta. Le chamelier se glissa vers la tente des chasseurs d'autruches, et prêta l'oreille à son tour. Tous deux s'éloignèrent ensuite et conversèrent assez longuement.

Le chamelier retourna vers ses compagnons, les fit sortir au nombre de cinq, leur indiqua l'endroit où reposaient les chasseurs, et revint se placer avec la sentinelle près de la tente de Juarez. Ils observèrent leurs complices. Ceux-ci avaient tiré des coutelas dont les lames étincelaient dans l'obscurité.

Jacques, Selim et Sanglier occupaient à eux seuls une vaste tente ; un Touareg enleva un pan avec des précautions minutieuses.

Les autres Touaregs passèrent par cette ouverture, lui après eux... On entendit quelques soupirs étouffés ; la tente fut secouée un instant et toute l'étoffe trembla de la base au faîte. Cela dura quelques secondes. Le calme revint aussitôt.

Les deux hommes qui attendaient que le premier crime fût consommé fendirent d'un coup de coutelas la tente de Juarez et s'y élancèrent. Là aussi la lutte fut courte. Quelques sons inarticulés, le bruit d'une lourde chute, et ce fut tout....

Pendant quelques instants il y eut un silence de mort ; enfin on entendit un rire joyeux et frais ; puis une tête, celle d'Ali, parut hors de la tente des chasseurs d'autruches.

Après la tête le corps ; après ce corps, trois autres

bien vivants et en fort bon état. C'étaient ceux des chasseurs d'autruches.

— Eh bien ! Juarez, — s'écria Ali, — est-ce que tu n'aurais pas fini par hasard ?

— C'est fini, — répondit le tueur de panthères. Il vint à la rencontre de ses amis.

— Pauvres Touaregs ! — dit Jacques la Hache, — ils n'ont pas de chance avec nous.

— Un coup si bien combiné ! — observa Ali.

— On n'est pas plus malheureux. C'est un vrai guignon ! Le Serpent sera exaspéré.

Et Sanglier se frottait les mains, Ali dansait un cancan effréné en réminiscence de Mabille qu'il avait visité; Jacques la Hache faisait un moulinet triomphant du canon de sa carabine; Juarez tordait sa moustache, signe certain de bonne humeur. Le vieux Selim ébauchait des sourires. Une fois même il mit une main sur la tête d'Ali et dit :

— *Meler* (bien) !

— Vous êtes content, mon oncle ? — demanda le jeune homme, heureux du compliment.

— *Si* (oui), — répondit le vieil Arabe.

C'était en effet à Ali que les chasseurs devaient la vie : le jeune homme, inquiet de la conversation qu'avaient eue Mahmout et Emma, était allé trouver Juarez, et lui avait raconté que quelque trahison se méditait pour la nuit. Il attira l'attention du tueur de panthères sur les prétendus chameliers kabyles, et lui apprit que Mahmout avait échangé avec leur chef des mots mystérieux.

Juarez avait reconnu bien vite que six des chameliers étaient Touaregs. Il avait fait immédiatement sonder les nègres par Yousouf, qui lui était dévoué, et Yousouf avait acquis la certitude que les nègres n'étaient pas du complot. Alors Juarez avait pris le noir avec lui, et Ali avait apporté le secours du bras à ses amis.

Les Touaregs avaient donc eu affaire à des gens fort bien éveillés, et ils avaient été rapidement expédiés.

A part Mahmout, endormi par l'opium, toute la caravane fut rapidement sur pied. Juarez expliqua aux nègres et aux vrais Kabyles ce qui s'était passé. Il leur apprit que son intention était d'abandonner Mahmout au milieu du désert, et d'emmener tous les bagages ; il annonça qu'il partagerait les richesses contenues dans le convoi entre les chameliers et les esclaves qui l'accompagneraient, et il ajouta qu'il donnerait la liberté aux nègres une fois sur le territoire français. Ces offres furent acceptées avec enthousiasme.

Louise et Emma, prévenues de ce qui devait se passer, se tenaient blotties sous leur tente; Juarez courut les rassurer.

On leva le camp au plus vite, on dressa un seul palanquin, les jeunes femmes et Aïssa s'y placèrent. Le reste du convoi fut allégé autant que possible; l'on ne conserva que les choses précieuses. Juarez craignait d'être poursuivi.

Mahmout fut abandonné à la belle étoile, sans vivres, sans poudre, sans bête de somme pour le transporter.

Ali, toujours un peu enfant, s'amusa à lui jouer un tour qui devait lui faire une peur terrible. On verra si le petit coulougli avait réussi.

La caravane se préparait à se mettre en marche, les chameaux devaient trotter sur une seule file. Pour dépister les recherches, Juarez attacha avec des cordes, derrière le dernier chameau, des paquets de broussailles, qui, raclant le sable, faisaient disparaître les pistes. Le vent, qui soufflait, achevait de rendre le terrain uni quelques minutes après le passage du convoi ; sans cette précaution, les pieds des chameaux s'enfonçant profondément dans le sol, leurs traces n'auraient pas été comblées aussi vite.

En outre, Juarez plaça deux maharis l'un derrière l'autre ; il leur ajusta sous la queue à chacun un petit fagot de cette épine sèche dont les caravanes se munissent pour allumer du feu. Cela fait, il chassa ces maharis sur sa gauche, et comme ces animaux se sentaient piqués par les épines, ils se mirent à galoper d'une façon insensée ; on les eut bientôt perdus de vue.

Leurs traces restèrent fortement empreintes sur le sol.

Toutes ces précautions prises, on partit.

Mais Juarez prévoyait que tant qu'il n'aurait pas gagné le territoire français il ne serait pas en sûreté. La première redoute occupée par nos troupes était encore bien loin.

Mahmout sortit de son sommeil de plomb vers dix heures du matin. Le soleil tombait en plein sur son visage ; il ouvrit les yeux et les referma tout à coup, aveuglé par une lumière trop vive. Il se figura qu'il rêvait. Il chassa les brouillards qui obscurcissaient sa pensée, rouvrit les yeux et se dit :

— Décidément, je suis en plein soleil. Qu'est-ce que cela veut dire ? Je devrais être sous ma tente. — Il porta la main à ses paupières pour les frotter, et s'aperçut que ses doigts étaient recouverts de sang caillé. — Oh ! mon Dieu ! — s'écria-t-il, — je suis blessé, mort peut-être. — Il se leva sur son séant. Quatre ou cinq coups de fusil partirent à la fois et Mahmout poussa un cri de terreur et de désespoir. Il avait éprouvé une douleur assez vive aux épaules et était retombé sur son dos. Il n'osa plus bouger. Jamais poltron n'éprouva une angoisse plus profonde; Mahmout sentait le froid de la peur l'envahir et le paralyser. Il resta bien dix minutes ainsi plus mort que vif, les yeux clos, les dents serrées et claquant d'une façon convulsive. Mahmout entendait un bourdonnement confus mais très fort à ses oreilles ; c'était son sang qui bouillonnait. Il crut que c'était un bruit de voix, le chuchotement des assassins entre eux. Enfin le bourdonnement cessa peu à peu. — Ils s'éloignent, les misérables ! — pensa Mahmout ; — tâchons de nous en assurer. — Il cligna d'un œil, personne à gauche. Il entr'ouvrit sa paupière droite ; personne de ce côté. Devant, personne. Mais derrière lui il ne pouvait voir. Il s'enhardit jusqu'à essayer de se lever encore une fois ; il le fit lentement, avec précaution ; mais il éprouva une résistance aux deux épaules ; il crut y sentir un cercle de fer qui le tenait rivé au sol teint de son sang sans doute. — Ai-je les omoplates cassées ou suis-je garrotté ? — se demanda-t-il en retombant. Alors il remua les doigts, tourna son poignet, plia l'avant-bras, et se dit : — Je n'ai rien de cassé. — Il porta la main à son épaule et sentit une corde ; à l'autre épaule, autre corde. — Diable ! — fit-il, — je suis garrotté. Mais où sont-ils, je n'entends rien. Supplions un peu mes meurtriers. — Mahmout prit une voix lamentable et dit : — Grâce, messeigneurs, grâce. Je ne suis pour rien dans ce qui est arrivé ; je vous assure que j'ignorais tout. Par pitié ! ne me tuez pas. Au nom de votre mère, et tout ce qui vous est cher, ne tirez plus ! — Personne ne souffla mot. — Ils sont partis, — pensa Mahmout. Sur ce, il se retourna sur le ventre sans trop de difficultés, il leva la tête et pût examiner le terrain qui se trouvait derrière lui auparavant. Sept cadavres ensanglantés jonchaient le sable ; le malheureux frissonna. — Quelle boucherie ! — pensa-t-il. — Je devais être tué avec eux, mais on m'a manqué ; où sont donc les gens qui viennent de tirer ? Je ne vois que des morts et pas l'ombre d'un vivant. — Aussi loin que la vue pouvait s'étendre sur le Sahara, on n'apercevait personne. Pas de tente, du reste, mais quelques lourdes caisses de marchandises. Mahmout se débarrassa des cordes qui le gênaient aux épaules, et il reconnut que ces cordes allaient aboutir à des fusils solidement ajustés contre les caisses. Les cordes correspondant à la gâchette des fusils tout armés, il en était résulté que ceux-ci étaient partis lorsque le juif s'était levé sur son séant. Ali avait arrangé cette surprise qui n'avait pas manqué son effet. Tout poltron qu'il était, Mahmout ne manquait pas d'une certaine dose de sang-froid quand il avait eu le temps de s'habituer à une situation. — Ceci a l'air d'une plaisanterie, — murmura-t-il ; — pourtant ces morts ne sont pas des trépassés pour rire. Je m'y perds. Voyons, ce sont les Touaregs. Oui, ce sont bien eux. Ils auraient donc été vaincus ! Aïe ! je saisis. — En effet, Mahmout jugea très sainement la position. — Sans doute, — pensa-t-il, — le tueur de panthères aura reconnu les hommes du Serpent ; ces derniers sont tombés dans leur propre piége. Me soupçonnant de trahison, il a voulu me tuer probablement. Emma et aussi l'autre Française sont intervenues et m'ont sauvé la vie. Pauvre Emma, comme elle m'aime ! Elle n'aura pu obtenir qu'on m'emmenât, et les chasseurs d'autruches n'auront pas voulu l'abandonner ici avec moi. Cher ange ! Je suis certain qu'elle aurait poussé le dévouement jusque-là. Il me reste à gagner Laghouat. Trente lieues à faire à pied, sans vivres, sans guide, plus trempé, c'est rude ! Un nuage là-bas ! Si c'est le Serpent, je suis perdu !

Mahmout retomba dans toutes ses transes, car c'était bien le Serpent. Il accourait à la tête d'une vingtaine de guerriers touaregs. Il n'avait cessé de rôder autour du bivac, et, fort étonné de ne pas voir venir le rejoindre les hommes chargés d'assassiner les coureurs de bois, il se dirigeait vers le camp.

Le Serpent ne pouvait penser à mesure qu'il approchait. Mahmout s'était assis sur un ballot, il avait pris sa tête à deux mains et simulait un chagrin mortel ; il était parvenu à pleurer. Le Serpent mit pied à terre, fronça le sourcil et se frappa la poitrine avec colère.

— Encore ! — gronda-t-il, — encore échappés ! Et mes hommes massacrés ! — Il se mit à genoux, se tourna vers la Mecque, récita avec ferveur des versets du Coran, puis se releva plus calme. — Parle, — dit-il à Mahmout.

— Ce dernier était prêt. Il avait déjà fabriqué sa petite histoire.

— Monseigneur, — dit-il, — voici ce qui est arrivé : J'ai suivi fidèlement tes ordres. Malheureusement tes hommes ont été maladroits ; ils ont été surpris par Juarez au moment où ils s'apprêtaient à le tuer. Aux cris de Juarez, ses compagnons sont arrivés et tes Touaregs ont été vaincus. Quant à moi, ils m'avaient garrotté ; tu peux t'en convaincre, voici les cordes. Leur but était de me faire servir de pâture aux hyènes et aux chacals. Heureusement, tu es venu me délivrer.

— Dieu est grand ! — dit le Serpent. — Je fais vœu de jeûner au pain et à l'eau pendant une année à partir du jour où j'aurai pu me venger. Par où ces misérables ont-ils fui ?

— Je l'ignore. La nuit ne m'a pas permis d'observer la direction qu'ils prenaient. En outre, j'étais garrotté.

Le Serpent chercha les traces et vit celles qu'avaient laissées les maharis ; il ordonna à ses guerriers d'ensevelir les morts, et, quand cette tâche pieuse eut été accomplie, le Serpent voulut lancer les siens sur la piste qu'il avait découverte.

Son chaouch l'arrêta.

— Maître, — dit-il, — rappelle ton sang-froid. L'apparence est souvent trompeuse. Allah a donné aux chasseurs d'autruches la ruse des chacals.

— C'est vrai, — fit le Serpent.

— Ne trouves-tu pas que, pour des hommes fins, les buveurs de sable auraient agi sottement en ne détruisant pas les empreintes derrière eux.

— Tu parles sagement. Mais où trouver la véritable voie ?

— Viens. — Le chaouch sortit de l'enceinte qu'avait formée le camp et il en fit le tour. Il s'arrêta à un endroit où il aperçut des branches de broussailles. — Regarde, — dit-il.

— Marchons, — fit le Serpent. Ils allèrent droit devant eux, et, à mesure qu'ils avançaient, ils ramassaient sur le sol des menus morceaux de bois échappés des fagots qui devaient détruire les traces de la caravane. — Assez ! — fit le Serpent. — Nos ennemis cherchent à gagner El-Fegiah et à traverser l'Atlas sur ce point. Nous les rejoindrons cette nuit.

XIII

Nouvelle alerte.

Les chasseurs d'autruches et leur caravane fuyaient avec rapidité.

Juarez avait peur, peur de voir Louise retomber encore une fois entre les mains des Touaregs, peur de ne pouvoir plus tremper ses lèvres à cette coupe du bonheur qu'il avait enfin effleurée, peur comme ceux qui une fois déjà ont vu leurs espérances s'envoler au moment où leurs rêves d'amour allaient devenir des réalités.

Le Sahara est séparé du Tell par la chaîne du grand Atlas ; des défilés, appelés *portes*, forment des passages entre les deux régions.

La caravane voyait déjà les montagnes se dessiner dans le lointain, grandir peu à peu, puis paraître si proches qu'on eût cru n'avoir qu'à étendre le bras pour les toucher. Et Juarez tressaillait à chaque instant en voyant la distance se raccourcir de plus en plus grâce au galop effréné des maharis.

Les mules avaient été abandonnées ; les hommes de l'escorte étaient montés sur les chameaux-coureurs, trois cavaliers pour une monture. Juarez savait qu'il pouvait compter sur les nègres et les Kabyles qui l'accompagnaient. Il aurait pu livrer bataille à une troupe nombreuse de Touaregs, et il aurait été secondé bravement par ses gens. Mais il préférait, à cause de Louise, éviter tout combat.

Une fois arrivés dans le défilé, les coureurs de bois étaient sauvés. Trois heures de course encore, et Louise pouvait être mise en sûreté dans un douar d'une tribu amie de la France.

La nuit commençait à venir. Toute la journée l'on avait couru sans boire ni manger. Les maharis semblaient infatigables ; malheureusement Louise et Emma étaient rudement secouées par le roulis de ces navires du désert ; elles résistaient mal aux souffrances de ce voyage. Louise se résignait, Emma eût voulu s'arrêter. Se sentant défaillir, elle pencha sa tête hors du palanquin et appela Juarez ; celui-ci éperonna son mahari et vint le faire galoper auprès de celui qui portait les jeunes femmes.

— Arrivons-nous bientôt ? — demanda Emma dont le visage était pâle et défait.

— Je l'espère, — répondit Juarez.

— Combien de temps encore ?

— Trois heures.

— Mon ami, il faut à tout prix s'arrêter pour quelques minutes.

— Impossible.

— Serions-nous poursuivis ?

— Je l'ignore. Mais, dans le désert, on doit toujours agir comme si on avait l'ennemi à ses trousses ; c'est une règle prudente.

— Soit ! Seulement la prudence est plus dangereuse que la témérité quand, pour fuir un danger possible, on court à une mort à peu près certaine.

— Qu'entendez-vous par là ?

— Que Louise ne pourra jamais supporter encore trois heures de cette course insensée. Si vous étiez plus galant, au lieu de vous tenir loin de nous, vous vous seriez informé de temps à autre de notre état. J'ai faim, ce qui n'est rien, on peut dompter la faim, mais j'ai soif. Quant à Louise, c'est la troisième fois qu'elle s'évanouit depuis une demi-heure.

— Ne l'écoutez pas, Juarez, — dit madame de Saint-Val en montrant sa tête à son tour et en essayant de sourire.

Mais Juarez vit bien qu'Emma avait raison ; Louise était blanche comme un linceul.

— Suis-je assez fou ? — s'écria Juarez. — Ne pas penser que vous étouffez dans ce palanquin, que vous n'avez pas une goutte d'eau, pas même un morceau de biscuit ! Pardonnez-moi, l'inquiétude m'avait troublé la tête. — Et le jeune homme cria aussitôt : — Halte ! La caravane s'arrêta. — Vite, de l'eau ! — ordonna Juarez à Yousouf. Le nègre obéit. — Qu'on relève les voiles du palanquin au plus vite ! — ordonna Juarez. Et il ajouta : — La brise du soir vous rafraîchira, Louise ; un peu de courage et de patience, nous arriverons en lieu sûr.

— Mon ami, — répondit Louise, — vous êtes trop indulgent pour moi. J'ai honte de vous faire perdre des minutes précieuses par mon manque d'énergie.

— Vous êtes brisée, — dit Juarez en remarquant avec douleur que la jeune femme pouvait à peine se relever sur les coussins pour boire l'eau qu'on lui présentait.

— Qu'importe ! Repartons vite, voici les rideaux relevés et j'aperçois maintenant les montagnes. — Tout à coup le sourcil de Juarez se fronça ; il crut remarquer une troupe de cavaliers à l'entrée du défilé.

— Qu'avez-vous ? — demanda Louise en voyant son front se plisser.

— Rien, — répondit-il. Et il reprit : — Yousouf, abaisse les voiles.

— Pourquoi ? — demanda Emma. — Vous changez donc d'avis ?

— Oui. Je crois que la fraîcheur de la nuit vous ferait plus de mal que de bien.

— C'est vrai. On dit la rosée pernicieuse.

Sitôt que Yousouf eut de nouveau abrité les deux jeunes femmes sous les rideaux de soie, Juarez leur cria encore une fois :

— Courage ! — Puis il ajouta à voix basse : — Perdus encore ! — Il fit un signe à Yousouf ; ce dernier accourut.

— Ralentis la marche, — ordonna Juarez.

Yousouf s'empressa de faire exécuter la volonté du tueur de panthères.

Ce sont de bons serviteurs que les nègres, jamais ils ne s'inquiètent du car ni du pourquoi. On leur dit : Va ; ils vont.

La tête de la caravane s'étant ralentie, il en résulta que l'arrière-garde, qui s'était fort rapprochée pendant la halte, rattrapa bien vite la colonne.

Juarez attendait ses compagnons.

— Eh bien ! — dit Sanglier d'une voix rauque, — quoi de nouveau ? On ne marche donc plus ?

— Non, — fit Juarez.

— Diable ! — reprit Sanglier, — c'est fâcheux. Il ne faut pas faire comme les navires qui carguent leurs voiles en approchant du port. L'ennemi n'est jamais si près que quand on va arriver au gîte.

— Je le sais.

— D'où vient alors que les maharis n'allongent plus le galop ?

— Parce que, là-bas, il y a sur le flanc de la montagne une tache noire qui ne me semble pas naturelle.

— Tonnerre ! — gronda Jacques la Hache, — je la vois aussi cette tache.

— Hum ! — fit Sanglier. — Ne prenons pas une gazelle pour un lion, un rat pour un éléphant. Cette tache peut provenir d'un pli de terrain ; il est vrai que c'est peut-être aussi une troupe de cavaliers touaregs.

— Ce sont des ennemis, — dit la voix d'Ali.

— Diable ! tu parles vite pour un jeune homme, — dit Sanglier un peu sévèrement ; — nous autres barbes grises nous doutons, toi, tu affirmes hardiment.

— Parce que je suis bien sûr de ne pas me tromper.

— Oh ! oh !

— Regardez plutôt.

— Bon ! nous regardons, quoiqu'il fasse déjà presque nuit.

— Au bas de la montagne, où la lumière n'arrive plus, oui. Mais au sommet il fait jour encore, les rayons du soleil couchant mettent les cimes en pleine lumière.

— Après ?

— Ne distinguez-vous point un roc qui se détache des crêtes.

— Oui, oui, — fit Jacques la Hache. — Même de ce roc on peut surveiller l'autre versant de l'Atlas.

— Parfait, — reprit Ali. — Eh bien ! sur le roc, il y a un Touareg couché à plat ventre.

— Tu supposes ?

— J'affirme.

— La preuve.

— La voici : Je me souviens très bien que quand nous sommes venus de Tlemcen pour chercher madame Louise à Laghouat, nous avons campé à peu près à l'endroit où nous voici maintenant.

— C'est vrai.

— J'étais en sentinelle pour les premières heures de la nuit.

— Encore vrai.

— Juarez, qui chassait, n'était pas revenu à la nuit tombante ; il pensait tuer quelques antilopes. Comme il ne pouvait rapporter tout seul ce lourd gibier, il fut convenu que, s'il réussissait à en tuer, il nous le ferait savoir. Pour cela il devait, tant que le jour durerait, grimper sur le roc dont j'ai parlé, et agiter sa ceinture ; si la nuit le surprenait, il était arrêté qu'il allumerait un petit feu afin que nous allions le rejoindre. Alors, au crépuscule, je vis la ceinture flotter là-haut ; mais ce qui m'étonna fut que la surface du roc, qui a à peine deux mètres de longueur et de largeur, la surface du roc, dis-je, avait brillé comme un miroir sous les feux du soleil couchant. Aussitôt que Juarez eut fait le signal convenu, et quoique le soleil continuât d'éclairer les crêtes, le roc me parut terne. Ceci m'intriguait. J'en connus bientôt la cause. Juarez avait déposé sur cette espèce de table deux antilopes, et il s'était assis sur son gibier en nous attendant. De cette façon, le soleil ne frappant plus la pierre polie, celle-ci ne faisait plus glace. Tenez, à cette heure, il en est de même. Un Touareg est là-haut ; il veille. Ses compagnons craignent d'être surpris par les tribus amies qui sont de l'autre côté de l'Atlas : ai-je tort, ai-je raison ?

— Hum ! il y a de l'*étoffe dans ton burnous* (proverbe arabe), petit, — dit Sanglier.

— Par ma carabine ! je ne t'aurais pas cru capable d'en remonter aux anciens, — dit Jacques la Hache ; — du reste, tu as toujours été malin comme un singe de la Chiffa.

— Bien ! — fit Selim. Et il ajouta : — Tu fais honneur à la race !

Ali se sentait fier de tous ces éloges ; il s'inquiétait du silence de Juarez. Celui-ci ne disait mot.

— N'es-tu pas de mon avis ? — demanda Ali.

— J'avais compris aux premiers mots, — répondit le tueur de panthères ; — je combine mon plan. — Et il ajouta : — J'ai fait ralentir la marche des maharis pour gagner du temps. A la nuit, nous mettrons le convoi sous la garde d'Yousouf, des nègres et de Sanglier, qui fera un détour et traversera l'Atlas par les sentiers de chasse. Pendant ce temps, nous livrerons bataille avec l'aide des Kabyles de l'escorte ; nous prolongerons la lutte assez longtemps pour que la caravane puisse arriver aux douars amis, d'où l'on nous enverra du secours. Je pense que les Touaregs ne croient pas que nous les ayons reconnus.

— En suivant notre route pendant vingt minutes encore, ils ne se douteront de rien, car ils supposeront que si nous venons droit à l'embuscade c'est que nous n'en soupçonnons l'existence.

— Pas un mot aux femmes, — dit Juarez; — qu'elles ne se doutent de rien; au moment propice, Jacques fera signe à Yousouf, et la caravane filera sur la gauche; il est inutile d'effrayer les faibles à l'avance.

— Bon! — fit le Sanglier, — tu as raison. La femme est comme la gazelle, très-craintive; la peur les affole toutes deux.

— Sanglier, — dit Juarez, — je te recommande Louise; veille sur elle.

— Frère, sois tranquille. Tant que je serai debout, pas un Touareg n'atteindra ta femme.

— Ma fiancée, veux-tu dire.

— Femme ou fiancée, comme il te plaira. Quand une jeune femme a mis sa main dans celle d'un coureur de bois, elle est mariée à lui, c'est l'usage. Le prêtre et le marabout, pas plus que le maire et le cadi, ne font le mariage, mais bien l'amour.

Juarez ne répondit pas. Au fond, il approuvait la théorie de Sanglier, lequel professait la morale primitive, comme tous ceux qui vivent loin des centres civilisés. Juarez était sombre, ses yeux ne quittaient point les montagnes; une poignante inquiétude lui serrait le cœur.

Louise, sentant que la course des maharis s'était ralentie, appela le tueur de panthères; elle voulait profiter de toutes les occasions qui lui permettaient de se rapprocher de lui.

— Nous allons moins vite, — lui dit-elle quand il eut poussé sa monture près de son palanquin.

— C'est pour faire souffler nos porteurs, — répondit le jeune homme. Et il fit un effort pour sourire. Il y parvint. — Derrière cette montagne, — reprit-il, — nous trouverons des amis; nous sommes sauvés maintenant. La pente des défilés est rapide, personne ne nous poursuit, nos dromadaires peuvent sans inconvénient reprendre haleine avant de s'engager dans les portes.

— Comte, — dit à son tour Emma, — que pensez-vous du réveil de mon mari, si toutefois on peut appeler cela un mari? Je ris en songeant à la figure qu'il a dû faire en se réveillant. Ali a eu une singulière idée.

— Ce pauvre Mahmout a dû en effet éprouver d'horribles transes, — répondit Juarez.

— Je parie qu'il s'est évanoui en entendant les coups de fusil.

— Le malheureux... !

Et Emma, oubliant tout péril, riait à gorge déployée. Louise souriait doucement, Juarez semblait partager cette gaieté.

— On peut bien s'amuser un peu quand on se sent en sûreté, — observa Emma.

Louise se pencha vers Juarez et, de ses lèvres effleurant son visage, lui dit :

— C'est donc fini, le bonheur est là-bas?

— Oui, — répondit le jeune homme d'une voix étouffée. Louise attribua cette émotion à la joie; elle se trompait étrangement. Juarez, voyant le moment propice, approcha, et dit à la jeune femme : — J'ai tort de venir ainsi près de vous; pour me parler vous soulevez les rideaux du palanquin, l'air frais arrive jusqu'à vous. Je vous en prie, Louise, tenez ces voiles bien clos, les fièvres sont dangereuses dans la saison où nous sommes.

Après avoir donné ce conseil, Juarez poussa son cheval à l'avant-garde; dix minutes après la caravane se coupait en deux parties : Yousouf, les nègres et Sanglier prirent à gauche; Juarez et ses amis, soutenus par les Kabyles, prirent à droite.

XIV

Où le Serpent du désert joue un rôle de Don Quichotte, et Jacques la Hache fait l'office d'un canon.

Juarez avait pour but, en attaquant les Touaregs, de laisser à Sanglier le temps de conduire le convoi dans les tribus amies; il voulait donc prolonger la lutte le plus possible.

Il prit ses dispositions en conséquence. Il comptait beaucoup sur les Kabyles montagnards, dont nous avons déjà décrit les mœurs et les coutumes, et que l'on peut comparer aux Suisses du moyen âge pour la bravoure et la fidélité.

Gens d'honneur et de cœur, les Kabyles loués au service de quelqu'un suivent sa bonne ou sa mauvaise fortune, n'hésitant pas à donner leur sang pour le défendre. Ils ne faillent jamais à la foi jurée.

Juarez les divisa en quatre groupes, donnant le premier à commander à Jacques la Hache, le second à Selim, se réservant le troisième et confiant le quatrième à Ali.

La nuit était venue, l'obscurité était complète, aussi complète du moins qu'elle peut l'être par une nuit sans nuages sous le ciel algérien. Juarez donna l'ordre à Selim de s'avancer dans le défilé, de tirer quelques coups de fusil dès qu'il penserait être assez près des Touaregs, et de faire ensuite comme une avant-garde qui se replie sur le gros d'une caravane en apercevant l'ennemi. Les Touaregs, attirés hors du défilé par cette attaque, devaient sans aucun doute poursuivre Selim, qui savait ce qu'il devait faire pour échapper.

Juarez avait remarqué à l'entrée du défilé une dépression de terrain assez brusque, où la végétation commençait au pied de la montagne, empiétant un peu sur les sables du désert. Le pli de terrain était couvert de chênes-liéges et de lentisques.

Juarez fit mettre pied à terre à tout son monde (excepté à Selim et à ses gens) et fit cacher les siens dans les touffes d'arbustes.

Les maharis, débarrassés de leurs cavaliers et de leurs charges, furent mis en ligne sur le chemin et tournèrent la croupe à l'ennemi; de cette façon, quelques coups de houssine pouvaient leur faire prendre le galop rapide dans une direction opposée au défilé. Les maharis, comme les chevaux d'escadron, ont l'instinct du combat; ces excellentes montures, même quand elles n'ont plus personne à porter, s'enfuient agilement quand elles sentent l'ennemi à leurs trousses.

Juarez venait de trouver une des plus audacieuses combinaisons qu'il eût jamais inventées; cette ruse, quand elle fut connue des coureurs de bois, excita une admiration universelle; nos régiments d'Afrique eux-mêmes en ont conservé le souvenir, et un de nos plus habiles colonels l'imita dans une circonstance difficile.

Selim avec ses cavaliers s'avança, comme il était convenu, dans le défilé; le vieil Arabe, la carabine au poing et l'œil aux aguets, sondait les profondeurs de la gorge. Derrière lui venaient les Kabyles.

Bientôt, à travers l'obscurité, le coureur de bois entrevit un point suspect; il abaissa son arme, tira dans la direction de l'objet qui attirait ses soupçons, et eut le bonheur d'atteindre un espion abrité derrière un palmier nain.

Un bruit de galop se fit entendre au même instant, toute la troupe des Touaregs se précipitait en avant.

Les Kabyles déchargèrent leurs carabines à leur tour, et abattirent en tête de la bande deux dromadaires; cette chute boucha un instant le passage, fort étroit à cette hauteur-là.

Les Touaregs furent retardés d'autant, ce qui permit à Selim et aux siens de gagner du terrain.

Quand ils arrivèrent en face du bosquet où leurs compagnons étaient embusqués, Selim et les Kabyles rencontrèrent les maharis démontés, ils les poussèrent devant eux.

Les Touaregs virent l'avant-garde se heurter contre ces chameaux sans cavaliers, et toute la troupe se sauver en désordre ; ignorant que ces chameaux ne portaient personne, ils leur donnèrent une chasse vigoureuse. C'était ce que voulait Juarez; peu lui importait si le Serpent du désert finissait, après une longue course, par atteindre des montures sans cavaliers.

Les Touaregs passèrent comme une volée de flèches devant l'embuscade ; pas un homme n'y bougea.

Dès que l'ennemi fut éloigné, les coureurs de bois et les Kabyles sortirent de leur cachette et entrèrent dans le défilé, au milieu duquel ils s'enfoncèrent.

Cependant Selim et ses compagnons mettaient à exécution les instructions de Juarez; ils jetaient leurs armes à terre, sautaient tour à tour à bas de leurs maharis et tombaient sans accident sur le sable ; les maharis n'en continuaient pas moins de dévorer l'espace.

Les cavaliers une fois à terre se traînaient au plus vite hors du chemin et se tenaient à plat ventre sur le sol.

Tout le monde a pu remarquer que, quand on court, les objets défilent de chaque côté de la route et semblent informes.

Les Touaregs virent bien à droite et à gauche quelques taches noires sur le sable, mais ils pensèrent que c'étaient des ballots jetés par les fuyards pour alléger le convoi, ils passèrent.

Une heure durant, les maharis, d'autant plus allègres qu'ils étaient sans fardeau, ne se laissèrent point gagner. Enfin, comme ils se lassaient et ne sentaient plus l'éperon, il s'arrêtèrent.

Les Touaregs supposèrent que les coureurs de bois d'arrière-garde voulaient engager la lutte et arrêter la poursuite.

Le Serpent du désert, impatient d'en finir, résolut de renverser l'obstacle ; il forma ses cavaliers en colonne serrée et leur ordonna de charger la lance en avant, puis il se mit à leur tête.

Si la scène qui eut lieu ensuite avait eu des témoins, ces derniers eussent bien ri de ce qui arriva.

En effet, la troupe du Serpent, poussant des hourras formidables, vint fondre sur les maharis, dont la plupart leur présentaient la croupe.

— Tue ! tue ! — criait le chef brandissant son yatagan.

— A mort ! — répétaient les cavaliers en pointant leurs lances.

Et la troupe, bousculant les dromadaires abandonnés, s'y fit passage...

Les Touaregs se reformèrent.

Mais cette fois l'élan était coupé, ils purent observer un peu mieux ce qu'ils avaient en face d'eux.

Sur le dos des chameaux il n'y avait que des bosses.

— Frappez à terre, — cria le Serpent ; — ils ont sauté à bas des montures.

— A mort ! — répétèrent les Touaregs. Et, dispersant les maharis, ils piquèrent leurs lances sur le sol sans rien rencontrer. Le premier moment de fureur calmé, ils comprirent qu'ils étaient dupe de quelque ruse.

Les uns mirent pied à terre ; les autres arrêtèrent les maharis qui n'en pouvaient plus et couraient çà et là effarés.

Enfin le Serpent acquit la conviction qu'il avait lâché la proie pour l'ombre.

— Personne ! grondait-il, — personne ! — Et de rage il déchiquetait à coups de yatagan les flancs d'un chameau, qui tomba comme une masse. Les Touaregs baissaient la tête et semblaient découragés. — Eh bien ! — cria le Serpent, — vous avez peur, fils du feu ! Vous voilà stupides comme un troupeau de gazelles qui a vu le lion.

— Sidi, — dit un cavalier, — nous sommes tristes, mais nous n'avons pas peur.

— Par Allah ! — dit un autre, — tu as tort de nous accuser, Serpent ; par ta faute nous voilà devenus tous la fable des tribus, la risée des femmes et des enfants. Nous serons appelés les coupeurs d'oreilles du vent (terme de mépris). Pour ma part, j'aimerais mieux cette mort que d'avoir livré bataille à des chameaux sans cavaliers.

Celui qui venait de parler ainsi était un djouad, presque l'égal du Serpent, dont il était le cousin.

Le Serpent, froissé jusqu'au fond de l'âme, comprit le ridicule de la situation ; son amour-propre en fut profondément ulcéré. Toutefois c'était un homme trop intelligent et trop brave pour se laisser aller au découragement.

— Cousin, — dit-il au djouad, — nous pouvons empêcher nos femmes et nos enfants de se moquer de nous.

— Comment cela ? Les coureurs de bois vont aller répétant partout notre mésaventure. Nos ennemis seront heureux de répandre l'histoire de tous côtés. Nous sommes déshonorés.

— Si pourtant il ne restait pas un seul coureur de bois pour raconter notre malheur ? — fit le Serpent. — Maintenant que l'ennemi n'a plus de chameau, on peut encore le rattraper peut-être.

— C'est vrai ! c'est vrai ! — firent les Touaregs avec impatience.

— Ne perdons pas de temps, — reprit le Serpent, — en route !

Les Touaregs remontèrent en selle et repartirent au galop.

Juarez avait gagné le milieu du défilé ; il connaissait parfaitement le terrain, et, dans son plan admirablement combiné, il avait tout prévu.

La gorge, toujours se resserrant, venait au centre de la montagne s'étrangler entre deux parois à pic.

— Voilà où il faut nous retrancher, — dit Juarez à ses compagnons. — Maintenant que les Touaregs ont été assez niais pour quitter le défilé, nous allons l'occuper et le défendre à notre tour. Nous verrons bien si on nous en délogera facilement.

— Tonnerre de Brest ! — s'écria Jacques la Hache, — qu'on a donc du plaisir avec toi, Juarez ; on joue au milieu du péril comme le poisson au milieu des flots.

Et le Breton se frottait les mains avec une satisfaction évidente. Étrange nature ! Pour être à l'aise, il lui fallait vivre dans le danger, prendre la mort corps à corps et la dompter.

Les Kabyles partageaient l'enthousiasme du Breton.

— Tueur de panthères, — dit l'un d'eux en tendant sa main à Juarez ; — tu es plus haut à mes yeux que les pics du Ouarenseris ; il me semble que ta tête s'élève au-dessus des nuages. Mes enfants, en racontant ta légende, diront avec orgueil : Mon père fut près du tueur de panthères pendant la lutte avec les Sahariens.

Juarez souriait. Il songeait que Louise à cette heure était à peu près sauvée. Il n'avait jamais perdu son sang-froid, la gaîté lui revint. Ali s'en aperçut. Ali était un de ces singuliers tempéraments qui ne s'émeuvent de rien. Le jeune homme, cet enfant plutôt, conservait une insouciance extraordinaire dans les situations les plus dramatiques. Il avait eu toutes les peines du monde à ne pas éclater de rire quand les Touaregs avaient passé devant l'embuscade.

— Vont-ils être penauds ! — murmurait-il, — je donnerais un de mes doigts pour les voir tomber sur les maharis. Quelle tête fera le Serpent quand il s'apercevra de notre ruse ! — Jacques la Hache partageait l'hilarité du jeune homme. Juarez ordonna d'abattre des chênes-lièges pour faire un retranchement ; les Kabyles et les coureurs de bois improvisèrent bientôt une forte barricade. Jacques la Hache, avec son arme favorite, eut bienrtôt fourni les matériaux nécessaires à ses compagnons. Selim et ses Kabyles revinrent comme on achevait ce retranchement qui tenait toute la gorge; on fut obligé de leur tendre la main pour les hisser par-dessus les branches amoncelés. Les Touaregs n'ont jamais occasion d'user de fortifications passagères. Tous leurs combats ont lieu dans le désert à dos de mahari. Le Serpent ne s'attendait guère à trouver le passage bouché. — Ce pauvre Serpent, — disait Ali, — il va tomber de surprise en surprise. J'ai bien envie de lui jouer un bon tour... Donnes-tu carte blanche, Juarez?

— Cela dépend. Que veux-tu faire?
— Armer notre forteresse d'un obusier qui fera merveille.
— Tu veux rire?
— Du tout. J'userai ma poire à poudre, voilà tout; cela vous servira bien, du reste. Je te promets pas mal de morts.
— Va, — fit Juarez.
— Encore un mot.
— Parle.
— Nous avons bien une heure devant nous, n'est-ce pas?
— Oui.
— Alors si vous voulez vous amuser, si vous tenez à ahurir complétement ce pauvre Serpent, tâchez de creuser un fossé devant le retranchement. Sur ma parole! vous aurez des obus bientôt et un obusier pour les lancer. Viens avec moi, Jacques.

Jacques la Hache, qui avait une grande confiance dans les idées du petit Ali, s'empressa de l'accompagner.

En leur absence, on creusa un fossé au pied de l'embuscade.

Les coureurs de bois portent tous une hachette garnie d'un côté d'une espèce de fer de pioche; cet instrument facilite l'établissement d'un bivac.

Grâce à ces hachettes le fossé était prêt quand Ali et Jacques revinrent.

— Qu'apportez-vous donc? — demanda Juarez.
— Tu le vois.

Et Ali montrait de petites jarres de terre cuite, pleines d'huile, qui provenaient du bagage retiré aux maharis, bagage abandonné à l'entrée du défilé.

— A quoi cela va-t-il servir, — demanda encore Juarez intrigué.
— Va toujours, — répondit Ali. Et il ajouta : — Tu verras plus tard.

Il vidait ses jarres, en séchait l'intérieur de son mieux et l'emplissait de gros cailloux.

De son côté, Jacques taillait une solide et longue branche d'arbre, au bout de laquelle il ménageait un crochet; les Kabyles ne comprenaient rien à ce qu'il faisait. Enfin Juarez saisit l'idée. Il aida Ali à confectionner ses bombes ; car le jeune homme voulait transformer ses jarres en projectiles creux; il suffisait pour cela de verser de la poudre au milieu des cailloux qui garnissaient déjà l'intérieur, de placer une mèche jusqu'au goulot, et de fermer l'ouverture avec les bouchons de liège qui garnissaient le bout des jarres. Le tout était ensuite solidement ficelé. Ali et Juarez avaient soin de réserver un nœud pour accrocher le projectile à la branche d'arbre.

— Et le canon? — demandera-t-on.
Le canon, c'était Jacques la Hache.
Une bombe fut en effet attachée au bout de la branche d'arbre.

Jacques se tint prêt à mettre le feu à la mèche avec de l'amadou, puis à brandir son levier et à lancer le projectile sur l'ennemi.

— Oh! — fit Selim.

Cette simple interjection du vieil Arabe, si sobre d'approbation d'habitude, prouvait combien l'idée lui semblait ingénieuse; il vint près d'Ali, le prit dans ses bras et l'embrassa.

— Vous êtes donc content de moi, mon oncle? — demanda le jeune homme, qui n'était pas accoutumé à ces démonstrations affectueuses.

— Oui! — fit Selim. Et il ajouta : — Tu remplaceras un jour Juarez comme roi des coureurs de bois.

L'œil du vieillard étincela un moment; puis il hocha la tête d'un air sombre.

— Voilà une restriction, ce me semble, — observa Ali.
— Qu'avez-vous donc?

Selim leva lentement son doigt à son front et il montra ses cheveux blanchis par l'âge.

— Je comprends, — répondit Ali ; — mais vous êtes encore solide sur vos jambes, comme un vieux chêne sur ses racines.

Selim frappa le sol du pied, et murmura avec une certaine nuance de découragement :

— Je mourrai cette nuit... la terre m'appelle!
— Bah! mon oncle; vous riez. Les Touaregs ne parviendront pas à enlever la barricade.
— Je le sais. Mais je veux partir pour le paradis de mes pères. Ecoute, Ali : Je suis le vieux chêne dont tu parlais tout à l'heure. Les racines sont puissantes, c'est vrai, la terre ne tremble pas sous mes pas, oh ! j'ai encore des jarrets d'acier. Mais n'as-tu jamais vu un bel arbre, qui étendait au loin ses rameaux immenses, présenter un tronc misérablement rongé par la pourriture? n'était-ce pas chose pitoyable que cette belle verdure couronnant un arbre à moitié mort? Peu à peu la vie abandonne les branches elles-mêmes; le chêne dépérit; les lianes, les herbes folles l'envahissent et achèvent de le tuer dans une lente agonie. Enfin il ne fleurit plus et attriste le paysage par son aspect morne et desséché. C'est un fantôme. Je ne veux pas être ainsi. Je veux, comme un arbre robuste que déracine un ouragan, tomber au milieu du combat; j'éviterai ainsi les défaillances qui atteignent les hommes au déclin de la vie. Ne veux-tu pas que le vieux Selim redevienne un enfant qui bégaye. Près de son tombeau, l'homme semble retomber dans la faiblesse et l'ignorance de son berceau, et il n'a plus sa mère pour protéger son chevet!

— Il lui reste un fils dévoué, — dit Ali les larmes aux yeux.

— Un fils! toi... Oui, je crois que tu n'abandonnerais pas ton vieil oncle... ton père adoptif ; mais je rougirais d'être une entrave à l'essor que tu dois prendre. Il serait mal aux vieux chasseurs d'interdire l'espace aux jeunes. Tu mourrais d'ennui. Tu t'entendrais sans cesse le désert t'appeler. J'ai vu toujours mes frères les chasseurs mourir bravement d'une balle ou d'un coup de griffe; je ferai comme eux. Est-ce qu'un guerrier, le doyen des coureurs de bois, le descendant des rois de Tlemcen, peut s'éteindre comme une lampe fumeuse qui manque d'huile. Mon flambeau sera soufflé par un grand coup de vent. N'est-ce pas, frères, que le vieux Selim a raison de fuir un trépas vulgaire?

Ces mots s'adressaient à Juarez et à Jacques la Hache qui avaient tout entendu.

— Crois-tu donc l'heure venue? — demanda Jacques.
— Oui. Je serais incapable d'entreprendre une autre campagne au désert. Trois fois je me suis senti brisé de fatigue dans nos dernières courses. Oh! il est temps. Cette nuit est la plus belle de notre carrière à tous. Il faut que de nos gloires un glorieux linceul. Ali, mon enfant, je te bénis... Tu m'enseveliras.

Et Selim, levant vers le ciel sa tête vénérable, étendit ses deux mains au-dessus d'Ali agenouillé.

Le vieillard était si imposant que les Kabyles et ses compagnons mirent un genou en terre en murmurant quelques versets du Coran.

Spectacle émouvant que celui de tous ces guerriers courbés devant ce vaillant chasseur que la mort touchait de son doigt glacé ! et la gorge profonde, aux crêtes sauvages, aux flancs abrupts, aux bruissements sinistres, encadrait cette touchante et funèbre scène.

Une hyène, dont la silhouette apparut au sommet des

pentes, jetait en ce moment son hurlement lamentable, comme un appel au tombeau.

Les coureurs de bois n'eurent pas le temps de dissuader Selim de son dessein, on entendit le galop des Touaregs qui entraient dans le défilé.

— Laissez-les arriver! — cria Juarez.

En effet les défenseurs de la barricade ne bougèrent pas ; couchés derrière leur abri ils attendaient le doigt sur la détente de leur carabine.

Les cavaliers n'aperçurent distinctement la barricade qu'à une centaine de pas ; ils voulurent arrêter leurs maharis, mais ceux-ci étaient lancés trop vigoureusement; ils parcoururent encore un espace de soixante pas.

Alors une terrible fusillade les accueillit.

Le Serpent du désert, enlevant sa troupe, la porta jusqu'au pied du retranchement ; mais il reconnut bientôt l'impossibilité de le franchir.

Les chasseurs tiraient à outrance. Trois fois ils purent décharger leurs fusils; une dizaine de Touaregs étaient tombés.

Si ces derniers n'avaient pas été protégés par l'obscurité et la rapidité de la course, ils auraient subi des pertes plus considérables.

Le Serpent lui-même ordonna la retraite ; elle ne put s'effectuer facilement : la gorge était assez resserrée pour que cinq cavaliers seulement pussent s'y tenir de front.

Les Touaregs ne voulaient pas laisser leurs morts et leurs blessés ; ils durent les enlever sous le feu des chasseurs.

Tout à coup une lueur brilla derrière la barricade, monta dans l'air, puis retomba sur les assaillants. Une détonation retentit... Une bombe éclatait.

— *Medfa! medfa!* (le canon! le canon!) — crièrent les Touaregs.

Et ils tournèrent bride.

Une seconde bombe lancée par Jacques la Hache siffla et, devançant les fuyards au-dessus desquels elle passa, leur coupa la route ; ils la voyaient tournoyer sur le chemin devant eux ; ils hésitaient. Mais les balles dont on les criblait les poussèrent en avant. Le projectile fit un ravage effrayant en éclatant. Une troisième bombe avait déjà suivi les deux autres. Celle-là manqua son effet.

Les Touaregs avaient enfoncé leurs éperons dans le ventre de leurs coursiers éperdus de terreur.

Dans les préoccupations de la lutte, les coureurs de bois avaient oublié la résolution de Selim.

— Hourra ! — crièrent-ils pour saluer la défaite de l'ennemi.

Et les Kabyles sortirent de l'embuscade pour aller couper les têtes des Touaregs abandonnés : usage cruel, mais enraciné parmi les tribus indigènes.

Ils s'acquittèrent avec une dextérité surprenante de cette horrible tâche, et ils plantèrent leurs trophées au retranchement.

XV

Perdue encore une fois.

Les Touaregs parurent renoncer à une autre attaque.

Déjà les coureurs de bois s'étonnaient de voir le Serpent du désert ne pas faire plus d'efforts pour saisir une proie si désirée.

— Quel succès ! — disait Ali. — Les bombes les ont démoralisés ; ils doivent se demander s'ils n'ont pas le cauchemar. Avoir poursuivi une caravane, ne trouver personne sur les chameaux, revenir sur leurs pas et se heurter contre un rempart armé de canon ! Ils s'imaginent probablement qu'une colonne française est en tournée dans la contrée.

— Jamais, non, jamais, je ne me suis trouvé à une fête pareille ! — répétait Jacques la Hache en faisant décrire des moulinets à son levier.

— Ils reviennent, — dit Juarez. — Attention !

Les Touaregs revenaient en effet ; mais, au lieu de se jeter à corps perdu sur l'embuscade, ils se tinrent à distance et se contentèrent de tirailler.

Les chasseurs ripostèrent.

— Les poltrons ! — disait Ali ; — ils aboient à distance comme des chacals.

— Ils sont trop loin pour mes obus, — disait Jacques la Hache avec regret.

— Qu'importe ! — observa Juarez. — Notre but est de les amuser là le plus longtemps possible.

— Tiens ! où donc est mon oncle ? — demanda soudain Ali.

Selim avait disparu. On l'aperçut bientôt, embusqué fort avant derrière un rocher, et tirant sur l'ennemi presque à coup sûr.

— Il l'avait dit, il veut mourir ! — s'écria Jacques la Hache. — Il s'est glissé hors du retranchement sans qu'on s'en doute.

— Tonnerre ! — gronda Ali, — voilà des cavaliers qui courent sur lui.

Et, sans en dire plus, le jeune homme courut vers Selim.

— En avant ! — ordonna Juarez, qui à son tour sauta de l'autre côté du fossé.

Toute sa troupe le suivit en poussant des hourras.

Les cavaliers avaient entouré Selim ; le vieillard se défendait à outrance, non qu'il voulût éviter la mort, mais il tenait à se faire de belles funérailles. Il tomba sous les lances des Touaregs avant l'arrivée de ses compagnons ; mais de ses pistolets il avait abattu quatre hommes ; d'un bond terrible il en avait atteint un cinquième et lui avait planté son coutelas dans la poitrine.

Les coureurs de bois et les Kabyles, perdant toute prudence, se ruaient sur les Touaregs sans les compter. Leur surprise fut grande en voyant se retirer les six ou sept cavaliers qui entouraient le vieil Arabe.

Leur premier soin fut de relever le cadavre et de l'emporter ; leur retraite sur l'embuscade ne fut pas inquiétée. Ceci sembla étrange à Juarez ; un soupçon traversa son esprit. Il saisit un des maharis appartenant à l'un des Touaregs qui jonchaient le sol ; il jeta le burnous d'un mort sur ses épaules, et, faisant signe aux chasseurs de laisser agir à sa guise, il partit à la recherche de l'ennemi, qui ne pouvait manquer de le prendre pour un des siens attardé dans la lutte.

Ali, toujours habile à saisir un plan, engagea ses compagnons à tirer en l'air pour faire croire aux Touaregs qu'ils déchargeaient leurs armes sur Juarez.

Celui-ci, à la sortie du défilé, reconnut sept guerriers seulement. Ils paraissaient très embarrassés.

— Est-ce toi, Ouffalok ? — crièrent-ils au nouvel arrivant.

Juarez, sans répondre, aborda les Touaregs ; arrivé à bout portant, il déchargea sur eux ses pistolets, dont il tenait un de chaque main ; puis, profitant de la surprise de ses adversaires, il lâcha les pistolets, saisit sa carabine et cassa encore une tête d'une balle.

Restaient trois guerriers.

Deux s'enfuirent épouvantés de tant d'audace ; l'autre, saisi par la main vigoureuse du tueur de panthères, fut enlevé par lui et couché en travers de la selle.

Cette capture faite, Juarez retourna vers ses compagnons, qui l'entourèrent aussitôt en lui demandant des nouvelles.

Il jeta le prisonnier au milieu d'eux, cria aux Kabyles de rassembler tous les maharis qu'ils pourraient attraper, et sauta à terre au plus vite. Les Kabyles se dispersèrent.

Pendant ce temps Juarez interrogeait le captif.
— Où est le Serpent? — demanda-t-il. Le Touareg resta muet. — Tu ne veux pas parler, bandit? — gronda Juarez; — attends! — Et, en disant cela, il prit une corde, la mouilla avec sa salive, la trempa dans la poire à poudre, battit le briquet et mit le feu à la mèche qu'il venait de fabriquer. — Si tu ne parles de suite, je te brûle à petit feu avec cela, — dit-il. — Si tu parles, tu auras la vie sauve et la liberté. Choisis. — Le Touareg savait à qui il avait affaire ; il se décida. — Prends garde de mentir, — observa Juarez ; — je verrai bien si tu dis la vérité. Où sont tes frères?
— Ils ont escaladé les pentes de la montagne pour tourner le défilé, — répondit le prisonnier.
— Ont-ils pris à droite où à gauche?
— A gauche!
— Le sentier de la Chèvre! —s'écria avec anxiété Juarez.
— Ce sentier croise le chemin que Louise suit avec nos amis ! Vite, vite, marchons !
— Et mon oncle? — dit Ali.
— C'est vrai ; nous ne pouvons laisser son corps sans sépulture. Nous allons lui en donner une où il pourra braver toute profanation. — Et Juarez, prenant le corps du vieillard, le plaça sur les branchages qui fermaient l'embuscade. Chaque coureur de bois embrassa une dernière fois la main glacée du vieux Selim ; le Touareg lui-même, après les Kabyles, lui donna cette marque d'estime. Ali dévorait ses larmes en silence. Juarez, avec la mèche qu'il avait allumée, mit le feu au bûcher. La flamme pétilla bientôt. Les coureurs de bois se retirèrent après, saluant le bûcher par une décharge générale de leurs armes. — Maintenant, — dit Juarez, — tâchons d'arriver à temps ; le sentier de la Chèvre, impraticable aux maharis, fait gagner deux heures sur le chemin qu'a pris Sanglier. Le Serpent arrivera à l'embranchement des deux voies presqu'en même temps que notre convoi.
Les craintes de Juarez étaient fondées.
Sanglier marchait depuis près de quatre heures à la tête de son convoi quand il arriva au point où les deux sentiers se rencontraient. En ce moment les Touaregs débouchaient sur l'embranchement. Ils étaient à pied, car le sentier de la Chèvre était impraticable, même aux mulets.
Sanglier avait à lutter contre une vingtaine d'hommes décidés. Les nègres étaient de beaucoup inférieurs en nombre.
La résolution du vieux chasseur fut bientôt prise. Il appela Yousouf. Le nègre accourut aussitôt.
— Tiens toi près du palanquin des femmes, — dit-il ; — si tu vois les Touaregs l'emporter sur nous, jette un morceau d'amadou dans l'oreille du mahari et chasse-le vers le désert. Tu viendras ensuite prendre part à la lutte si le cœur t'en dit.
— Bien, — répondit Yousouf.
Et il se rendit à son poste.
Louise s'était endormie ainsi qu'Emma ; les deux femmes ne se réveillèrent qu'aux premiers coups de fusil. Elles poussèrent des cris de détresse auxquels personne ne fit attention. Yousouf, impassible, n'intervint qu'au moment où il dut exécuter son ordre.
Sanglier, qui se battait mieux à pied qu'à cheval, avait sauté à terre ; tout son monde l'avait imité. Les nègres paraissaient résolus.
La lutte s'engagea d'abord à distance et à coups de fusil. Le Serpent ne savait trop à qui il avait affaire.
Bientôt les cris de Louise et d'Emma lui firent deviner tout ce qui s'était passé depuis le soir.
Résolu à s'emparer de Louise, il engagea ses guerriers à charger le yatagan au poing ; l'avantage devait appartenir au plus grand nombre.
Sanglier avait reconnu le Serpent ; il lui avait voué une haine mortelle, et tenait à se venger des blessures qu'il en avait reçues jadis. Il ne quitta plus son ennemi des yeux.

Un premier engagement eut lieu. Les nègres, groupés autour du chasseur, reçurent le choc intrépidement. Deux d'entre eux tombèrent, mais trois Touaregs furent tués.
Repoussé un instant, le Serpent ranima le courage des siens, et cette fois il parvint à disperser le cercle formé par les nègres. Le faisceau de leurs forces était rompu, le désavantage devenait grand pour eux, chaque nègre avait deux hommes à combattre.
Sanglier, le coutelas en main, fit une trouée pour arriver au Serpent, qu'il atteignit après avoir renversé plusieurs combattants.
— Chien ! — cria-t-il, — je suis le Sanglier ; à nous deux !
Et il bondit.
Le Serpent para un coup terrible, mais il recula. En ce moment, Sanglier entendit une branche craquer derrière lui. Il fit volte-face. Un Touareg brandissait son yatagan sur sa tête...
Le vieux chasseur se jeta à plat ventre pour esquiver le coup, s'élança comme une panthère qui bondit après s'être rasée et le Touareg fut poignardé. Par une seconde volte, Sanglier se retrouva l'arme au poing devant le Serpent.
Ce dernier était fatigué des luttes précédentes et d'une véritable escalade à travers la montagne. Sanglier venait à peine de quitter sa monture, l'avantage était pour lui ; il tournait autour de son ennemi, l'entourant en quelque sorte d'un cercle de fer.
C'était terrible à voir. Le Serpent essoufflé râlait... son bras faiblissait. Un second Touareg vint au secours de son chef ; mais Sanglier, prompt comme l'éclair, coupa la gorge de ce nouvel agresseur par un coup de revers. Le Serpent sentait ses forces s'épuiser. Un nuage passait à chaque instant devant ses yeux ; la lame du coutelas de Sanglier étincelait comme un éclair aux rayons de la lune.
Enfin le chasseur saisit d'une main le poignet de son ennemi, et lui tordant le bras le cassa net ; la douleur avait forcé le Serpent à suivre l'impulsion donnée. Il avait été jeté à terre.
Sanglier lui mit le pied sur la poitrine, jeta un coup d'œil autour de lui, et voyant que tous les combattants étaient aux prises, il savoura sa vengeance.
— Te voilà sous mon talon, chacal, — dit-il, — je te tiens. Tu ne voleras plus de femmes aux honnêtes gens, misérable ! Te souviens-tu de la route de Tlemcen, t'en souviens-tu, maudit? Tu m'as déchiqueté les chairs, bandit ! tu m'avais attaqué par surprise, hyène ! Maintenant te voilà vaincu, je vais te percer la tête ; ton corps restera sans sépulture ; les corbeaux se battront sur ton cadavre. Ecoute-moi ! les chacals en feront pâture. Tu espères encore, tu as tort, vile canaille ! Tiens et meurs !
— Sanglier planta son couteau dans les côtes de sa victime et le cloua sur le sol ; puis il regarda un instant le Serpent se débattre avant d'expirer. Quand son ennemi eut rendu le dernier souffle, le chasseur retira son coutelas et dit : — A cette heure, me voilà bien vengé ! L'affront a été lavé avec du sang, je puis porter la tête haute et fière.
Il courut au secours des nègres. Mais un puissant renfort était arrivé à ces derniers, qui avaient cédé le terrain pied à pied. Juarez et ses compagnons étaient accourus au milieu de la mêlée, et quand Sanglier arriva sur le champ de bataille, qui s'était peu à peu déplacé, il n'y avait plus un seul ennemi debout.
— Le Serpent, où est le Serpent? — demanda Juarez à Sanglier.
— Il est mort ! — répondit le chasseur.
— Et Louise ?
— De ce côté, — répondit encore Sanglier en indiquant l'endroit où devait être le palanquin. Mais en ce moment Juarez reparut. — Eh bien ! — fit Sanglier.
— Partie !

— Quand j'ai entendu les clameurs se rapprocher, j'ai pensé que nos gens reculaient et j'ai exécuté les ordres que tu m'as donnés.
— Quels ordres? — demanda Juarez. Sanglier expliqua ce dont il s'agissait; le tueur de panthères fronça le sourcil. — Tu as fait de ton mieux, — dit-il à Sanglier; — mais le malheur est sur nous.
— Pourquoi ? Nous rattraperons ta fiancée.
— Regarde ! Le simoun va souffler.
Et Juarez étendit sa main dans la direction du midi. Le ciel était couvert de vapeurs rouges, signe certain d'un ouragan prochain.

XVI

Une position difficile. Projets d'avenir.

Louise et Emma avaient été emportées par leur coursier avec une vitesse extrême. Les maharis, chameaux de guerre, ont en quelque sorte l'instinct des combats ; ils semblent comprendre ce qu'ils ont à faire dans les différentes phases d'une lutte.

Lorsque Yousouf frappa la monture des deux jeunes femmes, elle partit au galop, avec toute la conscience du service que l'on attendait de sa vélocité.

Louise sentit un immense désespoir l'envahir; mais tant de fois déjà elle avait touché à la délivrance pour voir s'envoler toute espérance qu'elle avait en quelque sorte contracté l'habitude du malheur. Elle se replia sur elle-même, désolée, résignée comme une victime fatalement vouée.

Emma comprit parfaitement tout ce qui se passait ; elle ne s'exagéra pas le péril.

— Ma chère Louise, — dit-elle en saisissant les mains de madame de Saint-Val, — consolez-vous ; nous serons sauvées. Les Touaregs nous ont attendues près des défilés, Juarez leur livre bataille, il sera vainqueur, j'en ai la conviction. Une fois débarrassé de ses ennemis, il nous retrouvera bien vite.

Louise ne répondit rien ; mais elle leva ses grands yeux bleus sur Emma, et celle-ci vit l'expression d'une angoisse terrible. Elle n'essaya plus de consoler sa compagne ; toute parole est vaine contre certaines douleurs, mélange singulier de souvenirs cruels, d'appréhensions trop justifiées, de pressentiments sinistres.

Emma laissa Louise à ses pensées; elle se livra aux siennes.

Le mahari courait toujours. Ni l'une ni l'autre femme ne songeait à l'arrêter. Madame de Saint-Val ne voulait plus lutter contre l'adversité et n'eût pas fait un geste pour éviter de rouler au fond d'un précipice. Emma avait deviné l'intention qu'avait eue Yousouf en chassant le mahari ; elle aurait plutôt activé que ralenti la course de sa monture.

Étrange caractère que celui de cette lorette parisienne égarée sur les confins du désert ! Elle se trouvait dans une position aussi bizarre que menaçante, entre la dent des bêtes fauves et le yatagan des Touaregs ; on se battait pour elle, et des flots de sang avaient coulé sous ses yeux, des cadavres amis et ennemis jonchaient le sol ; elle ignorait à qui la victoire resterait ; les sables immenses se déroulaient au loin, et elle s'enfonçait dans ces solitudes risquant de s'y perdre : rien ne l'émouvait. En ce moment un sourire se dessinait sur ses lèvres. Elle pensait aux bons tours qu'elle avait joués au gros Mahmout.

D'où lui venait tant de sécurité ? De la puissance souvent constatée qu'elle se savait comme femme d'esprit et jolie femme, double royauté sous laquelle elle avait fait plier hommes et événements. Que lui importait d'être prise par les Touaregs ? Elle savait bien qu'en quelques heures elle plierait à ses caprices les plus farouches de leurs guerriers. Et n'avait-elle pas fait une réponse sublime à l'un de ses amants qui la dissuadait d'aller en Afrique en lui faisant redouter la griffe des lions.

— Un lion ! — avait-elle dit avec un geste superbe. — Un lion ! est-ce que cela mange les petites femmes gentilles ? Si j'en rencontre un, il viendra se coucher à mes pieds. — Et comme son amant souriait incrédule, elle s'écria : — On voit bien que vous n'avez jamais lu la *Floride* de Méry ; sans cela vous sauriez que les lions sont bien plus galants que les hommes et qu'ils deviennent des caniches sous la main des jeunes femmes. — Le mot avait fait fortune, mais Emma avait voulu prouver son dire. Un jour, dans la galerie intérieure des animaux du jardin des Plantes, elle avait quitté le bras de son cavalier en présence d'un groupe de gandins plus pâles que leurs chemises ; elle avait frappé de sa cravache sur les barreaux de la cage du grand lion fauve qui occupe le coin droit de cette galerie, et lui avait crié impérieusement : « Ici, Turc ! » Le lion regarda avec étonnement la jeune femme, qui portait un burnous algérien ; il se leva et vint allonger son gros mufle contre les barres de fer ; alors Emma passa intrépidement sa main à travers la grille et caressa sa crinière, puis elle congédia le lion obéissant. Personne ne respirait dans la galerie ; tout le monde, sauf le gardien, était stupéfait. Quant à Emma, elle se contenta de murmurer en haussant les épaules : — Quand je le disais !

Heureusement pour elle le grand lion fauve dont il s'agit est la meilleure pâte de bête qu'on puisse rencontrer ; il a été pris fort jeune par des spahis, élevé dans leur camp, puis donné à la ménagerie du jardin des Plantes.

Souvent Jules Gérard, en costume de spahi, est entré dans la cage de ce lion, qu'il a vu grandir devant sa tente, et ils échangent tous deux des caresses.

Quand ce pauvre lion captif voit une culotte de zouave ou un turban, il est tout joyeux ; le burnous d'Emma l'avait bien disposé en faveur de la jeune femme, qui lui rappelait la maîtresse mauresque du capitaine commandant le camp où il avait passé sa jeunesse.

Cette jeune femme avait eu grand soin de lui et il lui gardait sans doute une vive reconnaissance.

Nous avons cru devoir raconter cette anecdote authentique qui explique si bien le caractère de la Souris.

Une heure se passa. Emma ouvrit les rideaux du palanquin et regarda autour d'elle ; on était au bas de la montagne. Elle arrêta le mahari, qui, fatigué de sa course, s'assit sur ses genoux pour se reposer un peu. Emma sauta légèrement à terre et colla de suite son oreille contre le sol, écoutant tous les bruits.

— Que faites-vous? — lui demanda Louise avec surprise.

— Je veux savoir si l'on ne nous poursuit pas, — répondit-elle.

— Pourquoi vous penchez-vous ainsi ? — demanda encore Louise, que ce mouvement étonnait et inquiétait en même temps.

— Parce que, quand on a l'oreille contre terre, on perçoit mieux les sons. Ne le savez-vous pas ?

— Non. Mon Dieu ! qu'allons-nous faire ?

— Attendre.

— Mais si l'on nous suit?

— On ne nous suit pas. J'en ai maintenant la certitude ; du reste, notre trace est perdue.

— Comment ?

— Le roc ne garde pas d'empreinte ; n'avez-vous pas entendu le terrain pierreux résonner sous le pied du mahari pendant toute notre fuite ? C'est là un des avantages des sentiers de la montagne.

— Oh ! que vous êtes instruite de toutes ces choses !—

s'écria Louise avec une admiration naïve. — Moi, je ne connais rien de tout cela.

— Parce que vous avez été élevée sous l'œil de votre mère; femme, vous avez vécu sous l'égide de votre mari; habituée à vous appuyer sur un bras vigilant ou puissant, vous vous êtes laissé conduire sans vous préoccuper de rien. Moi au contraire, fillette abandonnée, je me suis vue aux prises à chaque instant avec les nécessités de la vie. Toujours j'ai lutté, tantôt contre la misère, tantôt contre la volonté d'un maître dont je faisais mon esclave, tantôt contre une rivale; toujours contre le monde que j'ai souvent bravé en face. Ce combat a développé mes facultés et m'a surtout douée d'un instinct d'observation qui s'exerce à mon insu. Ainsi j'ai remarqué, sans aucun but, les manœuvres employées par les coureurs de bois, et, vous le voyez, j'en fais fort heureusement notre profit. Mais descendez donc. — Louise obéit à cette invitation. Elle se sentait dominée par sa compagne et se laissait guider. — Tenez, la nuit est à peine commencée, — dit Emma, — asseyons-nous sur ce manteau. — Elle remarqua que Louise tremblait.
— Ah! poltronne, — dit-elle, — vous avez peur, et vous aimez ce coureur de bois ! Il faut être plus courageuse. Tenez, rassurez-vous, nous sommes armées. — Et Emma prit deux carabines et plusieurs pistolets placés sur le palanquin à la portée de la main du cornac. Ces armes étaient la part du butin fait sur les Touaregs et échu en partage au nègre qui conduisait le dromadaire.
— Voyez, nous avons de quoi nous défendre contre les bêtes, qui sont seules à craindre, et encore ! Pour les hommes...
— Je les redoute plus que les lions, — dit Louise, — car enfin...
— Bah! — fit Emma en riant. — quel préjugé ! Les hommes, je m'en soucie comme de ça.
Et elle eut un mouvement de dédain superbe.
— Cependant... observa Louise.
— Eh bien ! quoi ? Que nous feraient-ils après tout ?
— Ils sont violents ?
Emma sourit et murmura :
— Je ne les ai jamais trouvés ainsi.
Louise comprit.
— Oh ! le déshonneur ! — dit-elle en pleurant à chaudes larmes.
— Folle que je suis, — s'écria Emma en sautant au cou de Louise ; — je vous parle comme si vous étiez ma pareille. Ne m'en voulez pas, je suis une petite sotte et ne songeais plus à ce que je disais ! Écoutez-moi, Louise, je suis méprisable à vos yeux, je conçois cela ; mais soyez bonne pour moi. Je vous aime et vous estime tant...! Si vous saviez combien votre douceur m'a attachée à vous, vous m'aimeriez un peu. Je m'étais toujours figuré les femmes honnêtes insolentes et dures envers nous ; vous avez été si bienveillante que je me suis sentie profondément touchée. Je veux être pour vous quelque chose comme une sœur... bâtarde. Me comprenez-vous ? Je vous aimerai en observant la distance qui nous sépare. Louise, détournée un instant de ses pensées qui étaient toutes à Juarez, Louise, émue par cet élan, embrassa la Souris, qui se sentit toute fière de cette caresse. — Nous nous en sauverons, — dit Emma.
— Vous, peut-être, — répondit Louise, — parce que vous n'aimez personne ; mais moi qui ai un fiancé, je me tuerais si je tombe aux mains des Touaregs.
— Je vous tirerais de là sans que votre robe blanche fût tachée, —reprit Emma. Puis, à part, elle pensa : —Je n'aime personne ? Comme elle se trompe ! J'aime Ali ; mais au moins il est comme moi ; il ne demande que ce qu'on peut donner.—Puis elle reprit encore :—N'importe ! la vertu est un lourd fardeau à porter dans le Sahara.
— Est-ce que votre intention est de passer la nuit ici ? — demanda Louise.
— Non,—répondit Emma.—Voici mon plan, un plan de coureur de bois, comme vous allez voir. Juarez n'inventerait pas mieux. Que les coureurs de bois soient vainqueurs, ils nous chercheront ; qu'ils soient vaincus, les Touaregs nous poursuivront, surtout si Mahmout es avec eux, ce que j'ignore. Nous allons attendre. Dès que nous entendrons du bruit, nous nous cacherons dans ce bouquet d'arbres que vous voyez sur notre droite. Nous chasserons le mahari.

— Pourquoi ?

— Parce que, en le voyant fuir, amis ou ennemis lui donneront la chasse. Nous verrons passer les chasseurs et nous saurons à qui nous avons affaire. Si ce sont des Touaregs, nous rentrerons dans la montagne et nous tâcherons de trouver les tribus amies dont Juarez nous a parlé. Que dites-vous de la combinaison ?

— Vous êtes plus digne que moi d'être la femme d'un coureur de bois, — répondit Louise ; — je m'étonne que...

— N'achevez pas. Les hommes forts aiment les femmes faibles; un homme énergique m'aimerait comme sœur, pas comme femme.—A peine Emma achevait-elle ces mots que le mahari se sauva, effrayé par une hyène arrivée près de lui à la sourdine. — Vite, — dit Emma, — suivons sa trace, il s'arrêtera bientôt, une fois la peur passée. Ah ! vous voilà toute pâle. C'est l'hyène qui vous effraye ; mais ce n'est rien du tout. Tenez. — Emma ramassa une pierre et la lança à l'hyène, qui prit du champ. Louise, un peu rassurée, suivait Emma ; on voyait le mahari courir dans l'ombre. Les deux jeunes femmes marchèrent dans cette direction aussi rapidement que possible. Le mahari, après un temps de galop, s'arrêta ; elles furent sur le point de l'atteindre ; mais il repartit au trot. Il renouvela plusieurs fois ce manège, se laissant approcher mais ne se laissant pas saisir. Emma tapait du pied avec colère. — Ah ! gredin ! — grondait-elle avec une mutinerie charmante ; — que je te pince et tu recevras une fameuse volée de coups de cravache !

Elle courait toujours. Louise, plus frêle, se fatigua. Elle s'assit et dit :

— Je ne puis vous suivre. J'étouffe.

— Je suis toute essoufflée aussi, — fit Emma ; — l'air me brûle la poitrine. C'est singulier.—Elle regarda du côté du mahari. — Le brigand est trop loin, — dit-elle, — il est impossible de le rattraper.—Elle s'assit à côté de Louise pour reprendre un peu haleine. — Mon Dieu ! — s'écria-t-elle tout à coup avec une soudaine frayeur,—nous sommes perdues !

— Qu'y a-t-il ? — demanda Louise effrayée.

— Le simoun ! Je ne m'apercevais pas de l'état du ciel ; dans une heure ce vent de feu va brûler le désert ; nous sommes exposées à mourir de soif.

— Voyez ! — fit Louise avec un sourire navrant, — le malheur nous poursuit. Je vous l'ai dit : nous n'en échapperons pas. Préparons-nous à mourir.

Le simoun, en effet, commençait à souffler, et les nuages de pourpre qui l'annonçaient roulaient lentement dans le ciel. Des vapeurs rousses s'épandaient dans l'atmosphère pour bouffées de le transformaient en flamme.

Peu à peu l'air se sécha et toute l'humidité qu'il contenait fut dissoute ; alors l'ouragan fondit sur le sol. Le vent était si aride et si chaud que l'on aurait pu se croire au milieu d'un incendie et léché par les langues de flammes. Louise, frêle roseau, avait été abattue par cette tempête ; elle s'était d'abord jetée à genoux, avait fait une fervente prière, recommandant son âme à Dieu et Juarez à la Vierge ; puis elle s'était couchée sur le sable. Elle avait envoyé à travers l'espace ses pensées vers Juarez, et, son cerveau s'exaltant sous la pression qu'exerçait la température sur son sang, elle perdit conscience de ce qui se passait et fit un long rêve au sein duquel elle ne devait pas tarder à s'endormir pour toujours. Tel est l'effet de la soif pendant le simoun, quand on ne peut combattre l'insolation en buvant quelques gorgées d'eau.

Emma, plus forte, plus énergique que Louise, était restée debout. Elle regardait l'horizon en sondant ses profondeurs avec anxiété. Depuis plus longtemps en Afrique que Louise, elle céda moins vite aux effets désastreux du simoun qu'elle menaçait du poing. Colère de petite fille gâtée par la fortune et les cajoleries du sort.

Elle s'apitoyait sur Louise.

— La voilà déjà vaincue, — disait-elle ; — mon Dieu ! comme elle a été vite abattue ! Il semble que c'est un de ces lis qu'un rien a flétri ; moi je suis une rose sauvage... Y compris les épines, — ajouta-t-elle en souriant.—N'importe ! mon tour viendra un peu plus tard ; allons, elle râle déjà, que faire ! Rien ; pas une goutte d'eau. Et Juarez qui ne vient pas !—Elle se pencha sur Louise et écouta sa respiration oppressée. — Elle étouffe, — dit-elle, délaçons-la.—Louise, une fois plus à son aise, reprit un peu connaissance et reconnut Emma. Elle saisit sa main, la porta à ses lèvres, murmura un merci mourant et s'évanouit de nouveau. — Pauvre petite femme ! Dans dix minutes tout sera fini. Mieux vaut cela. Moi je vais me débattre longtemps contre l'agonie ; elle aura fini vite sans souffrance.—Emma s'assit à son tour, regardant d'un œil sombre les progrès de l'agonie. Etrange et touchant spectacle que celui de ces deux femmes jeunes et charmantes dans l'immensité du Sahara et mourant toutes deux sous l'étreinte de ce monstrueux vampire qu'on appelle le simoun, et qui à chaque instant souille la terre de son haleine empestée, la brûle sous ses baisers maudits, la terrasse sous sa brutale étreinte. Louise arrivait rapidement aux derniers degrés de l'agonie ; un spasme convulsif agitait son corps ; encore quelques instants et elle exhalait son dernier soupir. — C'est fini ! — murmurait Emma désespérée. Soudain une ombre fuyant devant le simoun passa près des deux femmes. Emma saisit sa carabine, tira et poussa un cri de triomphe en voyant tomber une masse énorme. — Sauvées, sauvées ! — répétait-elle.

. . . .

Les deux jeunes femmes étaient en effet momentanément sauvées.

Dans l'ombre qui passait Emma avait reconnu le mahari. Par un heureux hasard ou une adresse rare chez une femme, elle avait abattu ce coursier, dont le chargement était précieux pour elles, puisque, entre autres choses, il portait des gourdes pleines de café noir. Elle courut donc à lui, saisit une gourde et l'appuya contre les lèvres de Louise. Quand celle-ci eut avalé quelques gorgées, elle lui rafraîchit le visage et la saignée du bras ; puis elle souleva sa tête et l'appuya sur ses genoux. Quelques instants après, Louise rouvrit les yeux.

— Buvez, — dit Emma. La jeune femme obéit. Le café opéra une réaction bienfaisante ; c'est le meilleur préservatif contre l'étouffement par la chaleur ; Louise sentit une délicieuse fraîcheur parcourir son corps, et, par un phénomène assez ordinaire, elle s'endormit dans un bien-être ineffable. Emma la plaça commodément de façon à lui faire un oreiller de ses genoux, et, buvant à son tour goutte à goutte le contenu de la gourde, elle attendit le réveil de sa compagne ; mais peu à peu le sommeil vint aussi appesantir ses paupières et elle s'endormit à son tour. Deux heures environ se passèrent ainsi ; la soif réveilla Louise la première. Elle fut étrangement étonnée de se retrouver vivante et presque entièrement remise ; car, par une disposition particulière du lieu où elles se trouvaient, le simoun avait cessé de souffler. Il y a au pied des montagnes de l'Atlas des courants d'air froids produits par les défilés à travers les détours sinueux desquels le simoun perd peu à peu de sa force et finit par être vaincu par les contre-courants. Après avoir soufflé quelque temps avec rage contre les montagnes, il s'élève et passe par-dessus l'obstacle qui lui est opposé ; les contre-courants circulent alors autour des assises des contre-forts et à une certaine distance. Les jeunes femmes se trouvaient au milieu d'un de ces contre-courants. Louise vit la gourde, puis le mahari mort, puis elle se trouva sur les genoux d'Emma ; elle comprit comment elle avait été sauvée. Elle réveilla sa compagne en l'enlaçant de ses deux bras. — Ah ! — dit Emma, — je faisais un beau rêve ! Je songeais que nous étions revenues à Alger, que vous me permettiez de venir vous voir de temps en temps, et j'étais bien heureuse. Si vous saviez combien l'amitié, même cachée, d'une honnête femme nous est précieuse !

— Si vous voulez, nous ne nous quitterons plus, — dit Louise ; — vous vous marierez.

— Moi ! Et avec qui ?

— Avec Ali.

— Oh ! il est trop jeune, c'est un enfant !

— C'est vrai ; mais j'ai une idée. Les coureurs de bois se soucient fort peu du passé, vous épouserez Jacques la Hache. Nous vivrons dans une concession tous ensemble ; nos maris chasseront ; nous serons tous heureux ; moi je ne veux plus revoir Paris. On est mieux dans la solitude quand on s'aime. Vous ne dites rien ? — A tout hasard marchons, — dit-elle. Les deux jeunes femmes prirent les carabines, les gourdes et les sachets de provisions que contenait le palanquin. — Si par hasard nous avions à tirer, vous chargerez nos armes, — dit Emma qui était intrépide et sûre d'elle-même.

— Je ferai de mon mieux, — répondit Louise.

Elles se mirent en route.

XVII

Découverte.

Depuis les événements que nous avons racontés, de grands changements se sont opérés dans le désert.

Les Touaregs se sont soumis à nos armes et sont devenus des instruments de civilisation.

Les hommes qui ont répandu cette idée civilisatrice sont des marabouts ou plutôt des saints musulmans, car dans la religion de Mahomet ce n'est pas par la vertu d'un sacrement qu'on devient apte à exercer le sacerdoce : lorsqu'une personne, par ses vertus, ses lumières et son éloquence, se distingue parmi les croyants, le peuple, d'une voix unanime, lui décerne le titre de marabout. Du temps de la primitive église, du reste, les évêques étaient élus par les fidèles ; tout a bien changé depuis. Autres temps, autres mœurs.

Il n'est pas étonnant que, vu la manière dont ils ont reçu l'investiture religieuse, les marabouts exercent en Afrique une autorité illimitée. Leurs paroles sont des oracles, leurs ordres sont sacrés.

Ceux qui sont à Paris en ce moment, s'ils s'entendent avec le ministère de la guerre et celui du commerce, peuvent très-facilement opérer la révolution dont ils ont conçu le projet.

Quant aux mesures à adopter, elles sont moins compliquées qu'on ne se le figurerait au premier abord.

Il nous serait facile d'avoir, avec l'aide des marabouts, une ligne de forts entre Tuggurt, ville française placée au bord du Sahara et Tombouctou, la cité nègre du Soudan.

Ce que nous avons réalisé entre Toborso et Zeddou, c'est-à-dire de la Tunisie au Maroc, sur les confins du grand désert, nous pouvons certes le réaliser encore.

Et cette population est toute dévouée à ceux qui, pour elle renouvelant le miracle de la verge de Moïse, ont créé une source là où il n'y avait qu'un sol aride.

Déjà trois régiments de spahis indigènes nous ont rendu d'immenses services. On en formerait facilement un quatrième, qui, recruté parmi les Touaregs, monté sur des maharis, ferait entre les forts le service de correspondance.

Les spahis n'ont pas la même organisation que les turcos, ils ne sont pas positivement enrégimentés, mais plutôt embrigadés comme les gendarmes.

Le turco qui a vu Paris au retour d'Italie se permet le vin, les liqueurs fortes, des rixes, voire même le duel, ni plus ni moins qu'un vrai troupier français.

Le spahi est un père de famille grave, respectable, respecté, honorant Mahomet et son marabout (tant qu'il ne prêche pas la guerre sainte contre les Français, auquel cas il l'arrête avec beaucoup d'égards), élevant ses enfants dans la crainte de Dieu, qu'il appelle Allah en Afrique, et de la loi, représentée par le procureur impérial en territoire civil, par l'officier du bureau arabe en territoire militaire.

En procédant pour les Touaregs comme on a procédé pour les Arabes, on obtiendra bien certainement les mêmes résultats, et leur spahis seront de vrais modèles. Il est à remarquer qu'au Sénégal il en est ainsi.

Quant aux puits artésiens, il est bon qu'on sache que sous le Sahara, à peu de profondeur, s'étend une nappe d'eau immense, inépuisable. Pour l'atteindre, on n'aura pas à vaincre les difficultés qu'il a fallu vaincre quand on a creusé le puits de Passy. Du reste, les indigènes ont déjà longtemps avant nous établi des puits dans plusieurs oasis. Comme ils travaillent au milieu des sables, qui s'écroulent à mesure que l'on y fait un trou, ils étançonnent leur ouvrage avec des palmiers.

Malheureusement les gens du désert, n'ayant aucune idée des lois qui régissent les eaux souterraines, se sont arrêtés à la première nappe et n'ont obtenu qu'un puits au lieu d'une fontaine jaillissante. Tout le monde sait que c'est la pression des eaux des montagnes qui fait s'élever à des hauteurs souvent considérables le jet qui s'élance du sein de la terre quand la sonde du puisatier a atteint une mer intérieure.

Or, comme le Sahara a ses ravins, ses collines et même ses montagnes, on en a conclu que les lois de la pondération devraient agir sur les pluies absorbées par les sables et formant des nappes souterraines.

On a tenté un essai qui a réussi aujourd'hui ; la France a déjà doté les Sahariens de puits artésiens.

Les Touaregs sont si bien disposés à marcher dans la voie du progrès, qu'un chef d'une des oasis les plus reculées une trentaine de guerriers à Alger, afin d'y acheter son matériel nécessaire pour perforer le sol et obtenir un jet d'eau. De plus, il avait tracé de sa main une liste de livres qui fut présentée à un libraire de la rue Bab-Azoun, lequel s'empressa de faire une commande à Paris, car il ne les possédait pas tous. Parmi ces ouvrages se trouvaient : un *Traité de géologie*, l'*Art de découvrir les sources*, et d'autres traités spéciaux.

Les deux jeunes femmes, après deux heures de marche, s'engagèrent dans les défilés.

Emma marchait la première. Hardie et agile, elle écoutait tous les bruits, s'arrêtait quand elle entendait ces branches frémir sous le passage de quelque bête fauve, et reprenait sa marche après avoir reconnu que le sentier était libre. Louise suivait. Tour à tour elle passait de transes de la peur au calme de la résignation ; à chaque instant le froid de la terreur glaçait son âme.

Le sentier était étroit, mais le passage à travers lequel il serpentait était grandiose. De chaque côté se dressaient en surplombant des entassements de rocs affectant les formes les plus bizarres et se succédant à une effrayante hauteur jusqu'aux cimes de la montagne. Malgré la nuit, on voyait çà et là des blocs se détacher de la masse et se pencher au-dessus de la gorge en dessinant des monstres fantastiques qui avaient l'air de regarder, gueule béante, au fond du gouffre. Des arbres nains tordus, chétifs, difformes, semblaient autant de nains hideux accrochés aux saillies des pierres ; le vent, en les secouant, faisait craindre qu'ils ne tombassent, tant ils paraissaient mal cramponnés aux parois du ravin.

Un léger vent du nord parcourait la gorge au ras du sol, et sous son passage bienfaisant les fleurs renaissantes exhalaient leurs parfums sauvages ; au-dessous des cimes, en sens contraire de la brise, le simoun se déchaînait formant une voûte rougeâtre et blafarde qui éclairait le défilé comme par les reflets affaiblis d'un incendie lointain.

On entendait, chose étrange ! les bruissements de la brise et les sifflements rauques et continus de la tempête.

L'Afrique seule peut donner de pareils spectacles.

Emma, ayant cru saisir un bêlement plaintif, s'arrêta, plongeant son regard dans une touffe de palmiers nains. Le bêlement retentit de nouveau.

— C'est un appel de chèvre en détresse, — dit tout bas la jeune femme. Quelque chasseur est à l'embuscade. Il aura mis une chèvre comme appât. — Mais l'événement démentit cette supposition. Une jolie chèvre blanche en pleine liberté vint en courant vers les deux fugitives. L'animal s'arrêta un instant à distance. Emma ne savait que faire. La chèvre avança encore un peu. Les deux femmes, immobiles, ne se décidaient ni à reculer ni à avancer. Cette chèvre domestique, dans cette solitude, annonçait la présence d'un être humain. Comment supposer une chèvre à l'état de liberté ? — Il y a un gourbi dans le voisinage, — dit Emma à Louise.

— Est-ce un danger ? — demanda celle-ci.

— On ne sait jamais. — La chèvre flairait l'air comme un chien ; elle tournait autour des deux femmes, les examinant avec défiance. — Ma foi ! — dit Emma, — voyons toujours. — Elle appela l'animal de sa voix la plus douce, lui donnant tous les noms qui lui passaient par la tête. Sans doute elle prononça celui de la défiante petite bête, car celle-ci accourut tout à coup avec force gambades, et, se dressant sur ses pattes de derrière, se mit à lécher le visage d'Emma. — Décidément, — dit celle-ci, — l'animal appartient à un être civilisé. Si son maître ou sa maîtresse la battait, elle serait farouche. Elle semble habituée aux caresses, ce qui dénote de la part du propriétaire une certaine douceur ; cela me décide. Tâchons de le trouver.

— Comment ?

— Eh ! mais voilà notre guide. Cette chèvre a l'air de vouloir nous conduire quelque part, suivons-la. — La chèvre en effet suivait un sentier escarpé au flanc du défilé.

— Tenez-vous prête à passer la carabine en cas de danger, — dit Emma. — Si je vois quelque chose de suspect, je tire ; tant pis !

— Tuer ! — fit Louise. — C'est affreux ! Oseriez-vous faire mourir un homme ?

— Mais certainement, — répliqua intrépidement Emma. — Je ne me gênerais pas. C'est la loi de ce pays-ci. Ne faudrait-il pas se laisser massacrer sans se défendre ?

— Vous êtes brave, je vous admire ; mais je sens bien que je ne pourrais pas vous imiter.

— Et Juarez ? Ne faut-il pas vous conserver à lui ?

— C'est vrai.

— Allons, croyez-moi, soyons résolues. Un brin d'énergie ! nous nous sortirons peut-être de cette situation.

—Depuis qu'elle allait droit où la chèvre la conduisait

Emma ne se gênait pas pour parler à haute voix. Il devenait inutile de se cacher. La chèvre cependant, à mesure que l'on avançait, paraissait inquiète ; Emma la surprit à regarder sa carabine. — Mais cette chèvre regarde mon arme comme fait un chien pour le fusil du chasseur ; que veut dire ceci ? — Ramenée à la prudence, Emma se tut. Elle voyait au bout du sentier, devant elle, une sorte de grotte. — Le propriétaire de la chèvre doit être là dedans, — pensa-t-elle. — Il n'y a qu'un marabout solitaire qui puisse vivre là dedans, à la façon des faquirs indiens, ou bien peut-être un vieux coureur de bois. Il sera arrivé quelque chose à cet homme ; il peut être mort. Sa chèvre inquiète se sera mise en quête de passants avec l'instinct d'un chien. Plus j'y pense, plus je crois que je devine juste. Allons toujours.

Emma se trouvait à cent pas de la grotte ; elle hâta sa marche très audacieusement ; elle fut bientôt à vingt pas. Elle ne remarquait pas que la chèvre restait en arrière ; Louise suivait, mais elle avait froid au cœur. L'intrépidité d'Emma agissait sur elle comme l'électricité sur un mort ; elle suivait sa compagne sans raisonner, galvanisée par son courage.

Emma, à vingt pas de la grotte, pensa que le mieux à faire était d'appeler l'être qui l'occupait sans doute. Elle fit en arabe l'invocation des hôtes réclamant l'hospitalité, rien ne répondit.

— Allons, je pensais juste ; le maître de la chèvre est mort. — Un bruit léger se fit entendre. — Tiens, — dit-elle, — le voilà ! Je me trompais.

Elle répéta son appel. Une forme assez lourde parut, puis deux gros yeux flamboyèrent, puis un rugissement terrible retentit.

C'était une panthère qui se trouvait dans cette grotte. Elle s'apprêtait à bondir.

Emma eut en ce moment suprême un héroïque courage. Elle épaula sa carabine, et lâcha la détente au moment où l'animal s'élançait. Le coup porta.

La panthère retomba et se débattit un instant, puis se remit sur ses pattes et se rasa pour s'élancer en poussant un nouveau et épouvantable rugissement.

Louise était devenue immobile comme une statue ; la terreur l'avait comme foudroyée. Emma saisit la carabine qu'elle tenait d'une main inerte et tira une seconde fois ; la panthère fut tuée sur le coup et ne bougea plus. Emma se sentit défaillir et s'adossa à un rocher ; Louise tomba à genoux ; la chèvre se mit à danser en bêlant de joie. En voyant danser la chèvre, Emma se mit à rire de sa propre frayeur. Elle laissa Louise à genoux et s'approcha de la panthère, après avoir rechargé les carabines dans la crainte d'un nouvel ennemi.

Mais elle fut bientôt rassurée, car la chèvre entra dans la grotte, en fit probablement le tour, en ressortit pour y rentrer encore avec toutes les démonstrations qu'eût eu en pareil cas un chien de chasse rentrant au gîte après que son maître eût tué le loup qui l'occupait.

Emma avait l'habitude de fumer des cigarettes ; elle portait toujours sur elle l'attirail nécessaire aux fumeurs. En conséquence, elle avait une boîte d'allumettes ; elle en alluma une et entra dans la grotte ; elle n'y vit personne, mais beaucoup de choses.

Elle courut à Louise, l'embrassa tendrement et lui dit :

— Venez, venez ! C'est la grotte d'un coureur de bois.

Louise se leva et suivit machinalement ; sa raison était à peu près égarée.

Elle murmurait des prières incohérentes.

Emma n'y prit pas garde.

XVII

Où le lecteur retrouve d'anciennes connaissances.

Emma avait trouvé une lampe, forme lampion, pendue à la voûte de la grotte, elle l'avait allumée. Louise jeta un œil distrait sur l'intérieur, tandis que son amie examinait tout ce qu'elle voyait.

C'était bien une retraite de coureur de bois ! La grotte était vaste, quoiqu'il fallût se baisser pour y entrer. Elle contenait un lit grossièrement établi, un siége en bois, une petite cheminée, des armoires à provisions creusées dans les murs ; le tout assez grossier.

Ce qui surprit surtout Emma, ce fut de trouver tout un habillement de femme dans un paquet et une foule de menus objets à l'usage du beau sexe.

— Le coureur de bois est marié, — pensa-t-elle ; et du regard elle interrogea Louise, qui ne répondit pas. — Qu'avez-vous donc ? — demanda Emma.

Louise leva la tête d'un air égaré et parut sortir d'un songe.

— Oh ! — fit-elle troublée après avoir passé sa main sur son front, — votre voix m'a rappelée à la réalité. Il me semble que je sors d'un horrible cauchemar.

— Pauvre petite Louise ! Nous sommes cependant momentanément en sûreté. La panthère est morte et nos ennemis sont loin de nous. Si Juarez est vainqueur, tout est pour le mieux.

— Et s'il est vaincu...

— Impossible. Du reste, peut-être aurons-nous bientôt des nouvelles.

— Par qui ?

— Par le maître de céans. Savez-vous ce que j'imagine ?

— Non. Dieu ! que vous êtes heureuse de posséder un si beau sang-froid et de pouvoir faire des suppositions. Un monde de pensées informes roule confusément dans mon cerveau troublé ; je ne puis rien démêler dans mes idées ; à peine ai-je conservé la mémoire des événements qui viennent de s'écouler. Que supposez-vous donc ?

— Je crois que le coureur de bois a entendu d'ici la fusillade de Juarez. Remarquez que nous ne savons à quelle distance nous sommes du champ de bataille.

— C'est vrai.

— Je reprends. Si le coureur de bois a entendu les coups de feu, il sera allé voir ce qui se passait, et il reviendra probablement sous peu, car le combat doit avoir cessé.

— Et la panthère ? — demanda Louise. — Comment se trouvait-elle ici ?

— Mais probablement elle aura été surprise par le simoun et sera descendue à la recherche d'un gîte au fond du ravin. Elle aura trouvé cette grotte à son goût et y sera entrée. La chèvre se sera sauvée à la vue de cette ennemie, qui, fatiguée par l'état de la température, aura laissé fuir cette proie dédaignée.

— Comme vous devinez tout ! — murmurait Louise.

Emma souriait.

La chèvre, rentrée dans son logis, s'était tranquillement couchée.

— Vous devez avoir besoin de reposer un peu, — dit Emma à Louise. — Dormez ; je veillerai en faisant faction. J'ai manqué ma vocation ; j'aurais dû naître homme et me faire soldat. — Louise, accablée, s'étendit sur le lit et ne tarda pas à s'assoupir. Emma sortit de la grotte pour en inspecter les environs ; toutefois, pour défendre le sommeil de son amie, elle imagina d'arranger les pattes de la panthère de façon à lui donner l'apparence de la vie. — Comme cela, — pensait-elle, — on n'entrera pas sans tirer. En tirant on me préviendra ; j'accourrais. — Elle tourna autour de la grotte sur un espace de cent pas, carabine au poing, se félicitant elle-même de sa bravoure, prenant goût à cette existence aventureuse. — Ma foi ! — pensait-elle, — voilà ma vocation décidée. J'épouse un coureur de bois ; cette vie-là me plaît. Comme on se sent forte quand on a une bonne carabine dans les mains. — En terminant ce monologue, elle allait rentrer, quand une pierre, roulant sous un pas assez lourd au fond du défilé, attira son attention. Elle vit du haut de l'endroit où elle se trouvait une caravane défiler sur le sentier qui serpentait au bas de la gorge ; elle résolut de savoir qui passait par là à cette heure. Elle se glissa donc en rampant vers la caravane, qu'elle devança, et reconnut une bande de marchands marocains. A l'arrière-garde, poussant les chameaux de charge, marchaient deux esclaves vêtus de haillons ; ils parlaient français. De temps en temps un des Marocains se détachait du groupe et venait à coups de bâton stimuler les deux esclaves, qui juraient comme des possédés. — C'est singulier, — pensa Emma, — je connais ces voix-là. Et, fortement intéressée par cette rencontre singulière, elle suivit la caravane à une certaine distance.

Les Marocains et leurs coursiers semblaient très fatigués ; Emma pensa que ayant été surpris par le simoun et connaissant les contre-courants, ils s'étaient engagés dans le défilé pour y trouver un abri. Elle avait touché juste.

A un endroit du chemin où le ravin s'élargissait, la caravane fit halte et tout se disposa pour le campement. Les chameaux furent entravés, les feux flambèrent, les tentes se dressèrent ; les aliments furent retirés des sachets, jetés dans les marmites et placés sur les charbons.

Emma, avec son audace ordinaire, s'approcha à vingt pas des tentes et se cacha derrière un chêne-liège ; elle cherchait à voir les figures des esclaves.

L'un d'eux passa près d'elle. Elle faillit pousser un cri... Elle reconnut Charles Hurault, le journaliste dont nous avons parlé dans notre avant-propos. L'autre esclave ne tarda pas à venir lui placer quelque ustensiles de cuisine près du foyer ; c'était Claude Vigouroux.

Les délivrer était difficile. Dans ces voyages, les caravanes sont protégées par les chiens qui font garde.

. . . .

Quelques détails, en passant, sur ces sentinelles à quatre pattes. Les chiens arabes, comme leurs maîtres, sont divisés en deux races : les *soulouglis* (lévriers) forment l'aristocratie, et les *kelbs* (roquets) la plèbe. Sous les tentes, il n'y a que ces deux variétés de l'espèce canine.

Les kelbs, plus courageux que les serfs arabes, se révoltent à chaque instant, et comme les guerriers civils sont les plus terribles, il en résulte des batailles acharnées où le ventre des vainqueurs sert de tombe aux vaincus.

Autre cause de querelles. Autant de tentes, autant de familles de chiens, et chaque famille déteste sa voisine à ce point que la tendresse ne peut étouffer la haine ; on ne contracte des alliances que parmi les siens. On conçoit que les *casus belli* soient fréquents ; un os, un empiétement de territoire, un rien, et voilà le douar sens dessus dessous. Les Arabes impassibles assistent tranquillement à ces combats, et ils gardent la neutralité la plus dédaigneuse. Ceci vient du profond mépris qu'ils ont voué à la race canine, impure selon eux ; le chien n'obtient jamais ni une caresse ni un regard d'affection. Ce n'est ni un ami, comme chez nous, ni un compagnon fidèle. Pourquoi ? parce que l'Arabe n'estime aucune des qualités de cet intéressant quadrupède, qui a fait dire que ce qu'il y a de meilleur dans l'homme c'est le chien.

Cela ne prouve pas en faveur du Bédouin.

La nuit, la meute fait bonne garde ; elle aboie sans discontinuer ; pour voir de plus loin, elle grimpe sur les tentes, et là exécute un concert étourdissant. Les Arabes dorment malgré ce sabbat, auquel ils sont habitués comme les meuniers au tic-tac du moulin.

. . . .

Emma n'était pas fille à s'étonner facilement.

Toutefois, Charles Hurault esclave, un journaliste parisien garrotté à la lisière du Sahara, il y avait de quoi arracher un cri de surprise au coureur de bois le plus cuirassé contre les émotions. Emma poussa ce cri, mais *intérieurement* (qu'on nous passe le mot), à la façon de Bas-de-Cuir. En Algérie, on ne manifeste jamais ses émotions qu'à soi-même.

Emma était trop habituée déjà à la vie du désert pour commettre la folle imprudence d'éveiller par une exclamation l'attention des marchands.

Singulière nature que celle des femmes ! On n'imagine pas comme elles se transforment rapidement en changeant de milieu. Qu'une jeune fille quitte un couvent pour épouser un millionnaire, en quelques mois le monde, qu'elle n'a jamais vu, n'a plus de secrets pour elle ; au milieu de son salon, elle manœuvre avec la grâce et l'adresse de ces jolies corvettes qu'un habile pilote conduit à travers les méandres d'une flotte, à la sortie d'une rade.

Que, par un de ces hasards plus fréquents qu'on ne le croit, cette femme soit transportée au milieu des périls d'une existence aventureuse, qu'elle devienne la compagne ou la protégée d'un coureur de bois, elle devinera toutes les ruses, tous les secrets de ce rude métier ; elle étonnera les plus habiles chasseurs par sa sagacité.

Puis, chose plus étrange encore, cette frêle et craintive créature, qu'un rien effrayait jadis, qu'une souris, courant sur un parquet rendait folle de terreur ; cette grande dame si nerveuse enfin, si impressionnable, s'est familiarisée avec le danger plus vite qu'un homme ne l'aurait fait. Au bout de quelques jours, elle se joue du péril avec un entrain, un sang-froid, un sans-souci qui jettent les plus braves dans une stupéfaction profonde. Un coureur de bois, Auguste, le tueur de gazelles, bien connu dans la plaine du Rio-Salado, nous disait un jour :

— Pour faire d'un homme un bon chasseur algérien il faut une année de noviciat ; ma femme, au bout d'un mois, remplaçait mon meilleur compagnon, qu'un sanglier venait d'éventrer. La femme de Larès, mon ami, tuait un lynx à l'affût à la troisième nuit d'embuscade.

Cette longue digression était nécessaire. Plus d'une jolie femme, en lisant ces lignes, se serait figuré peut-être que nous avions exagéré le courage d'Emma ; soyez certaine, madame, que si vous aviez épousé un officier de spahis, et si vous vous étiez trouvée environnée d'Arabes dans une redoute perdue sur les confins du Sahara, vous auriez fait bravement le coup de feu.

En l'honneur du sexe faible, on a conservé en Afrique le souvenir de nombreux faits d'armes accomplis par des femmes.

. . . .

Charles Hurault s'était endormi. Son compagnon, qui n'était autre que Claude Vigouroux, sommeillait aussi.

Tous deux étaient couchés en plein air sur le sol nu ; leurs vieux burnous en guenilles les abritaient seuls. Le journaliste rêvait qu'il assistait à une brillante représentation d'un drame algérien émouvant : il se croyait dans sa stalle, en train de lorgner sur la scène deux Français devenus esclaves de marchands marocains ; il trouvait, dans cette scène, la situation poignante et dramatique, mais invraisemblable ; il se proposait de faire ressortir dans son compte rendu le peu de probabilité d'une pareille aventure. Et c'était lui qui était le héros de ce drame vrai !

Vigouroux faisait, lui, un autre songe : il se figurait

être à Tombouctou ; il avait enseigné aux nègres l'art de jouer à la bourse. On avait bâti un monument pareil à celui qui s'élève en face de notre Vaudeville ; il était le syndic des agents de change de la mystérieuse cité. Les opérations avaient lieu sur les chances d'immenses convois de poudre d'or, de coton, de tissus, de plumes d'autruche.

En sa qualité de syndic des agents de change noirs, Vigouroux faisait une guerre acharnée aux courtiers marrons ; il riait de ce mauvais calembour qu'il venait de commettre dans une lettre écrite (toujours en songe) à Charles Hurault, auquel il rendait compte de ses aventures.

En ce moment, le journaliste entendit une voix murmurer quelque chose de doux et d'harmonieux à son oreille ; il se réveilla, ouvrit les yeux, vit une tête de jeune femme penchée au-dessus de lui, et une main qui promenait un poignard autour de son corps. Il sentit même le froid de la lame contre sa peau. Il essaya de crier, et malgré la frayeur, la surprise qui étouffaient sa voix, il voulut se lever, oubliant les liens des Marocains qui le clouaient à sa place.

La jeune femme lui dit bas en français :
— Tais-toi donc, imbécile ! et tourne-toi sur le dos, que je coupe tes liens. — Il obéit sans trop savoir pourquoi, par instinct pourrait-on dire. En pareil cas on ne raisonne pas ; on va comme on vous pousse. Il sentit ses liens tomber de ses poignets endoloris, et alors il voulut se dresser sur ses pieds. Une voix lui glissa encore ces mots ou plutôt cet ordre : — Reste couché ! — Il ne remua plus. Il s'aperçut seulement que la singulière jeune femme, qui lui avait rappelé vaguement une personne connue, délivrait son ami comme elle l'avait délivré lui-même. Vigouroux se laissa faire sans manifester le moindre étonnement. Ceci fait, la jeune femme se plaça devant eux, et leur fit signe de la suivre en l'imitant, c'est-à-dire en rampant. Ils sortirent ainsi tous trois du camp de la caravane ; en passant par l'ouverture laissée au milieu du cercle de broussailles dont on entoure un bivac, Charles Hurault remarqua que les chiens, tapis sur la terre, semblaient plongés dans une profonde terreur. Les yeux de toute la meute étaient braqués dans la même direction, vers un objet qu'ils n'apercevaient point, mais qui devait être terrible pour produire un tel effet sur une bande de cerbères hargneux et féroces. Après avoir rampé l'espace de quelques pas encore, les deux Français s'arrêtèrent net. Une panthère était devant eux, c'était elle que les chiens avaient vue. Leur libératrice murmura le mot *poltrons*, puis dit avec une impatience mêlée de dépit : — Avancez donc ! Elle est morte ! — Ils hésitaient toutefois. Mais enfin ils suivirent la jeune femme ; celle-ci, en arrivant près de la panthère, se releva et ses compagnons l'imitèrent. — Marchons, — leur dit-elle alors ; — nous sommes à peu près sauvés. — Ils se dirigèrent tous trois vers la grotte et y arrivèrent en quelques minutes. Là la jeune femme, après avoir bouché l'entrée, alluma la lampe, croisa ses deux bras sur sa poitrine, et toisant les deux Parisiens ébahis, s'écria : — Eh bien ! mes maîtres, me reconnaissez-vous ?

— Emma ! firent-ils tous deux à la fois.

Charles Hurault semblait écrasé.

Il tomba plutôt qu'il ne s'assit dans un coin de la grotte. Pour employer un mot emprunté à l'argot du théâtre, il était *renversé*. Il prit sa tête dans ses deux mains ; celle-ci avait un cerveau bouillonnant comme une chaudière ; il avait peur qu'il ne se brisât sous de pareils chocs.

Claude Vigouroux, au contraire, était calme et froid. A part la vue de la panthère, qui lui avait causé une certaine répulsion, il n'avait pas paru ému de tout ce qui s'était passé dans cette nuit étrange. Il tendit la main à Emma, et lui dit du même ton tranquille qu'il avait à Paris sur le boulevard :

— Emma, ma chère, tu as un petit costume qui te va à ravir.

— Tiens, — dit la lorette, — tu n'es donc pas *épaté*, toi ?

— Ma foi ! non. Dans les commencements de nos aventures, je me suis trouvé d'abord désarçonné ; mais j'ai pris l'habitude des merveilleux événements dans lesquels nous étions acteurs, auteurs et spectateurs. J'avoue même que cela commençait à devenir amusant, intéressant, pittoresque et on ne peut plus drôlatique. La douleur physique glisse sur ma grosse nature : donc je ne souffre pas. Je me laisse aller au gré du flot qui me pousse comme une épave. Le rôle de débris entraîné par un fleuve débordé me convient mieux que celui de nageur cherchant à remonter le courant. Charles se débat, moi je trouve plus simple de glisser tranquillement sans efforts.

— Bien, mon vieux, bien ; mais enfin il y a des choses qui doivent te secouer quand même ?

— Non. C'est fini, je suis cuirassé. Tiens, voici le gros de nos impressions de voyage de Paris à Tombouctou. Je me laisse tellement embêter par Charles que je consens à l'accompagner en Afrique, où son idée fixe est de tuer une panthère en compagnie de Juarez. Ce garçon tient absolument à se poser à Paris comme un coureur de bois ; drôle de toquade, mais je la respecte. Nous filons. A Marseille, nous avons l'idée de venir en Afrique par Barcelone et Valence. Figure-toi trois naufrages complets pour ces deux traversées si courtes. Mais quels naufrages ! Pareils à celui de la Méduse, on ne s'y est pas mangé, mais on s'y est massacré. On a jeté plusieurs hommes à l'eau parce que les canots étaient trop chargés. Je passe. Nous nous embarquons à Valence pour gagner Oran, avec un temps calme, une mer superbe et quelques heures de traversée. Un léger grain arrive. Nous dérivons... Nous passons en vue des côtes habitées par les pirates du Riff. Enlevés ! Une dizaine de barques montées par ces écumeurs de mer nous capturent. Nous voilà débarqués au milieu d'une population sauvage, où les femmes sont enragées contre les prisonniers. On veut nous faire un mauvais parti et l'on nous attache au poteau de la torture pour nous massacrer avec tous les raffinements possibles. Par bonheur, n'ayant aucun préjugé, je me mets à crier : « Allah ! Allah ! » On comprend que je veux me faire musulman et on me détache. Charles Hurault m'imite. Il hurle sur tous les tons le *credo* arabe, qu'il connaissait fort heureusement pour lui ainsi que pour moi. Bref, on nous fait Arabes dans une zaoua, espèce de mosquée ou de séminaire. Là on nous apprend l'arabe ; on nous bourre de versets du Coran, puis on nous fait musulmans en grande cérémonie. Charles avait un certain talent pour les tours de passe-passe ; il se met à faire des miracles à la façon de Robert Houdin. Le peuple se prosterne. La gloire de mon ami rejaillit sur moi, nous voilà passés saints, archisaints de l'Eglise mahométane. Nous étions heureux, à part la surveillance des marabouts nos confrères. Jaloux de nos rapides succès, ils nous tendirent un guet-apens dont nous fûmes victimes ; ma foi ! tant pis pour les moutons qui se laissent duper par les renards. Nous avions une fortune considérable, nous aurions pu l'emporter et emmener nos femmes en France, sous prétexte de pèlerinage à la Mecque ou à Médine. Nous faisions en effet *bœuf* en rentrant à Paris. Au lieu de cela, par notre bêtise, nous sommes un jour empaquetés, jetés dans des couffins, vendus comme esclaves et marchés par nos confrères les marabouts, qui firent croire au peuple que Mahomet nous avait enlevés et placés dans son paradis. Depuis, nous avons eu vingt maîtres, nous avons été quelque chose comme Joseph chez Putiphar à la cour microscopique du caïd d'Ousda ; puis la roue de la fortune a tourné encore une fois. Nous sommes tombés et disgraciés. Revendus à la caravane qui est au-dessous de nous, nous fûmes conduits jusqu'ici. Maintenant, où sommes-nous ? Qu'allons-nous faire ? Serons-nous sauvés, serons-nous tués? Je l'ignore. Mais je suis également prêt à mourir et à vivre. Je m'attends à revenir sain et sauf à Paris d'ici à quelque temps. Je ne m'étonnerais pas toutefois de devenir grand chef au désert. Peut-on dormir?

Et Vigouroux lança la question d'un ton si naturel que Louise elle-même en sourit. Elle avait tout écouté. Vigouroux se tourna vers elle, la salua courtoisement et s'informa de sa santé, comme s'il la revoyait dans son salon. Louise, rappelée à la situation, se mit à pleurer à chaudes larmes.

Emma conduisit Vigouroux près d'Hurault; elle poussa ce dernier du doigt en lui disant énergiquement:

— Ah çà! es-tu fou? On est homme, que diable! Debout! Il faut agir.

— Présent, mon général, — dit Hurault en se relevant et en secouant sa torpeur.

— A la bonne heure! — fit Emma. — J'aime à te voir ainsi. Elle expliqua la position où on se trouvait aux deux Parisiens. Le moment n'était pas fait pour d'amples explications. — Il faut nous attendre, — dit-elle en terminant, — à voir venir le coureur de bois à qui appartient la grotte. Peut-être a-t-il retrouvé Juarez et l'amènera-t-il. D'ici là, si les Marocains découvrent notre retraite, il faudra tenir. Vous serez braves, n'est-ce pas?

— De vrais Césars, — dit Hurault en riant. Du moment où il y avait chance d'échapper et où il ne s'agissait que de combattre, le journaliste avait repris son sang-froid et sa gaieté.

Hurault était résolu comme tous ceux qui ont le tempérament froid.

— Allons, — dit Emma après un coup d'œil jeté sur ses compagnons; — allons, inspection faite de l'armée, je crois pouvoir compter sur elle; n'est-il pas vrai, soldats?

— Vive le général! — firent les deux Parisiens avec ensemble et unanimité.

L'intrépidité de cette femme les avait électrisés; ils donnaient la riposte à ses plaisanteries.

— Sortons, — dit-elle; — il faut voir ce qu'ils font en bas.

Un coup de fusil retentit à cet instant, suivi de longs hurlements poussés par les chiens furieux.

En entendant vibrer ce coup de feu, Charles Hurault tressaillit.

— Est-ce un secours? Est-ce un danger? — fit-il.

— Peut-être Juarez arrive-t-il? — observa Vigouroux en prêtant l'oreille.

Louise avait bondi, elle frémissait d'espérance.

Emma écoutait en réfléchissant.

— Ce n'est ni un secours, ni un danger immédiat, — dit-elle.

— Qu'est ce donc? — demanda Hurault.

— Voici. Un des Marocains se sera levé, étonné de ne pas entendre les chiens aboyer; ces gens-là sont comme les meuniers, qui sautent du lit dès que le moulin cesse son tic-tac à la suite d'un accident. Le Marocain aura voulu savoir pourquoi les kelbs, si bruyants d'ordinaire, gardaient un pareil silence. Il les a vus couchés en présence de la panthère morte. Alors il a saisi son fusil; il a tiré, il est allé voir le résultat de son coup de feu. Ce marchand doit être brave.

— C'est le chef de la caravane, probablement, — observa Hurault. Mais quand il va s'apercevoir que nous ne sommes plus là, il nous donnera probablement la chasse.

— Il faut s'y attendre.

— Ils nous découvriront.

— C'est probable.

— Ils nous attaqueront.

— C'est presque certain. Seulement on se défendra.

— Et on les repoussera, — dit une voix douce; — il faut absolument les repousser. — On se retourna pour voir qui parlait; c'était Louise. La jeune femme jusqu'alors avait été si accablée qu'elle n'avait pris aucune part active à ce qui se passait; on ne s'était pas occupé d'elle, ainsi qu'il arrive dans les crises où l'on compte seulement sur les forces actives engagées dans la lutte. Elle, au nom de Juarez, s'était réveillée soudain; elle semblait en proie à une activité fébrile. L'idée qu'en prolongeant la résistance on donnerait le temps à Juarez d'arriver galvanisait cette femme, frêle mais nerveuse à l'excès.

— Avons-nous des armes? — demanda-t-elle l'œil brillant, la voix sèche.

— Eh! mais! — fit Emma; — vous voulez donc vous battre aussi?

— Oui. Cela vous étonne?

— Un peu! — fit Emma souriant.

— Oh! vous avez raison. J'ai été lâche jusqu'ici. Je vous ai laissée porter seule le poids du danger. Mais j'en veux ma part. Donnez-moi un fusil. J'ai appris à tirer le jour où Juarez allait tuer le lion noir de Kamarata. Ma chère Emma, croyez-moi, je vous seconderai courageusement.

— Ah! bravo! — s'écria Emma.

Et elle embrassa la baronne.

Un grand bruit se fit parmi les gens de la caravane. Les chameaux se cabraient, secouant leurs entraves et poussant des cris plaintifs; les chevaux hennissaient, les chiens hurlaient, les hommes criaient.

— Viennent-ils donc déjà? — demanda Louise pâlissant un peu, mais conservant son attitude déterminée.

— Pas encore, — dit Vigouroux. — Je crois qu'ils ramènent la panthère à ce moment. De là le remue-ménage qui se manifeste dans le bivac.

— Vous avez deviné juste, — dit Emma; — décidément vous vous formez.

— Merci du compliment, mon général.

— Il faut, — reprit Emma, — profiter du peu de temps qui nous reste pour organiser la défense.

— A l'œuvre alors!

La grotte présenta un bizarre aspect pendant quelque temps.

Le roc qui en bouchait l'entrée laissant quelques jours, Vigouroux vérifia la direction de ces meurtrières naturelles; elles dominaient le chemin qui donnait vers le repaire; il prit une carabine, la braqua et reconnut que l'on pouvait tirer à l'aise par cinq de ses fissures. C'était suffisant.

Charles Hurault consolidait le roc en le calant avec plusieurs pierres portées dans la grotte par le coureur de bois, évidemment avec l'intention de les faire servir à cet usage...

Emma préparait les armes et les munitions; elles furent placées à portée des assiégés. Louise fouillait tous les coins du repaire pour voir si elle ne découvrirait pas de nouveaux éléments de défense; elle trouva une sorte de levier énorme en bois. Elle l'apporta en le traînant.

— Voilà, — dit-elle, — qui pourra nous servir de massue; mais c'est bien lourd.

— Voyons, — dit Vigouroux, — je suis fort, moi. Je le manierai peut-être.

Et il saisit cette barre de bois. Il remarqua qu'elle était dégrossie et un peu amincie aux deux extrémités; ce travail devait avoir été fait dans une intention quelconque. Emma devina que c'était une traverse s'encastrant derrière le roc, aux parois de la grotte creusée dans ce but. On plaça le levier où il devait être; c'était une sûreté de plus.

A peine ces préparatifs étaient-ils terminés que des cris de colère éclataient dans le bivac.

— Les voilà qui s'aperçoivent de notre fuite, — dit Hurault. — La chasse doit commencer.

En effet, on entendit bientôt des pierres rouler le long des pentes du ravin; elles se détachaient sous les pas des Marocains qui exploraient la gorge en deux sens. Ils se rapprochaient parfois de la grotte, puis s'en éloignaient.

Jeanne avait engagé ses compagnons à glisser quatre balles dans les fusils.

C'est l'usage des chasseurs quand ils s'attendent à tirer sur une masse.

Les Marocains passèrent et repassèrent aux environs de la grotte sans s'arrêter ; les quatre canons de fusil dépassaient par les créneaux, prêts à faire feu. Les marchands ne virent rien de suspect et s'éloignèrent. Ils étaient sur le point de gagner le bas du ravin quand l'aboiement d'un de leurs chiens les rappela devant le repaire ; l'animal avait flairé les fugitifs ; il dénonçait leur présence à ses maîtres. Ceux-ci revinrent.

Comme ils supposaient leurs esclaves sans armes, ils ne prirent aucune des précautions ordinaires que suggère la prudence. Ils s'avancèrent à la hâte.

Le chef, le premier, fut au pied du souterrain ; il reconnut sans peine que le roc par lequel il était barré n'adhérait pas au sol ; il l'annonça à ses compagnons. Ils essayèrent d'ébranler l'énorme pierre avec les crosses de leurs fusils.

Soudain quatre coups de feu retentirent ; cinq marchands tombèrent.

Deux furent précipités du haut en bas du ravin ; l'un était le chef.

La bande des assaillants recula aussitôt, effrayée, surprise, décimée...

— Bon ! — s'écria Jeanne, — ils fuient. Nous avons beau jeu.

— Quand Juarez viendra, vous lui direz que j'ai eu le courage de tirer, — dit Louise ; — j'ai vu tomber l'homme que je visais.

— C'était le chef, — observa Vigouroux.

— Attention ! ils reviennent, — cria Hurault.

Les armes étaient rechargées. Les Marocains, un instant découragés, s'étaient concertés, et ils avaient décidé de s'emparer de leurs esclaves à tout prix. Ils avaient deviné la vérité en partie. Ils pensaient qu'un coureur de bois avait vu et reconnu les deux Français, les avait délivrés, puis conduits dans ce repaire. Ils étaient loin toutefois de croire à la présence de deux femmes.

Ils s'approchèrent de la grotte, mais cette fois avec précaution et en s'embusquant. Leur but était de forcer les défenseurs du repaire à dépenser leurs munitions, pour s'en emparer ensuite à leur aise. Ils commencèrent leur feu. Mais Emma devina leur projet.

— Ne répondez pas, — dit-elle ; — ce serait perdre notre poudre.

— D'autant plus, — observa Vigouroux, — que leurs balles ne sont pas à craindre. Tirez, mes braves gens ! Tirez ! Votre plomb s'aplatit sur notre roc ; tant que vous n'aurez pas de canons, nous rions de vos efforts. Eh ! eh ! C'est amusant en diable les drames algériens... quand on est acteur.

— Si j'en réchappe, — dit Charles Hurault, — je veux écrire des impressions de voyage, qui auront un succès fou.

— Tiens ! dit Jeanne. Ils redescendent. Est-ce qu'ils renoncent à enlever notre grotte d'assaut ?

En effet, les Marocains redescendaient encore vers leur bivac. Mais ils remontèrent chargés de ballots.

— Oh ! oh ! — fit Vigouroux, — ils veulent se mettre à l'abri derrière des chevaux de frise.

— Cela devient grave, — dit Jeanne. — Ces ballots protègent contre les balles ; ils vont pouvoir braver impunément notre feu ; dans un quart d'heure, si Juarez n'arrive pas, notre situation sera désespérée.

— Juarez arrivera, — dit Louise. — Oh ! les maudits ! malheur à eux ! Il va les exterminer !

— *Tu quoque !* — fit Hurault avec un certain étonnement. — Vous aussi ! madame. Vous si douce, vous êtes devenue vindicative comme une femme arabe. Juarez avait bien raison en me disant qu'en Afrique on ne pouvait empêcher le besoin de vengeance envahir le cœur. Je sens que je criblerais volontiers de coups de poignard ces brigands-là.

— Et moi, — dit Vigouroux tranquillement, — je voudrais les rôtir sur un bûcher. Ils nous ont fait souvent sentir le bâton sur les épaules. Tudieu ! ils avaient la main lourde. Vlan ! en voilà un qui ne battra plus personne ; il est mort. — Vigouroux venait de tirer sur un Marocain qui tomba. — Je l'ai reconnu celui-là, — reprit-il ; — c'est le plus grand de la bande. Il m'a frappé un jour parce que j'éternuais un peu fort. Il avait l'oreille sensible, cet homme ; en revanche le cœur était dur. Il ne m'entendra plus éternuer.

— Ouf ! — fit Hurault, — voilà le plus petit par terre aussi. Nous tirons comme des chasseurs d'Orléans ; c'est superbe. Ce petit bonhomme était d'une férocité rare ; il ne passait jamais à ma portée sans me chatouiller avec la pointe de son couteau. Tu es payé, l'ami !

Cependant les assiégeants s'approchaient toujours davantage. Ils roulaient devant eux leurs ballots, derrière lesquels ils étaient parfaitement abrités ; on ne pouvait atteindre que ceux qui commettaient quelque imprudence. Couchés presque au raz du sol, ils poussaient leur charge avec l'épaule. En dix minutes, ils furent assez près de la grotte pour diriger, presque à coup sûr, leurs balles par les fissures.

Comme l'avait dit Emma, l'instant devenait très-critique. Plusieurs balles passèrent par les créneaux du repaire ; l'une coupa l'oreille de Vigouroux, qui murmura :

— Bon, me voilà semblable à Malchus. Mais, bah ! si j'en réchappe, je me ferai faire une oreille en argent. On me montrera au doigt quand je passerai sur la place de la Bourse en disant : Voilà l'homme à l'oreille d'argent !

— Que dites-vous donc ? — demanda Louise.

— Rien, — répondit Vigouroux.

Il ne voulait pas effrayer la jeune femme.

Les ballots, poussés par d'invisibles ennemis, s'avançaient encore davantage. Ils furent enfin contre le rocher. L'heure fatale allait sonner. Les assaillants allaient pouvoir passer leurs fusils par les fissures et fusiller les assiégés sans difficulté.

— C'est fini, — dit Louise.

— Pas encore, — dit Emma.

— Elle a raison, — s'écria Vigouroux. — Faisons une sortie.

— Il faut déplacer le roc et tomber sur eux comme la foudre, — reprit Emma. — Nous sommes perdus d'une façon comme de l'autre ; il faut risquer le tout pour le tout ; on réussira peut-être. Si nous les repoussons, nous jetterons leurs ballots en bas des pentes.

— Ce sera du temps de gagné.

— Voyons, de l'ensemble ! Levons la barre... sans bruit.

La barre fut levée ; puis le roc fut déplacé.

Les assaillants ne tiraient plus. Se doutaient-ils de ce qui se passait et attendaient-ils la sortie des assiégés le fusil braqué sur eux ? C'est ce qu'on ignorait. Toutefois le cœur d'Emma et de ses compagnons battait à se rompre.

Vigouroux s'aventura le premier et bondit vers les ballots, suivi de Charles, puis d'Emma et de Louise. Tous quatre, à leur grande surprise, ne trouvèrent plus personne derrière les ballots.

Soudain des clameurs retentirent. Une vingtaine de coups de feu résonnèrent à la fois ; une forme humaine se dessina dans la nuit, courut vers le repaire ; les Marocains la suivaient à distance.

— Vite ! — cria Emma, — à bas les ballots ! C'est le coureur de bois qui arrive.

C'était lui en effet. Les marchandises furent jetées au fond du ravin par Charles et Vigouroux, qui rentrèrent dans la grotte avec Emma et Louise, prêts à clore l'entrée.

Le coureur de bois, serré d'assez près par les Marocains, pénétra bientôt dans le repaire ; sa chèvre courut au-devant de lui. Jusque-là elle n'avait pas quitté le fond de la grotte, où elle sommeillait indifférente à la fusillade.

Le roc fut aussitôt remis en place, puis consolidé. Les Marocains s'arrêtèrent à distance. Ils avaient payé cher leur première imprudence ; ils ne voulaient plus s'exposer en vain. Les assiégés avaient donc un instant de répit.

Le coureur de bois avait caressé sa chèvre, inspecté d'un regard rapide ceux qui occupaient sa demeure, puis il avait demandé brusquement :

— Qui êtes-vous ? Pourquoi vous trouvez-vous chez moi ? Pourquoi ces marchands vous ont-ils attaqués ?

Emma répondit aussi clairement que possible à toutes ces questions.

A mesure qu'elle parlait, le visage du coureur de bois s'adoucissait de plus en plus. Il avait eu l'air de fort mauvaise humeur en arrivant.

Cette première impression se dissipait.

— Vous êtes les bienvenus, — dit-il. — Ma carabine est à votre service. En approchant de la grotte, j'ai entendu une fusillade très-vive. J'ai observé ce qui se passait ; j'ai vu que des coureurs de bois, des amis, étaient attaqués par les Marocains ; j'ai voulu arriver jusqu'à eux. J'ai envoyé un coup de fusil aux assaillants, qui ont abandonné l'attaque pour me poursuivre et savoir à qui ils avaient affaire. J'ai escaladé un rocher, gagné de l'avance, pris par un sentier tournant le chemin de repaire ; me voilà. Rassurez-vous, si vous êtes inquiets ; jamais ils ne prendront ma grotte.

— Eh bien ! mais nous allons nous amuser joliment, si vous dites vrai, — s'écria Vigouroux ; — mais c'est vivre que d'avoir de pareilles émotions avec un bon dénoûment. Je me ferai chasseur d'autruches.

Louise s'était approchée du coureur de bois et l'interrogeait sur Juarez.

— Je ne puis vous en donner aucune nouvelle, — répondit le coureur de bois. — J'ai entendu le bruit d'une lutte ; je me suis porté de ce côté. Je n'ai vu qu'un champ de bataille vide ; il y a quelques traces. Mais il est impossible de les suivre cette nuit. J'entends les Marocains qui reviennent ; il nous faut partir.

— Partir ! Et comment ?

— Oh ! c'est facile. Tenez !

Le coureur de bois tira un petit caillou sur lequel appuyait une pierre au fond de la grotte : la pierre s'inclina.

Il la fit basculer tout à fait en se servant du canon de son arme comme d'un levier.

Deux quartiers de roc ébranlés roulèrent alors au milieu du souterrain. Une immense excavation apparut ; elle se perdait au loin dans l'ombre.

XIX

Un dénoûment.

Lorsque le fond de la grotte s'écroula comme par enchantement, les Marocains revenaient à la charge. Ils entendirent le bruit fait par les rocs qui roulaient sur le sol ; ils se doutèrent que quelque chose d'étrange se passait. Ils rassemblèrent leurs efforts pour forcer l'entrée du souterrain.

Les fugitifs, pressés de fuir, s'élancèrent dans l'immense couloir naturel qui s'étendait devant eux. Le coureur de bois les guidait. La chèvre favorite du chasseur le suivait.

Ce coureur de bois, que les fugitifs n'avaient pas eu le temps d'examiner attentivement, était de petite taille, maigre, fluet même ; il pouvait avoir une quarantaine d'années. Sa figure était assez agréable, mais les traits en étaient un peu efféminés ; c'était le masque ridé et fatigué d'une ex-jolie femme. La voix était grêle. Tout en fuyant, Emma, qui se trouvait près du chasseur, lui dit :

— Compagnon, comment te nommes-tu ? Je désire savoir à qui je dois la vie.

— Je m'appelle Rita, — répondit le chasseur, avec un léger accent espagnol.

— Rita ! Mais c'est un nom de femme ! Singulière idée de donner à un coureur de bois le nom d'une soubrette andalouse !

— J'ai été soubrette.

— Ah ! — fit Emma.

— Tu en es surprise ?

— On le serait à moins.

— Qu'y a-t-il de surprenant à ce qu'une jolie fille (j'ai été fort jolie) soit au service d'une grande dame ?

— Mais alors ?...

— Je suis femme, oui, certes. Cela ne m'empêche pas d'abattre une perdrix au vol. Je tue même un sanglier d'une main sûre, et je ne tremble pas devant l'œil jaune du lion. J'ai vendu plus d'une fourrure de panthère sur les marchés du Tell. On est femme, cela empêche-t-il d'être courageuse, adroite et bon coureur de bois ? — Les fugitifs écoutaient en marchant. La rencontre de Rita était un des incidents les plus bizarres de leurs aventures.

— Les Marocains nous laissent quelque répit, — reprit cette singulière femme, — ils seront cinq quarts d'heure au moins avant de défoncer la porte ; ils hésiteront à s'engager sur nos traces. Je vais vous dire en quelques mots ma singulière histoire : J'étais une des suivantes d'une dame d'honneur de la reine Christine. Le mari de ma maîtresse me trouva charmante, et il me fit la cour d'une façon si gracieuse que je ne résistai point à ses séductions. La femme sut que je la trompais ; elle obtint l'exil de son mari. Quant à moi, on m'embarqua pour les possessions africaines de l'Espagne ; je fus abandonnée sans ressources dans les présides. Un capitaine me recueillit m'aima, m'épousa et je fus heureuse, aussi heureuse comme ne l'est pas une reine ! Cela dura quatre mois. Mon mari fut assassiné à la chasse, à quelque distance de Ceuta. On mit le crime au compte des Marocains. Je soupçonnai un des officiers du fort d'avoir traîtreusement tué le capitaine avec l'arrière-pensée de m'épouser. Il vint m'offrir sa main. J'acquis facilement la conviction qu'il était l'auteur de l'assassinat. Je savais que mes preuves ne suffiraient pas pour le faire condamner ; j'étais certaine que j'avais un devoir sacré, une vengeance à accomplir ; je le poignardai. Je m'enfuis ensuite. Je gagnai l'Algérie en traversant le Maroc ; je m'étais déguisée en colporteur kabyle du Djurjura. Arrivée à Oran, je me trouvai entièrement dénuée de tout. Un coureur de bois apprit mes aventures, il vint me proposer d'être sa compagne... J'acceptai ; je lui promis mon amitié ; le souvenir de mon mari était encore trop présent pour que j'aimasse un autre homme. Je vécus cinq ans de la vie des coureurs de bois ; je fis le voyage du Sahara deux fois ; j'acquis une certaine réputation. Un jour, mon mari, parti en chasse, ne rentra plus à l'heure ordinaire. Je me mis à sa recherche ; mes chiens me guidaient. Je trouvai dans une clairière une place ensanglantée ; près de cette place, des traces annonçaient le passage d'un lion. Je suivis cette piste. Elle me conduisit près d'un fourré où dormait un lion superbe ; il avait porté jusque-là le cadavre de mon mari. Le lion, assoupi, reposait son gros mufle sur le corps de celui qu'il avait tué d'un coup de griffe ; il savourait sa vengeance. Je visai et tirai. Le lion poussa un rugissement, essaya de se relever et retomba. Je m'approchai, il était mort. Mon second mari était vengé. J'aimais la vie solitaire... Je suis restée coureur de bois.

— Parbleu ! — fit Hurault, — voici encore une page intéressante. Nos impressions de voyage auront un succès énorme.

— Si tu les écris, — dit Vigouroux. — Les Marocains arrivent.

— Pas encore, — observa Rita. — Vous entendez les voix comme si elles étaient proches. C'est l'effet de

l'écho. Les marchands sont loin. Du reste, il se guideraient difficilement dans les passages du souterrain.
— Mais s'ils allument une torche ?
— Ils seraient perdus. Nous les verrons et ils ne nous apercevront pas ; nous les abatterons sans peine.
— Alors nous sommes sauvés ?
— A peu près. Il suffit de gagner l'issue de ce souterrain ; elle n'est pas large, un homme seul peut sortir à la fois. Nous passerons avant les Marocains ; s'ils continuent la chasse, à mesure que l'un d'eux paraîtra nous le tuerons.
— Ma chère Louise, — s'écria Emma, — nous reverrons Juarez !
— Puissiez-vous dire vrai ! — répondit Louise d'une voix que l'espérance faisait légèrement trembler,
Les fugitifs, après une demi-heure de marche, arrivèrent au bout du souterrain. Ils entendaient au loin les pas des Marocains qui poussaient des cris féroces.
— Criez, — murmurait le coureur des bois, — vous ne nous rejoindrez pas !
Vigouroux, toujours calme, songeait à la profondeur du souterrain.
— Ce couloir est immense, — dit-il.
— Autrefois il était à ciel ouvert, — répondit Rita. — Un tremblement de terre avait séparé en deux la montagne qui est au-dessus de nous ; la fente était étroite, deux mètres à peine. Peu à peu il poussa des lianes, puis des arbres, au faîte de ce défilé si étroit. Les arbres grandirent ; les lianes les enlacèrent ; puis la végétation luxuriante de ce climat produisit cet étrange effet que les branches des figuiers entrelacées formèrent pont. La terre et le sable envahirent cette voûte naturelle et la couvrirent ; puis sur cette terre poussèrent des herbes, des cactus, des palmiers. Bref, le défilé fut voûté.
— Étrange maçon que la nature ! — dit Charles Hurault.
— Halte ! — fit soudain Ritta.
— Qu'y a-t-il ?
— Il a que les vipères noires nous ferment le passage.
— Sacrebleu ! — s'écria Hurault. — Au moment d'être sauvés ! Où sont-elles ces vipères ?
— Je ne les vois pas, je les sens, — répondit Rita.
En effet, une odeur fade et pénétrante se dégageait et remplissait le souterrain.
— J'ai entendu dire, — fit Hurault, — que ces vipères avaient un venin terrible.
— On meurt deux minutes [après avoir été mordu par elles.
— Diable ! mais...
— Que faire ? Je suis mortellement embarrassée. Elles sont cinq ou six cents peut-être, roulées en pelote à l'entrée du souterrain ; si on les touche en passant elles vont se débander ; nous ne pourrons éviter leurs piqûres.
— C'est-à-dire que nous sommes tout simplement flambés !
— On va voir.
Le jour pénétrant par l'entrée du souterrain éclairait vaguement une espèce de boule d'un mètre de diamètre.
C'étaient les vipères noires.
Emma piétinait, Louise pleurait, Hurault rageait, Vigouroux souriait, Ritta réfléchissait.
— Tiens, tu es stupide ! — s'écria Emma en entendant le petit rire saccadé de Vigouroux.
— Stupide, moi ! Et pourquoi ?
— Parce que nous allons tous périr là. La situation n'a rien de comique ; triple sot qui en rit !
— Bah ! Je suis convaincu que nous nous en tirerons ; on n'arrive pas au dénoûment d'un pareil drame pour trépasser.
— Sauvés ! — fit Ritta.
— Quand je vous le disais ! — dit Vigouroux tranquillement.
Rita prit sa poire à poudre et fit une large traînée en s'approchant aussi près que possible des vipères ;. Elle mit le feu à cette traînée avec l'amorce d'un pistolet. Dès que la flamme eut brillé, les vipères se dépelotonnèrent avec une rapidité extrême et rampèrent vers l'issue du souterrain qui s'emplit de sifflements aigus. Pour activer cette fuite, Rita fit une nouvelle traînée, puis une troisième, avançant toujours vers la sortie.

Au bout de quelques minutes, à la lueur de la dernière traînée, on put voir le sol entièrement débarrassé des immondes reptiles qui l'encombraient.

Les voyageurs sortirent un à un du souterrain. Ils étaient en plein air, ils étaient sauvés !

Les Marocains approchaient pourtant ; mais Rita les attendait, le couteau de chasse d'une main, un pistolet de l'autre.

— Qu'ils viennent, — grondait l'intrépide aventurière, — qu'ils viennent ! On les hachera menu comme des brins de paille de seigle.
— De grâce !— supplia Louise,— pas de meurtre inutile.
— Soit ! — dit Emma — Faisons-leur grâce.
— Du tout. Plutôt mourir ! — s'écria Hurault furieux.
— Quoi ? Tu es si féroce ? — demanda Emma.
— Oui. Et je ne donnerais pas ma vengeance pour l'empire des Indes. Ces gens nous ont trop fait souffrir ; il faut les tuer comme des chiens.
— Tu as raison, toi ! — dit Rita les yeux étincelants de colère. — Au moins tu es un homme.
— Pour ma part, — fit Hurault tranquillement, — je suis décidé ; je tue. Je veux abuser de la victoire, c'est dans la logique des choses. Le vainqueur abuse toujours du triomphe. Du reste il faut respecter les règles de l'art partout et toujours. Où sommes-nous ? En Afrique. Or, en Afrique, on se venge, donc il faut se venger, sinon nous ne ferons pas de la couleur locale. Qu'est-ce qu'un drame où il n'y a pas de couleur locale ? Une œuvre imparfaite, terne, monotone et menteuse. Notre grand roman doit finir par un dénoûment atroce... par des persécutions, bien entendu. Ils nous auraient rôtis à petit feu, ces gredins-là. Brou ! L'idée d'un pareil feu me fait froid dans le dos.
— Allons, ma bonne Louise, laissez-les faire ? — dit Emma convaincue. — Ils ont raison.
— C'est affreux, — murmura la jeune femme.
— Oubliez-vous que si ces misérables avaient été attaqués par Juarez, ils l'auraient massacré sans pitié s'il eût été en leur pouvoir de le faire.
— C'est vrai, — répondit Louise frémissante.—Tuez ! Tuez alors ! Oh ! c'est donc vrai, on devient cruelle dans ce pays de feu et de sang. Oui, l'idée de Juarez tombé aux mains de ces sauvages me rend féroce.

Les Marocains approchaient.

L'aventurière avait pris la poire à poudre de Vigouroux, l'avait emplie de cailloux et l'avait couchée sur le sol du souterrain, à dix pas de l'issue, elle avait ensuite établi une traînée de la poire à poudre à la sortie près de laquelle elle se tenait.

Les Marocains arrivèrent, Vigouroux, Hurault et Emma, placés de chaque côté de l'issue, se tenaient prêts à faire feu ensemble. Ils avaient quatre balles dans leurs carabines.

Au moment où Rita leur en donna l'ordre, ils tirèrent... Au même instant la traînée prenait feu et la poire à poudre éclatait. C'était une de ces gourdes énormes, grosse comme une melon. Et les cailloux qui l'emplissaient firent l'effet d'une volée de mitraille.

On entendit une explosion violente, des cris effrayants, puis quelques pas précipités, puis plus rien...

— C'est fait, — dit Rita ; — il en reste trois ou quatre au plus. Ils se sauvent. Allons, en route ! De l'autre côté de la montagne sont les tribus amies ; nous y attendrons le retour de Juarez.

Louise se sentait défaillir. Elle était pâle comme une morte.

— L'idée de revoir Juarez la tuera-t-elle ? — se demandait Emma.

Enfin la jeune femme se remit. Les fugitifs arrivèrent vers le soir dans les douars amis...

Le lendemain, sur la prière de Rita, connue et amie des tribus alliées, une cinquantaine de cavaliers partaient à la recherche des coureurs de bois. Ils les ramenaient huit jours plus tard.

Il y a des scènes qui ne se racontent pas; scènes muettes, émouvantes, qui se résument en trois mots : Un cri, une larme, un délicat baiser. Telle fut la rencontre de Louise et de Juarez; d'Ali et d'Emma.

Juarez réorganisa la caravane et la guida jusqu'à Alger, où elle devait arriver sans dangers, sans obstacles.

. . . .

Deux mois plus tard, l'*Akbar* annonçait le mariage du comte de Juarez de Castro et de madame la baronne de Saint-Val.

Deux ans plus tard une jeune et brillante femme, mariée à un riche banquier, étonnait New-York par son luxe et l'étourdissait par son esprit. C'était Emma.

Mahmout, abandonné par les Touaregs, avait gagné Alger. Il y avait retrouvé Emma, qui lui avait donné toutes les explications désirables sur sa conduite. Une femme comme elle ne pouvait être embarrassée pour se justifier. Mahmout demanda ce qu'était devenue la petite négresse. On lui répondit qu'elle avait péri. Jamais le gros banqueroutier saharien ne se douta qu'Ali était caché sous la jupe de la négrillonne. Il réalisa une fortune immense et partit pour l'Amérique du Nord. C'est lui qui a inventé la spéculation de la flibuste. Il a déjà monté trente expéditions dans le genre de celle de Walker.

Hurault est retourné à Paris; il écrit toujours ses articles.

Vigouroux spécule à la bourse.

Jacques la Hache et Ali sont restés tous deux coureurs de bois. Jacques a épousé Rita.

Quant à Fatma, Juarez avant son mariage ignorait ce qu'elle était devenue. Peut-être s'est-elle ensevelie volontairement dans les sables du Sahara...

FIN DE JACQUES LA HACHE.

TABLE
DES CHAPITRES CONTENUS DANS CET OUVRAGE.

PREMIÈRE PARTIE. — LES COUREURS DE BOIS A PARIS.

I. — Une apparition fantastique dans la forêt de Bondy.................................... 1
II. — Où le lecteur prend connaissance d'une lettre qui arrive fort à propos pour éclaircir la situation.. 4
III. — Où l'on prend les hommes et les chevaux au lacet, et où Jacques la Hache rend œil pour œil, dent pour dent................ 5
IV. — Où le lecteur voit se dresser la silhouette d'une femme charmante................ 7
V. — Où l'on raconte le passé des buveurs de sable et l'histoire authentique d'un sapeur et de sa hache............................... 8
VI. — Dans quelle circonstance *elle* le vit pour la première fois et de l'impression qu'*il* fit sur *elle*.............................. 10
VII. — Comment l'amour vient aux coureurs de bois et du danger pour un mari de transformer sa femme en sœur de charité au chevet d'un joli garçon........................ 11
VIII. — Où sont révélés les griefs de Jacques la Hache contre les Parisiennes de la rue Bréda, et où le pied de Juarez rencontre le grain de sable qui fait dévier son destin............ 13
IX. — Un pari sur la vertu d'une femme....... 16
X. — Où l'auteur donne la description détaillée d'un animal extraordinaire, visible tous les jours au boulevard des Italiens ; phénomène étrange qui tient à la fois du singe et du dindon.. 18
XI. — Drame sur la scène, drame dans la salle, après un peu de comédie partout !....... 20
XII. — L'orgie.................................. 22
XIII. — Duel à mort............................ 24
XIV. — Enfin !.................................. 26
XV. — Où la silhouette du mari se dresse à l'horizon. Dénoûment rapide................. 27

DEUXIÈME PARTIE. — LES GORGES DU RIO-SALADO.

I. — En mer................................... 29
II. — Oran..................................... 30
III. — La gorge du Rio-Salado. — Le marabout sidi El-Hadji-Eliacim......................... 32
IV. — Lui !.................................... 35
V. — Où Juarez est magnanime................ 37
VI. — Une tête de lion pour une tête d'homme. 39
VII. — Un gourbi............................... 40
VIII. — Sur les lions noirs en général et sur celui de Kamarata en particulier.............. 42
IX. — Le plan d'Ali............................ 44
X. — La chasse au lion........................ 45
XI. — Un vieux chacal, un jeune lion et une jolie panthère................................ 48
XII. — Où le renard triomphe du lion........... 49
XIII. — Où Ali est brûlé tout vif, puis délivré... 52
XIV. — D'un merveilleux fait d'armes où Jacques la Hache met cent hommes en déroute, en tue trente, fait des prisonniers à lui seul, et pénètre dans la redoute d'Aïn-Temouchen................................
XV. — Comment le marabout découvrit ce qu'avait voulu lui cacher et où Juarez obtient sa liberté.................................. 56
XVI. — Où Juarez démasque le marabout et où monsieur de Saint-Val fait preuve d'un dévoûment sublime............................. 59

TROISIÈME PARTIE. — LES BENI-VAUTOURS.

I. — Comment se brise la coupe d'or de l'espérance au moment où l'on y trompe ses lèvres... 61
II. — Où le lecteur fait connaissance avec un coureur de bois nommé Sanglier, drôle de corps du reste, mais qui apporte des nouvelles de Jacques la Hache.................. 62
III. — Où le lecteur renouvelle connaissance avec plusieurs personnages du *brouillard sanglant*................................. 64
IV. — Le Sanglier............................. 68
V. — Le clairon Bridou........................ 70
VI. — Comment les Kabyles furent accueillis par les Beni-Vautours, et comment Eliacim exploita un fait d'armes qu'il n'avait pas accompli. 72
VII. — Comment Jacques la Hache épargna un embarras à Achmet............................ 73
VIII. — Où nous retrouvons Ali en train de voler un cheval et de prendre un sang.......... 76
IX. — A quoi Jacques la Hache pensait pendant qu'on lui coupait les oreilles................... 81
X. — Comment on descend dans les précipices en Algérie et comment le vieux Legoffût découvrir le déguisement des Beni-Vautours et quelles en furent les conséquences....... 83

QUATRIÈME PARTIE. — LES TOUAREGS.

Un mot d'introduction...................... 85
I. — Séparation. — Le rocher Noir.......... 86
II. — L'alerte................................. 89
III. — Juarez s'empare de Fatma.............. 90
IV. — Où Juarez échappe avec adresse aux transports de Fatma............................. 91
V. — Où le Serpent du désert apprend la mort de ses compagnons et Ali fait encore des siennes..................................... 93
VI. — Où Ali retrouve une ancienne connaissance. 96
VII. — Un vrai croyant......................... 100
VIII. — Histoire d'Emma racontée par elle-même. 101
IX. — Deux coquins........................... 103
X. — Jacques la Hache consolateur. Ali déguisé en femme prouve qu'il est toujours un homme 105
XI. — Réunion. Un trait de générosité........ 107
XII. — Où Mahmout commence à s'apercevoir qu'il n'est pas facile de tromper les coureurs de bois..................................... 109
XIII. — Nouvelle alerte......................... 111
XIV. — Où le Serpent du désert joue un rôle de Don Quichotte, et Jacques la Hache fait l'office d'un canon................................ 113
XV. — Perdue encore une fois................. 116
XVI. — Une position difficile. Projets d'avenir.. 118
XVII. — Découverte............................. 120
XVIII. — Où le lecteur retrouve d'anciennes connaissances................................. 122
XIX. — Un dénouement......................... 127

FIN DE LA TABLE DES CHAPITRES DE JACQUES LA HACHE.

Paris. — Imprimerie J. Voisvenel, rue Chauchat, 14.

www.ingramcontent.com/pod-product-compliance
Lightning Source LLC
Chambersburg PA
CBHW060156100426
42744CB00007B/1054